사도행전 속의 제자 훈련

네비게이토 선교회는
국제적이며 복음적인 기독교 기관이다.
예수 그리스도께서는 자기를 따르는 자들에게
"너희는 가서 모든 족속으로 제자를 삼으라"
(마태복음 28:19)는 지상사명을 주셨다.
네비게이토 선교회는 세계 모든 국가에서
예수 그리스도의 일꾼들을 배가시켜
이 지상사명의 성취를 돕는 것을
근본 목표로 하고 있다.

네비게이토 출판사는
네비게이토 선교회의 문서 선교를 담당하고 있다.
본 출판사에서는 그리스도인의 영적 성장을 돕는
서적과 자료들을 출판하여,
그리스도인의 삶의 기초가 견고한
헌신된 제자로 성장하게 하고,
나아가 성숙한 인격과 지도력을 갖춘
일꾼이 되도록 돕고 있다.

Translated by permission
Title originally published in English as
DISCIPLES IN ACTION
by NavPress, a ministry of The Navigators.

사도행전 속의 제자 훈련

DISCIPLES IN ACTION

리로이 아임스

네비게이토 출판사
TO KNOW CHRIST AND TO MAKE HIM KNOWN

오직 성령이 너희에게 임하시면
너희가 권능을 받고
예루살렘과 온 유대와 사마리아와 땅 끝까지 이르러
내 증인이 되리라 하시니라.
사도행전 1:8

내 아들아, 그러므로 네가
그리스도 예수 안에 있는 은혜 속에서 강하고,
또 네가 많은 증인 앞에서 내게 들은 바를
충성된 사람들에게 부탁하라.
저희가 또 다른 사람들을 가르칠 수 있으리라.
디모데후서 2:1-2

나의 달려갈 길과 주 예수께 받은 사명
곧 하나님의 은혜의 복음 증거하는 일을 마치려 함에는
나의 생명을 조금도 귀한 것으로 여기지 아니하노라.
사도행전 20:24

차 례

추천의 말

내가 사도행전을 가지고 가정 성경공부를 인도하고 있을 때, 저자는 과분하게도 이 책의 '추천의 말'을 부탁해 왔습니다. 나는 이 책의 원고를 읽으면서 마음속에 큰 격려와 감동을 받았습니다. 주 예수님께서 열두 동역자들에게 가르치셨던 혁명적인 원리들이 초대교회 안에서 실제로 줄기차게 이루어지고 있었던 것입니다.

4복음서에서, 예수님께서는 온 세상 사람들을 구원하시기 위한 하나님의 전략을 보여 주셨습니다. 하나님의 전략은 그저 여러 가지 활동에만 동분서주하는 오늘날 우리들의 교회 전략과는 판이하게 달라서, 틀에 박힌 프로그램들을 강행군하기에 바쁜 현재의 교회 상황 속에서는 간과되기가 쉽습니다. 오늘날 각 교회들이 이 하나님의 전략을 따르기만 한다면! 그야말로 혁명적인 결과를 가져올 것입니다. 이 책에 간단명료하게 제시된 원리들은 각 지역교회로 하여금 그리스도인의 성장을 도와 온전한 일꾼으로 훈련시키는 영적 훈련장으로서의 면모를 갖추게 해줄 것입니다.

하나님의 나라를 위해 전진하려면 반드시 치러야 할 대가가 있습니다. 각 지역교회가 치러야 할 대가는 바로 여러 가지 활동 중심에서 제자 훈련의 원리로 그 강조점을 기꺼이 옮기는 것입니다.

우리의 전능하신 주님께서 수많은 교회들로 하여금 제자삼는 사역의 기술을 익히어 모든 족속으로 제자를 삼을 수 있는 일꾼들을 재생산할 수 있는 교회로 성장하게 하는 데 이 책을 귀하게 사용해 주실 것을 기도합니다.

호주 시드니에서
더들리 푸어드 박사

머리말

1956년 이른 봄, 도슨 트로트맨(네비게이토 선교회의 창시자)은 나와 아내에게 네브래스카 주의 오마하 시로 가서 중서부의 네비게이토 선교 사역을 개척하도록 요청해 왔습니다. 나는 그 임무를 생각하면서 하나님께서 그곳 수많은 사람들의 삶 가운데 놀라운 역사를 일으켜 주실 것을 간절히 기도했습니다. 또한 하나님께서 우리를 도와주심으로 그곳에서 그리스도의 참된 제자들을 선발하여 훈련시키고 그들로 하여금 그리스도를 아는 지식에서 자라 가도록 하여 세계 속의 한 부분인 그 지역에 위대한 변화를 일으켜 주시도록 간구하기 시작했습니다. 기도하던 중 주님께서 나에게 사도행전 전체를 개인적으로 깊이 연구할 생각을 불어넣어 주셨습니다. 나는 1세기 초대교회 신자들이 그들의 가르침으로 예루살렘을 진동시키고, 효과적인 선교 사역을 통하여 아시아 전역에 사는 유대인과 헬라인들 모두에게 주님의 말씀을 듣게 하고, 더 나아가 온 세계를 뒤흔들어 놓을 수 있었던 비결이 무엇인지 발견하고 싶었습니다. 그래서 나는 처음으로 깊이 있는 사도행전 연구를 시작했습니다.

그 이후 나는 여섯 번이나 되풀이해서 사도행전을 연구했는데, 연구를 거듭할 때마다 신선한 통찰의 보배들을 풍성히 거두어들일 수 있었습니다. 최종적으로 사도행전 연구를 마무리 지은 것은 1978년 여름의 일이었습니다. 그때 나는 유럽 각지에서 개최된 여러 네비게이토 수양회와 훈련 프로그램에서 메시지를 전할 기회가 있었는데, 말씀을 전하는 시간을 제외하고는 모든 집회가 노르웨이어, 스웨덴어, 프랑스어, 핀란드어 혹은 독일어로 진행되었기 때문에 내 자신은 자유롭게 시간을 보낼 수 있었습니다. 그 시간을 유용하게 보내기 위하여 개인적으로 사도행전을 한 번 더 공부했는데, 하루에 대여섯 시간 동안 사도행전을 한 장 한 장 읽으면서 그 가운데서 주님께서 새롭게 깨우쳐 주시는 진리들을 적어 내려갔습니다. 하나님의 섭리로 말미암아 그때까지 내 자신이 연구했던 모든 기록들이 빠짐없이 보존되어 있었기 때문에 그 수양회 기간 동안 나는 모든 기록들을 종합하여 이 책을 완성할 수 있었습니다.

만약 지도자 훈련에 대하여 연구하고 싶은 분이 있으면 4복음서(마태복음, 마가복음, 누가복음, 요한복음)를 연구하도록 권합니다. 이 4복음서를 통하여 우리는 예수님께서 어떻게 열두 제자들을 훈련시키셨는가를 관찰할 수 있습니다. 예수님의 구속 사업은 십자가에서의 죽으심과 무덤에서의 부활하심으로 완성되었습니다. 그러나 예수님께서는 매일매일의 말씀 전파의 사역에서는 자신이 택하셨던 사도들의 훈련에 초점을 맞추셨습니다.

예수님께서는 이 땅에서의 삶을 마치실 즈음 자신이 택한 제자들에게 사명을 주셨습니다. '그들의' 사명이었습니다. 즉 세상에 나아가서 만민에게 복음을 전하는 일과 모든 족속으로 제자를 삼는 일을 하도록 명하셨습니다. 우리가 지도자를 훈련하는 법을 배우려면 4복음서를 연구해야 하듯이, 제자삼는 법을 배우기 위해서는 사도행전을 연구해야 합니다. 사도행전은 그리스도께서 맡기신 사명을 사도들이 어떻게 성취해 나갔는가에 대하여 성령께서 기록하신 책입니다.

이 책은 사도행전을 제자 훈련의 관점에서 연구한 것입니다. 이 책은 사도행전에 대한 각 구절마다의 주석이 아닙니다. 또한 사도들이 살았던 당시의 역사나 지리 환경을 연구한 책도 아닙니다. 이 책은 사도들이 어떻게 복음을 전파했으며, 어떻게 새신자들을 양육하여 그들로 하여금 믿음에 굳게 설 수 있도록 도왔으며, 어떻게 장래 하나님의 나라를 위한 일꾼들을 무장시켰으며, 또한 어떻게 지도자들을 훈련시켜서 그들의 뒤를 잇도록 하였는지에 대해 상세히 연구한 책입니다. 오늘날 그리스도를 위한 우리의 사역에서도 꼭 역점을 두어야 할 원리들이 바로 이런 것들입니다.

이야기가 전개됨에 따라서, 제자의 도에 관한 여러 가지 다른 측면에서 광범위한 적용이 제시될 것입니다. 그리고 무엇보다도 우리의 영적인 뿌리인 초기의 사역들, 즉 성령의 축복과 능력과 인도하심 속에서 사도들이 수고하며 닦아 놓은 기초들에게로 우리의 관심을 집중시키기 위해 노력을 기울였습니다. 우리도 그리스도를 위한 효과적인 증인이 되기 위해서는 그들과 똑같은 성령의 축복과 능력과 인도하심이 필요합니다.

나는 그리스도께 대한 우리의 헌신이 더욱 깊어지고, 더욱더 효과적으로 그리스도께 쓰임받으며, 우리의 삶 전체를 통해 그리스도를 영화롭게 할 뿐만 아니라, 그리스도께서 이미 죽음으로 대속해 주신 세상 사람들의 구원을 위해 우리들 각자가 해야 할 일에 대한 더욱 분명한 비전을 갖게 해주는 일에 하나님께서 이 책을 사용해 주실 것을 기도하면서 이 책을 드립니다.

리로이 아임스

1

행동하는 사람들

'사도행전(使徒行傳, The Acts of the Apostles)'은 행동하는 사람, 실행하는 사람, 전진하는 사람들에게로 우리의 시선을 모으고 있습니다. 이 책은 사도들의 명상록이 아니라 그들의 활동을 기록한 책입니다. 책의 제목 자체가 움직임, 진행, 솔선수범 등 동적인 의미를 암시하고 있습니다. 여기에는 기백이 흐르고 있습니다. 이 제목은 또한 우리가 걸어가야 할 제자도(弟子道)의 첫째 원리를 가리키고 있는데, 그것은 바로 우리가 행동하는 제자들이 되어야 한다는 것입니다.

오늘날 교계의 지도자들 가운데서 선교사를 파송할 때 아무 준비도 없이 단지 소망과 평화와 구원의 메시지, 즉 예수 그리스도의 복음만을 들고 선교지로 파송되는 일은 중지해야 한다는 말이 간간이 들려오고 있는 이때, 오히려 그러한 생각으로 충만해 있는 사도들을 그린 이 책을 읽어 보는 것은 참신한 의미를 줄 것입니다. 사도들은 끊임없이 눈을 들어 무르익어 추수할 때가 된

울타리 너머의 밭을 살펴보고 있었습니다. 우리의 믿음의 선배들은 팔레스타인의 호사스런 저택에 책상다리를 하고 앉아서 편하게 살던 사람들도 아니었고, 할 일 없이 빈둥거리거나 꿈에 취해 있던 사람들도 아니었습니다. 그들은 교실에 가만히 앉아서 머리로만 사색하고 이론적으로만 따지는 사람들도 아니었다는 사실을 우리는 밝히 알고 있습니다. 그들은 명령을 받은 사람들이었고, 그것을 이루기 위해 일어서서 행동하는 사람들이었습니다.

오늘날, 거듭나지 않은 죄인들이 질문해 올 때까지 증인들은 기다려야 한다는 가르침이 만연하고 있습니다. 어떤 선생들은 베드로의 말을 언급하면서 그것을 근거로 하여 그럴듯한 가르침도 주고 있습니다. "너희 마음에 그리스도를 주로 삼아 거룩하게 하고, 너희 속에 있는 소망에 관한 이유를 묻는 자에게는 대답할 것을 항상 예비하되…"(베드로전서 3:15). 대답할 것을 항상 예비하고 기다리고 있다가 물어 오면 바로 대답해 줄 수 있도록 하라! 물론입니다! 그러나 여기에 성경의 아름다움이 있으니, 성경 말씀은 너무나 빈틈없이 짜여 있고, 너무나 정교하게 조화를 이루고 있기 때문에 일점일획이라도 제해 버리거나 과장하거나 경시했다가는 성경 전체의 가르침을 왜곡시켜 버리는 결과를 초래하고 맙니다. 우리는 대답할 것을 예비하고 기다리라고 강조한 위의 말씀과 아울러, "너는 말씀을 전파하라. 때를 얻든지 못 얻든지 항상 힘쓰라"(디모데후서 4:2)고 권면하고 있는 바울의 가르침을 조화시키지 않으면 안 됩니다.

오늘날 우리는 '친교를 통한 전도'에 대해서도 많이 듣고 있습니다. 이러한 생각은 자칫 잘못하면 '우리가 먼저 해야 할 일은,

우리가 주님에 대하여 말해 주기 전에 상대방이 먼저 이러한 이야기로 발전할 수 있는 질문을 꺼내기를 기다리는, 그저 마음씨 좋은 소극적인 사람이 되어야 한다'는 개념을 낳습니다. 물론 복음을 전해 줄 수 있게끔 길을 터주는 질문을 먼저 하는 사람들도 가끔 있는 것은 사실입니다. 내게도 이런 일이 있었습니다. 그러나 만일 이러한 개념만을 받아들여서 그것만을 기초로 하여 우리의 증거의 삶을 발전시켜 나간다면 그것은 마치 할 일 없이 공원에 나가 가만히 앉아 빈둥거리는 게으름뱅이와 같은 꼴이 될 것입니다. 성경을 열어 보면 그 안에는 피동적이 아니라 능동적으로 움직이는 사도들의 활동이 가득 차 있습니다. 그들은 끊임없이 움직이고, 행하고, 기도하고, 설교하고, 또 일했습니다.

하나님께서는 무엇을 사용하여 그러한 정신 자세를 다져 주셨겠습니까? 무엇이 그들로 하여금 행동하는 사람들이 되도록 만들었습니까? 만 3년 동안이나 그들은 '행하시며, 가르치시는 분'과 동행했습니다. 누가는 이 사실을 책 첫머리에 "예수의 행하시며 가르치시기를 시작하심부터"(사도행전 1:1)라고 기록하고 있습니다.

예수님께서는 지금까지 세상에 왔던 어느 선생보다도 위대한 선생이셨습니다. 그분의 말씀은 거짓된 믿음을 부스러뜨리고, 사람들을 돌이켜 이전의 인간적인 가치 기준으로는 보지 못했던 전혀 새로운 과정, 즉 희생과 고난과 역경의 과정을 밟게 했습니다. 그분을 따르던 제자들은 핍박을 향해서도 기꺼이 전진했습니다. 그분의 말씀은 죽은 자를 살렸고, 성난 바다를 잔잔케 했으며, 귀신을 쫓아냈습니다. 그분처럼 말할 수 있었던 사람은 아무도 없었습니다.

예수님께서는 또한 행동가이셨습니다. 그분의 증거는 솔직하고 적극적이었습니다. 인간적인 눈으로 볼 때 주님께서 우물가의 여인을 안 지는 얼마나 오래되셨으며(요한복음 4:1-42 참조), 삭개오를 만난 지는 얼마나 오래되셨는가(누가복음 19:1-10 참조) 한번 생각해 보십시오. 오랫동안 두터운 친교를 다져 온 사이였습니까? 아닙니다. 우리 주님과, 그분이 택하시고 인도하시고 훈련시키셨던 제자들의 삶을 살펴볼 때, 성령께서는 현시대의 어떤 이들이 내세우는 '상대방이 물을 때까지 기다리라'는 주장과는 다른 모습의 그림을 그리시는 것을 볼 수 있습니다. 예수님께서는 행동하는 분이셨습니다.

개인의 가치

사도행전의 첫 구절은 제자도에 관한 또 하나의 중요한 원리인 개인의 가치에 대하여 보여 주고 있습니다. 1절 서두에 데오빌로라는 이름이 보이는데, 누가는 누가복음에서도 같은 이름을 언급하고 있는 바, 그 목적은 데오빌로로 하여금 "그 배운 바의 확실함을 알게 하기 위함"이라고 기록하고 있습니다(누가복음 1:4). 얼마나 놀라운 말입니까! 성경 중에서 두 권이나 되는 방대한 책이, 그것도 4복음서 가운데서 한 권과 신약성경의 유일한 역사서인 사도행전이, 같은 한 사람을 위해 기록되었다는 사실을 생각해 보십시오. 누가에게는 개인의 가치에 대한 올바른 안목이 있었습니다. 얼마나 새로운 사실입니까? 오늘날까지도 소수의 개

개인은 주목을 받지 못하고 있고, 사람들은 많은 무리에게 가치를 부여하고, 큰 군중이 있어야 하고, 숫자가 많아야 환영받고 있습니다. 우리는 주위에서 이런 대화를 얼마나 자주 들어 왔습니까? "어젯밤 모임은 좋았습니까?" "네, 너무 좋았어요. 정말 훌륭한 모임이었지요. 자리가 모자라서 다른 방에 있는 의자들까지 날라 와야 했을 정도였다고요!"

그런 것만 가지고 어떻게 훌륭한 모임이었다고 말할 수 있겠습니까? 참석자의 숫자가 많다는 사실이 정말 무슨 큰 뜻이라도 있다는 말입니까? 물론 어떤 사람들에게는 그럴 수도 있습니다.

이런 이야기는 또 얼마나 자주 듣는 이야기입니까? "어젯밤 모임은 어땠어요?" "말도 마세요. 사람들이 와야 어떻게 해보지요. 글쎄, 자리가 반도 안 찼다니까요. 그건 정말 비극이었어요."

정말로 비극이었습니까? 사람들만 많다고 훌륭한 모임이 됩니까? 자, 그렇다면 참석자 숫자가 많으면 훌륭한 모임, 참석자 숫자가 적으면 시시한 모임이라는 결론이 나오게 되는데 정말 그렇습니까? 다 같이 한번 깊이 생각해 봅시다.

그 모임을 통해서 결신한 사람이 있었습니까? 더 깊은 기도를 할 결심을 하고, 그것을 어떻게 실행에 옮길 것인가에 대한 새로운 생각을 가지고 집에 돌아간 사람이 있었습니까? 성경 말씀을 암송해야겠다는 의욕과 거기에 대한 간단한 실천 계획을 갖게 된 사람이 있었습니까? 자기 이웃에 대하여 큰 책임감을 느끼고 그 자리를 떠난 사람이 있었습니까? 단지 많은 자리가 채워진 그 이상의 어떤 일이 일어났습니까?

누가를 인하여 하나님께 감사합시다! 하나님께 끝없는 감사를 드립시다. 이 세상의 필요를 알고 불타는 마음을 가졌으면서도 한 개인에게 중요성을 두고 그 사람의 필요를 위해 자신을 허비한 이 하나님의 사람을 인하여 하나님께 감사드리십시오!

순결한 삶

사도행전 1:4 말씀을 통하여 누가는 부활하신 주님과 그분의 가장 사랑하시는 제자들이 주고받는 친숙하고 조용한 대화를 듣는 자리로 우리를 초대하고 있습니다. 이 대화는 제자도의 또 다른 원리인 순결한 삶에 대한 동기를 불어넣어 주고 있습니다. "사도와 같이 모이사 저희에게 분부하여 가라사대, '예루살렘을 떠나지 말고 내게 들은 바 아버지의 약속하신 것을 기다리라. 요한은 물로 세례를 베풀었으나 너희는 몇 날이 못 되어 성령으로 세례를 받으리라' 하셨느니라"(사도행전 1:4-5).

예수님께서 제자들에게 정확하게 며칠 동안을 기다리라고 말씀하지 않으셨다는 사실을 주목하십시오. 단순히 "몇 날이 못 되어"라고만 말씀하셨습니다. 만약 예수님께서 "지금부터 열흘 후에"라고 말씀하셨다면, 제자들은 아마 아흐레 동안은 다른 일들에 사로잡혀 있다가 열흘째 되는 날 비로소 성령을 맞을 준비를 하느라고 부산하게 움직였을 것입니다.

감람산에서 흰옷 입은 두 사람이 저희에게 한 말에도 주의를 기울여 봅시다. "갈릴리 사람들아, 어찌하여 서서 하늘을 쳐다보느냐? 너희 가운데서 하늘로 올리우신 이 예수는 하늘로 가심을 본 그대로 오시리라"(사도행전 1:11). 주님께서 다시 오신다는 소망은 제자들로 하여금 주님의 재림을 예비하도록 동기를 불러

일으켜 주었습니다.

그리스도를 믿고 변화되기 시작하면서 이 축복된 소망이 나를 처음으로 사로잡았던 그 무렵을 나는 지금도 기억하고 있습니다. 그리스도를 믿기 전 나의 삶은 술과 노름, 욕설, 그 밖에 좋지 못한 많은 악습들로 뒤범벅이 된 삶이었습니다. 그러다 구원을 받은 후, 사나운 입버릇은 쉽게 고칠 수가 있었습니다. 나 스스로가 그런 말투를 부끄러워하게 되었고, 또 내가 주님의 이름을 망령되이 부른다는 사실을 깨달았을 때는 자신이 미워졌기 때문입니다. 때때로 실수를 하기는 했지만 그러한 횟수도 차츰 줄어들다가 나중에는 거의 없어졌습니다. 노름을 하지 않는 그리스도인 친구들과 사귀다 보니 자연히 노름과도 거리가 멀어졌습니다.

그러나 술버릇은 문제가 좀 달랐습니다. 아버지가 독일 출신이었기 때문에 우리 집에서는 항상 아버지가 집에서 손수 빚으신 맥주를 마셨습니다. 이런 분위기에서 성장한 나는 어릴 때부터 술 마시는 법을 배워서 맥주의 맛까지 알게 되었습니다. 2차대전 중 해병 제1사단에 복무할 때만 해도 나는 우리 중대의 내로라하는 거친 친구들을 술좌석에서라면 이길 수 있었습니다. 이 술꾼들이 술좌석에 갈 때면 꼭 나와 함께 가기를 원했는데, 그 이유는 내가 어느 파티석상에서나 술집에서나 그들과 장단을 맞추어 마실 수 있을 뿐만 아니라, 곤드레만드레가 된 그 친구들을 모아 끌고 귀대할 수 있는 사람은 나밖에 없었기 때문입니다. 내가 그리스도인이 된 후에도 그런 옛날 버릇 때문에 맥주나 위스키 생각이 간절해지는 때가 있었습니다.

예수님께서 재림하신다는 사실, 그날이 바로 오늘이 될지도 모른다는 사실을 깨달았을 때만큼이나 내 인생에 큰 변화를 준 적은 없었습니다. 예수 그리스도께서 다시 오신다는 사실을 깨닫고 그 생각 가운데서 살기 시작했을 때부터 나의 삶 가운데는 변화가 일어났습니다. 예수님께서 재림하신다는 사실은 나에게 술을 끊고자 하는 강한 의욕을 불어넣었고, 전도에 대한 동기를 불러일으켰으며, 순결한 삶과 그분께 대한 더욱 깊은 헌신의 마음을 갖게 해주었습니다. 요한도 이렇게 기록하고 있습니다. "사랑하는 자들아, 우리가 지금은 하나님의 자녀라. 장래에 어떻게 될 것은 아직 나타나지 아니하였으나, 그가 나타내심이 되면 우리가 그와 같을 줄을 아는 것은 그의 계신 그대로 볼 것을 인함이니, 주를 향하여 이 소망을 가진 자마다 그의 깨끗하심과 같이 자기를 깨끗하게 하느니라"(요한일서 3:2-3). 예수님께서 재림하신다는 분명한 사실은 우리로 하여금 순결한 삶을 살고자 하는 동기를 주는 것입니다.

부활하신 예수님과의 마지막 대화에서 사도들이 미래에 대한 예언을 밝히 알기를 원했다는 사실은 언제나 나의 관심을 끌어왔습니다. 그들의 마음은 미래에 대한 생각으로 가득 차 있었습니다. 다음 순간에는 무슨 일이 일어날 것인가? 내일은, 다음 달에는, 내년에는 어떤 일이 일어날 것인가?

전도 전략

예수님께서는 증인이 되라는 명령을 주실 때 권능에 대한 약속도 함께 주셨습니다. 성령께서는 우리가 이 명령을 수행해 나갈 때 능력과 권능을 주시고 길을 밝혀 주십니다. 사도행전의 이 부분을 읽어 보면 제자들은 그들에게 맡겨 주신 가장 중요한 목표의 하나인 전도하는 삶에서 벗어나게 될 소지가 있었다는 것을 볼 수 있습니다. 그러나 예수님께서는 사도들이 미래에 관심을 가지고 있다고 해서 그들을 꾸짖지 않으셨고, 그 대신 그들의 관심의 방향을 오늘의 긴급한 필요로 돌리셨습니다. 즉, 주님께서는 그들에게 온 정열을 불태워 복음을 증거하도록 사명을 주신 것입니다. 그들은 인생에서 가장 중요한 일에 관심을 돌려 예수 그리스도의 복음을 들고 가까운 이웃으로부터 시작해서 땅 끝까지 나아가게 되었습니다. 그들은 마치 연못에 던진 돌멩이가 수면에 파문을 일으키면 그 파문이 그 둘레로 점점 퍼져 나가는 것처럼 예루살렘에서 유대로, 사마리아로, 나아가서 땅 끝까지 복음을 전파하라는 사명을 받았습니다.

그들은 문자 그대로 예수님의 지시를 따랐습니다. 곧, 복음의 교리를 온 예루살렘에 충만히 전했으며, 이어서 유대로 복음을 들고 나아갔습니다. 사마리아도 빌립의 전도를 통하여 복음을 듣게 되었고, 베드로를 통하여 고넬료에게 복음이 전해짐으로써 이방인 가운데서 첫 회심자가 생겼습니다. 이윽고 최종적으로, 주로 사도 바울의 지휘 아래 그리스도의 군사들은 땅 끝까지 복음을 전하게 되었습니다. 사도들에게는 '나를 따르라'는 예수님의 초청이 결국 '가서 복음을 전하라'는 사명이 된 것이었습니다. 주님께서 택하셔서, 주님을 따르고, 주님으로부터 배우고, 주님과 함께 동행하며, 대화를 나누었던 사도들은 후에 복음으로 세계를 정복하는 비전의 선봉이 되었습니다. "이에 열둘을 세우셨으니 이는 자기와 함께 있게 하시고 또 보내사 전도도 하며"(마가복음 3:14).

마태복음 11:28의 "내게로 오라"는 예수님의 초청에 대한 우리의 응답은 마태복음 28:19의 "너희는 가서 모든 족속으로 제자를 삼으라"는 명령에 순종하는 책임으로까지 이어져야 마땅합니다. 우리는 섬기기 위해 구원받았습니다. 우리는 구속받았기 때문에 전도하는 것이 아니라, 전도를 하라고 구속을 받았습니다. 그렇다고 해서 우리 자신의 힘으로만 허우적거리며 그 일을 하라고 내버려 두신 것은 아닙니다. 예수님께서 우리와 함께하십니다.

성령의 권능

성령의 권능에 대해서는 동부 말레이시아 사바 지방에 있는 도시 코타키나발루에 갔을 때 겪은 일을 통해서 깊이 깨달은 적이 있습니다. 그곳에서 열린 수양회에서 저녁 7시 반에 말씀을 전하기로 되어 있었는데, 그날 저녁 7시 25분까지 나는 먹은 것을 모조리 토하고 기진맥진하여 욕실 바닥에 웅크리고 앉아 있었습니다. 온몸이 땀에 흠뻑 젖어 꼴이 말이 아니었고, 너무나 힘이 빠져 움직이기조차 힘들었습니다. 나는 아내를 불러서 사회자에게 내가 도저히 그 수양회에 나갈 수 없다는 연락을 해달라고 부탁했습니다. 그러고 나서 생각해 보니 형제 자매들이 그 수양회를 위해서 1년 이상이나 준비하고 기도해 왔다는 사실이 마음에 걸렸습니다.

주님께서는 내가 평소에 암송하고 있었던 성경 말씀들을 마음 가운데 떠오르게 해주셨는데, 그 가운데는 "너희가 권능을 받고"(사도행전 1:8)와 "너는 마음을 다하여 여호와를 의뢰하고"(잠언 3:5)와 같은 말씀들도 있었습니다. 나는 이 문제를 다시 생각하기 시작했습니다. 하나님께서는 자신이 맡겨 주신 일을 수행할 수 있도록 내게 능력을 주시지 않겠는가? 이 생각에 용기를 얻어 사회자에게 연락하지 말라고 아내한테 다시 말하고서는, 비틀거리며 일어서서 그야말로 젖 먹은 힘까지 다해서 몸을 닦고 깨끗한 셔츠로 갈아입고 성경을 집어 들었습니다. 잠시 후 그런 가운데서도 수양회장으로 향할 수 있었습니다.

수양회장에 도착했을 때는 언제 아팠던가 할 정도도 몸이 편했습니다. 나는 그때만큼이나 하나님의 임재하심과 크신 권능을 깊이 경험해 본 적이 없습니다. 누구 말을 들어 보아도 하나님께서는 그 수양회를 크신 능력으로 축복하셨다는 것이었습니다. 그러나 호텔 방에 돌아와 5분도 채 안 되어 나는 다시 욕실 바닥에 주저앉아 땀을 흘리며 토하기 시작했습니다. 내가 그 수양회에 나가지 않았다고 하더라도 다들 나를 이해하고 섭섭하게 생각지는 않았겠지만, 하나님께서는 내게 필요한 능력을 주시기 위하여 내가 믿음의 발걸음을 내딛기만을 기다리고 계셨던 것입니다.

긴급한 과업

즉각적인 행동을 요구하는 어떤 일들이 있는데, 거기에는 긴박감이 서려 있습니다. 주 예수님께서 세계 정복의 전략에 대하여 말씀해 주실 때 우리에게 다가오는 메시지가 바로 그렇습니다. 주님께서는 사도들에게 예루살렘으로부터 시작하여 온 유대로, 다음에는 사마리아로, 마침내는 이 지구 상의 구석구석에 이르기까지 이 소식을 전파하라고 말씀하셨습니다.

어느 해 겨울에 나는 아내와 함께 홍콩에 갔다가 그곳 코울룬에 있는 어떤 호텔에서 얼마간 머무른 적이 있습니다. 어느 날 새벽 3시쯤 사이렌 소리에 잠이 깬 아내가 무슨 일인가 하고 일어나 창문 밖을 내다보고는 소방차들이 호텔 앞으로 몰려드는 것을 보고 깜짝 놀라 방문을 열고 내다보았지만 복도에 연기가 가득 차 앞이 잘 보이지 않았습니다. 아내는 즉시 세상모르고 깊이 잠들어 있는 나를 흔들어 깨우기 시작했는데, 나는 한참만에야 아내가 무슨 말을 하고 있는지 알아들었습니다. 호텔에 불이 났구나! 정신이 바짝 나서 비상계단으로 달려가서 다른 수십 명의 투숙객들과 함께 그곳을 탈출했습니다. 다행히 디스코 클럽만 태우고 불길이 잡혀서 한 시간 후에는 다시 방으로 돌아와 잠을 청할 수 있었습니다.

소방차와 연기는 우리의 생존 본능을 일깨우고 우리에게 비상시임을 알려서 즉시 대피하지 않으면 안 된다는 사실을 깨닫게 했던 것입니다. 간혹 보는 바이지만 누구나 긴급한 일에는 즉각적인 반응을 나타냅니다.

그리스도인에게는, 성령께서 사도행전을 통하여 알려 주시는 메시지가 바로 그것입니다. 꾸물대고 있을 여유가 없습니다. 세계복음화의 작업은 여가 시간에 이루어질 일이 아닙니다. 지옥문은 활짝 열려 있고 그 입구에는 환영한다는 뜻으로 돗자리까지 깔려 있습니다. 마귀는 그리스도가 없는 이 무덤에 들어오는 모든 자를 영원히 포획하려고 호시탐탐 노리고 있습니다. 이제 그리스도의 명령은 명확합니다. "너희가… 내 증인이 되리라"(사도행전 1:8).

하나님의 뜻을 구함

사도행전 1장의 마지막 부분에 나오는 한 사건은 내게 늘 도전을 주고 있습니다. 그리스도를 따르던 자들은 어느 다락방에 모여 기도에 힘쓰고 있었는데, 베드로가 그 가운데서 일어나 유다를 대신하여 사도의 직무를 맡게 될 사람에 관하여 기록된 성경 말씀에 그들의 주의를 환기시켰습니다. "시편에 기록하였으되, '그의 거처로 황폐하게 하시며 거기 거하는 자가 없게 하소서' 하였고, 또 일렀으되, '그 직무를 타인이 취하게 하소서' 하였도다" (사도행전 1:20). 베드로가 인용한 말씀은 시편 69:25과 시편 109:8이었습니다. 그들은 이 문제를 가지고 기도하고 주님께 그 뜻을 보여 주시기를 구한 다음, 구약시대부터 행하여 왔던 예를 좇아 하나님의 뜻을 발견하려 했습니다.

이 이야기로부터 우리는 큰 교훈을 배울 수 있는데, 그것은 사도들이 기도하는 가운데 말씀을 깊이 연구하며, 하나님의 뜻을 분별하고자 했고, 그 후에야 하나님께서 보여 주신 뜻을 따라 행동에 옮겼다는 사실입니다. 그들은 주님의 사람들이었고, 주님의 일을 했고, 주님께서 결정하시도록 했습니다. 그리하여 사도들은 두 사람을 추천하여 주님께서 그중 한 사람을 택하셔서 계속 늘어나는 하나님의 양떼를 치며 그들과 함께 동역할 수 있게 해주시도록 했습니다.

하나님의 양 무리를 돌봄

여기서 우리는 다시 하나님께서 자기 백성들에게 나타내신 놀라운 지혜와 은혜와 사랑을 볼 수 있습니다. 선하신 우리 주님께서는, 자기 백성들이 최상의 상태에서 최선을 다할 수 있도록 도우시려는 뜻에서 선교 경험으로나 그리스도께 헌신한 연륜으로나 추수 터의 젊은 일꾼들을 지도하며 이끌 수 있는 감독자 즉 영적 지도자들을 주셨습니다. 이러한 감독자들은 자유롭게 젊은 일꾼들을 방문해서, 함께 기도하고, 그들의 문제에 대하여 상담해 주고, 방법들을 나누어 줍니다. 연장자의 경험은 선교 사역을 진일보하게 해주며 젊은 일꾼들이 범하기 쉬운 실수를 미리 막아 줄 것입니다.

하나님의 백성들 가운데서 감독자의 위치에 있는 이 지도자들의 역할에 대해 말해 주는 또 하나의 개념 내지 원리가 뒤편의 사도행전 20:28에 나타나 있습니다. "너희는 자기를 위하여 또는 온 양 떼를 위하여 삼가라. 성령이 저들 가운데 너희로 감독자를 삼고 하나님이 자기 피로 사신 교회를 치게 하셨느니라." 지도자들은 하나님의 감독하에서 하나님의 양 떼를 감독합니다. 그렇기 때문에 지도자들은 자신들이 인도하고 있는 사람들에게 늘 주의를 기울일 필요가 있습니다. 그들은 "네 양 떼의 형편을 부지런히 살피며, 네 소 떼에 마음을 두라"(잠언 27:23)는 말씀을 배워야 합니다. 양 떼를 방치해 두고 보호하지 않으며, 사랑하지 않고, 돌보지 않는 일은 하나님 앞에서 큰 불충이요, 가장 나쁜 죄에 속합니다.

주님의 일꾼들 가운데서 하나님께서 세우신 감독자의 사역에 대하여 원망하는 사람들이 있다는 말을 이따금 들을 때면 몹시 놀라곤 합니다. 나는 어떤 일꾼들이 자신들을 이끌고 있는 감독자에게 "당신은 나를 그런 식으로 점검할 권리가 없소" 하고 말하는 것을 들은 적도 있습니다. 교만, 자존심, 무지는 종종 하나님께서 우리의 삶을 위해서 예비하신 가장 좋은 것들을 받지 못하도록 방해하고 있는데, 특히 그것들이 권위가 인정된 누군가를 통해 주어질 때 그렇습니다.

감독자의 삶에 필수적인 세 가지 요소는 사랑과 인내와 자신이 인도하고 있는 사람들을 격려하고 활력을 불어넣어 줄 수 있는 능력입니다. 지도자가 젊은 일꾼들을 만나 냉담하고 기계적이며 주장하는 태도로 그들을 대한다면, 그는 자기가 돕고자 하는 사람들로부터 오히려 반발을 사게 될 것입니다. 감독자는 위압적인 태도를 가져서는 안 되며, 도리어 마음이 온유하고 겸손하셨던 분을 닮아야 합니다. 그의 사역과 그 안에서 동역하고 있는 일꾼들과의 관계는 베드로의 말과 같이 목자장이신 주님의 삶의 본을 따라야 합니다.

> 너희 중 장로들에게 권하노니, 나는 함께 장로 된 자요, 그리스도의 고난의 증인이요, 나타날 영광에 참예할 자로라. 너희 중에 있는 하나님의 양 무리를 치되 부득이 함으로 하지 말고 오직 하나님의 뜻을 좇아 자원함으로 하며, 더러운 이를 위하여 하지 말고 오직 즐거운 뜻으로 하며, 맡기운 자들에게 주장하는 자세를 하지 말고 오직 양 무리의 본이 되라. 그리하면 목자장이 나타나실 때에 시들지 아니하는 영광의 면류관을 얻으리라. (베드로전서 5:1-4)

그리하여 사도행전의 첫 장은 열한 사도가 주님께 의뢰하는 가운데 이 감독자의 직분을 맡아 동역하게 될 한 사람의 적임자를 선발하는 것으로 끝을 맺고 있습니다.

요 약

누가는 구체적인 제자의 상(像)을 아래와 같은 모습으로 그려 나가기 시작합니다.

- 하나님의 거룩한 남녀 일꾼들
- 성령의 능력 안에서 온 세상에 복음을 전하는 긴급한 과업에 적극 동참하고 있는 사람
- 하나님께서 세우신 지도자들을 따르는 사람

2

배가하는 제자들

사도행전 2장은 교회의 탄생을 경축하고 있습니다. 그 일은 유월절로부터 50일째 되는 추수 기념일인 오순절 중에 일어났습니다. 이 특별한 절기 중에 새로운 종류의 추수가 이루어졌는데, 3,000명의 영혼이 하나님의 나라에 새로이 들어왔던 것입니다. 이때 시작한 추수 일은 오늘날도 이 세상 방방곡곡에서 계속 진행되고 있습니다. 성령께서는 사도행전 2장에서 시작하신 사역을 지금도 계속하고 계시며, 주님께서 이 시대의 막을 내리러 다시 오실 때까지는 결코 멈추지 아니하실 것입니다.

이 구절을 통하여 우리에게 소개되고 있는 기이한 사건들은 그리스도께서 주신 지상사명의 조명 아래서 살펴보아야 합니다. 사실 우리 삶 속의 모든 일, 역사 속의 모든 사건들, 교회 내의 모든 일들이 그것에 비추어 파악되어야 합니다. 우리는 그리스도께서 주신 지상사명의 빛에 비추어 보는 가운데서 우리 삶을 다스려 나가야 합니다. 즉 그 사명이 우리가 내리는 모든 결정의 주된 요인이 되어야 하는 것입니다.

그러나 하나님의 백성들은 이 면에서 많은 실패를 하고 있습니다. '선교주일'이 되면 우리는 새삼스레 이 세상의 필요에 대하여 듣고, 먼 나라들에서 진행되고 있는 주님의 사업에 대한 소식도 들으면서 기도하고 헌금해야겠다는 책임감을 절실히 느끼게 됩니다. 우리 대부분이 이런 일은 하고 있지만, 지상사명에 비추어 그 관점에서 우리 삶을 계획하고 결정을 내려야 한다는 생각은 아예 마음에 떠올리지도 않습니다. 마땅히 그래야 하는데도 말입니다. 그렇게만 한다면 다른 어떤 것도 줄 수 없는 멋과 운치가 우리 인생에 더해질 것입니다. 사람이라면 누구나 시간을 들이고, 돈을 투자하고, 나아가서는 생명까지도 바칠 만한 가치가 있는 일을 하고 싶어 하지만, 있는 힘을 다 바칠 만한 가치가 있는 일은 거의 없습니다. 대부분의 사람들은 일시적인 것들에 사로잡혀서 물질적인 것들을 획득함으로써 인생의 만족을 얻으려고 노력하고 있지만 결코 그런 것들로는 만족할 수가 없습니다. 우리는 영적인 존재입니다. 하늘나라를 위해 지으심을 받은 사람이 세상적 활동들로 만족을 구하는 것은 어리석은 일입니다. 그러나 그리스도를 삶의 중심에 모시고 그분의 명령이 우리의 마음을 불태우고 있다면, 우리의 인생은 하나님께서 본래 뜻하신 대로 이루어져 모험과 흥분과 의미와 목표로 충만하게 될 것입니다. 사도행전 2장에서 보여 주고 있듯이 사도들은 바로 그것을 발견했던 것입니다.

지상사명

사도들도 인간이었습니다. 그들도 우리 모두가 가지고 있는 것과 같은 한계, 의심, 두려움 및 결점들이 있었습니다. 그리스도께서 승천하신 직후 며칠 동안 예루살렘에 함께 모여 있을 때 그들의 마음 가운데는 어떤 생각들이 일어났으리라고 생각합니까? 그리스도께서 주신 그 사명에 대하여 서로 이야기를 나누고 있었겠습니까? 적어도 베드로나 요한은 그 사명을 어떻게 실행할 것인가를 궁리하기 시작하지 않았겠느냐 하는 생각이 듭니까? 자, 이제 주님께서 주신 지상사명을 살펴보면서 이 사명이 사도들의 생각에 어떻게 영향을 미쳤겠는가를 생각해 보기로 합시다.

마태는 제자를 삼으라는 그리스도의 명령을 이렇게 기록했습니다.

> 예수께서 나아와 일러 가라사대, "하늘과 땅의 모든 권세를 내게 주셨으니, 그러므로 너희는 가서 모든 족속으로 제자를 삼아, 아버지와 아들과 성령의 이름으로 세례를 주고, 내가 너희에게 분부한 모든 것을 가르쳐 지키게 하라. 볼지어다. 내가 세상 끝 날까지 너희와 항상 함께 있으리라" 하시니라. (마태복음 28:18-20)

마가는 그리스도의 명령이 미치는 범위를 알려 주고 있습니다. "또 가라사대, '너희는 온 천하에 다니며 만민에게 복음을 전파하라'"(마가복음 16:15).

누가는 이 명령을 성취하는 일을 어떻게 도울 수 있는가에 대하여 몇 가지 실마리를 제시하고 있습니다.

이에 저희 마음을 열어 성경을 깨닫게 하시고 또 이르시되, "이같이 그리스도가 고난을 받고 제삼일에 죽은 자 가운데서 살아날 것과, 또 그의 이름으로 죄 사함을 얻게 하는 회개가 예루살렘으로부터 시작하여 모든 족속에게 전파될 것이 기록되었으니, 너희는 이 모든 일의 증인이라." (누가복음 24:45-48)

요한의 기록을 읽어 봅시다. "이날 곧 안식 후 첫날 저녁 때에, 제자들이 유대인들을 두려워하여 모인 곳에 문들을 닫았더니, 예수께서 오사 가운데 서서 가라사대, '너희에게 평강이 있을지어다!' 이 말씀을 하시고 손과 옆구리를 보이시니 제자들이 주를 보고 기뻐하더라. 예수께서 또 가라사대, '너희에게 평강이 있을지어다. 아버지께서 나를 보내신 것같이 나도 너희를 보내노라'" (요한복음 20:19-21).

요한이 쓴 기사는 그리스도의 지상사명에 참여하게 될 때 치러야 할 값이 어떠한가 보여 주고 있습니다. 예수님께서는 "아버지께서 나를 보내신 것같이 나도 너희를 보내노라"고 말씀하시기 전에 제자들에게 먼저 손과 옆구리를 보여 주셨습니다. 주님께서 왜 제자들에게 손과 옆구리를 보여 주셨겠습니까? 바로 그 못자국과 창으로 찔린 상처를 보여 주시기 위해서였습니다. 다시 말하면 제자가 치러야 할 값을 생생한 모습으로 보여 주신 것입니다. 주님께서는 제자들에게 장미화원을 약속하시지 않았습니다. 제자의 길은 공원에 놀러 가는 길이 될 수도 없습니다. 주님께서는 그 길이 고난과 수고와 죽음까지도 각오해야 하는 길임을 보여 주셨습니다.

그 후 예루살렘에서 예수님께서는 제자들에게 그 사명을 이루기 위한 구체적인 전략을 말씀해 주셨습니다. "오직 성령이 너희에게 임하시면 너희가 권능을 받고 예루살렘과 온 유대와 사마리아와 땅 끝까지 이르러 내 증인이 되리라"(사도행전 1:8).

베드로와 요한은 주님께서 그들에게 주신 임무를 생각해 보고는 틀림없이 그 중대성에 마음이 무거웠을 것이라 생각합니다. 그들이 어떻게 이 복음을 바대인이나 메대인, 엘람인, 또는 메소보다미아에서 온 사람들에게 분명하게 전할 수 있겠습니까? 그들은 아마 메소보다미아, 가바도기아, 애굽, 또는 리비아에서 온 사람들을 만나 본 일조차 없었는지도 모릅니다. 그러나 그들이 그런 것을 걱정하고 있었다면 그 염려는 전혀 엉뚱한 것이었습니다. 예수님께서 이미 그 모든 일을 다 계획해 놓으셨기 때문입니다. 그분의 전략의 출발 광경은 장관이었습니다.

> 오순절 날이 이미 이르매 저희가 다 같이 한곳에 모였더니, 홀연히 하늘로부터 급하고 강한 바람 같은 소리가 있어 저희 앉은 온 집에 가득하며 불의 혀같이 갈라지는 것이 저희에게 보여 각 사람 위에 임하여 있더니, 저희가 다 성령의 충만함을 받고 성령이 말하게 하심을 따라 다른 방언으로 말하기를 시작하니라. (사도행전 2:1-4)

그들은 왜 방언을 하게 되었을까요? 그리스도의 지상사명이 그 모든 일의 중심이라는 사실을 기억하십시오. 그 다음을 주의해 보십시오.

> 그때에 경건한 유대인이 천하 각국으로부터 와서 예루살렘에 우거하더니, 이 소리가 나매 큰 무리가 모여 각각 자기의 방언으로 제자들의 말하는 것을 듣고 소동하여 다 놀라 기이히 여겨 이르되, "보라. 이 말하는 사람이 다 갈릴리 사람이 아니냐? 우리가 우리 각 사람의 난 곳 방언으로 듣게 되는 것이 어찜이뇨? 우리는 바대인과 메대인과 엘람인과 또 메소보다미아, 유대와 가바도기아, 본도와 아시아, 브루기아와 밤빌리아, 애굽과 및 구레네에 가까운 리비야 여러 지방에 사는 사람들과 로마로부터 온 나그네 곧 유대인과 유대교에 들어온 사람들과 그레데인과 아라비아인들이라. 우리가 다 우리의 각 방언으로 하나님의 큰일을 말함을 듣는도다!" 하고. (사도행전 2:5-11)

주님께서는 사도들이 시작을 잘할 수 있도록 해주셨을 뿐입니다. 주님께서는 바대인과 가바도기아인, 애굽인, 기타 여러 지역에서 온 사람들을 그들에게로 보내 주셨습니다. 그뿐만 아니라 주님께서는 사도들에게 외국어로 복음을 분명하게 전달할 수 있는 능력도 주셨습니다. 자연히 군중들 가운데서는 조롱하는 자들도 있었습니다. 대개 그런 무리들이 있기 마련입니다. "다 놀라며 의혹하여 서로 가로되, '이 어찐 일이냐?' 하며, 또 어떤 이들은 조롱하여 가로되, '저희가 새 술이 취하였다' 하더라"(사도행전 2:12-13).

마음에 새겨진 말씀

바로 이때 베드로는 놀라운 일을 행했습니다. 이러한 비난에 대해 불쾌해 하거나, 논쟁을 시작한 것이 아니라, 그는 다만 성경 말씀을 몇 구절 인용했습니다.

> 베드로가 열한 사도와 같이 서서 소리를 높여 가로되, "유대인들과 예루살렘에 사는 모든 사람들아, 이 일을 너희로 알게 할 것이니 내 말에 귀를 기울이라. 때가 제삼시니 너희 생각과 같이 이 사람들이 취한 것이 아니라. 이는 곧 선지자 요엘로 말씀하신 것이니 일렀으되, '하나님이 가라사대, 말세에 내가 내 영으로 모든 육체에게 부어 주리니 너희의 자녀들은 예언할 것이요, 너희의 젊은이들은 환상을 보고, 너희의 늙은이들은 꿈을 꾸리라. 그때에 내가 내 영으로 내 남종과 여종들에게 부어 주리니 저희가 예언할 것이요, 또 내가 위로 하늘에서는 기사와 아래로 땅에서는 징조를 베풀리니 곧 피와 불과 연기로다. 주의 크고 영화로운 날이 이르기 전에 해가 변하여 어두워지고 달이 변하여 피가 되리라. 누구든지 주의 이름을 부르는 자는 구원을 얻으리라' 하였느니라." (사도행전 2:14-21)

나 같으면 베드로처럼 그냥 담대히 서서 요엘 2:28-32 말씀을 술술 인용하지 못했을 것입니다. 그는 성경공부를 막 마치고 공부한 노트 뭉치를 손에 들고 나온 것도 아니었습니다. 거리에 나와 있었으니까 준비한 설교 원고도 없었습니다. 아무것도 없이 그냥 서서 즉석에서 성경을 인용했을 뿐입니다.

어디서 그런 아이디어를 얻었겠습니까? 대답은 간단합니다. 그는 3년간이나 주님을 따라다니며 주님께서 말씀하시는 것을 듣고 보았습니다. 주님께서는 사람들에게서 비난을 받으실 때나 반박을 당하실 때면, "너희가 율법에서 읽지 못하였느냐?" 또는 "너희가 성경에서 그것을 읽어 본 일이 없느냐?" 하시든지, 혹은 "너희가 모세의 책에서 이 말씀을 읽어 보지 못하였느냐?"라고 말씀하시고 성경 말씀을 인용하시곤 했습니다(마태복음 12:5, 21:42, 마가복음 12:26).

많은 경우에 예수님께서는 자기를 비판하는 사람들에게 성경 말씀을 인용하여 대답해 주심으로써 제자들에게 놀라운 본보기를 남겨 주셨습니다. 제자들은 언제나 주님께서 인용하시는 성경 말씀을 듣고 교훈을 얻었습니다. 베드로는 주님께서 영광 중에 올리워 가신 후 처음으로 행한 설교를 하나님의 말씀을 인용함으로써 시작했습니다. 사실 사도들은 함께 교제할 때면 성경 말씀을 자주 인용했습니다.

사도행전 1:16에서 베드로는 시편 41:9을 인용하고 있고, 사도행전 1:20에서는 시편 69:25과 시편 109:8을 인용했으며, 사도행전 2:25-28은 시편 16:8-11을 인용한 부분이요, 사도행전 3:22-23은 신명기 18:15,19을 인용한 것입니다. 성경은 사도들의 교제와 결정과 기도와 설교의 중심이었습니다. 사도들은 말씀에 충만한 사람들이었으며, 말씀의 권위 아래서 살았습니다. 그리스도께서 그들에게 분명한 본을 보여 주셨던 것입니다. 베드로는 심부름하는 아이를 성전에 보내 요엘서 두루마리를 가져오게 해서 그걸 큰 소리로 읽을 수도 있었겠지만 그렇게 하지 않고 암송했던 말씀을 인용했습니다.

참으로 놀라운 장면입니다. 얼마 전까지만 해도 갈릴리에서 고

깃배를 타던, 이 평범한 어부였던 거칠고 투박한 사나이 베드로가 화려한 관복을 늘어뜨린 대제사장들과, 재기가 뛰어난 서기관들, 빈틈없는 바리새인들과, 율법 박사들, 시기심 많은 사두개인들로 메워진 시가지에서 그들을 마주 보고 서 있었습니다. 그가 소리 높여 말할 때 예루살렘 거리 구석구석은 복음의 진리로 쩡쩡 울렸습니다. 일찍이 그 같은 것을 보거나 들은 사람은 아무도 없었습니다.

베드로가 그처럼 힘있게 말한 것을 보면 정말 놀랍습니다. 대부분의 사람들은 처음으로 대중 앞에 서게 되면 두려움을 느끼는 것이 보통입니다. 난생 처음으로 간증을 하라거나 대표 기도를 해달라는 부탁을 받았을 때 당신이 보였던 반응이 생각납니까? 나의 경우도 물론 잊을 수가 없습니다. 주일 성경공부반에서 공부를 할 때의 일이었는데, 하루는 공부가 다 끝나고 기도를 할 차례가 되어 다들 자리에서 일어섰는데 선생님이 내게 "리로이 형제가 마치는 기도를 할까요?"라고 말했습니다. 이 말을 듣자 나는 거의 현기증이 날 지경이었습니다. 무릎이 와들와들 떨려서 앞에 있는 장의자를 꼭 붙잡지 않았더라면 그 자리에 쓰러질 뻔했습니다. 안색이 변할 정도로 당황해서 쩔쩔매는 내 모습을 보신 선생님은 "헨슨 형제께서 기도를 하고 마칩시다"라고 말했습니다. 클리프 헨슨 형제가 거기 있었던 것이 얼마나 감사했는지 모릅니다.

베드로는 그 마음이 하나님의 말씀으로 튼튼하게 무장되어 있었습니다. 이 간단한 진리 한 가지만 보더라도 우리가 성경 말씀을 부지런히 암송해 나갈 때 우리의 삶과 증거하는 일에 발전이 온다는 사실은 분명합니다. 그러나 여기에도 문제는 있습니다.

싸움을 해보신 적이 있는지요? 서로 치고 박고 싸우는 격투 말입니다. 나도 그리스도인이 되기 전에 마지막으로 벌였던 싸움만은 지금까지도 아주 생생하게 기억하고 있습니다. 그 싸움에서 나는 상대방에게 늘씬하게 얻어맞아 땅바닥에 아주 쓰러져 버렸는데, 일어나려 하자 세상이 캄캄하고 눈앞에 별이 번쩍번쩍하는 것 같았습니다. 내 눈은 주먹에 맞아 시커멓게 멍이 들었고 내 자존심은 형편없이 깨졌습니다. 맞고 싶어 하는 사람은 아무도 없겠지만, 일단 한번 맞고 나면 그 일은 쉽게 잊혀지질 않습니다.

마귀도 역시 그런 일은 쉽게 잊어버리지 않습니다. 그는 광야에서 예수님을 시험하려다 패배했던 일을 어제 일처럼 생생하게 기억하고 있습니다. 마귀는 세 번이나 예수님을 넘어뜨리려 했지만 예수님께서는 그때마다 하나님의 말씀으로 마귀가 발도 붙이지 못하도록 완전히 패퇴시키셨습니다. 그때 일을 잊지 않고 있는 사탄은 우리가 하나님의 말씀을 마음 가운데 새겨서 말씀에 잠긴 충만한 삶을 살아야 되겠다는 동기를 얻어 이 일을 하려고 하기만 하면, 자기의 능력과 거짓말 보따리 속에 들어 있는 온갖 속임수를 총동원하여 이 일을 못하도록 방해합니다. 사탄은 하나님의 말씀에 정면으로 맞서서 싸울 수도 없을 뿐만 아니라, 결코 이기지 못한다는 사실을 스스로 잘 알고 있습니다.

복 음

베드로의 설교가 능력이 있었던 이유에 그 밖에도 몇 가지가 있는데, 한 가지는 그가 바로 하나님의 능력이 되는 복음을 전했다는 데 있습니다.

> 이스라엘 사람들아, 이 말을 들으라. 너희도 아는 바에 하나님께서 나사렛 예수로 큰 권능과 기사와 표적을 너희 가운데서 베푸사 너희 앞에서 그를 증거하셨느니라. 그가 하나님의 정하신 뜻과 미리 아신 대로 내어 준 바 되었거늘, 너희가 법 없는 자들의 손을 빌어 못 박아 죽였으나 하나님께서 사망의 고통을 풀어 살리셨으니, 이는 그가 사망에게 매여 있을 수 없었음이라. (사도행전 2:22-24)

바울은 복음을 이렇게 요약하고 있습니다. "내가 받은 것을 먼저 너희에게 전하였노니, 이는 성경대로 그리스도께서 우리 죄를 위하여 죽으시고 장사지낸 바 되었다가 성경대로 사흘 만에 다시 살아나사 게바에게 보이시고 후에 열두 제자에게와"(고린도전서 15:3-5). 그리스도께서 죽으신 것은 역사적인 사실입니다. 그러나 그리스도께서 우리의 죄를 위하여 죽으셨다는 것, 이것은 복된 소식입니다. 베드로는 계속해서 "이 예수를 하나님이 살리신지라 우리가 다 이 일에 증인이로다. 하나님이 오른손으로 예수를 높이시매 그가 약속하신 성령을 아버지께 받아서 너희 보고 듣는 이것을 부어 주셨느니라"(사도행전 2:32-33)고 설명하고 있습니다. 그는 여기에서 그치지 않고 예수 그리스도께서 주님이 되심을 분명하게 증거하고 있습니다. "그런즉 이스라엘 온 집이 정녕 알지니 너희가 십자가에 못 박은 이 예수를 하나님이 주와 그리스도가 되게 하셨느니라"(사도행전 2:36).

그의 설교로 말미암아 어떤 일이 일어났습니까? "그 말을 받는 사람들은 세례를 받으매 이날에 제자의 수가 삼천이나 더하더라"(사도행전 2:41). 이 유서 깊은 추수절기에 삼천 명이나 되는 새로운 영혼들이 하나님의 나라로 거둬들여졌습니다.

베드로를 바라보며 우리는 "위대한 인물이다! 그리스도의 위대한 종이다!" 하고 감탄합니다. 그렇습니다. 그건 사실입니다. 그러나 올바른 안목으로 보려면 우리는 이 장의 마지막 구절을 읽어 보아야 합니다. 믿는 사람들은 "하나님을 찬미하며 또 온 백성에게 칭송을 받으니 주께서 구원받는 사람을 날마다 더하게 하시니라"(사도행전 2:47). 이 모든 일을 주관하신 분은 베드로가 아니라 주님이셨습니다. 그리스도를 증거하는 일은 하나님께서 하신다는 사실이야말로 전도에 있어서 가장 중요한 첫째 원리입니다. 그러나 하나님께서는 사람을 통하여 증거하십니다. 이것이 그 둘째 원리입니다. 이 두 가지의 큰 원리를 확실하게 깨달았을 때 나는 얼마나 큰 해방감을 맛보았는지 모릅니다. 나에게는 이제 더 이상 전도하는 일이 짐이 되지 않았습니다. 전도는 나의 일이 아니라 주님 자신의 일입니다! 그러나 주님의 이름을 찬양합니다. 주님께서는 그 일을 위해서 나를 사용하기 원하고 계십니다!

사도행전 2:42로 다시 돌아가 봅시다. "저희가 사도의 가르침을 받아 서로 교제하며 떡을 떼며 기도하기를 전혀 힘쓰니라." 이것이 최초의 그리스도인들이 나눈 교제의 내면 모습입니다. 여기에 그리스도를 따르는 제자도의 기초가 있으며, 이것이 원래의 계획인 것입니다. 신약성경에 나타난 제자의 도를 본받아 실천하려는 사람들에게 얼마나 좋은 모범이 되고 있습니까? 그러면 우리는 여기서 어떤 특성을 찾아볼 수 있겠습니까?

배우려는 태도

첫째로, 초대교회 신자들은 배우려는 태도를 가지고 있었습니다. 그들은 배우려는 열망과 마음가짐이 갖춰져 있어서 사도들의 가르침을 받는 일에 열과 성을 다했습니다. 그들은 의심하는 자들이 아니라 믿는 자들이었으며, 비판적인 마음을 가진 자들이 아니라 호응하는 마음을 가진 자들이었습니다. 배우려는 열망과 배우려는 태도는 그리스도의 사역을 위하여 쓰임받는 중요한 열쇠가 됩니다.

준비된 상태

둘째로, 그들은 주님께서 부르실 때 언제든지 응하여 나설 준비가 되어 있었습니다. 항상 마음 준비가 되어 있는 상태야말로 하나님의 나라에서 성장해 나가고 쓰임받을 수 있는 또 하나의 열쇠입니다. 예를 들어 어떤 젊은 친구가 운동장에 와서 축구팀에 가입하려고 하는데, 가만히 보니 몸의 균형이 매우 잘 잡혀 있고, 달리기 기록이 썩 좋을 뿐만 아니라, 근육이 잘 발달되어 있는 친구였다고 합시다. 코치는 첫눈에 그가 대스타가 될 소질이 있다는 것을 알아보고 가입시켰습니다. 얼마 안 가서 문제가 생겼는데, 이 친구가 도무지 연습장에 나타나지를 않는 것이었습니다. 아무리 소질이 많다고 해도 연습장에 와서 훈련을 받고 코치를 받지 않으면 결코 그 소질이 계발될 수가 없습니다.

반대로 그 청년만큼 소질이 있는 다른 친구가 있어서 매일같이 부지런히 연습에 임하여 훌륭한 선수가 되었다고 합시다. 그런데 이 친구의 문제는 막상 시합을 할 때면 시합장에 나타나지 않는 것입니다. 팀에서 제일 뛰어난, 아무리 훌륭한 일급 선수라도 시합에 나와서 뛰지 않으면 그는 쓸모가 없는 사람입니다. 이와 같이 하나님께 쓰임을 받으려면 준비가 되어 있어야 합니다.

예 배

셋째로, 그들은 예배하는 사람들이었습니다. 주님의 만찬의 교제와 기도와 찬양은 그들의 삶에 없어서는 안 될 필수 요소였습니다. 오늘날 교회들은 종종 초대교회 그리스도인들의 예배 정신이 오늘날도 회중들의 마음에 불을 붙여 주길 원하고 있습니다. 예배의 형식들은 여전히 남아 있다 하더라도 우리의 생각에 정함이 없고, 관심은 다른 것들에 온통 쏠려 있고 마음은 냉랭하다면 그 모든 형식들은 아무 소용이 없습니다. 우리는 물려받은 커다란 유산이 있고, 위대한 기초도 있습니다. 우리는 우리 믿음의 선배들이 드렸던, 온 마음으로 드리는 예배를 회복하기 위하여 우리 영혼을 만져 주시는 하나님의 도우시는 손길이 필요합니다.

기 쁨

우리는 사도행전 2장의 나머지 부분들을 통해 초대교회 신자들의 삶을 더 깊이 살펴볼 수 있습니다. 그들은 오늘날 우리들이 절실히 필요로 하고 있는 또 하나의 특성을 보여 주고 있습니다. 그 특성은 바로 그들에게 있는 기쁨입니다. 기쁨은 이 세상에서 선을 이루는 강력한 힘입니다. 기쁨은 아픈 곳을 치료해 주고 약한 자에게 힘을 공급해 줍니다. 기쁨에 차 있는 사람 곁에 있으면 여러 면에서 도움을 받게 되고 힘을 얻게 됩니다. 사실 느헤미야도 "여호와를 기뻐하는 것이 너희의 힘이니라"(느헤미야 8:10)고 말했습니다. 바울도 "주 안에서 항상 기뻐하라. 내가 다시 말하노니 기뻐하라"(빌립보서 4:4)고 권고했고, 예수님께서도 "내가 이것을 너희에게 이름은 내 기쁨이 너희 안에 있어 너희 기쁨을 충만하게 하려 함이니라"(요한복음 15:11)고 말씀하셨습니다. 기도를 가르쳐 주시면서도 주님께서는 "지금까지는 너희가 내 이름으로 아무것도 구하지 아니하였으나, 구하라 그리하면 받으리니 너희 기쁨이 충만하리라"(요한복음 16:24)고 말씀하셨습니다. 바울은 기쁨(희락)을 성령의 열매 가운데서 두 번째로 들고 있습니다(갈라디아서 5:22). 초대교회의 그리스도인들은 서로와의 교제를 즐기고 주님과 동행하기를 기뻐하는 즐거움의 사람, 기쁨의 사람들이었습니다.

기쁨은 때때로 선택에 달린 문제가 되기도 합니다. 우리는 똑같은 일을 대해서도 기뻐하고 감사할 수도 있고 못마땅해할 수도 있습니다. 북캘리포니아의 헐몬 산에서 가진 어느 수양회에 참석해서 말씀을 전한 일이 있었는데, 그곳에서 바쁜 일정을 보내고 나서 너무 피곤해져서 일찍 잠자리에 들었습니다. 자리에 누운 지 얼마 되지도 않았는데 대여섯 명의 형제들이 내 침실 창문 밖에 몰려와서 두 명씩 상대가 되어 서로 웃고, 농담도 하며 신나게 떠들어 댔습니다. 자, 이제 나는 선택의 문제에 부딪혔습니다. '왜 좀 조용히 하지 못할까. 내가 지금 지쳐 있는 걸 모른단 말인가?'라고 생각할 수도 있었지만, '얼마나 아름다운 일인가! 이들은 지금 그리스도인의 교제를 즐기고 있지 않은가! 주님께 감사할 일이야'라고 생각할 수도 있었습니다. 그렇게 마음을 돌리고 생각을 고치고 나니 나는 그 시끄러운 가운데서도 금방 잠들 수 가 있었습니다. 우리는 우리가 취할 태도를 결정할 수 있습니다.

희생정신

초대교회 교인들은 또한 희생적이었습니다. "믿는 사람이 다 함께 있어 모든 물건을 서로 통용하고, 또 재산과 소유를 팔아 각 사람의 필요를 따라 나눠 주고"(사도행전 2:44-45). 많은 사람들은 이들이 왜 여기 기록된 것처럼 공동생활을 하게 되었을까 하는 점에 대해 여러 가지로 생각을 하고 있는데, 내가 보기에는 그 해답이 예수님께서 주신 지상사명 안에 있는 것 같습니다. 예수님께서 주신 지상사명은 결신자를 얻는 데서 그치는 것이 아니라, 제자를 삼으라는 것이었습니다.

제자의 표지(標識)

예수 그리스도께서는 명확한 제자상(像)을 보여 주셨습니다.

제자는 그리스도의 말씀 가운데 지속적으로 거한다. "그러므로 예수께서 자기를 믿은 유대인들에게 이르시되, '너희가 내 말에 거하면 참 내 제자가 되고'"(요한복음 8:31).

제자는 그리스도의 사랑을 나타낸다. "새 계명을 너희에게 주노니 서로 사랑하라. 내가 너희를 사랑한 것같이 너희도 서로 사랑하라. 너희가 서로 사랑하면 이로써 모든 사람이 너희가 내 제자인 줄 알리라"(요한복음 13:34-35).

제자는 그리스도와 동행함으로써 열매를 맺는다. "너희가 과실을 많이 맺으면 내 아버지께서 영광을 받으실 것이요, 너희가 내 제자가 되리라"(요한복음 15:8).

제자는 한마음으로 그리스도를 섬긴다. "한 사람이 두 주인을 섬기지 못할 것이니 혹 이를 미워하며 저를 사랑하거나 혹 이를 중히 여기며 저를 경히 여김이라. 너희가 하나님과 재물을 겸하여 섬기지 못하느니라"(마태복음 6:24).

그 어느 것도 그리스도께 대한 제자의 헌신을 막지는 못한다. "무릇 내게 오는 자가 자기 부모와 처자와 형제와 자매와 및 자기 목숨까지 미워하지 아니하면 능히 나의 제자가 되지 못하고"(누가복음 14:26).

제자는 온갖 고난을 무릅쓰고 그리스도를 따른다. "누구든지 자기 십자가를 지고 나를 좇지 않는 자도 능히 나의 제자가 되지 못하리라"(누가복음 14:27).

제자는 세상의 것을 사랑하지 않는다. "이와 같이 너희 중에 누구든지 자기의 모든 소유를 버리지 아니하면 능히 내 제자가 되지 못하리라"(누가복음 14:33).

사도들은 삼 년 동안이나 제자의 도에 대한 예수님의 설명을 들어 왔습니다. 그들의 할 일은 사람들을 그리스도께로 인도하여 믿게 하는 것 이상이라는 사실이 명백해졌습니다. 예수님께서는 베드로에게 세 번씩이나 '내 양을 치라'고 말씀하셨습니다(요한복음 21:15-17). 베드로도 서신서의 맨 끝 부분에서 이 사실을 언급했습니다. "오직 우리 주 곧 구주 예수 그리스도의 은혜와 저를 아는 지식에서 자라 가라. 영광이 이제와 영원한 날까지 저에게 있을지어다"(베드로후서 3:18).

베드로가 첫 번째 설교를 하던 날 예루살렘에는 왜 그토록 많은 무리가 모여 있었을까요? 그들은 오순절의 절기를 지키러 올라왔던 것입니다. 그렇기 때문에 그들은 이 절기가 끝나면 각기 고향으로 돌아갈 계획이었습니다. 그러나 이때 상상 밖에 놀라운 일이 일어났습니다. 그들 가운데 삼천 명이나 되는 사람들이 그리스도를 믿고 세례를 받음으로써 믿는 자들의 교제 가운데로 들어오게 된 것입니다. 사도들은 그들을 예루살렘에 계속 머물게 하는 것 이외에는 다른 도리가 없었습니다. 만약 그들로 하여금 그대로 집에 돌아가게 내버려 둔다면 지상사명을 모두 잊어버리게 되므로 결과적으로 하나님 앞에 범죄가 되는 것이었습니다. 그들이 그리스도의 군사의 대열에 설 수 있도록 돕기 위해서는 먼저 제자가 되도록 해야 하고, 훈련을 받게 하며, 무장을 시켜야 했습니다.

그러나 아시다시피 여행 중에 계획보다 더 오래 머물다 보면 경비가 떨어져 버립니다. 이 문제를 해결하기 위해서 예루살렘에 있던 신자들은 그들이 필요로 하는 것들, 즉 옷, 음식, 잠자리 등을 제공하기 시작했습니다. 여기에 배우려는 태도가 되어 있고, 무슨 일에든 나설 준비가 되어 있으며, 충성스럽고, 견고하고, 전심으로 예배하며, 기쁨이 충만한, 그러면서도 희생적인 마음을 가진 일단의 무리가 있어서, 자신들의 삶과 섬김을 통해서 사도들을 도우려고 기다리고 있었습니다. 그러면 사도들은 그들이 맡은 일을 충실히 이행했습니까? 그렇습니다. 손수 모본을 보이는 면에서나 체계적으로 가르치는 면에서나 한결같았습니다. "저희가 날마다 성전에 있든지 집에 있든지 예수는 그리스도라 가르치기와 전도하기를 쉬지 아니하니라"(사도행전 5:42).

요 약

이상을 통해서 우리는 사도들이

- 지상사명으로 마음이 불타올라,
- 말씀의 권위 아래서,
- 쉬지 않고 그 입술로 복음을 증거하며,
- 삶의 중심에 그리스도를 주님으로 모신 가운데서,

힘차게 행동하는 사람들이었음을 살펴보았습니다.

3

온유하고 융통성 있는 태도

사도들은 자신들의 우선순위를 분명히 했습니다. 누가는 이렇게 전합니다. "제구시 기도 시간에 베드로와 요한이 성전에 올라갈새"(사도행전 3:1). 베드로와 요한은 기도하는 일과 말씀 전하는 일에 전념했습니다(사도행전 6:4 참조). 그들에게는 일정한 기도 시간과 장소가 정해져 있었습니다.

개인적으로나 공적으로나 일정한 기도 시간을 따로 마련해 놓으면 유익한데, 이것은 먼 구약시대부터 하나님의 일꾼들이 실천해 오던 일이었습니다. 다니엘에게도 정해진 기도 시간이 있어서 생명을 거는 위험 가운데서도 그 시간을 지켰습니다. "다니엘이 이 조서에 어인이 찍힌 것을 알고도 자기 집에 돌아가서는 그 방의 예루살렘으로 향하여 열린 창에서 전에 행하던 대로 하루 세 번씩 무릎을 꿇고 기도하며 그 하나님께 감사하였더라"(다니엘 6:10). 다윗도 "저녁과 아침과 정오에 내가 근심하여 탄식하리니, 여호와께서 내 소리를 들으시리로다"(시편 55:17)라고 고백하고 있습니다. 일정한 기도 시간을 정해 놓는 것은 사람을 꼼짝 못하게 옭아매는 율법적인 올가미가 아니라 단순히 기도를 할 수 있도록 상기시켜 주는 것이 되어야 합니다. 지속적인 기도를 하기 위해서 우리는 가능한 모든 도움이 필요한 것입니다.

영국에 살던 데이비드 스틸리 형제가 콜로라도 주 콜로라도스프링스 시에 있는 우리 네비게이토 선교회 본부인 글렌에리에 일하러 온 적이 있는데, 이 형제는 점심시간에 점심을 먹지 않고, 그 시간을 이용해서 매일 정오부터 1시까지 주님께 기도를 했습니다. 그래서 데이비드에게 그런 것이 짐이 되지 않느냐고 물어보면, 그는 짐이 아니라 즐거움이 된다고 대답하곤 했습니다.

우리는 "어느 시간이 내가 기도하기에 가장 좋은 시간인가? 내가 기도하기에 가장 좋은 장소는 어디일까?" 하고 자문하며 스스로 잘 찾아보아야 합니다. 그리고 계획을 세우고 실행에 옮겨야 합니다. 베드로와 요한도 바로 그렇게 했습니다. 그들은 이렇게 세워진 계획에 따라 정해진 시간에 정해진 장소로 기도하러 갔던 것입니다. 그러나 하나님께서는 그들이 전혀 알지 못하는 큰 계획을 마음에 품고 계셨습니다. 그 계획은 그들의 삶을 근본적으로 변화시키고, 수천 명의 사람들을 하나님의 나라로 인도하고, 마침내는 그들이 옥에 갇히는 데까지 이르는 것이었습니다.

융통성

그 놀라운 일도 간단한 일에서부터 시작되었습니다. "나면서 앉은뱅이 된 자를 사람들이 메고 오니 이는 성전에 들어가는 사람들에게 구걸하기 위하여 날마다 미문이라는 성전 문에 두는 자

라. 그가 베드로와 요한이 성전에 들어가려 함을 보고 구걸하거늘"(사도행전 3:2-3).

베드로는 어떻게 대답했습니까? 아마 이렇게 대답할 수도 있었을 것입니다. "친구여, 나를 성가시게 마시오. 우리가 기도하러 가는 길이란 걸 모른단 말이요? 자, 이 시간은 기도 시간이요, 여긴 기도처가 아니오? 우린 여기 기도하러 왔소. 그러니 후에 봅시다. 지금은 안 되겠소. 우리는 계획에 따라 조직적인 생활을 하는 사람들이라 이미 정해진 계획을 바꿀 수가 없소." 그러나 그는 그렇게 하지 않았습니다. 우리가 나중에 살펴보겠지만 그는 전혀 다른 반응을 보였습니다.

융통성은 이들이 가진 특징 가운데 하나입니다. 예수님과 함께 다닌 지난 3년간의 삶을 통하여 그들에게는 융통성 있는 생활이 몸에 배었습니다. 혈루증으로 앓던 여인을 만나실 때 그러했고, 굶주린 군중을 먹이실 때 그러했으며, 다윗의 자손을 부르면서 자비를 구하던 소경 거지를 만났을 때도 주님께서는 융통성을 보여 주셨습니다. 이런 일들 때문에 지체되거나 계획이 변경되는 것은 이들에게 이미 생소한 것이 될 수 없었습니다.

1978년 여름에 나는 유고슬라비아와 루마니아 사이를 흐르는 아름다운 다뉴브 강을 막아서 건설한 거대한 더댑 댐을 구경한 적이 있습니다. 이 거대한 구조물 한복판에 들어 가 본다는 것은 참으로 신나는 일이 아닐 수 없습니다. 이 댐은 세계에서 다섯 번째로 큰 댐인데, 우리는 안내인을 따라 강력한 터빈이 굉장한 속도로 돌고 있는 외벽 중앙 하단부까지 내려가 보았습니다. 거기에는 수백만 톤의 물이 한꺼번에 쏟아져 내리는 굉음이 기계 소리와 합쳐져서 이 구조물에 전달되어 구조물 전체를 진동시키고 있었습니다.

나는 아들 랜디와 또 스미스소니언 연구소에서 온 어떤 신사와 함께 이 댐을 구경하고 다녔는데, 이 신사는 전 세계에 있는 유사한 댐에 다 가본 적이 있는 사람이었습니다. 아들과 나는 돌아가는 기계의 진동으로 우리가 딛고 서 있는 발밑이 흔들리는 것을 느끼고는 은근히 두려워졌습니다. 이 신사는 우리 얼굴빛을 보더니 안심시켜 주는 양으로 빙그레 미소를 짓고서는 "염려 마십시오. 진동을 하지 않는다면 오히려 무너지고 맙니다"라고 말해 주었습니다.

그때부터 나는 그 말에 대하여 여러 가지로 생각해 보았습니다. 우리가 주님과 동행할 때 명심해야 할 큰 교훈이 하나 있는데, 그것은 바로 융통성을 가져야 된다는 것입니다. 강한 주먹에는 탄력과 유연성으로 대처 극복하는 법을 배워야 합니다. 그렇습니다. 우리는 목표를 설정해 놓고 생활 가운데 질서를 유지해 나가야 합니다. 우리는 일정한 시간과 장소를 요하는 어떤 영적인 습관을 세워야 합니다. 그러나 너무나 딱딱하고, 빈틈이 없고, 융통성이 없게 해서는 안 됩니다. 정돈된 생활의 뼈대를 세워 놓고 분명한 목표를 따라 살아야 되겠지만, 거기에는 온유하고 융통성 있는 태도로 살을 붙여야 하는 것입니다.

사람 중심의 태도

또 한 가지 교훈이 있습니다. 이 세상에 있는 사람을 두 종류로 대별해 본다면, 목표 중심적인 사람과 사람 중심적인 사람으로 나눌 수 있습니다. 서양인, 특히 유럽 사람들과 북미 사람들은 대개 목표 중심적인 경향을 보이고 있고, 라틴 아메리카, 아시아, 아프리카, 중동 등지의 사람들은 대체로 사람 중심적인 경향을 보이고 있습니다. 필리핀 사람의 경우, 저녁 7시에 시작하는 어떤 모임에 참석하기 위해서 막 집을 나서는데 몸이 편찮으신 할머니가 혼자 계시다가 쓸쓸해서 손자와 이야기를 나누고 싶어 하신다면, 할머니를 즐겁게 해드리기 위해서 있다가 정작 그 모임에는 8시 반이 되어서야 도착합니다. 이러한 생활방식에 보통 서구인들은 화를 내기가 쉽지만, 사람 중심의 태도만큼은 권장할 만하다고 생각합니다.

베드로와 요한에게는 분명한 목표가 있었습니다. 그리스도의 지상사명이 언제나 그들의 머릿속에 생생했고 마음속에서 불타고 있었습니다. "말씀을 전파하고 제자를 삼으라." 온 세상 사람이 다 이 기쁜 소식을 듣게 하며, 세계 곳곳에서 구원받는 역사를 일으키고, 제자를 삼아야 했습니다. 베드로와 요한은 분명한 비전과 목표를 가지고 늘 움직이는 행동의 사람들이었습니다.

그들은 이 오래된 앉은뱅이를 방해물로 생각할 수도 있었습니다. 베드로는 '여기서 지체하면서 이 사람의 문제를 해결해 준다고 해서 어떤 유익이 있을 수 있단 말인가? 아무 도움도 못되는 이 앉은뱅이가 그리스도의 일에 무슨 가치가 있겠는가?'라고 생각할 수도 있었고, 예수님께서 이야기해 주신 그 강도 만난 자를 피해서 지나간 제사장이나 레위인처럼 '그를 보고 피하여 지나갈' 수도 있었습니다(누가복음 10:30-37 참조).

나는 전 세계에 그리스도를 전파하겠다는 비전을 갖게 된 사람들을 보아 왔습니다. 나 자신도 이 비전에 사로잡혔고, 이 크고 영광스러운 목표를 위해 헌신해 왔습니다. 그러나 어떤 사람들은 너무나 목표 자체에만 집착한 나머지 이 목표를 이루기 위해서, 도움과 격려를 필요로 하는 사람들을 거칠게 어깨로 밀치고 지나가 버리는 것도 보았습니다.

그러나 무엇이 우리의 진정한 목적입니까? 무엇이 우리의 목표가 된다는 말입니까? 우리 모두가 천국에 가보면 그때에 생생하게 조목조목 밝혀지겠지만, 천국에 가면 사람들만 남습니다. 거기에는 무슨 위원회 회의록도 없고, 흥미를 돋우는 주제를 다룬 학술적인 논문들도 없으며, 기다란 연구 발표, 비망록, 관찰 기록 따위들도 다 없습니다. 사람이 바로 천국의 기본적인 구성요소입니다. 우리가 만일 계획이나, 목표, 또는 성취감에만 지나치게 사로잡혀서 우리의 도움을 기다리고 있는 사람들에게 손을 뻗치지 않고, "이런 일은 내 목표를 이루는 데는 아무 도움도 되지 않아"라고만 말한다면, 우리의 마음 가운데에 진정으로 추구하고 있는 것은 과연 무엇이 되겠습니까? 그것은 이기심일 뿐, 예수 그리스도의 삶의 방식과는 정반대되는 것입니다!

그러므로 이 앉은뱅이가 지금 당장 지상사명을 이루는 일에 도움이 된다는 확증은 없었지만, 베드로는 그가 시끄럽게 그들을 부른다고 해서 그를 꾸짖지 않았으며, 도리어 걸음을 멈추고는 그를 똑바로 바라보면서 말했습니다. 베드로의 첫 말은 은과 금은 자기에게 없다, 즉 돈은 없다, 한 푼도 없다는 내용이었는데, 그렇다면 이 말은 사실이었을까요? 바로 앞 장에 사람들이 '재산과 소유를 팔아' 사도들에게로 가져오지 않았습니까? 다음 기록을 보십시오. "그중에 핍절한 사람이 없으니, 이는 밭과 집 있는 자는 팔아 그 판 것의 값을 가져다가 사도들의 발 앞에 두매, 저희가 각 사람의 필요를 따라 나눠 줌이러라"(사도행전 4:34-35). 그런데도 베드로는 어떻게 자기에게는 돈이 없다고 말할 수 있었겠습니까? 그것은 이 헌금이 사도들의 사적인 일을 위하여 사용된 것이 아니라 선교 사역의 확장을 위해서만 사용되었기 때문입니다. 그들에게는 그리스도께서 주신 일을 수행하는 데 필요한 돈은 다 있었지만 그 돈으로 치부한 일은 결코 없었습니다. 그것은 하나님의 이름으로 하나님의 나라의 일을 하는 데 쓰여져야 할 하나님의 돈이었기 때문에 사도들은 그 돈에 대한 어떤 권리도 주장한 일이 없었습니다. 사도들은 그 돈을 공동으로 관리하고, 개인의 수입으로 사용하지 않았습니다.

이것은 큰 시험이 될 수 있었습니다. 세상 재물과 자기 영광은 사탄이 우리를 파멸로 이끄는 데 사용하는 2대 무기입니다. 바울의 간증은 이 사실을 더욱 분명하게 알려 주고 있습니다. "내가 아무의 은이나 금이나 의복을 탐하지 아니하였고"(사도행전 20:33). 바울은 데살로니가 교인들을 향하여도 이 사실을 명확하게 상기시키고 있습니다. "형제들아, 우리의 수고와 애쓴 것을 너희가 기억하리니 너희 아무에게도 누를 끼치지 아니하려고 밤과 낮으로 일하면서 너희에게 하나님의 복음을 전파하였노라"(데살로니가전서 2:9). 그는 그들의 재산을 탐내지도 않았고 개인의 영광을 구하지도 않았습니다. 그러므로 베드로가 이 극적인 선언을 할 때 한 말은 진실이었던 것입니다. 베드로는 물질적으로는 가난한 사람이었지만 물질과는 비교도 안 되는 큰 선물을 그에게 줄 수 있었습니다. 그는 예수 그리스도의 이름으로 앉은뱅이에게 걸을 수 있는 능력을 주었던 것입니다.

겸 손

이 사건은 백성들 가운데 큰 소동을 일으켰습니다. 그들 사이에서 분분한 말을 듣고 베드로는 백성들이 사도들의 능력으로 이 사람이 고침받은 것으로 잘못 믿고 있다는 사실을 알았습니다. 그는 즉시 이 사실을 부인했습니다. "베드로가 이것을 보고 백성에게 말하되, '이스라엘 사람들아, 이 일을 왜 기이히 여기느냐? 우리 개인의 권능과 경건으로 이 사람을 걷게 한 것처럼 왜 우리를 주목하느냐?'"(사도행전 3:12).

만약 베드로가 그 교묘한 시험에 빠져 버렸다면 그의 사역은 그때 그 자리에서 끝나고 말았을 것입니다. 하나님께서 받으셔야 마땅할 영광을 사람이 받으려 한다는 것은 치명적인 잘못입니다. 하나님의 영광의 지극히 작은 한 부분이라 할지라도 그것을 가로채어 움켜잡는 것은 열매 없는 삶의 길로 들어서는 첫걸음입니다. 가만히 앉아서 다른 사람들이 그 영광의 띠를 당신의 어깨위에 두르려는 것을 방관하는 것만도 분명 멸망의 길로 들어서는 것입니다. 베드로는 이 면에 대하여 이사야가 가르쳐 주고 있는 진리를 잘 알고 있었음에 틀림없습니다. "나는 여호와니 이는 내 이름이라. 나는 내 영광을 다른 자에게, 내 찬송을 우상에게 주지 아니하리라"(이사야 42:8). 이것은 왜 진리입니까?

성경의 경고를 들어 봅시다. "교만은 패망의 선봉이요, 거만한 마음은 넘어짐의 앞잡이니라"(잠언 16:18-19). "사람이 교만하면 낮아지게 되겠고, 마음이 겸손하면 영예를 얻으리라"(잠언 29:23). "여호와를 경외하는 것은 지혜의 훈계라. 겸손은 존귀의 앞잡이니라"(잠언 15:33). "사람의 마음의 교만은 멸망의 선봉이요, 겸손은 존귀의 앞잡이니라"(잠언 18:12). "헛된 영광을 구하여 서로 격동하고 서로 투기하지 말지니라"(갈라디아서 5:26). "아무 일에든지 다툼이나 허영으로 하지 말고 오직 겸손한 마음으로 각각 자기보다 남을 낫게 여기고"(빌립보서 2:3). 나는 이 구절들을 여러분이 암송할 것을 권면하는 뜻에서 이처럼 열거해 놓았습니다. 이 말씀들을 여러분의 마음 판에 새기고, 이 말씀들을 가지고 기도하며, 이 말씀들이 주고 있는 경고와 약속들을 묵상할 때 여러분은 무한한 가치를 발견하게 될 것입니다.

베드로는 이 앉은뱅이의 사건 가운데 숨어 있는 위험을 너무도 밝히 알았기 때문에 즉시 모든 사람들의 주의를 하나님께로 돌렸습니다.

> 아브라함과 이삭과 야곱의 하나님 곧 우리 조상의 하나님이 그 종 예수를 영화롭게 하셨느니라. 너희가 저를 넘겨주고 빌라도가 놓아주기로 결안한 것을 너희가 그 앞에서 부인하였으니 너희가 거룩하고 의로운 자를 부인하고 도리어 살인한 사람을 놓아주기를 구하여 생명의 주를 죽였도다. 그러나 하나님이 죽은 자 가운데서 살리셨으니 우리가 이 일에 증인이로라. 그 이름을 믿으므로 그 이름이 너희 보고 아는 이 사람을 성하게 하였나니, 예수로 말미암아 난 믿음이 너희 모든 사람 앞에서 이같이 완전히 낫게 하였느니라. 형제들아, 너희가 알지 못하여서 그리하였으며 너희 관원들도 그리한 줄 아노라. (사도행전 3:13-17)

큰 군중이 모여들었을 때 베드로가 나타낸 첫 반응은 무엇이었습니까? 베드로와 요한은 틀림없이 이러한 기회가 온 것을 무척 기뻐했을 것입니다. 그는 그때 찬양의 노래를 부르도록 이 무리를 이끌었을까요? 그렇게 했다 하더라도 아무 잘못이 없습니다. 감사의 기도로 이 회중을 인도해 나갔을까요? 그렇게 했더라도 물론 아무 잘못이 없었을 것입니다. 신유의 은사에 대한 성경적인 가르침을 설명하려고 했습니까? 아닙니다. 그가 첫 번째로 한 일은 복음을 전하는 일이었습니다. 그는 예수 그리스도의 죽음과 부활에 대하여 이야기하기 시작했습니다. 사람들이 듣지 않으면 안 될 한 가지 메시지가 있다는 것을 그는 알고 있었던 것입니다. 어떤 사람이든지 복음을 듣지 못해 응답을 보이지 못한다면 결국 그 사람은 영원히 생명을 잃고 마는 것입니다. 사도들은 생애의 으뜸가는 가장 중요한 임무가 예수 그리스도의 죽음과 부활을 밝히 증거하는 것이라는 사실을 추호도 의심하지 않았습니다. "내 증인이 되리라"는 주님의 마지막 말씀은 세월이 흐르고 다른 필요들이 생겨나며 다른 긴급한 문제들로 압력을 느끼게 되어도 항상 그들 마음에 살아 있어 조금도 소홀히 여겨지지 않았습니다. 그들은 모두 부활의 증인이었고, 따라서 베드로도 이 상황을 좋은 기회로 삼아 주님을 증거했던 것입니다.

전도의 기회

세계 어디에서나 들을 수 있는 전도에 대한 공통적인 질문은 "전도의 기회라는 것은 어떤 것입니까?"라는 것입니다. 뉴질랜드 오클랜드 시에 갔을 때 저녁 6시에 몇 학생들의 모임에서 말씀을 전할 기회가 있었습니다. 나를 데리러 온 학생이 내가 묵고 있던 호텔에 한 시간이나 일찍 도착했기 때문에 함께 시간을 좀 보낼 수가 있었습니다. 이 학생은 내가 전도하는 모습을 보고 싶다고 말했는데, 아마 그저 전도에 대한 방법적인 말만 듣기보다는 전도하는 모습을 직접 보면 좀 더 많은 것을 배울 수 있으리라고 생각한 것 같았습니다. 그는 모임 장소에 가는 길에 아무 집에나 노크하고 들어가서 전도하면 어떻겠느냐고 제안했습니다. 시계를 보니 오후 5시 정도 되었기 때문에 매일 이맘때쯤 되면 일반 가정집에서는 대개 어떤 일들을 하고 있을까 생각해 보았습니다. '가정주부는 저녁 준비에 한창일 것이고, 조금 있으면 남편이 퇴근하여 귀가하겠고, 발을 닦고 식사가 나올 때까지는 쉬고 싶어 하겠지. 아이들은 피곤해 할 거고 배가 고파 식사를 기다리고 있을 테니까, 아마 그런 시간에 불쑥 들어가 보았자 좋은 반응을 얻기 어려울 거야.' 전도하기에는 적합지 않은 시간이라는 생각이 들었습니다.

나는 "나가는 길에 사무실에 들러 내가 맡긴 옷 세탁이 다 끝났는지 보고 갑시다"라고 말하고서는 함께 사무실로 들어가 세탁물에 대해 물어보았습니다.

탁자 곁에 있던 부인은 퍽 미안해하며, "죄송합니다, 아임스 선생님. 지금 이 시각까지는 세탁이 다 끝나서 가지고 오기로 되어 있다고 말씀드렸었는데, 아마 조금 늦어지나 봅니다"라고 말했습니다.

"아니, 관계없습니다. 그냥 들러서 잠깐 알아보려고만 했으니까요. 내일까지는 괜찮아요. 우린 지금 성경공부하러 가는 길입니다. 이 친구는 대학생인데 다른 학생들하고 정기적으로 만나 성경공부를 하고 있답니다."

이 말에 그녀는 "어머, 그거 참 놀랍군요!"라고 말했습니다. 내가 "정말 그렇습니다. 젊은이들이 성경공부하는 것을 보면 참 대견스러워요. 나는 저만한 나이 때 성경공부를 해보지 못했거든요"라고 말하자, 그녀는 "저도 그래요, 선생님" 하고 대답했습니다.

"사실 제 경우에는 제2차 세계대전 때 해병 제1사단에서 기관총 사수로 복무했었는데, 우리 부대가 남태평양에 주둔해 있을 때 처음으로 하나님에 대해서 깊이 생각하기 시작했으니까요." 그 말을 서두로 나는 간증을 나누기 시작했고 내가 어떻게 그리스도인이 되었는지를 설명해 주었습니다.

내가 이야기를 꺼내기 시작했을 때 한 남자가 사무실에 들어섰는데 그도 역시 내가 하는 말에 귀를 기울였습니다. 두 사람 다 내가 그리스도께 돌아온 이야기에 매우 큰 관심을 보여 주고 있는 것 같았습니다. 내가 막 그들에게 예수님을 영접한 일이 있느냐고 물어보려고 하는데 마침 전화가 왔습니다. 또 바로 그때 세 사람이 현관으로 들어와 그날 밤 숙박할 방을 구했기 때문에 이야기를 더 계속할 수가 없었습니다. 그래서 인사를 하고 밖으로 나와서 안내하는 학생과 함께 차에 올랐습니다. 시동을 걸고 출발을 하자 나는 "자, 이젠 보았겠지?" 하며 그를 쳐다보았습니다.

"뭘 말입니까?"

"내가 전도하는 걸 보고 싶다고 하지 않았나? 내가 방금한 것이 전도가 아닌가?"

그는 차를 멈추고 놀라는 눈으로 나를 바라보더니, "그렇군요, 선생님. 그게 바로 전도였군요"라고 감탄을 했습니다.

내가 극히 자연스럽게, 힘도 들이지 않고, 짤막하게 하니까, 이 친구는 그것이 전도라는 생각조차도 하지 못했던 것입니다. 그는 전도란 우리가 함께 어느 곳을 일부러 찾아가 누구를 만나 일종의 특별한 노력을 들여 말씀을 전해야 하는 것이라고 생각했지만, 나로서는 우리가 있는 곳에서 우리가 처해 있는 상황을 이용하여 전도하는 것이 보다 자연스러운 것 같았습니다. 성령께서 길을 열어 주시고 다음에 우리가 전도하면 되는 것입니다.

하루는 아파트에서 저녁을 먹은 후 바람을 쐬러 밖으로 나갔습니다. 근처를 산책하다가 대형 오토바이 옆에 서 있는 한 젊은이를 만났는데, 오클랜드에서는 지옥의 사자로 통하는 '오토바이족'들의 복장을 하고 있었습니다. 이 친구는 신체가 건장하고, 근육이 잘 발달되어 있었으며, 장발에다가, 검은 색안경까지 끼고, 검은 가죽 잠바를 걸치고 장화를 신고 있는 거칠게 보이는 친구였습니다. 나는 그에게로 가서 "오토바이가 정말 멋지군요" 하면서 말을 걸었습니다.

"고맙습니다. 이건 제가 만든 겁니다." 그의 말은 사뭇 자랑스러운 투였습니다.

"당신이요? 굉장했겠습니다!"

"그렇습니다. 이 차체랑, 바퀴, 엔진을 애써 구해서 조립을 했습니다. 그런데 말이죠. 어제 이놈을 정비공장에 맡겼는데 엔진을 고장 낸 것 같아요. 한번 들어 보세요." 그는 시동을 걸고서는 오토바이의 회전을 증가시켰는데, 귀청이 떨어질 듯한 요란한 소리가 났습니다. 그 소리는 10리 밖에서도 들렸을 겁니다. 그는 주의를 기울여 듣다가는 나를 보고 소리를 질렀습니다. "들리죠?" "예, 들립니다!" 나도 소리를 높여 대답을 했는데, 아마 우리가 주고받은 말은 온 이웃이 다 들을 수 있을 정도였으리라고 생각합니다. 이윽고 그는 시동을 끄고 나서 정비공들의 기술이 시원찮다는 말을 했습니다.

이때 한 학생이 모임 시간이 다 되었다고 나를 불렀습니다. 나는 그 오토바이족에게 성경연구 모임이 있어서 이젠 가봐야겠다고 말하고서는 모임에 대하여 설명을 해주었습니다. 그 설명에 이어서 나는 시간이 다 되어 뛰어가야 할 정도가 될 때까지 그에게 짤막하게 복음을 전해 주었습니다. 그 학생이 이상했던지 내게 물었습니다. "그 오토바이족과 무엇을 하셨어요?"

"전도를 했지요."

"그 사람한테요!" 그는 놀라서 소리쳤습니다.

"그 친구도 정말 관심이 많은 것 같던데, 전도해 본 적이 있어요? 그 친구는 학생이 매일 지나다니는 저 녹색 지붕이 있는 집에서 산대요." 그 학생은 아까 그 오토바이족에게 전도해야겠다는 생각은 한 번도 해본 적이 없다는 사실을 인정했습니다.

베드로는 얼마나 달랐습니까? 성전 앞에서 그 신나는 사건이 일어났을 때도 그의 마음 가운데 첫 번째로 떠오른 생각은 주님의 죽으심과 부활을 증거해야겠다는 것이었습니다. 우리는 이런 사람들을 보고 경탄하게 되며, 이들이 불과 몇 년 내에 이 세계에 끼친 영향을 보면 놀라지 않을 수 없습니다. 우리도 베드로처럼 생각하기만 한다면 똑같은 영향을 끼칠 수 있으리라 확신합니다.

회 개

베드로는 백성들에게 행동을 요구했습니다. 다시 말하면 회개를 촉구했습니다. "그러므로 너희가 회개하고 돌이켜 너희 죄 없이함을 받으라. 이같이 하면 유쾌하게 되는 날이 주 앞으로부터 이를 것이요"(사도행전 3:19). 그는 자신이 예수 그리스도의 삶과 사역에서 보았던 본을 따랐습니다. 예수님께서는 "너희도 만일 회개치 아니하면 다 이와 같이 망하리라"(누가복음 13:3)고 말씀하신 바 있습니다. 예수님께서 제자들에게 가르치신 내용을 봅시다. "또 이르시되, '이같이 그리스도가 고난을 받고 제삼일에 죽은 자 가운데서 살아날 것과 또 그의 이름으로 죄 사함을 얻게 하는 회개가 예루살렘으로부터 시작하여 모든 족속에게 전파될 것이 기록되었으니'"(누가복음 24:46-47). 베드로는 이 주제에 대해 싫증을 느낀 적이 없습니다. 후에 그는 이 사실을 다시 언급했습니다. "주의 약속은 어떤 이의 더디다고 생각하는 것같이 더딘 것이 아니라, 오직 너희를 대하여 오래 참으사 아무도 멸망치 않고 다 회개하기에 이르기를 원하시느니라"(베드로후서 3:9).

회개란 무엇입니까? 가령 당신이 차를 몰고 가는데 전방에 있는 횡단보도에서 그리스도께서 손을 들고 당신과 함께 인생행로를 여행하고 싶다는 표시를 해오시는 것을 발견했다고 합시다. 당신은 그 앞에 차를 멈추고 뒷문을 열고서는 그리스도께서 들어오시기를 기다립니다. 그러나 주님께서는 망설이고 계십니다. 당신은 즉시 자신이 잘못한 것을 알고 재빨리 뒷문을 닫고 운전석 옆 좌석으로 손을 뻗쳐 앞문을 열어 드립니다. 그러나 주님께서 또다시 망설이고 계시는 것을 보고 당신은 잠깐 동안 왜 저러실까 하고 의아해합니다. 그러다가 그 이유를 깨닫고서는 앞의 조수석 문을 닫고 운전석 문을 열어드리고 당신 자신은 조수석으로 비켜 앉음으로 주님께서 핸들을 잡으시도록 모셔들입니다. 이것이 회개입니다. 당신은 더 이상 당신이 좋아하는 길로 가지 않습니다. 주님께서 원하시는 길로 갑니다. 당신은 인도해 가는 것이 아니라 따라갑니다. 당신은 그리스도의 통솔하에서 그리스도께서 운전하시는 인생의 행로를 따라 여행하게 됩니다. 주님께서 가속기, 핸들, 브레이크를 다 다루십니다.

내 친구 로저 맥크레이가 한번은 캔자스시티에서 내게 전화를 걸어서 콜로라도스프링스로 이사 오는 사람을 소개해 준 적이 있습니다. 이 사람에게는 술이 문제였는데 새로운 고장으로 이사가서 새로운 직장에 다니고, 새로운 친구들을 사귀게 되면 이 문제를 극복할 수 있으리라는 희망을 가지고 있었습니다. 로저는 그 사람에게 문제를 상의하고 도움을 받고 싶을 때 찾아보라고 내 이름을 가르쳐 주었습니다. 드디어 그 사람이 내게 전화를 해와서 일단 만나기로 약속을 했습니다. 이런저런 대화로 분위기가 좀 풀어지자 나는 복음을 전하면서 그리스도가 그에게 왜 필요한지를 이야기해 주었습니다. 나는 성경을 몇 구절 보여 주고 믿음과 회개를 설명하면서 인생의 행로를 따라 자동차 여행을 하는 사람 이야기를 해주었습니다. 이야기를 끝내고 나서 나는 그에게 그리스도께서 그의 삶을 주장하시도록 그리스도께 통치권을 드리며 삶의 운전대를 맡기겠느냐고 물었습니다. 그의 대답은 원칙 그대로였습니다. "리로이 씨, 나만큼 오랫동안 차를 몰고도 하루에 한 번 꼴로 사고를 낸다면 바야흐로 운전기사를 바꾸어야 할 때가 아니겠습니까?" 이 말을 하고서는 무릎을 꿇고 기도하면서 그리스도를 자신의 삶 가운데로 모셔들였습니다.

베드로의 메시지는 강력합니다. "그러므로 너희가 회개하고 돌이켜(Repent ye therefore and be converted, KJV)"(사도행전 3:19). 회개(repent)는 능동형입니다. 하나님께서는 우리가 능동적으로 회개하기를 촉구하십니다. 그리고 돌이키는 것(be converted)은 수동형입니다. 이 일은 하나님께서 해주실 영역으로서 성령께서 우리의 믿음에 대한 응답으로 행하시는 역사입니다. 때로 이 진리를 설명할 수 있는 가장 명확한 방법은 단순히 당신 자신의 삶 속에서의 체험을 설명해 주는 것입니다. 성령께서 당신에게 새로운 목표, 새로운 기쁨, 평안, 사랑, 새로운 삶을 어떻게 주셨는가를 이야기해 주십시오.

하나님께서 초자연적으로 행하시는 회개에 대해서는 성경에서 수많은 방법들로 표현이 되어 있습니다. 다윗은 "동이 서에서 먼 것같이 우리 죄과를 우리에게서 멀리 옮기셨으며"(시편 103:12)라고 말했고, 미가는 "다시 우리를 긍휼히 여기셔서 우리의 죄악을 발로 밟으시고 우리의 모든 죄를 깊은 바다에 던지시리이다"(미가 7:19)라고 기록했습니다. 예레미야는 주님께서 하신 말씀을 인용하고 있습니다. "그들이 다시는 각기 이웃과 형제를 가리켜 이르기를, '너는 여호와를 알라' 하지 아니하리니, 이는 작은 자로부터 큰 자까지 다 나를 앎이니라. 내가 그들의 죄악을 사하고 다시는 그 죄를 기억지 아니하리라. 여호와의 말이니라"(예레미야 31:34). 여기에 그려진 것만 보더라도 하나님의 은혜가 얼마나 놀랍습니까!

칭 의

앞서 인용한 구약의 말씀들은 모두 칭의에 대한 중요한 교리를 설명하고 있는데 이것이 베드로의 설교의 기초를 이루고 있습니다. 바울이 로마서 5:1에서 사용한 '의롭다 하심'이란 말은 법률적인 용어입니다. "그러므로 우리가 믿음으로 의롭다 하심을 얻었은즉 우리 주 예수 그리스도로 말미암아 하나님으로 더불어 화평을 누리자." 이 말은 전적으로 하나님께서 예수 그리스도의 완전하신 의에 기초를 두고 하나님 보시기에 우리가 정당하고 의롭다고 간단하게 선언하심으로써 이루어지는 법률적인 행위를 의미하는 것입니다.

수십 년 전 내가 결혼을 할 때의 일을 예로 들어 설명하겠습니다. 예식은 아이오와 주의 니올라에 있는 어느 조그마한 장로교회에서 올렸습니다. 식장은 하객들로 가득 찼고, 신랑 측에는 내 친구들이 들러리들이 되어 한편에 늘어서고, 그 반대편에는 버지니아의 친구들이 신부 들러리가 되어 일렬로 늘어서 있었습니다. 버지니아가 통로로 입장하기 시작했을 때 나는 법적으로 미혼이었습니다. 반쯤 입장했을 때도 나는 여전히 미혼이었습니다. 이윽고 목사님이 성혼 선언을 하는 극적인 순간이 되었습니다. "나는 지금 두 사람이 부부가 되었음을 선언합니다." 나의 법적인 위치는 눈 깜짝할 새에 바뀌었습니다. 목사님은 단순히 우리가 부부가 되었다는 성혼을 선언하셨을 뿐입니다. 그러나 그 순간 나의 법적인 지위는 영원히 바뀌었습니다. 목사님이 그렇다고 선언하셨기 때문입니다. 그것이 바로 우리가 돌이켜 우리 죄 없이 함을 받을 때 일어나는 일인 것입니다. 우리는 하나님 보시기에 완전한 자유를 얻었고 전적으로 깨끗해졌습니다. 이것은 우리의 행위나 우리의 의 때문이 아니라, 그리스도의 십자가 사역과 부활, 그리고 그리스도의 완전하신 의에 기초를 둔 것입니다.

베드로가 설교를 계속하자 제사장들과 성전 맡은 자, 사두개인들이 설교를 못하도록 막았습니다. 그들에게 잡히기 직전에 베드로가 한 말을 들어 봅시다. "하나님이 그 종을 세워 복 주시려고 너희에게 먼저 보내사 너희로 하여금 돌이켜 각각 그 악함을 버리게 하셨느니라"(사도행전 3:26). 베드로가 그들에게 '돌이켜 그 연약함을 버리게 하셨다'고 하지 않고 '돌이켜 그 악함을 버리게 하셨다'고 한 말은 우리에게 흥미를 주고 있습니다. 결국 이러한 설교를 하도록 만든 사건은 앉은뱅이를 고친 일이 아니었습니까? 또한 그 많은 군중들 가운데는 하나님께서 그 손길로 어루만져 주셔서 그들이 앓고 있는 각종 질병과 고통에서 나음받기를 기다리는 사람들도 많이 있었다고 생각지 않으십니까? 그런 가능성은 매우 높습니다. 그러나 베드로는 이 기회를 이용해서 하나님께서 행하신 일을 이야기했습니다.

베드로는 설교를 통해서 군중들을 믿음 가운데로 한 걸음 한 걸음씩 인도해 나갔습니다. 그는 앉은뱅이에게 예수 그리스도의 이름으로 일어나 걸으라고 명했습니다. 다음에는 이 사람이 예수 그리스도의 이름과 권능으로 고침을 받았다는 사실을 군중들에게 분명하게 선포했으며, 계속해서 그들이 살인자 바라바를 놓아주고 생명의 주를 죽인 사실을 상기시킴으로써 그들의 엄청난 죄를 드러내 보여 주었습니다.

이어서 베드로는 백성들 가운데서 가장 존경을 받고 있는 두 위대한 믿음의 영웅 모세와 아브라함에 대한 말씀을 인용했습니다. 그는 이 위대한 하나님의 사람들도 예수 그리스도에 대하여 말했다는 사실을 백성들에게 상기시켰습니다.

베드로는 인내를 가지고, 꾸준하고 진지하게 한 가지 목표, 즉 예수 그리스도께 대한 믿음을 그들에게 심어 주는 작업을 진행해 나갔습니다. 그는 육신적인 필요들을 구하는 사람들에게 둘러싸인 적도 있었겠지만, 그의 마음과 생각은 사람들의 영적인 필요들을 채워 주려는 데 있었습니다. 그는 사람들이 구원의 즐거움과 영원한 생명을 소유하게 되기를 간절히 원했습니다. 예수 그리스도께 대한 믿음을 통하여 베드로는 하나님의 능력이 흘러갈 수 있는 통로가 되었던 것입니다. 하나님께서는 우리가 늘 주위의 필요들에 눈뜨길 원하시며, 우리를 사용하셔서 이 필요들을 채워 주시기를 바라고 계십니다. 그러나 우리 편에서는 베드로가 가졌던 영혼에 대한 사랑과 예수 그리스도만이 해답이시라는 확신을 가져야 합니다. 우리가 이러한 믿음에 사로잡혀 있을 때, 비로소 우리는 이 세상에 축복을 전해 주는 자로서 준비되고 무장되는 것입니다.

요 약

베드로와 요한은 제자도의 기본적인 네 가지 특징을 보여 주는 본보기가 되고 있습니다.

- 기도에 전념했다.
- 융통성이 있었다.
- 겸손하였다.
- 깨어 있었고, 긍휼과 사랑이 넘치는 전도인들이었다.

4

공격받는 사도들

사도들의 설교에 대한 반발이 즉각 일어나기 시작했습니다. "사도들이 백성에게 말할 때에 제사장들과 성전 맡은 자와 사두개인들이 이르러 백성을 가르침과 예수를 들어 죽은 자 가운데서 부활하는 도 전함을 싫어하여"(사도행전 4:1-2).

사두개인들은 어디에서나 부활이 없다고 주장해 온 사람들이었기 때문에 사도들의 말이 옳다면 자기들은 분명 설 땅이 없는 입장에 있었습니다. 그래서 그들은 "저희를 잡으매 날이 이미 저문 고로 이튿날까지 가두었습니다"(사도행전 4:3).

바로 다음 구절에 주의해 봅시다. "말씀을 들은 사람 중에 믿는 자가 많으니 남자의 수가 약 오천이나 되었더라"(사도행전 4:4). 이제 믿는 사람 숫자는 오천 명이 넘었습니다! 무엇이 계기가 되어 이처럼 많은 사람들이 주님께로 돌아오게 되었습니까? 이 오래된 앉은뱅이 거지를 고쳐 준 일이 오천 명을 믿음 가운데로 이끈 촉매가 되었던 것입니다. 그리스도의 지상사명을 이루는 일에는 아무 소용이 없는 것처럼 보이던 이 거지가 수많은 사람을 구원의 길로 이끄는 도구로 사용되었습니다.

베드로와 요한이 후에 이 모든 일을 돌아보았을 때, 그들은 틀림없이 기도하려던 원래의 계획을 포기하고 이 앉은뱅이를 고쳐주기를 잘했다고 좋아했을 것입니다. 그들과 마찬가지로 우리 역시 그리스도의 이름으로 행한 일에 대한 결과가 어떻게 나타날는지는 모르는 것입니다. 하나님께서는 별로 기대할 수 있을 것 같지도 않은 상황을 사용해서도 영광을 취하실 수 있는 분이십니다.

이사야를 통하여 하나님께서 하신 말씀을 생각해 보십시오. "여호와의 말씀에, 내 생각은 너희 생각과 다르며 내 길은 너희 길과 달라서, 하늘이 땅보다 높음같이 내 길은 너희 길보다 높으며 내 생각은 너희 생각보다 높으니라"(이사야 55:8-9). 하나님께서는 언제나 우리의 유한한 생각으로 이해될 수 있는 일만 행하시지는 않습니다. 그렇습니다. 고침받은 앉은뱅이로 말미암아 수천 명이나 되는 사람들이 하나님의 나라로 들어가게 되었으나, 또 한편으로 그 사건은 베드로와 요한이 투옥되는 결과를 빚었고 종국에 가서는 폭행과 대박해와 고난을 초래하게 되었습니다. 이러한 사건들은 믿음을 널리 전파하는 일을 위하여 하나님께 사용되었지만, 여하간에 고난은 고난인 것입니다. 매를 맞는 것이 즐거움이 될 수는 없습니다. 감옥을 향하는 길이 소풍길이 될 수도 없습니다. 이러한 일들은 사실 괴로운 경험입니다. 이렇게 하여 사도들이 이제 처음으로 감옥에 갇히게 된 것을 봅니다.

다음날 아침 두 사도는 막강한 권력을 가진 무리 즉, 관원, 장로, 율법 선생들 앞으로 끌려가게 됩니다. 십자가에 달린 하나님의 아들의 고뇌의 모습이 아직도 사도들의 눈에 선하게 남아 있는데, 지금 눈앞에 있는 바로 이 무리들이 주님을 못 박은 자들이었습니다. 사도들은 자신들이 처해 있는 위험을 누구보다도 잘 알고 있었고, 이 무리들이 마음대로 휘두르는 권력도 보아 왔습니다. 따라서 사도들은 지체 높은 무리들 앞에서 잔뜩 겁을 집어먹고 움츠러들었을 것입니다. 학식이 많은 이 무리들은 사도들이 행한 간단한 설교를 가지고 논쟁을 벌여도 사도들의 입을 능히 막아 버릴 수 있을 만한 사람들이었습니다. 어차피 사도들은 일개 목수를 따르던 갈릴리의 소박한 어부에 불과했으니까 말입니다.

관원들의 첫 번째 질문은 그들이 지극히 교활하다는 것을 여실히 보여 주었습니다. "너희가 무슨 권세와 뉘 이름으로 이 일을 행하였느냐?"(사도행전 4:7). 권세는 힘이요, 이름은 권위를 가리키는 것입니다. 다시 말하면 그들의 질문은 "어떤 마술의 힘으로 이 일을 행하였으며, 무슨 권위로 그 힘을 사용하였느냐?"였습니다. 그들의 시도는 베드로와 요한을 구약의 율법에서 규정하고 있는 사형으로 몰아넣으려는 것이었습니다(출애굽기 22:18, 신명기 13:1-5 참조).

베드로와 요한도 그 점을 충분히 알고 있었으리라 믿습니다. 그들의 목숨은 이제 가느다란 한 오라기 실에 매달려 있는 것과 일반이었습니다. 이 모든 것을 당하여 베드로의 반응은 어떠하였습니까? 얼마 전까지만 해도 공포에 질려서 주님까지 부인했던 이 사나이 베드로는 어떤 반응을 보였습니까?

> 이에 베드로가 성령이 충만하여 가로되, "백성의 관원과 장로들아, 만일 병인에게 행한 착한 일에 대하여 이 사람이 어떻게 구원을 얻었느냐고 오늘 우리에게 질문하면, 너희와 모든 이스라엘 백성들은 알라. 너희가 십자가에 못 박고 하나님이 죽은 자 가운데서 살리신 나사렛 예수 그리스도의 이름으로 이 사람이 건강하게 되어 너희 앞에 섰느니라. 이 예수는 너희 건축자들의 버린 돌로서 집 모퉁이의 머릿돌이 되었느니라. 다른 이로서는 구원을 얻을 수 없나니 천하 인간에 구원을 얻을 만한 다른 이름을 우리에게 주신 일이 없음이니라" 하였더라. (사도행전 4:8-12)

성령께서는 주님을 부인했던 베드로를 이제는 담대하게 예수 그리스도의 부활을 증거하는, 능력이 충만한 사나이로 변화시키셨습니다. 어떤 변화가 있었습니까? 사도행전 4:8의 서너 마디의 말이 이 모든 변화를 다 설명해 주고 있습니다. "이에 베드로가 성령이 충만하여." 성령께서는 우리에게 힘과 담대함과 용기와 믿음을 주는 원천이십니다. 거룩한 삶은 성령의 손 안에 들어 있는 강력한 무기입니다. 성령께서 베드로의 삶 가운데 거하고 계셨으며, 베드로는 자기 안에 계신 하나님의 통치하심을 받았던 것입니다.

주님께서는 이미 제자들에게 이렇게 경고하신 바 있습니다.

> 사람들을 삼가라. 저희가 너희를 공회에 넘겨주겠고 저희 회당에서 채찍질하리라. 또 너희가 나를 인하여 총독들과 임금들

앞에 끌려가리니 이는 저희와 이방인들에게 증거가 되게 하려 하심이라. 너희를 넘겨줄 때에 어떻게 또는 무엇을 말할까 염려치 말라. 그때에 무슨 말 할 것을 주시리니 말하는 이는 너희가 아니라 너희 속에서 말씀하시는 자 곧 너희 아버지의 성령이시니라. (마태복음 10:17-20)

베드로는 어떻게 방어했습니까? 아무 방어도 하지 않았습니다. 그는 훌륭한 공격이 최선의 방어임을 알고 있었기 때문에 계속해서 그들을 공격했습니다. 그는 자기를 고소한 자들이야말로 범죄자들이라고 소리를 높였습니다. 법정은 이제 위치가 뒤바뀌어 베드로가 기소자가 되고 관원과 장로들은 피고가 되어 버렸습니다. 이제 그들은 메시야를 죽인 죄로 법정에 서는 입장이 되었습니다.

이 모든 일은 성령의 역사라는 관점에 비추어 연구해 보면 분명히 이해가 되는 것입니다. 믿는 자의 삶 가운데서 성령께서는 어떻게 역사하십니까?

예수님께서 성령의 역사하심에 대하여 제자들에게 명확하게 설명해 주신 것이 있으니, 곧 성령께서는 우리의 보혜사요 선생이요 인도자이시라는 것입니다.

그렇다면 믿지 않는 자들 가운데서는 어떻게 역사하십니까? 성령께서는 세상의 죄를 고발하는 기소자의 편에 서서 신자들을 변호하십니다(요한복음 16:8-11 참조).

그러므로 베드로는 성령의 인도하심을 받아, 자기를 고소한 자들에게 메시야를 살해한 그들 자신의 죄가 얼마나 엄청난 것인가를 보여 주었던 것입니다. 이제는 도리어 그들의 간담이 서늘해졌습니다.

예수님께서도 이 땅에 계실 때 베드로가 공회에서 받은 이 질문과 비슷한 질문을 받으신 일이 있습니다. "예수께서 성전에 들어가 가르치실새 대제사장들과 백성의 장로들이 나아와 가로되, '네가 무슨 권세로 이런 일을 하느뇨? 또 누가 이 권세를 주었느뇨?'"(마태복음 21:23). 이때 예수님께서는 다른 질문으로 이에 응수하셨습니다. 즉 요한의 세례가 하늘로서 왔는지 사람에게서 왔는지를 그들에게 물으셨던 것입니다. 그러나 그들은 이 질문에 대한 직접적인 대답을 회피했기 때문에, 예수님께서도 무슨 권세로 백성들을 가르치시는지 이르지 아니하겠다고 말씀하시면서 두 가지 비유를 들려주시고 난 후, 다음과 같은 말씀으로 이 대화를 끝내셨습니다. "너희가 성경에 '건축자들의 버린 돌이 모퉁이의 머릿돌이 되었나니 이것은 주로 말미암아 된 것이요 우리 눈에 기이하도다' 함을 읽어 본 일이 없느냐?"(마태복음 21:42). 자, 이제 공회에서 베드로가 한 대답을 주의 깊게 살펴보십시오. "이 예수는 너희 건축자들의 버린 돌로서 집 모퉁이의 머릿돌이 되었느니라"(사도행전 4:11).

이 사건은 우리에게 본을 보이는 삶의 섬뜩하기까지 한 능력을 보여 주고 있습니다. 베드로는 예수님께서 하셨던 것과 똑같은 대답을 했습니다. 예수님께서는 시편 118:22을 인용하셨는데 베드로도 그렇게 했습니다. 이것은 우리에게 좋은 교훈을 주고 있습니다. 마치 베드로가 주님을 관찰한 것처럼 누군가가 우리의 행동을 보고 있고 우리의 말을 듣고 있습니다. 이 사실을 안다면 우리는 똑바로 행하며 좁은 길을 걷지 않을 수 없을 것입니다. 그 누군가가 당신을 가장 훌륭한 그리스도인으로 알고 있으며, 진짜 그리스도인에 대한 말을 할 때면 당신을 생각하게 될지도 모르는 일입니다. 그러므로 당신이 행하는 길, 당신이 즐기는 오락, 시간 사용, 행동, 기타 당신이 무엇을 하고 있느냐 하는 것은 곧 그 누군가에게는 하나의 본이 되어 그것을 그대로 본뜨고 있을지도 모르는 일입니다. 당신은 바로 그가 따르는 모본이 되고 있습니다. 사도행전 4장에 기록된 사건에서 베드로는 예수님께서 행하셨던 그대로 따라 했습니다.

일관된 메시지

베드로의 메시지는 사도행전 전체를 통해서 일관성 있게 전파되고 있습니다. 오순절 날에도 그는 예수 그리스도의 죽음과 부활을 증거하고 있고(사도행전 2:23-24), 그 후 예루살렘에 모여든 군중들 앞에서도 동일한 내용을 전했으며(사도행전 3:14-15), 이제 사두개인들 앞에서도 같은 내용의 말씀을 전하고 있는 것입니다. "너희와 모든 이스라엘 백성들은 알라. 너희가 십자가에 못 박고 하나님이 죽은 자 가운데서 살리신 나사렛 예수 그리스도의 이름으로 이 사람이 건강하게 되어 너희 앞에 섰느니라"(사도행전 4:10). 베드로는 공회 앞에서도 같은 메시지를 반복했습니다. "너희가 나무에 달아 죽인 예수를 우리 조상의 하나님이 살리시고"(사도행전 5:30). 후에 고넬료에게 전달된 복음도 동일한 내용이 반복되었음을 볼 수 있습니다. "우리는 유대인의 땅과 예루살렘에서 그의 행하신 모든 일에 증인이라. 그를 저희가 나무에 달아 죽였으나 하나님이 사흘 만에 다시 살리사 나타내시되"(사도행전 10:39-40).

사도 바울이 아그립바 왕 앞에 자기 간증의 요점을 전할 때에도 동일한 내용의 메시지를 인용했습니다. "하나님의 도우심을 받아 내가 오늘까지 서서 높고 낮은 사람 앞에서 증거하는 것은 선지자들과 모세가 반드시 되리라고 말한 것밖에 없으니, 곧 그리스도가 고난을 받으실 것과 죽은 자 가운데서 먼저 다시 살아나사 이스라엘과 이방인들에게 빛을 선전하시리라 함이니이다"(사도행전 26:22-23).

그렇다면 이들은 왜 항상 동일한 내용의 메시지만을 전했을까요? 여기에 대한 답은 바울이 고린도 교인들에게 보낸 서신 가운데서 찾을 수 있습니다. "형제들아, 내가 너희에게 전한 복음을 너희로 알게 하노니 이는 너희가 받은 것이요 또 그 가운데 선 것이라. 너희가 만일 나의 전한 그 말을 굳게 지키고 헛되이 믿지 아니하였으면 이로 말미암아 구원을 얻으리라. 내가 받은 것을 먼저 너희에게 전하였노니 이는 성경대로 그리스도께서 우리 죄를 위하여 죽으시고 장사 지낸 바 되었다가 성경대로 사흘 만에 다시 살아나사"(고린도전서 15:1-4). 이것이 바로 복음입니다. 이것이 바로 기쁜 소식인 것입니다. 예수님께서는 제자들에게 "너희는 온 천하에 다니며 만민에게 복음을 전파하라"고 분명히 말씀하셨습니다. 베드로를 비롯한 모든 사도들은 바로 이 명령에 충실히 순복했습니다.

베드로는 우리 주 예수 그리스도만이 하실 수 있는 한 가지 일에 대하여 분명하면서도 단호하며 또한 감동적인 증거를 했습니다. "다른 이로서는 구원을 얻을 수 없나니, 천하 인간에 구원을 얻을 만한 다른 이름을 우리에게 주신 일이 없음이니라"(사도행전 4:12). 다른 종교들은 우리가 마땅히 어떠한 사람이 되어야 할 것인가를 말해 줄 수는 있습니다. 그러나 그리스도께서는 우리가 마땅히 변화되어야 할 사람으로 우리를 변화시키십니다. 다른 종교들은 우리의 필요가 무엇인지를 깨닫게는 합니다. 그러나 그리스도께서는 우리의 필요를 손수 채워 주십니다.

이러한 사실은 다른 종교를 신봉하고 있는 나라에 가보면 분명히 알 수 있습니다. 이 세계에서 가장 이국적인 어느 도시에 있는 한 사원에 들어가 보면 아름다운 가운을 걸친 한 아름다운 여인을 만날 수 있는데, 이 여인은 머리를 아주 매력적으로 장식했고, 몸매는 균형이 잡혀 있으며, 우아한 모습을 지니고 있습니다. 그러나 그녀에게 무언가 이상한 점이 있다는 것을 곧 알아차릴 수 있는데, 자세히 보면 오른쪽 집게손가락이 없습니다. 왜 그 손가락이 없어졌느냐고 물어보면, 그녀는 그것을 태워 버렸노라고 조용하게 대답해 줍니다. 그걸 태우는 데는 두 시간이나 걸립니다. 왜 그런 끔찍한 일을 했느냐고 다시 물어보면, 그녀는 자신의 죄를 용서받기 위한 노력과 자신의 진지함을 신에게 보이기 위해서라고 대답합니다.

아내와 아들 랜디가 아시아의 정글 지대를 여행한 일이 있었는데, 한번은 랜디가 이상한 사람을 보고서는 "저게 뭐에요?" 하고 소리친 적이 있었습니다. 한 남자가 기다란 갈색 법의를 몸에 걸치고, 등을 구부리고 무거운 십자가를 지고 길을 지나가고 있었습니다. 등에 진 나무 십자가의 무게 때문에 그는 힘겹게 터벅터

벅 걸어갔습니다. 며칠 후 그 남자가 왜 그런 괴상한 일을 했는지에 대한 수수께끼는 풀렸습니다. 지방 신문 전면에 그의 사진이 실려 있었는데, 이 사진에는 그가 십자가를 지고 걸어가는 모습이 아니라 땅에 놓인 십자가 위에 누워 있는데 다른 사람들이 거기에 못을 박는 광경이 나와 있었습니다. 한 기자가 못 박히고 있는 사람에게 마이크를 들이대고는 왜 이런 짓을 하느냐고 묻자, 그는 간단하게 "내 죄를 용서받기 위해서요"라고 대답했답니다.

또 한번은 내가 아시아에 있는 다른 아름다운 도시에서 길거리에 나왔다가 교통이 막힌 적이 있었는데, 그건 자동차나, 트럭, 오토바이, 마차, 자전거로 막힌 것이 아니라 '인간 교통 혼잡'에 막힌 것이었습니다. 길거리는 수천 명의 사람들로 붐볐는데, 이 사람들은 20명 단위로 무리를 지어서 걸어가고 있었습니다. 각 그룹의 중앙에 있는 사람은 커다란 금속 물체를 양 어깨에 메고 있었습니다. 그 모양을 보니 기다란 쇠막대기 한 개가 양어깨 위에 걸쳐져 있었는데, 그 길이는 양옆으로 각각 약 칠팔십 센티 정도 되었고 활처럼 휜 또 다른 쇠막대기가 어깨 위에 놓인 막대기 양끝에 연결되어 머리 위로 올려져 있는데 그 무게는 도합 30kg이나 되어 보였습니다. 활 모양의 쇠막대기에는 자전거 바퀴살처럼 가느다란 줄이 수십 개나 늘어졌는데 그 끝에 달려 있는 낚싯바늘은 온 몸의 맨살 여기저기에 꿰어져서 머리 위에 있는 쇠막대기를 지탱해 주고 있었습니다. 게다가 날카로운 쇠꼬챙이 하나가 그의 오른쪽 뺨을 뚫고 나가 혀를 꿰고 왼쪽 뺨을 관통해서 삐죽 나와 있었습니다. 이런 모양을 한 사람들은 도로 중앙에서 몸을 이리 저리 흔들고 비틀고 돌리면서 걸어가고 있었고, 그들을 따르는 수십 명의 무리들도 그와 비슷한 짐들을 지고서는 어스름 속을 뚫고 따르는 것이었습니다. 비가 부슬부슬 내리는 가운데 신접한 무당이 무리들 앞에 서서 걸어갔습니다. 이윽고 우리는 꼼짝 못하고 갇혀 있던 차를 천천히 몰아 이 무리들로부터 간신히 빠져나올 수가 있었습니다. 한 구경꾼에게 "이 사람들이 뭘 하고 있습니까?" 하고 묻자, 그는 "자기들 죄를 용서받기 위해서 저런다오" 하고 대답했습니다.

다른 종교들은 우리에게 용서가 필요하다는 사실을 지적해 줄 수는 있습니다. 그러나 용서하실 수 있는 분은 단 한 분 예수님밖에 없습니다.

성령 충만

사도행전 4장은 베드로가 성령의 능력 아래서 관원과 장로들 앞에서 놀라운 메시지를 전하고 있는 장면을 보여 주고 있습니다. 그는 성령이 충만한 가운데 있었습니다. "베드로가 성령이 충만하여"(사도행전 4:8)라는 말은 무슨 뜻입니까?

사도 바울이 한 명확한 명령을 살펴봅시다. "술 취하지 말라. 이는 방탕한 것이니 오직 성령의 충만을 받으라"(에베소서 5:18). '충만'에 해당되는 헬라어는 pleroo인데 이 말은 '지배하다'라는 뜻입니다. 여기에서 사용된 동사의 시제를 주의해 보면, 이 문장은 "계속적으로 성령의 지배를 받으라"고 고쳐 읽을 수 있습니다. 바울은 이 말을 설명하기 위하여 술에 취하는 것을 비유로 들고 있습니다. 사람이 술을 너무 많이 마시게 되면 그 사람은 '술의 영향 아래에' 있게 되어 술이 그를 지배하게 됩니다. 누가 술에 취해서 헛소리를 하게 되면 우리는 제정신이 아니라 술이 말을 한다고 합니다. 만일 그가 술에 취하지 않았다면 그런 말을 하지 않았을 것이라는 식으로 모호한 점에 대해서는 그에게 유리한 방향으로 생각해 줍니다. 그러므로 바울은 계속적으로 성령의 영향 아래에 있어야 한다고 말하고 있습니다. 그런 일이 어떻게 일어날 수 있습니까? 에베소서 5:18에서 6:9까지의 말씀과 골로새서 3:16-4:1 말씀을 비교해 보면 같은 내용의 진리들을 많이 찾아볼 수가 있습니다. 바울은 에베소서를 통해 신자들에게 성령 충만을 받으라고 권면하고 있고, 골로새서를 통해서는 말씀에 충만하라고 권고하고 있습니다.

이 둘 사이에 어떤 차이가 있습니까? 그 해답은 그리스도의 가르침에서 찾을 수 있습니다. "살리는 것은 영이니 육은 무익하니라. 내가 너희에게 이른 말이 영이요 생명이라"(요한복음 6:63). 이제 아시겠지요? 주님의 말씀이 곧 영입니다. 계속적으로 성령의 지배 아래 있기를 원한다면 우리는 매일같이 하나님의 말씀에 순종하는 삶을 살지 않으면 안 됩니다. 그것이 바로 베드로가 경험한 것이요, 성령께서 그를 사용하셔서 그리스도의 복음을 능력있게 전하도록 하신 것입니다.

베드로의 설교를 들은 권력자들은 한 가지 결론에 도달했습니다. 이 무식하고, 단순하며, 평범한 말밖에 못하는 이들이 전에 예수와 함께 있던 사람들이라는 사실로 미루어, 그들은 사도들이 예수 그리스도의 생애를 특징지운, 같은 영, 같은 진리, 같은 능력의 영향 아래에 있음을 감지했습니다. 그러나 앉은뱅이가 고침받은 기적에 대해서는 어찌 할 바를 몰랐습니다. 그래서 그들은 서로 협의한 끝에 한 가지 방안을 세웠습니다. "그들을 불러 경계하여 도무지 예수의 이름으로 말하지도 말고 가르치지도 말라 하니"(사도행전 4:18). 그들이 사도들에게 명령한 것은 말하자면 "절대로 예수의 이름을 들먹거리지 말라. 단 한 번이라도, 결코 해서는 안 된다"는 말이었습니다. 그들은 그것으로 문제는 해결되고 이 일은 일단락 짓게 되는 것으로 생각했지만, 문제는 그렇게 간단하지 않았습니다.

순 종

사도들은 이미 다른 명령을 받았기 때문에(사도행전 1:8), 이제 누구의 말을 들어야 할지 결단을 내려야 했습니다. 그들은 마땅히 주님께 순종하기로 결심했습니다. "베드로와 요한이 대답하여 가로되, '하나님 앞에서 너희 말 듣는 것이 하나님 말씀 듣는 것보다 옳은가 판단하라. 우리는 보고 들은 것을 말하지 아니할 수 없다' 하니"(사도행전 4:19-20). 권력자들은 어찌할 도리가 없어서 그들을 다시 위협하고 놓아주었습니다.

하나님의 절대주권

그 다음에는 어떤 일이 일어났습니까? 사도들은 먼저 형제들에게로 가서 그동안 일어났던 일을 다 보고했습니다. 이에 그들은 모두 기도했습니다.

저희가 듣고 일심으로 하나님께 소리를 높여 가로되, "대주재여, 천지와 바다와 그 가운데 만유를 지은 이시요, 또 주의 종 우리 조상 다윗의 입을 의탁하사 성령으로 말씀하시기를, '어찌하여 열방이 분노하며 족속들이 허사를 경영하였는고? 세상의 군왕들이 나서며 관원들이 함께 모여 주와 그 그리스도를 대적하도다' 하신 이로소이다. 과연 헤롯과 본디오 빌라도는 이방인과 이스라엘 백성과 합동하여 하나님의 기름 부으신 거룩한 종 예수를 거스려 하나님의 권능과 뜻대로 이루려고 예정하신 그것을 행하려고 이 성에 모였나이다. 주여, 이제도 저희의 위협함을 하감하옵시고 또 종들로 하여금 담대히 하나님의 말씀을 전하게 하여 주옵시며, 손을 내밀어 병을 낫게 하옵시고, 표적과 기사가 거룩한 종 예수의 이름으로 이루어지게 하옵소서" 하더라. (사도행전 4:24-30)

그들의 기도는 다이너마이트와 같았습니다. 첫째로 그들은 자신들이 엄청난 반대에 부딪혀 있다는 사실을 인정했습니다. 그러나 그 대적자들조차도 하나님의 크신 능력과 권위 아래 있었습니다. 권력자들과 이방인들과 이스라엘 백성들은 그들의 계획을 이루려고 일을 행하였지만 실상은 하나님의 계획을 이루었을 뿐입니다. 하나님의 절대주권을 이보다 더 잘 보여 주는 말씀도 없을 것입니다. 하나님께서는 모든 일과 모든 곳과 모든 때를 주관하십니다. 항상 그런 것 같지는 않은 것처럼 보일지는 몰라도, 이것은 틀림없는 사실입니다. 이러한 위협 때문에 사도들의 믿음이 흔들리지는 않았습니다. 그들은 모두 하나님의 손 안에 있었던 것입니다. 하나님께서는 결코 패하시지 않을 뿐만 아니라, 패하실 수도 없는 분이십니다. 하나님이시기 때문입니다! 대적자들에 대한 하나님의 절대권을 인정하는 기도를 한 후 그들이 두 번째로 기도한 것은 말씀을 전할 수 있도록 담대함을 주시길 구한 것입니다. 이에 대하여 하나님께서는 모호한 응답을 주시지 않았습니다. "빌기를 다하매 모인 곳이 진동하더니 무리가 다 성령이 충만하여 담대히 하나님의 말씀을 전하니라"(사도행전 4:31).

그들은 담대함을 구한데 이어서 "손을 내밀어 병을 낫게 하옵시고, 표적과 기사가 거룩한 종 예수의 이름으로 이루어지게 하옵소서"(사도행전 4:30)라고 기도했습니다. 그들이 당했던 장면을 눈앞에 그려 보십시오. 그들은 부당하게 괴로움과 핍박과 위협을 받았습니다. 관원들은 함께 모여 '주'와 '그리스도'를 대적했습니다. 사도들은 권력 있고 간교한 사람들로부터 공격을 받고 있었습니다. 그들은 생명이 위태로운 가운데 있었습니다.

만일 우리가 신체적으로 큰 해를 입힐 수 있는 사람에게서 위협을 받고 있다고 합시다. 그렇게 된다면 우리는 자연히 어떤 반응을 나타내게 되겠습니까? 우리는 아마 같은 식으로 복수하려 들 것입니다. 그러나 그들은 하나님께 무엇을 구했습니까? 하나님께서 큰 기적을 베푸셔서 대적들에게 복수해 주시기를 기도했습니까? 하나님께서 대적들에게 나타나셔서 그 능력의 손길을 그들 위에 펴시어 대적들을 한꺼번에 쓸어버리시기를 기도했습니까? 아닙니다! 그들은 하나님께서 성전 미문 앞의 앉은뱅이를 고치신 것과 같은 은혜의 기적을 계속 베풀어 주시기를 기도했습니다. 이 얼마나 놀라운 일입니까! 대적들에게 원수를 갚을 수 있는 기적을 구한 것이 아니라, 그들로 고침받을 수 있는 기적을 베풀어 주시도록 기도했습니다. 성도들은 그들 자신의 명예에는 관심이 없었고, 오직 하나님의 사랑의 복음을 전하려는 열망만이 불타오르고 있었던 것입니다.

교회의 성장

누가는 이제 '믿는 무리'(사도행전 4:32)에 대하여 언급하고 있습니다. 이 믿는 무리가 커져 나간 과정을 살펴보는 것도 재미있는 일입니다. 누가의 기록을 통하여 우리는 1세기 교회의 성장에 대한 생생한 사실을 볼 수 있습니다. 처음에는 믿는 자들의 숫자가 120명밖에 되지 않았다가(사도행전 1:15), 조금 후에는 3,000명이 더해졌습니다(사도행전 2:41). 얼마 안 가서 그 무리 가운데에 5,000명이 더하여지는 역사가 일어났습니다(사도행전 4:4). 하나님께서 그들의 충성스러운 복음 전파에 대한 응답으로 그들 가운데서 역사하셨던 것입니다.

지도자들은 결코 본궤도를 이탈한 일이 없었습니다. 사도들의 마음속에는 그리스도를 증거해야 한다는 생애 최대의 임무가 자리 잡고 있었으며, 그들은 이 일에 전념했습니다. "사도들이 큰 권능으로 주 예수의 부활을 증거하니 무리가 큰 은혜를 얻어"(사도행전 4:33).

오늘날 주님의 일을 하는 데 있어서 자신을 사역에 깊이 드리고자 하면 할수록 순수하게 하나님 나라의 일에 드려지는 시간은 오히려 점점 줄어드는 것 같습니다. 어느 군목 한 분이 행정적인 짐 때문에 생긴 갈등을 내게 털어놓은 적이 있는데, 자기 책상 위에는 매 건마다 세 통씩이나 작성해야 되는 보고서들이 무더기로 쌓여 있고, 특별휴가 신청서, 병가 신청서, 애로사항 해결 요청서들이 산더미처럼 쌓여 있다고 이야기했습니다. 물론 이 모든 일이 다 필요한 일이기는 하지만 이 일 때문에 시간을 거의 다 빼앗겼습니다. 그것뿐만 아니라 도덕 강의도 담당해야 되고, 참모회의와 사교 모임에도 참석하도록 되어 있었습니다. 그분은 복음을 전파해야겠다는 일념을 가지고 군목으로 입대했는데, 막상 입대하고 나서는 좌절감만 생겼다는 것이었습니다. 잡다한 다른 일들 때문에 정작 해야 할 일을 못하는 것 같았습니다.

선교기관에 있는 지도자들도 비슷한 이야기를 하는 것을 들었습니다. 그들 역시 인사관리, 예산, 대정부 공문서 작성, 대외관계, 간사들 사이에서 발생한 문제의 해결 등에 매달려 씨름하지 않으면 안 되었습니다. 그러한 책임을 맡고 있는 형제 자매들은 종종 끝도 없는 오만 가지 일들 때문에 하나님의 말씀을 전파하는 일이 방해를 받는다는 사실을 깨닫곤 합니다. 그러나 사도들은 그렇지 않았습니다. 그들은 본궤도를 벗어나지 않았습니다.

초대교회 성도들이 이처럼 훌륭하게 해낼 수 있었던 또 다른 두 가지 이유가 사도행전 4:32에 기록되어 있습니다. "믿는 무리가 한마음과 한뜻이 되어 모든 물건을 서로 통용하고 제 재물을 조금이라도 제 것이라 하는 이가 하나도 없더라"(사도행전 4:32). 이 구절에서 우리는 두 가지 교훈을 찾아낼 수 있습니다. 첫째는 하나 된 연합입니다. 초대교회의 그리스도인들은 연합된 간증을 분명히 보여 주었습니다. 그들은 마음과 혼과 영과 생각이 하나가 되었습니다. 둘째는 희생정신입니다. 그들은 주님의 일에 소용되는 것은 무엇이든지 기꺼이 바쳤습니다. 생명과 재산과 시간과 그들의 모든 것을 내놓았습니다. 아무것도 감추지 않았습니다. 희생은 이미 그들에게 생활화되어 있었습니다. 그들은 예수님께서 보여 주신 길을 기쁨으로 따랐던 것입니다.

사도행전 4장에서 드라마의 두 주역 베드로와 요한이 보여 준 팀웍은 사람들의 마음을 한데 묶어 한 팀으로 연합시키시는 하나님의 능력에 대한 또 다른 증거가 됩니다. 충동적이고 직설적이며 결단력이 강한 행동의 사나이 베드로와, 사랑의 사도인 요한 사이에는 다른 점이 너무도 많았습니다. 그러나 다 같이 성령의 지배 아래 있을 때 이들에게는 충돌이란 있을 수 없었습니다. 그리하여 사도들은 연합을 이루었고, 이 연합은 곧 전체 성도들의 연합을 가져왔던 것입니다. 이어서 이들의 팀웍은 그리스도를 위한 강력한 힘이 되어 당대의 세계를 변화시켰을 뿐만 아니라, 오늘날 바로 이 세대에 이르기까지 끊임없이 세계를 변화시키고 있습니다.

그들이 보여 준 희생정신은 사도행전 4:34-37에 잘 나타나 있습니다. "그중에 핍절한 사람이 없으니 이는 밭과 집 있는 자는 팔아 그 판 것의 값을 가져다가 사도들의 발 앞에 두매 저희가 각 사람의 필요를 따라 나눠 줌이러라. 구브로에서 난 레위족인이 있으니 이름은 요셉이라. 사도들이 일컬어 바나바(번역하면 권위자)라 하니 그가 밭이 있으매 팔아 값을 가지고 사도들의 발 앞에 두니라."

요 약

사도들은 절대주권을 가지신 하나님의 보호 아래서 성령의 능력을 힘입어 반대를 뚫고 전진했습니다. 제자들의 삶과 사역은

- 본 된 삶의 능력
- 복음의 능력
- 희생정신의 능력

을 보여 주고 있습니다.

5

전도의 생활화

사도행전 4장은 바나바가 사도들에게 선물(밭 값)을 가져오는 것으로 끝을 맺고 있습니다. 사도행전 5장은 아나니아와 삽비라가 땅을 팔아 그 값을 가져오는 이야기로 시작이 됩니다. 그러나 이 두 가지 사건은 얼마나 대조적인 모습을 보여 주고 있습니까!

복음에서, "주 예수 그리스도를 믿고, 너의 소유를 교회에 바쳐라. 그러면 네가 구원받을 것이다"라고 말하고 있습니까? 그렇지 않습니다! 구원은 하나님께서 거저 주시는 선물입니다. 우리가 하나님께 드릴 수 있는 것은 우리의 죄악 된 생명밖에는 없습니다. 하나님께서는 우리에게 돈이나 땅문서, 소유물, 기타 다른 어느 것도 요구하시지 않습니다. 구원을 돈으로 살 수는 결코 없습니다. 사도들이 새 신자들을 교제 가운데로 받아들일 때 땅이나 소유를 내놓으라고 요구한 적이 있습니까? 없습니다! 사도들은 처음부터 끝까지 아무 조건 없이 그들을 받아들였습니다. 사도들은 열과 성을 다하여 그들을 돕고, 훈련시키며, 위하여 기도하고,

교제 가운데서 함께하기를 원했습니다. 그러므로 우리는 아나니아와 삽비라의 사건을 보고는 이 일이 도대체 어떻게 된 일이냐 하는 의문이 생깁니다.

신자들 가운데는 다른 이들보다 더 열성적으로 참여하는 소수의 사람들이 있었습니다. 이런 일은 오늘날의 교회에도 마찬가지입니다. 어떤 사람들은 온전히 헌신된 가운데서 그리스도를 따르는데 어떤 사람들은 그렇지 못합니다. 예수 그리스도께서 실제적으로는 자기에게 전혀 의미가 없는 사람들도 있습니다. 또 한편으로는 예수 그리스도께서 자신에게 무언가 의미를 주고 있는 그런 사람들도 많이 있습니다. 그러나 비록 그 숫자는 적기는 하지만 예수 그리스도야말로 자신에게 있어서 전부인 소수의 무리가 언제나 있습니다. 이들은 자신의 생명과 재산과 자기 자신과 자기가 가진 모든 것을 하나님께 드린 사람들입니다. 바나바는 이렇게 헌신된 사람들 중의 한 사람이었습니다. 교회사를 통틀어서 볼 때 하나님께서는 언제나 헌신된 소수의 무리들을 통하여 자신이 계획하신 일을 이루어 오셨습니다.

아나니아와 삽비라는 어느 날 자신들이 그리스도께 헌신된 부부로 알려지기를 원하는 마음에서 한 가지 일을 계획했습니다. 그들은 헌신된 제자들과 같은 명성을 얻고 싶기는 했지만 제자의 삶에 따르는 대가는 지불하려 들지 않았습니다. 그들의 말과 행동은 일치하지 못했습니다. 그들은 함께 꾀하여 한 가지 계획을 꾸미고 실행에 옮겼습니다. 그러나 하나님께서는 속으실 수가 없는 분이십니다. 만약 이러한 위선이 그리스도를 따르는 헌신된 소수의 무리에게 스며들게 되면 어떤 일이 일어나게 되리라는 것을 잘 알고 계시는 하나님께서는 헌신된 제자들의 영적 건강과 활력을 유지시키기 위하여 단호한 조치를 취하셨습니다.

이 사건을 통하여 우리는 두 가지의 중요한 교훈을 배울 수 있습니다. 첫째는 위선의 위험입니다. 예수님께서는 드러나 있는 죄인들에게는 관대하게 대하셨지만 위선자들은 엄하게 꾸짖으셨습니다. 자신이 실제로 하지 않은 일을 가지고 자랑해서도 안 되고, 어떤 일을 하겠노라고 약속해 놓고 그 후에는 그 일을 하지 않는 일도 삼가야 합니다. “네가 하나님께 서원하였거든 갚기를 더디게 말라. 하나님은 우매자를 기뻐하지 아니하시나니 서원한 것을 갚으라. 서원하고 갚지 아니하는 것보다 서원하지 아니하는 것이 나으니”(전도서 5:4-5).

성령께서는 또한 진리의 영이시므로 인도함을 받는 자는 진실을 말하게 될 것입니다. 해외여행을 나갔을 때 나는 종종 기념품을 사서 아내나 아이들에게 부칩니다. 선물은 가격이 10달러 미만이면 관세를 물지 않고 바로 배달이 되는데, 발신인이 반드시 그 선물의 가격을 외부에 명기하도록 되어 있습니다. 기념품상 주인은 10달러가 넘는 물건에 대해서도 10달러 이하의 가격을 표시하기를 제안해 오는 적이 종종 있습니다. 내가 그런 제안을 거절하면 진짜 가격을 아는 사람이 아무도 없는데 뭘 그러느냐고 오히려 나를 설득시키려 듭니다. “아무 문제도 없어요. 저희는 계속 이렇게 해오고 있습니다.” 그는 그렇게 하는 것이 전 세계적으로 통례가 되고 있다면서 누누이 강조합니다. 물론 나도 그걸 알고 있지만 그렇게 하지 말라고 하면 어떤 상점 주인은 내게 화를 내기조차 합니다. “도대체 왜 그러십니까? 제정신으로 말씀하시는 겁니까? 다른 사람들도 다 그렇게 하는데 뭘 그리하십니까?" 이렇게 되면 나는 내가 가진 확신을 그에게 이야기해 주지 않을 수가 없습니다. 그리스도를 따르는 제자로서 나는 진실을 말해야 합니다.

두 번째로 중요한 교훈은 우리들에게 한 가지 용기를 주고 있습니다. 사도행전 5:3-4을 살펴봅시다.

> 베드로가 가로되, "아나니아야, 어찌하여 사단이 네 마음에 가득하여 네가 성령을 속이고 땅값 얼마를 감추었느냐? 땅이 그대로 있을 때에는 네 땅이 아니며 판 후에도 네 임의로 할 수가 없더냐? 어찌하여 이 일을 네 마음에 두었느냐? 사람에게 거짓말한 것이 아니요 하나님께로다."

사탄은 우리로 하여금 죄를 짓도록 유혹할 수는 있지만 우리를 강제로 죄에 빠뜨릴 수는 없습니다. 죄를 짓고 안 짓고는 나의 결정에 달려 있습니다. 유혹이 올 때 하나님께서는 언제나 피할 길을 마련해 놓으십니다. 유혹이 살금살금 다가오는 길옆에는 피할 수 있는 길도 나란히 뻗어 있습니다. 이럴 때 나는 이 두 길을 비교해 보고 그중 어느 한 길을 택합니다. "사람이 감당할 시험 밖에는 너희에게 당한 것이 없나니, 오직 하나님은 미쁘사 너희가 감당치 못할 시험 당함을 허락지 아니하시고 시험당할 즈음에 또한 피할 길을 내사 너희로 능히 감당하게 하시느니라"(고린도전서 10:13). 그렇기 때문에 우리는 사탄 때문이라고 핑계를 댈 수 없습니다. 사탄이 우리를 유혹하기는 하지만 그 이상은 우리를 어떻게 하지 못합니다. 하나님께서 그에게 그 이상의 일은 못 하도록 제한을 두셨기 때문입니다. 그러므로 "마귀가 나로 그런 일을 범하도록 했다"라고 하는 말은 진실이 아닙니다.

사탄의 공격에도 불구하고 주님의 일은 점점 흥왕하여 갔습니다. "믿고 주께로 나오는 자가 더 많으니 남녀의 큰 무리더라"(사도행전 5:14). 하나님께서 축복하심으로 백성들은 즐거워했지만 권력자들은 그렇지 못했습니다. "대제사장과 그와 함께 있는 사람 즉 사두개인의 당파가 다 마음에 시기가 가득하여 일어나서 사도들을 잡아다가 옥에 가두었더니"(사도행전 5:17-18).

사두개인들에게도 선택권이 주어져 있었습니다. 그들은 사도들이 행한 일보다 더 큰 일을 할 수도 있었고 사도들의 사역을 막으려고 애쓸 수도 있었습니다. 그런데 결국 사도들의 사역을 무너뜨리려는 편을 택했습니다. 그러나 사람이 하나님을 대적하여 싸워 봐야 고생일 뿐이므로 그들의 선택은 어리석은 행동이었습니다. 주님을 대적하려 드는 자는 누구이든 간에, 그 위치나 직함, 배경, 교육정도, 사회적인 지위, 국적, 그가 종사하는 분야가 무엇이든 간에 자기 분수에 넘치는 일을 벌이고 있는 것입니다. 무서운 하나님을 적으로 삼으려는 것이기 때문입니다. 하나님을 대적하기보다는 하나님과 함께 일하는 것이 훨씬 더 낫습니다.

사두개인들은 왜 그런 편을 택했을까요? 마음에 시기가 가득 차서 그랬습니다. 상상해 볼 수 있겠지요? 대제사장과 그의 당파에 속한 자들은 국내에서 가장 권력이 센 자들이었습니다. 그들은 높임받는 일에 익숙해져 있었습니다. 그들이 맡은 임무 자체는 고귀한 일이었지만 마음에는 시기가 가득 차 있었습니다. 결국 그들은 이 순박하고도 정직하며 평범한 언어를 구사하는 사도들을 시기하여 옥에 가두어 버렸습니다. 그러나 하나님께서는 천사를 보내어 그들을 감옥에서 이끌어 내셔서 성전으로 보내어 생명의 말씀을 전하게 하셨습니다.

"저희가 듣고 새벽에 성전에 들어가서 가르치더니, 대제사장과 그와 함께 있는 사람들이 와서 공회와 이스라엘 족속의 원로들을 다 모으고 사람을 옥에 보내어 사도들을 잡아오라 하니"(사도행전 5:21). 공회(산헤드린)는 예루살렘에서 가장 높고 존귀한 의회였기 때문에 이 기관의 공회원들은 막강한 권력을 가지고 있었습니다. 이제 그들은 공회의 높은 자리에 호사스러운 예복을 길게 늘어뜨리고 앉아서 사도들을 기다리고 있었습니다. 그들은 이 의지할 데 없는 죄수들을 냉엄하고 날카로운 시선으로 쏘아볼 준비가 다 되어 있었습니다. 그러나 그들의 계획에 한 가지 차질이 생겼습니다. 그 죄수들이 성전에 서서 백성들을 가르치고 있었던 것입니다.

> 관속들이 가서 옥에서 사도들을 보지 못하고 돌아와 말하여 가로되, "우리가 보니 옥은 든든하게 잠기고 지킨 사람들이 문에 섰으되, 문을 열고 본즉 그 안에는 한 사람도 없더이다" 하니, 성전 맡은 자와 제사장들이 이 말을 듣고 의혹하여 이 일이 어찌 될까 하더니, 사람이 와서 고하되, "보소서. 옥에 가두었던 사람들이 성전에 서서 백성을 가르치더이다" 하니. (사도행전 5:22-25)

사도들은 자신들에게 위험이 닥친 것을 알았음에도 불구하고 왜 도망가거나 숨지 않았을까요? 그들은 왜 다시 체포되지 않도록 주의하지도 않았겠습니까? 단 한 가지 이유밖에는 없는데, 그것은 말씀을 증거하라는 명령을 받았기 때문입니다. 그들은 그 명령에 순종했을 뿐입니다. 우리도 같은 명령을 받았습니다. "오직 너희는 택하신 족속이요, 왕 같은 제사장들이요, 거룩한 나라요, 그의 소유된 백성이니, 이는 너희를 어두운 데서 불러내어 그의 기이한 빛에 들어가게 하신 자의 아름다운 덕을 선전하게 하려 하심이라"(베드로전서 2:9). 베드로 자신이 그와 같은 삶을 살고 있었기 때문에 그런 말을 할 자격이 있었습니다. 그는 생명의 위험 가운데서도 예수 그리스도를 증거했으며, 쉬지 않고 말씀을 전했습니다. 전도는 그에게 생활이 되었습니다. 전도가 생활화되기 위해서는 무엇이 필요하겠습니까? 다섯 가지 요건이 있다고 생각합니다.

예수님의 눈으로 봄

전도를 정규적이고, 정상적이며, 활기찬 생활의 일부로 만들기 위하여서는 모든 것을 예수님의 눈으로 볼 필요가 있습니다. "무리를 보시고 민망히 여기시니 이는 저희가 목자 없는 양과 같이 고생하며 유리함이라. 이에 제자들에게 이르시되, '추수할 것은 많되 일꾼은 적으니, 그러므로 추수하는 주인에게 청하여 추수할 일꾼들을 보내어 주소서 하라' 하시니라"(마태복음 9:36-38).

예수님께서는 추수할 것이 많다고 보셨습니다. 주님께서 추수에 관하여 말씀하신 또 다른 구절을 살펴봅시다. "너희가 '넉 달이 지나야 추수할 때가 이르겠다' 하지 아니하느냐? 내가 너희에게 이르노니, 눈을 들어 밭을 보라. 희어져 추수하게 되었도다"(요한복음 4:35). 주님께서는 곡식이 이미 익어서 추수할 때가 되었다고 말씀하셨습니다.

당신도 그와 같은 눈으로 사물을 바라보고 있습니까? 당신은 주위의 세상을 바라볼 때 잘 익어서 추수를 기다리고 있는 넓은 밭이 눈에 들어옵니까? 대부분의 사람들에게는 그렇지 않습니다. 나는 네비게이토 선교회의 부회장이라는 직책 때문에 여행을 하게 되는 기회가 많습니다. 어디를 여행하든지 나는 그곳에서 추수하는 일이 무언가 잘못되어 가고 있음을 확인할 수 있었습니다. 대학생 선교를 담당하고 있는 일꾼들을 찾아가 보면 그들은 그들 나름대로의 문제점들을 다 털어놓습니다. 목사와 선교사들을 만나 보면 그들 역시 문젯거리들만 이야기합니다. 문제는 항상 있어 왔습니다. 그것은 어제오늘의 문제도 아니요, 최근에 발생한 것도 아닙니다.

예수님께서 제자들을 내보내시면서 하신 말씀을 생각해 보신 적이 있습니까? "보라. 내가 너희를 보냄이 양을 이리 가운데 보냄과 같도다.… 사람들을 삼가라. 저희가 너희를 공회에 넘겨주겠고 저희 회당에서 채찍질하리라.… 너희를 넘겨줄 때에 어떻게 또는 무엇을 말할까 염려치 말라.… 또 너희가 내 이름을 인하여 모든 사람에게 미움을 받을 것이나… 이 동네에서 너희를 핍박하거든 저 동네로 피하라"(마태복음 10:16-23).

예수님께서는 제자들이 사역을 감당하는 데 필요한 모든 자원을 다 공급해 주시고, 간단한 업무 내용과 사역에 대한 몇 가지

지침을 주신 다음, 제자들로 하여금 핍박에도 대비할 수 있도록 준비시켜 주셨습니다. 주님께서는 제자들이 가는 길에는 고난과 핍박과 어려움이 기다리고 있다는 사실도 미리 알려 주셨습니다.

전투 정신

전도의 생활화를 촉진시키자면 **전투 정신을 가져야 합니다.** 우리는 우리 자신을 선과 악, 의와 불의, 하나님과 사탄 사이에 벌어지고 있는 끊임없는 전쟁에 참여하고 있는 군사들로 보아야 합니다. 우리는 자신들이 그리스도에게 속해 있는 군사라는 사실을 인식하지 않으면 안 됩니다. 바울도 이 사실을 언급하고 있습니다. "네가 그리스도 예수의 좋은 군사로 나와 함께 고난을 받을지니, 군사로 다니는 자는 자기 생활에 얽매이는 자가 하나도 없나니, 이는 군사로 모집한 자를 기쁘게 하려 함이라"(디모데후서 2:3-4).

전투 정신이 전도의 생활화와 무슨 관련이 있습니까? 사도 바울은 "푯대를 향하여 그리스도 예수 안에서 하나님이 위에서 부르신 부름의 상을 위하여 좇아가노라"(빌립보서 3:14)고 고백하고 있습니다. "푯대를 향하여 미끄러져 가노라"도 아니요, "푯대를 향하여 표류하노라," 혹은 "푯대를 향하여 떠내려가노라"도 아닙니다. "푯대를 향하여 좇아가노라"고 말했습니다.

좇아간다는 말은 밀어 젖히고 나아간다는 의미가 들어 있습니다. 이 말은 항상 저항이 있음을 암시하고 있습니다. 오늘날 우리는 안락이 왕이 되어 버린 시대에 살고 있습니다. 좋은 삶은 곧 부드러운 삶이요, 최선의 길이란 곧 쉬운 길이 되고 있습니다. 일이 별 문제 없이 기분 좋게 술술 풀리면 옳은 일이 될 것이요, 어렵고 힘들고 까다롭게 되면 그렇지 못한 것처럼 여길 것이 틀림없습니다. 우리가 막상 반대에 부딪히면 우리는 그 일을 마땅히 이루어져야 할 방향으로 추진하지 못하게 됩니다. 여기에는 우리의 사고에 무언가 결함이 있다는 이야기입니다.

일꾼 의식

전도의 생활화에 필요한 세 번째 요소는 우리 자신을 일꾼으로 보아야 한다는 점인데, 이 일꾼에 대하여 예수님께서는 그 숫자가 '적다'고 말씀하셨습니다. 일꾼이 되기는 쉽지 않습니다. 감당해야 할 일도 쉬운 일이 아닙니다. 그러나 밭에 곡식이 익었을 때에 추수를 하지 않는다면 거둔 것이 아무것도 없을 것입니다.

내가 태어났을 때 우리 집은 아이오와 주에서 농장을 경영하고 있었는데, 추수기가 돌아오면 온 식구가 장시간 일을 할 준비들을 합니다. 들판에 나가면 날씨는 덥고 먼지가 날리기 때문에 목이 마르고, 쉬 피곤해집니다. 일을 하다 보면 근육이 쑤시고, 다리가 아파 오며, 어떤 때는 물집이 생기기도 하고, 허리가 아프지만, 추수는 계속됩니다.

영적인 추수는 이보다 오히려 더 힘듭니다. 그러나 사도 바울은 추수에 대한 자신의 체험을 간단하게 이야기하면서도 불평을 하지 않았습니다. 그는 단지 사실만을 간략하게 서술하고 있습니다.

유대인들에게 사십에 하나 감한 매를 다섯 번 맞았으며, 세

> 번 태장으로 맞고, 한 번 돌로 맞고, 세 번 파선하는데 일주야를 깊음에서 지냈으며, 여러 번 여행에 강의 위험과 강도의 위험과 동족의 위험과 이방인의 위험과 시내의 위험과 광야의 위험과 바다의 위험과 거짓 형제 중의 위험을 당하고, 또 수고하며 애쓰고 여러 번 자지 못하고 주리며 목마르고 여러 번 굶고 춥고 헐벗었노라. 이 외의 일은 고사하고 오히려 날마다 내 속에 눌리는 일이 있으니 곧 모든 교회를 위하여 염려하는 것이라. (고린도후서 11:24-28)

우리 그리스도인들은 계속 휴가를 즐기는 사람과 같은 삶을 택하지는 않았습니다. 우리가 이 삶을 택한 것은 열대의 해변에 드러누워 빈둥거리며 일생을 보내려는 사람들과 같이 되기 위해서도 아닙니다. 우리는 일꾼의 삶을 택했습니다. 자, 다 함께 소매를 걷어붙이고 무덥고 먼지 날리는 들판으로 추수하러 나갑시다.

자신이 가진 자원을 사용함

우리가 일생 동안 증인이 되는 데 필요한 네 번째 요소는 우리가 가진 자원을 사용하는 방법을 배우는 일입니다. 예수님께서는 사도들을 선교지로 파송하실 때 그들이 사역을 감당하는 데 필요한 자원들을 갖추어 내보내셨습니다. 주님께서는 지금도 그렇게 해주십니다. 그렇다면 우리가 가진 자원은 무엇입니까?

내주하시는 성령. 예수님께서는 제자들과 함께 계실 때 그들에게 성령의 사역에 대한 분명한 가르침을 주셨습니다. "내가 아버지께 구하겠으니, 그가 또 다른 보혜사를 너희에게 주사 영원토록 너희와 함께 있게 하시리니, 저는 진리의 영이라.… 그러나 너희는 저를 아나니 저는 너희와 함께 거하심이요, 또 너희 속에 계시겠음이라"(요한복음 14:16-17). 성령께서는 제자들에게로 와서 예수님께서 제자들을 도우셨던 것과 같은 방법으로 그들을 도우십니다. 성령께서는 영원토록 제자들과 함께 거하시며 그들의 삶의 일부가 되시는 것입니다. 성령께서는 그들에게 자신의 생명과 자신의 마음, 자기 자신까지 다 불어넣어 주십니다. 성령의 충만과 통치는 여러 가지로 다를 수 있지만, 성령의 임재하심은 모든 그리스도인들의 삶 가운데 확립되어 있는 분명한 사실입니다.

예수님께서는 성령의 역사를 다음과 같이 설명하셨습니다. "…진리의 성령이 오실 때에 그가 나를 증거하실 것이요, 너희도 처음부터 나와 함께 있었으므로 증거하느니라"(요한복음 15:26-27). 예수님께서는 증인이 둘이라고 말씀하셨는데, 곧 성령과 그리스도인입니다. 양편 다 강력한 증인들입니다. 성령의 증거에는 진리만이 담겨 있기 때문에 하나님께서 말씀하실 때에 불신자들은 자기가 듣고 있는 말씀이 진리라는 사실을 알게 될 수밖에 없는데, 비록 겉으로는 비웃고 조롱한다 하더라도 영혼 깊숙한 곳에서는 그 말씀이 진리라는 사실을 부인할 수 없는 것입니다. 이와 같이 성령께서는 우리가 할 수 없는 방법으로 불신자들에게 그리스도를 알려 주십니다. 성령께서는 사람들이 주 예수 그리스도의 실재, 그리고 주님의 사랑, 은혜, 자비를 볼 수 있도록 도와주시는 초자연적인 능력을 가지고 계십니다. 그러나 당신의 증거 역시 능력이 있다는 사실을 기억하십시오. 당신의 증거에도 그

이면에는 변화된 삶의 생생한 사실이 들어 있기 때문입니다.

노르웨이에서 열린 어느 수양회에 갔을 때 한 젊은 부인이 하는 간증을 들었는데, 그녀는 수년간 마르크스 레닌주의자로 퍽 오랫동안 공산주의를 전파하는 일에 자신의 삶을 바쳐 온 사람이었습니다. 어느 날 그녀는 자기의 꿈이 이루어지게 되어 체코슬로바키아를 방문하게 되었습니다. 공산주의의 낙원으로 생각하고 있던 나라를 방문하게 될 날을 몹시 기다려 왔던 그녀는 막상 그곳에 가봤을 때 모든 꿈이 산산조각이 나고 딱딱하고 차가운 현실만 남아, 그녀 자신이 믿어 오고 선전해 왔던 모든 것이 다 거짓이었음이 드러나게 되었습니다. 그녀는 혼돈과 공허한 마음으로 노르웨이의 집으로 돌아왔는데, 바로 그때 누군가 그녀에게 예수 그리스도 안에 있는 새로운 삶에 대하여 증거를 했습니다. 그녀는 그 자리에서 그리스도를 영접했고, 이제는 거리낌 없이 자신의 간증을 들려주는 것이었습니다. 그녀의 간증은 그리스도께서 주시는 사랑과 평화에 대한 영광스러운 사실, 그리고 변화된 그녀 자신의 삶이 뒷받침을 하고 있었기 때문에 다른 젊은 공산주의자들에게 능력 있는 증거가 되는 것입니다.

예수님께서는 성령의 사역에 대한 목적까지도 설명해 주셨습니다. "그러하나 진리의 성령이 오시면 그가 너희를 모든 진리 가운데로 인도하시리니, 그가 자의로 말하지 않고 오직 듣는 것을 말하시며 장래 일을 너희에게 알리시리라. 그가 내 영광을 나타내리니 내 것을 가지고 너희에게 알리겠음이니라"(요한복음 16:13-14). 성령께서는 그리스도인들로 하여금 그리스도와 동행하도록 인도해 주십니다.

철로를 생각해 보십시오. 믿는 자를 엔진이라고 한다면 이 엔진을 작동시키는 분은 성령이시요, 성령께서 신자를 인도하시는 궤도는 하나님의 말씀입니다. 성령께서는 성경을 거슬러 인도하시는 법이 결코 없습니다. 그러므로 우리의 경험을 가지고 성경을 비판하는 일은 결단코 있을 수 없고, 오히려 항상 성경을 통하여 우리의 경험을 판단해야 할 것입니다.

성령의 사역에 대한 또 다른 면은 성령께서 그리스도를 영화롭게 하신다는 사실입니다. 영화롭게 한다는 말은 모든 일에서 그리스도를 높이고 그리스도께 위엄과 존귀를 다 드리는 것을 뜻합니다. 나는 얼마 전에 몇 대학생들에게 성령의 사역을 극장의 무대 공연에 비유해서 설명했던 일이 있습니다. 무대의 중앙에서 드라마의 주역을 맡고 있는 주인공은 언제나 예수 그리스도이십니다. 무대 맞은편 위층 발코니에 있는 어두운 조명실에서 조명기사가 조명기구들을 조작하여 무대 중앙에 있는 주인공을 비추고 있습니다. 조명기구를 다루는 조명기사는 성령이시요, 조명기구에서 나오는 빛은 하나님의 말씀입니다. 만약 우리가 성령님을 불러서 성령님으로 하여금 하나님께서 주신 위치이자 자신이 스스로 택하신 그 어두운 조명실을 나와 무대 중앙으로 오셔서 예수님과 함께 조명을 받으시라고 한다면 이는 곧 성령님의 사역을 방해하는 것이요, 성령님을 어색한 위치에 계시라고 하는 것과 마찬가지입니다. 성령께서는 전혀 그럴 생각이 없으십니다. 성령의 사역은 그 어두운 조명실에서 자신의 막강한 능력을 발휘하셔서 주 예수 그리스도를 존귀하게 드러내는 일인 것입니다.

하나님의 말씀. 일생 동안 증인이 되기 위하여 우리에게 필요한 두 번째 자원은 하나님의 말씀입니다. "너희가 거듭난 것이 썩어질 씨로 된 것이 아니요 썩지 아니할 씨로 된 것이니, 하나님의 살아 있고 항상 있는 말씀으로 되었느니라"(베드로전서 1:23). 하나님의 말씀만이 사람들을 거듭나게 할 수 있기 때문에, 증인의 첫째 임무는 "살았고 운동력이 있는"(히브리서 4:12) 말씀을 전하는 일입니다.

뉴질랜드의 웰링턴 근교에서 열렸던 기독교 지도자 회의에서 사모아 출신의 한 청년이 했던 간증이 생각납니다. 이 청년은 가정이 경제적으로 어려웠기 때문에 어렸을 때 자기 숙부 댁에 와서 살게 되었는데, 그의 숙부는 술주정뱅이에다가, 입버릇이 고약하고, 난폭하기 짝이 없는 짐승 같은 사람이었습니다. 그는 걸핏하면 자기 아내를 무자비하게 두들겨 패곤 했습니다. 이 청년은 숙부 댁에 사는 동안 숙모가 어떻게 저런 남편과 함께 살고 있는지 의아하게 생각한 적이 한두 번이 아니었습니다. 그럭저럭 세월이 흘러 이 청년은 이제 대학 교육을 받기 위해서 뉴질랜드로 오게 되었습니다.

몇 달 후 숙부와 숙모가 그를 보러 왔는데, 이때 그는 자기의 눈과 귀를 거의 믿을 수가 없는 사실을 보고 듣게 되었습니다. 숙부가 완전히 딴 사람이 되어 사랑과 기쁨과 평안이 가득 찬 사람이 되어 자기 앞에 나타났던 것입니다. 옛날의 그 난폭했던 사람이 친절하고 온화한 신사로 변화되어 있었습니다. 이 사모아 청년은 어떻게 이런 일이 일어날 수 있었는지 도무지 이해가 되지 않았습니다. 그는 도대체 이 세상에 있는 어떤 힘이 이런 변화를 가져다주었는지 알 수가 없었습니다. 그의 숙부는 이런 변화가 성경을 읽은 결과라는 것을 그에게 이야기해 주었습니다.

숙부와 숙모가 방문하고 간 몇 주 후에 이 학생은 성경공부를 하고 있던 다른 학생들의 권면을 받아 함께 성경공부를 하게 되었습니다. 그는 자기 숙부의 삶을 완전히 변화시킨 이 책을 공부하는 일에 큰 흥미를 가졌습니다. 스스로 공부를 해나감에 따라 그도 역시 복음에 응답을 하게 되었습니다.

복음. 세 번째 자원은 복음입니다. "내가 복음을 부끄러워하지 아니하노니 이 복음은 모든 믿는 자에게 구원을 주시는 하나님의 능력이 됨이라. 첫째는 유대인에게요 또한 헬라인에게로다"(로마서 1:16). 복음에 관하여 우리가 기억해야 될 것이 두 가지 있습니다. 첫째로, 복음은 반드시 듣도록 해주어야 합니다. 감옥에서 사도들을 끌어내 주면서 천사는, "가서 성전에 서서 이 생명의 말씀을 다 백성에게 말하라"(사도행전 5:20)고 했지, 가서 그들의 변화된 삶을 백성들에게 보여 주라고 하지 않았습니다. 믿음은 봄으로 나는 것이 아니라 들음에서 나는 것입니다.

둘째로, 복음은 명확해야 한다는 사실입니다. 다른 사람이 이해할 수 있도록 해주는 방법을 알고 있어야 합니다. 만약 그 방법을 모른다면 다른 사람에게 아무 도움도 줄 수 없습니다.

노르웨이 방문 중에 그곳 영빈관에 머무른 적이 있는데, 이 건물은 오래된 아름다운 목조 건물로 무척 화려했습니다. 그 건물을 들어서면서 나는 속으로 '이 건물은 한번 불이 붙으면 여지없이 잿더미가 되겠어' 하고 생각했는데, 막상 방에 들어가 보고는 마음을 놓았습니다. 방문 바로 옆에 반짝거리는 빨간 소화기가 비치되어 있었기 때문입니다. 그날 밤은 마음을 푹 놓고 잘 자고 다음날 아침 이 소화기 사용법을 알아 두기 위해서 좀 더 가까이 가서 자세히 들여다보니 거기에는 노르웨이어 기록만 있었습니다. 다시 찬찬히 살펴보니까 영어로 된 지시사항도 있었습니다. 만약 그 지시사항이 노르웨이어로만 되어 있었다면, 거기에 적혀 있는 지시사항은 많은 사람들에게 마치 이해가 안 되는 복음과도 같았을 것이라고 생각되었습니다. 복음은 하나님께서 뜻하신 목적을 완전히 이룰 수 있는 능력이 있습니다. 그러나 그 내용 자체는 사람들이 이해할 수 있도록 설명하지 않는 한 아무 소용이 없습니다.

기도. 넷째로 우리에게는 기도의 자원이 있습니다. "아무것도 염려하지 말고 오직 모든 일에 기도와 간구로 너희 구할 것을 감사함으로 하나님께 아뢰라. 그리하면 모든 지각에 뛰어난 하나님의 평강이 그리스도 예수 안에서 너희 마음과 생각을 지키시리라"(빌립보서 4:6-7). 모든 일에 기도하라! 그렇지만 불신자를 위해서는 어떻게 기도해야 합니까? 나는 늘 세 가지를 가지고 기도하고 있는데, 첫째 불신자로 하여금 자기의 필요를 볼 수 있도록 기도하고, 둘째 그리스도만이 그 필요를 채워 주실 수 있는 유일한 분이시라는 사실을 알 수 있도록 해주시기를 기도하며, 마지막으로 그 두 가지 사실을 기초로 하여 단 한 가지의 이성적인 결정을 하게 되도록 기도합니다. 복음을 이해하게 된 사람이 이성을 가지고 주 예수님을 거절하기로 결심한다는 것은 있을 수 없는 일이라고 믿습니다. 하나님 없이 사탄의 지배 아래서 살다가 영원히 지옥에서 살게 될 결정을 한다는 것은 아무리 봐도 이성적인 결정이라고는 볼 수 없기 때문입니다.

기도를 할 때 약속을 잊지 맙시다. "우리가 선을 행하되 낙심하지 말지니 피곤하지 아니하면 때가 이르매 거두리라"(갈라디아서 6:9). 시편 126:5-6은 더욱 밝은 빛을 비춰 주고 있습니다. "눈물을 흘리며 씨를 뿌리는 자는 기쁨으로 거두리로다. 울며 씨를 뿌리러 나가는 자는 정녕 기쁨으로 그 단을 가지고 돌아오리로다."

변화된 삶은 우리의 다섯 번째 자원이 됩니다. 호주의 시드니에 갔을 때 주님을 믿지 않는 두 사람과 함께 저녁 식사를 한 일이 있는데, 내 오른편에 앉아 있던 사람은 내가 하는 모든 말에 대하여 수긍을 했습니다. 그는 내 말이 진실이라는 것을 알고 있었습니다. 그러나 내 왼편에 앉아 있던 사람은 대학생이었는데, 이 친구는 온갖 이론으로 논쟁을 하려 했고 내가 하는 말을 하나도 믿지 않았습니다. 오른편에 앉아 있던 친구는 참다못해, "이봐요. 이분이 말씀하시는 건 다 사실이라고요. 내 친구한테 그런 일이 일어난 걸 내 눈으로 똑똑히 봤어요. 예수님께서 그 친구의 삶을 완전히 변화시키셨다고요." 어느새 나와 내 오른쪽 사람은 한마음이 되어 그리스도를 증거하고 있었습니다. 그가 아직 그리스도를 믿지 않았는데도 말입니다! 솔직히 말해서 나는 그때까지 주님을 믿지 않는 사람과 한 팀이 되어 전도를 해본 적이 없었습니다. 그러나 그는 복음의 진리에 대하여 절대적인 확신을 가지고 있었습니다. 그는 자기 친구의 삶 가운데 일어났던 변화를 분명히 보았던 것입니다. 변화된 삶을 가지고 논쟁할 수 있는 사람은 아무도 없습니다(사도행전 4:14 참조).

지속적인 그리스도인의 삶. 나를 그리스도께 인도하는 데 큰 역할을 하게 되었던, 내가 만난 첫 그리스도인들은 갑작스럽거나 극적인 회심의 경험을 하지 못하고 어려서부터 그리스도를 믿어 온 사람들이었습니다. 대부분의 사람들은 그리스도인 가정에 태어나서 자기 부모 아니면 주일학교 교사들을 통해서 그리스도께로 인도받은 사람들이었습니다. 그러나 그것 때문에 그들의 증거의 삶에 조금이라도 지장을 받지는 않았습니다. 그들은 단순히 매일매일 그리스도인의 삶을 살았고, 그들이 보여 준 생활은 나의 생활에 강한 영향을 미쳤습니다. 수년 동안이나 나는 그들의 삶 가운데서 보아 온 것들을 설명하려고 해봤지만 도저히 설명할 도리가 없었습니다. 최근에 와서야 나는 그들의 삶 가운데서 보았던 것이 무엇인가를 확실하게 깨달았습니다. 그것은 바로 사랑, 희락, 화평, 오래 참음, 자비, 양선, 충성, 온유, 절제였습니다. 그들의 삶은 갈라디아서 5:22-23을 행동으로 드러내 보여 주고 있었던 것입니다. 나는 그들의 삶에 매력을 느끼게 되었고 그러한 성품의 근원을 알아내고 싶었습니다.

그리스도인의 교제. 우리가 가진 일곱 번째 자원은 성도의 교제입니다. 그리스도인의 교제로 연합된 믿는 자들의 모임은 불신자들에게 힘 있는 영향을 줄 수 있습니다. 내가 교회에 들어가서 복음을 듣고 나타냈던 반응이 생각납니다. 찬송가와 그곳 사람들이 보여 준 삶의 모습, 그때 들은 설교, 이 모든 것들이 합쳐져서 나를 그리스도께로 이끌었습니다. 바울도 이렇게 기록했습니다. "그러나 다 예언을 하면 믿지 아니하는 자들이나 무식한 자들이 들어와서 모든 사람에게 책망을 들으며 모든 사람에게 판단을 받고 그 마음의 숨은 일이 드러나게 되므로 엎드리어 하나님께 경배하며 '하나님이 참으로 너희 가운데 계시다' 전파하리라"(고린도전서 14:24-25). 생동하는 그리스도인의 교제 가운데 불신자가 들어오면 자신의 모든 것이 드러나므로 매우 부끄러움을 느낄 것입니다. 그러면 진정한 그리스도인의 교제란 무엇입니까? 이것을 가장 명확하게 설명해 주는 구절은 에베소서 4:16이라고 생각합니다. "그에게서 온몸이 각 마디를 통하여 도움을 입음으로 연락하고 상합하여 각 지체의 분량대로 역사하여 그 몸을 자라게 하며 사랑 안에서 스스로 세우느니라."

그렇다면 이 말씀은 무슨 뜻일까요? 사도 바울은 무슨 의미로 이 말을 했겠습니까? 이 말씀을 보면 내가 미니애폴리스에 있는 노스웨스턴 대학에 다니던 시절의 일이 생각납니다. 월드런 스코트와 나는 같은 과에서 공부하고 있었기 때문에 강의가 끝나면 차를 같이 타고 집에 오곤 했습니다. 당시 나는 오마하에서 부모님과 함께 있었는데 스코트도 우리 집 근처에서 살았습니다. 어느 날 수업을 마치고 미니애폴리스에서 오마하의 집으로 가고 있었는데 얼마 못 가서 자동차의 엔진이 팡팡 튀는 요란한 소리와 함께 덜거덕거리기 시작했습니다. 우리 두 사람 다 기계에 대해서는 몰랐기 때문에 어떻게 해야 좋을지 몰랐으므로 그냥 계속 달릴 수밖에는 다른 도리가 없었습니다. 기름을 넣기 위해 주유소에 멈출 때마다 그곳 사람들로부터 그런 상태로 차를 계속 운행하는 것은 무리라는 말밖에 들을 수가 없었지만 그걸 수리할 만한 여유가 없었기 때문에 그냥 계속 달리는 수밖에 없었습니다. 그럭저럭 집에까지는 무사히 왔습니다.

다음날 스코트는 엔진을 고치기로 작정했습니다. 그는 엔진의 부속품 이름들조차 몰랐기 때문에 하나씩 하나씩 뜯어내어 차례대로 번호를 매겨서 현관 앞에 쫙 늘어놓았습니다. 엔진을 완전히 분해하여 부품들에 번호를 다 매긴 다음 그는 낡아서 교체시켜야 될 부품들을 들고 고물상에 가서 쓸 만한 중고 부속품들을 사왔습니다. 이번에는 그 역순으로 교체할 부속들을 포함해서 모든 부속품을 차례차례 조립해서 마침내 다 끝냈습니다. 정말 기적같이 엔진은 작동이 아주 잘 되었습니다!

자, 이제 잠시 생각해 봅시다. 엔진이 분해되어 늘어져 있을 때도 부속품들이 '함께한다'고 할 수 있습니까? 어떤 의미에선 그렇습니다. 그러나 엔진을 시동하여 차를 움직이게 하기 위해서는 그 부속품들을 다 제자리로 맞춰 넣어야 했습니다. 바울이 에베소서 4:16에서 말한 내용이 바로 그와 같습니다. 그는 우리가 함께 붙어 있어야 한다고 말한 것입니다. 온몸의 각 지체가 분량대로 움직여야 하는 것입니다. 그것이 교제입니다.

선교사 정신

전도를 생활화하기 위해서는 우리에게 **선교사 정신도 필요합**니다. 그리스도가 없는 모든 마음은 선교지이며, 그리스도를 모신 모든 마음은 선교사입니다. 신약시대의 교회 안에 있던 능력의 큰 원천의 하나는 그들이 사역을 수행할 때 선교를 몇몇 '슈퍼스타'에게만 전적으로 의지하지는 않았다는 사실입니다. 사실 핍박 때문에 생명을 잃지 않기 위하여 흩어져 도망을 가긴 했지만 그런 핍박도 그리스도를 담대하게 증거하는 성도들의 열심을 막지는 못했습니다. "그 흩어진 사람들이 두루 다니며 복음의 말씀을 전할새"(사도행전 8:4). 흩어진 그 사람들은 평신도들이었습니다. 집사였던 빌립은 선교사 정신을 가지고 있던 사람이었습니다. 주님께서 빌립을 불러서 '에디오피아 사람 곧 에디오피아 여왕 간다게의 모든 국고를 맡은 큰 권세가 있는 내시'(사도행전 8:27)를 만나게 하셨을 때, 마침 이 에디오피아 사람이 이사야의 글을 읽고 있었기 때문에 빌립은 자연스럽게 그에게 전도를 할 수 있었습니다. "빌립이 입을 열어 이 글에서 시작하여 예수를 가르쳐 복음을 전하니"(사도행전 8:35).

우리는 우리 자신을 하나님께서 성령을 통하여 온 세상에 자기의 사랑을 널리 전파하시기 위하여 사용하시는 도구로 보아야 합니다. 복음을 전하는 일이 선교사들에게는 해도 좋고 안 해도 좋은 일이 될 수 없습니다. 선교사라고 하면 통상 '먼 나라'에 가서 일하는 사람이라는 생각이 깊이 뿌리박혀 있습니다. 물론 '먼 나라'에 가서 일하는 선교사들이 계속 많이 나와야 한다는 사실은 인정해야 합니다. 그러나 또 한편으로 우리는 '가까운 이웃,' 이를테면 은행, 정비공장, 슈퍼마켓, 사무실, 옆집에도 선교사를 필요로 하고 있습니다. 바로 우리 자신들이야말로 이곳에서 선교사가 되도록 택함을 받은 사람들입니다! 하나님께서는 이 일을 우리에게 맡기셨습니다.

공회에서는 사도들이 성전에서 말씀을 전하는 것을 알고, 성전 맡은 자와 관속들을 보내 그들을 다시 공회로 잡아 오게 한 다음, 그 앞에 세우고 대제사장이 입을 열었습니다. "우리가 이 이름으로 사람을 가르치지 말라고 엄금하였으되 너희가 너희 교를 예루살렘에 가득하게 하니 이 사람의 피를 우리에게로 돌리고

자 함이로다"(사도행전 5:28).

그러나 베드로는 힘차게 대답했습니다. "사람보다 하나님을 순종하는 것이 마땅하니라. 너희가 나무에 달아 죽인 예수를 우리 조상의 하나님이 살리시고 이스라엘로 회개케 하사 죄 사함을 얻게 하시려고 그를 오른손으로 높이사 임금과 구주를 삼으셨느니라. 우리는 이 일에 증인이요, 하나님이 자기를 순종하는 사람들에게 주신 성령도 그러하니라"(사도행전 5:29-32). 대제사장은 사도들의 말에 크게 노했습니다. 그의 권위에 도전을 받아 체면이 깎여 나가는 것을 느꼈기 때문입니다. 그러나 베드로의 경우는, 그의 대답을 읽어 볼 때 안정된 가운데 오히려 확신과 위엄에 가득 차 있다는 것을 알 수 있습니다. 성령께서 베드로를 다스리고 계셨기 때문에 그에게는 성령의 열매인 화평과 온유가 넘쳐흐르고 있었던 것입니다.

그러나 공회의 지도자들은 이 담대하고 진실한 사람들 때문에 계획이 틀어지게 되어 마음이 분노에 사로잡혀 사도들을 죽이기로 결정했습니다. 다행히 그 자리에는 백성들에게 존경을 받는 교법사가 한 사람 참석했다가 그 일을 못하도록 말렸습니다. "이 사람들을 상관 말고 버려두라! 이 사상과 이 소행이 사람에게로서 났으면 무너질 것이요, 만일 하나님께로서 났으면 너희가 저희를 무너뜨릴 수 없겠고 도리어 하나님을 대적하는 자가 될까 하노라"(사도행전 5:38-39). 공회원들은 이 말을 듣고 옳게 여겨 그들을 죽이지 않기로 결정하고, 그 대신 그들에게 채찍질을 하며 다시는 예수의 이름으로 말하지 말라고 명령했습니다.

그러나 사도들은 죽어 없어질 사람들의 명령을 듣지 아니하고 영원하신 하나님의 명령에 순종했습니다. "사도들은 그 이름을 위하여 능욕받는 일에 합당한 자로 여기심을 기뻐하면서 공회 앞을 떠나니라. 저희가 날마다 성전에 있든지 집에 있든지 예수는 그리스도라 가르치기와 전도하기를 쉬지 아니하니라"(사도행전 5:41-42).

요 약

전도의 생활화를 위한 필수요건-

- 예수님의 눈으로 봄
- 전투 정신
- 일꾼 의식
- 자신이 가진 자원을 사용함
- 선교사 정신

6

구제의 봉사와 말씀의 봉사

6장에서 마귀는 사도들과 함께 사역에 참여하고 있는 제자들을 공격해 옵니다. 사도들은 부끄러움을 당하고, 위협을 받고, 태장을 맞고, 투옥되지만 거기에 굴하지 않고 계속 사역을 수행했기 때문에, 마귀는 이제 새로운 전술인 분열책을 시도하기 시작했습니다. 그는 그리스도인들로 하여금 자기들끼리 분쟁하도록 획책을 해왔습니다. 분열은 오랜 세월에 걸쳐 교회를 자주 괴롭혀 왔지만, 이 첫 공격에서는 효과가 있었을까요?

> 그때에 제자가 더 많아졌는데, 헬라 파 유대인들이 자기의 과부들이 그 매일 구제에 빠지므로 히브리 파 사람을 원망한대, 열두 사도가 모든 제자를 불러 이르되, "우리가 하나님의 말씀을 제쳐 놓고 공궤를 일삼는 것이 마땅치 아니하니, 형제들아, 너희 가운데서 성령과 지혜가 충만하며 칭찬 듣는 사람 일곱을 택하라. 우리가 이 일을 저희에게 맡기고 우리는 기도

하는 것과 말씀 전하는 것을 전무하리라" 하니. (사도행전 6:1-4) (공궤: 식량, 음식을 나누어 주는 일)

사도들은 계속해서 성령의 다스리심을 받는 모습을 보여 주고 있었습니다. 그들은 그 불평 때문에 화를 벌컥 내거나, 불평을 한 사람들을 책망하지도 않았습니다. 어떤 사람들의 문제를 다루어 주어야 할 때 우리는 사도들이 보여 준 본을 반드시 명심해야 할 것입니다. 누가 우리에게 어떤 문제를 가지고 왔을 때 일단 어떤 문제가 있다는 사실 자체는 인정해야 합니다. 우리가 보기에는 별로 심각한 것 같지 않더라도 그가 보기에 심각한 문제라면 그 문제는 심각하게 다루어 주어야 할 것입니다.

사도들은 이 불평을 우연히 일어난 보잘것없는 문제로 간단히 처리해 버리고 다시 자신들의 일에만 골몰할 수도 있었습니다. 결국 그들에게 맡겨진 일은 세계 선교요, 그들이 섬기고 있는 지도자는 이 세상에서 가장 위대한 분이시며, 그들이 하고 있는 일은 지금까지 이 세상이 보지 못한 큰일이었으니까요. 그들은 사람의 생과 사에 관계된 문제를 다루고 있었습니다. 그러므로 그들로서는 그런 세상적인 일에 관계된 문제를 가지고 불평을 하는 소수의 사람들에게 관심을 기울이는 것이 시간과 노력을 들일 가치가 없는 일로 보일 수도 있었습니다. 그러나 사도들은 그런 식으로 생각하지 않았습니다. 그들은 귀를 기울여 그들의 불평을 듣고 그 문제를 다루어 주었습니다.

지도력

이 부분에서 우리는 지도력에 대한 큰 교훈을 얻을 수 있습니다. 문제의 싹을 미리 잘라 버려 미연에 방지하면 앞으로 들이게 될 많은 시간, 수개월, 나아가서는 수년간의 시간을 벌게 되는 법입니다. 솔로몬의 충고를 명심합시다. "악한 일에 징벌이 속히 실행되지 않으므로 인생들이 악을 행하기에 마음이 담대하도다"(전도서 8:11). 사도들은 지혜롭게 행동하였고, 그것은 주님께서 그들을 인도하고 계셨다는 강력한 증거입니다. 만약 그들이 육적이고 인간적인 지혜를 의뢰했더라면 일이 그런 식으로 처리되지 않았을 것입니다.

절제와 성령의 통치를 받는 것은 서로 어떻게 다릅니까? 우리가 이 개념을 올바르게만 이해한다면 다른 점이 없다고 믿을 수 있습니다. 절제는 성령의 열매이기 때문입니다(갈라디아서 5:22-23 참조). 그러므로 내가 성령의 속삭임을 듣고 그 말씀에 순종하여 따름으로써 반응을 나타낸다면 나는 내 삶 가운데서 성령의 열매인 절제를 나타내는 것입니다. 바울은 이에 대하여 우리에게 분명한 훈계를 주고 있습니다. "그리스도 예수의 사람들은 육체와 함께 그 정과 욕심을 십자가에 못 박았느니라. 만일 우리가 성령으로 살면 또한 성령으로 행할지니 헛된 영광을 구하여 서로 격동하고 서로 투기하지 말지니라"(갈라디아서 5:24-25). 만일 내가 성령의 인도와 통치를 받는다면, 나는 나의 정이나 육체의 욕심이 발동하지 못하도록 해야 할 것입니다. 내가 내 육체를 십자가에 못 박았다면 나는 내가 한 일을 자랑하려 들지도 않을 것이며, 논쟁하거나 다른 사람들을 시기하지도 않을 것입니다.

사도들의 행동 가운데는 성령의 인도하심을 받는 절제의 증거가 나타나 있습니다. 그들은 조용히 문제를 바라본 다음 하나님께서 주신 지혜로 그것을 해결해 나갔습니다. 그들은 회중을 불러 모은 다음, 하나님께서 자신들을 부르셔서 맡겨 주신 사역을 상기시켰습니다. 사도행전 6:4에서 사도들은 '기도하는 것과 말씀 전하는 것'만 전념하여 힘쓰겠다고 했습니다. '말씀 전하는 것'은 헬라어로 '말씀의 봉사'입니다. 이 구절의 '봉사'라는 말이 2절의 '공궤'라는 말과 사실은 같은 어원에서 나왔다는 사실을 아는 것은 참으로 중요합니다. 음식으로 섬기는 일이 다른 사람들의 직책인 반면, 말씀으로 섬기는 것은 사도들의 직책이라는 사실을 인정하지 않을 수 없습니다. 그리하여 제자들 가운데서 몇 명이 육신의 음식을 먹이는 일을 맡게 되었고, 사도들은 영혼의 음식을 먹이는 일을 계속하게 되었습니다.

네 가지 부르심

이 말씀의 봉사에는 어떤 것들이 있습니까? 사도들은 예수님의 사역에서 그들이 본 것과 같은 일들을 행했습니다. 예수님께서는 자신의 사역을 네 가지 부르심으로 뼈대를 세우셨습니다. 첫째는 **회개하고 믿으라는 부르심**입니다. "요한이 잡힌 후 예수께서 갈릴리에 오셔서 하나님의 복음을 전파하여 가라사대 '때가 찼고 하나님 나라가 가까웠으니 회개하고 복음을 믿으라!' 하시더라"(마가복음 1:14-15). 둘째는 **제자가 되어 주님을 따르라는 부르심**입니다. "아무든지 나를 따라오려거든 자기를 부인하고 날마다 제 십자가를 지고 나를 좇을 것이니라"(누가복음 9:23). 셋째는 일꾼으로서 앞으로 나아가라는 부르심입니다. "이 후에 주께서 달리 칠십 인을 세우사 친히 가시려는 각동 각처로 둘씩 앞서 보내시며 이르시되, '추수할 것은 많되 일꾼이 적으니, 그러므로 추수하는 주인에게 청하여 추수할 일꾼들을 보내어 주소서 하라'"(누가복음 10:1-2). 넷째는 땅 끝까지 나아갈 사명을 진 지도자가 되어 봉사하라는 부르심입니다. "이에 열둘을 세우셨으니 이는 자기와 함께 있게 하시고 또 보내사 전도도 하며 귀신을 내어 쫓는 권세도 있게 하려 하심이러라"(마가복음 3:14-15). 사도들에게 있어서는 오직 예수님만이 그 사역을 수행하는 데 본이 되시는 분이었습니다. 그들은 주님께서 행하셨던 대로만 했기 때문에 그 결과 수많은 제자들이 배가되었던 것입니다.

이 모든 일이 순조롭게 진행되고 있을 때 사탄은 공격을 개시했습니다. 우리의 사역이 우리 눈에는 아무 문제도 없이 순조롭게 진행되고 있는 것같이 보일 때, 우리는 정신을 차리고 있어야 합니다. 문젯거리가 바로 앞 모퉁이에서 몰래 우리를 노리고 있습니다.

사탄의 역습

내가 네브래스카 대학교에서 네비게이토 사역을 시작했을 때도 별 어려움이 없이 사역이 잘 진행되어 갔습니다. 첫 해가 지났을 때 우리는 캠퍼스 내에서 마음과 비전을 우리와 함께하는 두 명의 신실한 학생을 얻을 수 있었습니다. 이들은 그리스도께 헌신이 되었고, 다른 사람들을 그리스도께로 인도하는 일을 위하여 자신들의 삶을 드리고자 하는 비전에 사로잡히게 되었습니다.

우리는 이 두 사람에게 많은 시간을 투자했고, 그 결과 2년 후에는 이들과 같은 충성된 사람 9명이 우리와 함께하게 되었습니다. 3년 후에는 숫자가 42명으로 늘어났습니다. 우리는 이 형제들을 전부 기숙사 곳곳에 전략적으로 배치시켜 4년이 끝날 때까지는 모든 기숙사생들에게 빠짐없이 그리스도를 전파하기로 계획을 세웠습니다.

그 무렵 스웨덴의 유명한 목사님인 폴 릴리앙버그 목사님이 우리를 방문해 주셨습니다. 목사님은 우리의 선교 현황을 둘러보신 후에 "리로이 형제, 이곳에서 형제들이 이루어 놓은 일을 보고 마귀가 화가 나서 길길이 뛰고 있소. 마귀는 지금 기숙사 지붕 위를 왔다 갔다 하면서 역습을 해올 음모를 꾸미고 있소"라고 말씀하셨습니다. 나는 이 말씀을 우리 선교에 관심은 많으나 사정을 잘 모르시는 한 방문자의 다소 과장된 경고 정도로 생각하고 가볍게 들어 넘겼습니다. 그러나 그게 잘못이었습니다. 마귀는 아무도 예상치 못한 전면적인 기습 공격을 가해 왔습니다. 너무나 갑작스럽게 닥쳐왔기 때문에 우리 모두가 완전히 당할 수밖에 없었습니다. 그 바람에 우리는 많은 형제들을 잃어버렸고, 기숙사를 복음화하려던 우리의 계획은 수포로 돌아갔습니다. 그러므로 일이 순조로워 보일수록 우리는 함께하고 있는 형제들의 삶을 보호해 주시도록 하나님께 더욱 기도해야 합니다.

기 도

사도들은 두 가지 일에 전념하기로 했는데, 그 한 가지는 기도입니다. 이것은 사도들이 예수님의 생애 가운데서 보고 따랐던 본입니다. 그들 자신이 사도로 택함을 받았을 때도 예수님께서 밤이 맞도록 기도하신 후에 택하셨다는 사실을 기억하고 있었으리라 믿습니다(누가복음 6:12-13 참조). 사도들은 예수님께서 바쁜 일정 가운데서도 물러가사 기도하시는 모습을 보았습니다(누가복음 5:15-16). 그들은 예수님께서 새벽에 일어나셔서 기도하시는 것도 보았습니다(마가복음 1:35).

기도는 주님의 생활의 일부였으며, 사도들은 주님의 본을 따랐습니다. 그러므로 기도는 자기의 삶을 하나님께서 사용해 주시기를 바라는 사람에게는 필수불가결한 습관이 되어야 합니다. 기도는 또한 예수님의 사역의 네 가지 기본 영역에 있어서도 필수불가결한 요소입니다.

기도는 다른 사람들에게 전도할 문을 열어 줍니다. "기도를 항상 힘쓰고 기도에 감사함으로 깨어 있으라. 또한 우리를 위하여 기도하되 하나님이 전도할 문을 우리에게 열어 주사 그리스도의 비밀을 말하게 하시기를 구하라. 내가 이것을 인하여 매임을 당하였노라. 그리하면 내가 마땅히 할 말로써 이 비밀을 나타내리라"(골로새서 4:2-4).

기도는 믿는 자들에게 제자의 도를 확립시켜 주는 열쇠가 됩니다. "이로써 우리도 듣던 날부터 너희를 위하여 기도하기를 그치지 아니하고 구하노니, 너희로 하여금 모든 신령한 지혜와 총명에 하나님의 뜻을 아는 것으로 채우게 하시고, 주께 합당히 행하여 범사에 기쁘시게 하고, 모든 선한 일에 열매를 맺게 하시며, 하나님을 아는 것에 자라게 하시고"(골로새서 1:9-10).

기도는 일꾼을 불러 일으켜 추수하러 나가는 것을 볼 수 있게 하는 열쇠가 됩니다. "추수할 것은 많되 일꾼은 적으니, 그러므로 추수하는 주인에게 청하여 추수할 일꾼들을 보내어 주소서 하라"(마태복음 9:37-38).

기도는 이미 우리가 본 바와 같이 지도자 선발에 없어서는 안 될 요소입니다(누가복음 6:12-13 참조).

말 씀

사도들이 두 번째로 전념하기로 한 것은 말씀 전하는 일입니다. 그들의 삶은 말씀의 봉사 또는 말씀의 사역이 특징이 되어 있는데, 이 일이야말로 사람들이 절실히 필요로 하는 것입니다. 내가 다녀 본 교회 중에는 설교 가운데 하나님의 말씀이 전혀 들어 있지 않거나, 하나님의 말씀이 들어 있다고 하더라도 단지 설교자 자신의 생각이나, 사람이 만든 철학, 심지어는 자기의 정치적인 견해 등을 피력하기 위한 도약대 정도로만 사용하는 교회도 있었습니다. 어떤 교회에서는 목회자들이 말씀을 가르치긴 하므로 사람들이 말씀을 배우기는 하지만, 영적으로 섭취하지는 못하는 곳도 있었습니다. 사람들은 사실, 예화, 역사, 신학, 교리를 배우지만 그들의 영혼은 여전히 굶주려 있었습니다. 그들의 영은 힘이 없었고, 그들의 의지는 성령에 사로잡힌 바가 되지 못하여 그리스도께 대한 보다 큰 신뢰와 헌신이 없었습니다. 음식이 육체를 강건케 하듯이 영의 음식인 말씀은 영적인 삶을 강건하게 만들어 줍니다. 말씀은 우리의 머리로 이해가 되어야 하고, 우리의 마음에 새겨져야 하며, 우리의 생활 가운데서 실행되어야 합니다. 하나님의 말씀은 일상생활 가운데 우리가 행하는 모든 일에서 우리가 본떠야 될 모델입니다.

디즈니랜드에 들어가 보면 서부의 나라, 모험의 나라, 미래의 나라, 환상의 나라는 구경할 수 있지만 경이의 나라는 없습니다. 경이의 나라에 가보고 싶으면 성경을 펼쳐 보면 됩니다. 거기에는 아직까지 보지 못한 모든 신비, 아직까지 발견하지 못한 온갖 보화들, 그리고 지금까지 주장해 보지 못한 약속들, 맛보지 못했던 갖은 음식, 아직까지 받지 못한 지시 사항들이 가득 들어 있기 때문입니다. 시편 기자의 기도를 들어 보십시오. "내 눈을 열어서 주의 법의 기이한 것을 보게 하소서"(시편 119:18).

하나님의 백성이 말씀의 섬김을 받을 때 자기 의지와, 자기 의, 세상적인 생각, 위선, 교만, 불신에서 떠날 것을 결심하게 됩니다. "주의 법도로 인하여 내가 명철케 되었으므로 모든 거짓 행위를 미워하나이다"(시편 119:104). 그리하여 하나님의 말씀은 성령께서 활력을 더해 주심에 힘입어 우리의 삶 가운데서 살아 움직이게 됩니다. 이것은 우리가 하나님의 말씀을 다른 사람과 나눌 때에도 우리의 목표가 되어야 할 것입니다.

우리는 예수님께서 세우셨던 사역의 기본 구조를 공부했습니다. 이는 불신자 전도, 제자 확립, 일꾼 무장, 지도자 훈련입니다. 주님께서 세우신 이 목표들은 후에 사도들의 삶과 사역에 있어서도 기본 구조가 되었습니다. 하나님의 말씀은 우리가 이러한 각 목표들을 달성하는 데 실제적으로 어떻게 도움을 주는지 알기 위하여 이 네 가지 임무를 다시 한 번 살펴보기로 합시다.

전도. 예수님께서 말씀을 뿌리는 자에 대하여 하신 말씀입니다. "들으라! 씨를 뿌리는 자가 뿌리러 나가서 뿌릴새… 뿌리는 자는 말씀을 뿌리는 것이라"(마가복음 4:3,14). 베드로는 말씀의 씨가 가진 능력에 대하여 말해 주고 있습니다. "너희가 거듭난 것이 썩어질 씨로 된 것이 아니요 썩지 아니할 씨로 된 것이니, 하나님의 살아 있고 항상 있는 말씀으로 되었느니라"(베드로전서 1:23). 바울도 전도할 때는 항상 말씀을 사용했습니다. "바울이 자기의 규례대로 저희에게로 들어가서 세 안식일에 성경을 가지고 강론하며"(사도행전 17:2).

제자 확립. 전도를 통해 믿은 새 신자들이 주님의 제자가 되도록 돕는 데도 말씀이 필요합니다. "갓난아이들같이 순전하고 신령한 젖을 사모하라. 이는 이로 말미암아 너희로 구원에 이르도록 자라게 하려 함이라. 너희가 주의 인자하심을 맛보았으면 그리하라"(베드로전서 2:2-3).

일꾼 무장. 말씀은 또한 우리를 온전하게 무장시켜 줍니다. "모든 성경은 하나님의 감동으로 된 것으로 교훈과 책망과 바르게 함과 의로 교육하기에 유익하니, 이는 하나님의 사람으로 온전케 하며 모든 선한 일을 행하기에 온전케 하려 함이니라"(디모데후서 3:16-17).

지도자 훈련. 섬기는 지도자로서의 훈련 및 파송에도 말씀이 필요합니다. 사도들은 자신들이 기도와 말씀 전하는 일에 전념하기로 하는 한편 기왕에 발생한 문제를 해결하기 위한 행동을 취하게 됩니다. 헬라 파 유대인들이 자기 파에 속한 과부들이 식량 배급에서 빠지게 되는 것을 불평했을 때 사도들이 생각해 낸 이 문제에 대한 해결책은 몇 명의 훌륭한 일꾼을 뽑는 것이었습니다. "형제들아, 너희 가운데서 성령과 지혜가 충만하여 칭찬 듣는 사람 일곱을 택하라"(사도행전 6:3). 사도들은 그 어느 것도 말씀의 봉사(사역)를 방해하도록 내버려 두지 않았습니다.

우리는 이런 문제에 대한 해결책은 훌륭한 프로그램이라는 생각을 너무나 자주 해왔습니다. 교회학교의 고등부 학생 숫자가 줄어들 때 우리는 어떤 일을 합니까? 선교 기금이 목표액에 미달될 때 우리는 어떤 일을 하고 있습니까? 영화상영이나 유명 인사를 초빙하여 강연을 듣는 것이 해결책입니까? 아닙니다. 해결책은 보다 나은 방법이나 도구에 있는 것이 아니라 보다 훌륭한 일꾼들에게 달려 있습니다. 사도들은 신자들로 하여금 재정 출납을 담당할 몇 명의 자격을 갖춘 일꾼들을 선발하도록 해야 한다는 결론을 내렸습니다. 성도들은 사도들의 권면 속에 담긴 지혜를 깨닫고 일곱 명의 일꾼을 뽑았습니다.

이 일곱 집사의 자격을 살펴보면 놀라지 않을 수가 없습니다. 오늘날 우리가 그 자격 요목들을 훑어본다면 아마 어느 기독교 기관의 회장이나 선교 위원회의 위원장 또는 어느 교단의 총회장을 선출하는 게 아니냐고 생각할 정도의 자격을 열거하고 있습니다. 그러나 그게 아니라 분명히 재정을 맡아서 섬길 집사를 필요로 한 것입니다!

우리는 여기서 한 가지 교훈을 배울 수 있지 않겠습니까? 그렇습니다. 너무나 사소하므로 훌륭한 일꾼이 필요치 않은 일이란 있을 수 없습니다. 교회의 각종 직분을 가장 적합한 일꾼에게 맡길 때 교회는 성장하는 법입니다. 그 당시 일어났던 일도 이와 똑같았습니다. "하나님의 말씀이 점점 왕성하여 예루살렘에 있는 제자의 수가 더 심히 많아지고 허다한 제사장의 무리도 이 도에 복종하니라"(사도행전 6:7). 일곱 집사는 어떻게 선발되었습니까? 사도들이 택해서 임명했습니까? 천만에요. 사도들은 단지 그 일을 맡을 사람들의 자격만 말했을 뿐입니다. 성도들이 그들을 선발했고, 사도들은 승인했을 뿐입니다.

성숙의 표지

이 점에 있어서 우리는 놀라운 사람 스데반을 들지 않을 수 없습니다. 스데반이야말로 성숙한 하나님의 사람이었습니다. 그의 삶은 믿음, 능력, 지혜, 용기, 사랑이 특징이 되어 있었습니다. 그는 일을 실행에 옮기는 행동의 사람이었습니다. 가만히 들러앉아서 군사전략이나 군 전술에 대한 뛰어난 강의를 듣는다고 해서 전쟁에 이기는 것이 아닙니다. 멋진 군복을 쫙 빼입고 공원에서 산책하는 사람들 앞에서 행진을 한다고 해서 전투에 이기는 것도 아닙니다. 용감한 행동이 있어야만 전투에서 승리할 수 있습니다. "스데반이 은혜와 권능이 충만하여 큰 기사와 표적을 민간에 행하니"(사도행전 6:8).

오늘날 스데반과 같은 능력을 가진 지도자들 가운데는 다른 사람들을 잘 조직하여 일을 하게 하는 한편 자신들은 들러앉아 문제점들에 대한 토론이나, 서류 작성, 각종 문제 연구만 하고 있는 경향이 있는 것을 볼 수 있습니다. 물론 그런 활동 자체는 우리가 사람들과 함께하며 전장에서 싸우는 일에 방해가 되지 않는 한 나쁜 일이 아닙니다. 그러나 이 끝없는 보고서와 연구 논문 등의 문서 일이란 사람의 영혼을 구하기 위한 전투가 맹렬한 곳에서 참호를 벗어나 있으면서 잠시 자기를 숨기기 위한 연막을 치는 행위입니다.

몇 년 전 가구의 파손율에 대한 TV 보도를 시청한 적이 있는데, 가구회사에서는 가구를 선적하여 운송 중에 파손되는 경우가 많아서 이 문제에 큰 관심을 기울인다고 했습니다. 몇 대가구회사가 합동으로 대책을 협의한 끝에 독립된 두 연구팀을 고용하여 이 문제의 원인을 분석하고 개선책을 수립토록 했습니다. 수개월간의 집중적인 조사 연구 끝에 이 두 연구팀은 각각 독자적인 방법으로 작업을 한 결과를 보고서에 담았습니다. 이 작업에는 수백 명이 동원되었고, 수많은 시간이 소요되었으며, 수십만 달러의 돈이 투입되었습니다. 그 결과 양 팀이 같은 결론에 도달했고 똑같은 개선책을 내놓았습니다. 수만 km를 여행하고, 이루 셀 수 없을 만큼 많은 사람들과 인터뷰를 하고, 선적과 운송 과정을 상세하게 조사 관찰한 끝에 도달한 한 가지 결론은 운송 담당자들이 좀 더 주의 깊게 운송을 해야 된다는 것이었습니다. 이와 유사한 많은 연구들처럼 이 연구도 시간과 금전과 힘의 낭비에 그치고 말았던 것입니다.

확실히 우리에게는 조용히 뒤로 물러가서 평가를 해보는 시간이 가끔씩 필요한 것 같습니다. 이렇게 평가를 해본 다음에는 스데반이 '사람들에게로' 나아간 것처럼 다시 앞으로 나아가야 합니다. 또한 스데반이 반발에 부딪쳤다는 사실도 명심해야 할 것입니다. 그리스도의 사역에 동참하여 사람들에게로 나아가는 자는 누구나 어려움에 부딪치게 되어 있습니다.

네덜란드의 어느 대학에서 선교 활동을 담당하고 있는 어떤 형제로부터 들은 이야기인데, 그와 함께하고 있는 젊은 형제가 전도 집회를 알리는 포스터를 게시판에 붙인 지 한 시간이 채 못 되어 누군가가 찢어 버렸다는 것이었습니다. 할 수 없이 같은 포스터를 다시 붙였는데 이번에도 또 찢어졌습니다. 비종교적인 다른 활동을 알리는 포스터들은 수주일이나 지나 심지어는 이미 날짜가 지난 것들까지 게시판에 그대로 붙어 있는데 예수 그리스도께 관계된 내용의 포스터만은 번번이 그런 식으로 찢긴다는 것이었습니다.

사람들이 하나님의 사역을 반대하는 이유가 무엇이겠습니까? 누가복음 19:14에 보면 단 몇 단어로 잘 요약이 되어 있습니다. "그런데 그 백성이 저를 미워하여 사자를 뒤로 보내어 가로되, '우리는 이 사람이 우리의 왕 됨을 원치 아니하노이다.'" 수없이 많은 사람들이 마음을 강퍅하게 하여 "우리는 예수님께서 우리의 왕 되는 것을 원치 않소! 우리는 그분이 우리를 다스리는 것을 허락지 않을 것이요!"라고 소리치고 있습니다. 이런 사람들은 자신의 죄에 젖어서 이기적인 삶을 살려는 사람들입니다.

각처의 회당에서 온 사람들은 왜 스데반이 한 말을 대적했습니까? 단지 전통을 따라 살려고만 고집했기 때문입니다.

> 사람들을 가르쳐 말시키되, "이 사람이 모세와 및 하나님을 모독하는 말 하는 것을 우리가 들었노라" 하게 하고, 백성과 장로와 서기관들을 충동시켜 와서 잡아 가지고 공회에 이르러 거짓 증인들을 세우니, 가로되, "이 사람이 이 거룩한 곳과 율법을 거스려 말하기를 마지 아니하는도다. 그의 말에, 이 나사렛 예수가 이곳을 헐고, 또 모세가 우리에게 전하여 준 규례를

고치겠다 함을 우리가 들었노라" 하거늘. (사도행전 6:11-14)

스데반을 고소하는 자들이 왈가왈부하며 내세우던 세 가지 문제는 거룩한 장소와 율법, 그리고 모세의 규례였습니다. 예루살렘 성전이나, 하나님의 율법, 모세의 가르침 자체에는 원래 아무 잘못도 없었습니다. 성전은 하나님께서 주신 설계도대로 지어진 것이요, 율법은 하나님의 사람인 모세에게 일점일획도 틀림이 없이 완전하게 전달된 것이며, 그가 백성들에게 가르친 교훈들도 성령의 영감에서 나온 것이었습니다. 그러므로 하나님의 사람 스데반은 이 중 어느 것도 등한시하거나 비난하는 말을 한 적이 없다는 사실을 우리는 잘 알고 있습니다. 오히려 그를 대적한 무리들에게 두 가지 문제가 있었다고 생각합니다. 그들은 첫째로 매우 교만한 자들이었으며, 스데반과 변론할 때에 스데반이 지혜와 성령으로 말함을 저희가 능히 당치 못했습니다(사도행전 6:10). 식량 배급자 복장의 평범한 사람이 아무도 당하지 못할 이런 큰 능력과 지혜로 하나님의 말씀을 전하고 있는 모습을 상상해 보십시오. 지식에 가득 찬 유대인들이 이런 모습의 스데반을 당하지 못하고 있습니다. 그들의 자존심은 상했고, 교만은 여지없이 꺾였습니다. 그들의 두 번째 문제는 하나님의 크신 경륜을 완전히 오해했다는 사실이었습니다.

만약 스데반이 구제 봉사자로서만 만족했더라면 이런 어려움은 결코 당하지 않았을 것입니다. 그렇다면 그가 자기의 임무를 소홀히 했겠습니까? 그렇지 않습니다. 스데반은 자신의 임무가 구제의 봉사를 하는 일이라는 사실을 누구보다도 잘 알고 있었습니다. 나는 그가 탁월한 일꾼일 뿐만 아니라, 마음속에는 그 일에 대한 생각이 가득 찬 사람이었을 것이라고 믿습니다.

선교 활동에 있어서도 평범한 일을 맡은 사람들은 그 일의 중요성을 보지 못하고 진짜 선교를 하게 될 날이 오기만을 꿈꾸며 자신이 맡은 임무에 대해서는 만족을 하지 못하고 안달을 하는 사람들이 너무나 많은 것 같습니다. 그런 태도는 마귀로부터 오는 것입니다. 마귀는 우리가 그리스도의 사역 가운데서 어떤 일을 맡아 하고 있건 늘 우리를 실망시키려고 노리고 있습니다.

나는 종종 우리 네비게이토 선교회의 수양회 장소인 글렌에리에서 매년 열리는 여름 수양회의 책임을 맡아서 섬기는 특권을 누린 적이 있습니다. 매년 많은 사람들이 이 수양회에 참석을 하는데, 우리는 참석자들과 필요를 채워 주기 위하여 주님께서 사용하실 프로그램을 계획하는 일에 우리의 온 힘을 다 쏟았습니다. 유명한 성경 교사들을 초빙하여 성경을 배우는 시간을 마련하고, 선교회의 간사들로 하여금 토의 그룹과 기도 그룹을 인도하도록 했습니다. 내가 보기에는 이 세상 어느 곳에 가도 손색이 없을 4대 찬송 인도자인 조지 산체스, 스킵 그레이, 봅 비다노, 프랭클린 엘리엇 형제가 항상 대기하고 있어서 언제든지 찬송을 인도할 수 있을 뿐만 아니라 하나님의 말씀을 전하는 일과 분반 공부를 인도하는 일도 할 수 있었습니다. 매번 수양회가 끝날 무렵이면 나는 참석자들과 자리를 함께하여 그들에게 무엇을 배웠느냐고 물어보곤 했는데, 그들이 하는 대답 가운데는 "청소 담당 간사님이 본부 건물(성채로 된 건물임) 유리창을 얼마나 꼼꼼하게 닦으시는지 정말 놀랐습니다"라든가, "젊은 형제들이 잔디를 깎는 걸 보고 큰 감동을 받았습니다," 또는 "간사님들이 손수 식사 시중을 들고 마루를 닦으시는 모습에 무척 친근감이 가더군요. 정말 전심으로 일하시는 것 같았어요"와 같은 대답을 자주 들을 수 있었습니다.

우리 젊은 형제 자매들은 자신들이 하는 일이 강사들의 설교와 찬송과 분반 공부의 그늘에 가려 눈에 띄지 않을 거라 생각했을 것이 틀림없습니다. 그러나 사실은 그렇지 않습니다. 골로새서 3:23에서 바울이 주고 있는 훈계는 우리가 하고 있는 모든 일에 적용이 됩니다. "무슨 일을 하든지 마음을 다하여 주께 하듯 하고 사람에게 하듯 하지 말라."

스데반도 틀림없이 자기의 최선을 다했으리라고 믿습니다. 그러나 또 한편 그는 행정적인 업무 때문에 그리스도의 증인으로서 '사람들 앞에' 나아가는 일을 소홀히 하거나 행정 업무로 때우는 식으로 해서는 안 된다는 사실도 알고 있었습니다. 스데반은 복음을 전하고자 하는 강렬한 열망이 있었으며, 하나님의 말씀을 분명하게 이해하고 있었습니다. 그의 설교를 읽어 보면 성경 말씀을 자유자재로 인용하고 있는 그의 능력에 놀라지 않을 수 없습니다.

그러나 아무리 성경 말씀을 자유자재로 인용할 수 있는 사람이라 할지라도 다른 사람들에게로 나아가서 믿음을 나누고자 하는 강한 열망이 없다면 그렇게 하지 못합니다. 어떻게 하면 이러한 정신을 우리의 삶 가운데 불러일으킬 수 있겠습니까? 한 가지 방법으로 다음과 같은 성경 말씀을 붙들고 기도할 수 있습니다. "주의 말씀을 지키지 아니하는 궤사한 자를 내가 보고 슬퍼하였나이다. 내가 주의 법도 사랑함을 보옵소서. 여호와여, 주의 인자하신 대로 나를 소성케 하소서"(시편 119:158-159). 사람들이 하나님을 공경하지 아니하고, 마귀를 섬기며, 이기심과 정욕과 교만으로 물들어 있는 것을 보고 슬퍼하는 마음을 당신의 삶 가운데 불러일으켜 주시도록 하나님께 기도하십시오. 사람들이 자신들의 생을 망치고 구원을 잃어버리는 것을 보고 참을 수 없는 마음을 주시도록 기도하십시오. 내가 진정으로 하나님의 영광과 내 이웃의 행복에 관심을 가지고 있다면 나는 스데반처럼 '사람들에게로' 나아가기를 바라게 될 것입니다.

주 예수 그리스도께서는 우리에게 가장 큰 모본을 보이신 분입니다. 마태복음 10장에 기록된 것을 보면 예수님께서 제자들을 어떻게 파송하셨는가를 알 수 있습니다. 제자들을 파송하신 후 예수님께서는 조용히 어느 해변가로 물러가셔서 제자들이 밖에 나가서 복음 전하는 일을 열심히 하고 있다는 사실에 안심하고 편히 쉬셨습니까? 천만에 말씀입니다! 성경에는 "예수께서 열두 제자에게 명하시기를 마치시고, 이에 저희 여러 동네에서 가르치시며 전도하시려고 거기를 떠나가시니라"(마태복음 11:1)고 분명하게 기록되어 있습니다. 예수 그리스도는 '일하지 않는 감독자'가 아니라, 끊임없이 영적 전쟁에 참여하고 계신 분이셨습니다. 우리도 그분의 분명한 본을 따르고 그 발자취를 좇아 우리의 삶을 투자합시다.

요 약

헌신적으로 말씀과 기도에 전념한 결과, 사도들은

- 전도,
- 제자 확립,
- 일꾼 무장,
- 지도자 훈련

을 하는 일에 자신들의 삶을 투자하게 되었습니다.

하나님께서는 그들의 헌신에 축복을 하셔서 많은 제자들을 더해 주셨으며, 스데반과 같은 일꾼들을 불러 일으켜 주셨습니다. 이 일꾼들은

- 섬기는 자들이요,
- 말씀을 알고 있었으며,
- 영적 전쟁에 참여하는 사람들이었습니다.

7

하나님의 위대한 계획

몇몇 거짓 증인들이 공회 앞에서 스데반을 신성 모독죄로 고소했습니다. 대제사장은 차분히 이 사건의 검토에 착수할 수 있는 질문들을 하지 않고 단지 스데반에게 이 고소의 내용이 사실인지 아닌지만을 물었습니다. 다시 말하면 그가 유죄냐 무죄냐를 물었던 것입니다. 그러자 스데반은 자기의 힘의 원천인 하나님의 말씀을 거침없이 소개하기 시작했습니다.

터키의 이스탄불에서 놀라운 광경을 본 일이 있습니다. 어느 식당에서 식사를 하고 있을 때, 아들 랜디가 갑자기 놀라는 기색으로 우리에게 얼굴을 돌리더니 "창문 바깥을 내다보지 마시고, 길거리에 어떤 동물이 있는지 알아맞혀 보세요"라고 말하는 것이었습니다. 우리는 온갖 동물의 이름을 다 댔는데 그 근처에 가지도 못했습니다.

이스탄불 거리의 인도 위로 입에 재갈을 물린 거대한 갈색곰 한 마리가 가죽 끈에 매여 걸어오고 있었는데 그 곰 주인은 긴

장대와 탬버린을 들고 있었습니다. 사람들이 모여 있는 곳에 이르자 그는 걸음을 멈추고 탬버린을 두들기기 시작했습니다. 그러자 곰이 뒷발로 일어서더니 빙빙 돌며 춤을 추기 시작하는 것이었습니다. 곰은 앞발로 장대를 잡더니 똑바로 세우고서는 장대 주위를 돌면서 춤을 추었습니다. 그 주인이 뭐라고 명령을 하니까 이번에는 뒤로 벌렁 드러눕더니 옆으로 뒹구는 재주를 보여 주었습니다. 군중들이 박수를 보내자 탬버린은 돈을 모으는 접시로 변했습니다. 둘러선 사람들이 대부분 동전들을 던져 넣자 그 곰 주인은 모자를 벗고 군중들에게 인사를 하고서는 곰을 몰고 또 다른 군중들을 찾아 그 자리를 떴습니다.

어느 관목 뒤에서 갑자기 지저분한 잡종개가 한 마리 뛰어나와 이 곰을 향하여 짖어 대기 시작했습니다. 이런 볼품없는 개 정도는 그 강력한 앞발로 일격이면 거뜬히 해치울 수 있을 만한 거대한 곰이 그 앞에서 쩔쩔매는 것을 보니 참으로 서글픈 생각이 들었습니다. 그러나 그보다 더한 것은 그 곰이 깜짝 놀라서 이리 뛰고 저리 뛰며 도망가 숨으려 하는 모습이었습니다. 결국에는 곰 주인이 장대를 휘둘러 그 개를 쫓아 버렸습니다.

왜 이 멋진 짐승이 초라하고 보잘것없는 개를 무서워하게 되었을까요? 내가 보기에는 두 가지 이유가 있는 것 같았습니다. 첫째는 이 곰에게 재갈이 물려 있었기 때문이요, 둘째는 발톱이 다 뽑혀 버렸기 때문일 것입니다. 각 발마다 면도날처럼 날카롭고 긴 발톱이 다섯 개씩 마치 다섯 자루의 검처럼 제자리에 붙어 있어서 싸움터를 휩쓸어야 하는데, 마땅히 붙어 있어야 할 자리에 발톱이 붙어 있지 않았으니, 그 곰은 재갈 물리고 무장해제를 당한 형편에서 속수무책이었던 것입니다.

그 광경을 보고 있자니까 내 마음 가운데는 내가 알고 있는 그와 비슷한 그리스도인들이 떠올랐습니다. 그들은 그 곰처럼 재갈이 물려 있었고(말을 못하고), 무기도 없습니다(그들의 영혼의 대적들을 향하여 성령의 검을 사용하지 못했습니다).

그와 대조적으로 성경에 보면 성숙한 하나님의 사람들의 모습이 아름답게 그려져 있는 것을 볼 수 있습니다. 이러한 사람들의 마음에는 하나님의 말씀이 충만해 있고, 마음속에 간직되어 있는 이 풍성한 말씀으로 말미암아 '측량할 수 없는 그리스도의 풍성'(에베소서 3:8)을 사람들에게 나눕니다. 그들은 주님께로부터 보내심을 받은 자비의 사자로서의 임무를 수행하고 있습니다. 이러한 일꾼은 훈련되고, 무장되고, 연단되었으며, 오직 하나님의 영광만을 바라보는 가운데 하나님의 사역에 헌신된 사람인 것입니다. 축복된 성령의 통치 아래 이런 일꾼은 이 굶주린 세상에서 강력한 힘을 발휘합니다.

그러나 우리에게는 전혀 다른 모습에 부딪히는 경우가 너무나 많습니다. 훈련이 되어 있지 않고, 무장도 되어 있지 않으며, 단련도 안 된 상태 가운데서, 하나님의 사역을 한마음으로 수행하지 못하는 그리스도인을 너무나 많이 대하고 있습니다. 그는 하나님의 말씀에 깊이 잠겨 있지도 않습니다. 성경 말씀과 친숙하지도 않습니다.

영적 활력을 진작시키는 방법

만약 자신의 상태가 방금 내가 서술한 것과 같은 상태라면 앞으로 어떻게 하겠습니까? 어떻게 하면 영적 건강과 활력을 진작시킬 수 있겠습니까? 내 생각에는 네 가지 단계를 밟아야 할 것 같습니다.

첫째로, 성령께서 우리 마음 가운데서 역사해 주심으로 우리가 하나님의 사람들이 되고자 하는 의욕에 불타야 합니다. 그러므로 만약 오늘 당신에게 더 나은 것을 향한 열망이 있다면 용기를 내십시오! 성령께서 당신의 삶 가운데서 역사하고 계십니다. 지금 당신의 마음 가운데는 성령께서 일하십니다.

둘째로, 당신이 주님을 따를 때 주님께서 보여 주시는 것은 무엇이나 순종하고자 하는 강한 결심이 있어야 합니다. 사도들의 말 가운데도 "하나님을 순종하는 것이 마땅하니라!"(사도행전 5:29)고 한 결심이 있었습니다.

셋째로, 주님께서 당신을 좌절감과 무기력으로부터 건져내어 일으켜 세워 주시도록 주님께 맡겨야 합니다. 주님께서 당신의 눈에 승리의 빛이 반짝일 수 있도록, 그리고 당신의 얼굴에 희망의 미소가 흐르도록 만들어 주실 기회를 드리십시오.

뉴질랜드의 크라이스트처치에서 더니든으로 가는 비행기 안에서 좋은 예를 본 일이 있습니다. 마침 기류 탓으로 비행기는 난항을 계속하고 있었는데, 우리 좌석 반대편 창가에 앉아 있던 여자 승객이 비행기 멀미로 고전을 하다가 결국에는 기진맥진하여 두 어깨를 축 늘어뜨리고 머리를 앞으로 푹 수그린 상태에서 탈진이 되었습니다. 여승무원이 지나가다가 그녀를 보고 "여보세요. 여보세요. 정신 차리시고, 힘을 내세요" 하고 흔들어 깨웠습니다. 그녀는 고개를 들어 여승무원을 한 번 쳐다보고는 다시 앞으로 푹 꺾여졌습니다. “손님, 손님, 정신 차리세요. 이젠 비행기가 흔들리지 않아요!” 여승무원은 다시 한 번 부드럽게 격려했습니다. “자, 바로 앉으시고 힘을 내세요.”

그 말을 하면서 여승무원은 여자 승객의 겨드랑이에 손을 넣어 좌석 위로 바로 올려 주었습니다. “자, 이제 이 약을 한 알만 씹어 잡수세요” 하고 권했습니다. 여자 승객이 고개를 가로젓자 그녀는 “네, 좋아요. 그러면 그냥 삼키세요” 하고는 약을 한 알 건네주고 물을 가지러 갔습니다. 승객으로 하여금 정신을 차리고 힘을 낼 수 있도록 도울 결심을 한 이 여승무원의 도움으로 여자 승객은 격려 가운데서 건강을 회복했고 무사히 이 여행을 마쳤습니다.

성령께서 우리를 도우시는 방법도 이와 같습니다. 성령께서는 우리가 실패했을 때 우리를 찾아오셔서 도와주십니다. 성령께서는 우리를 타이르시고, 우리에게 용기를 주시며, 우리의 삶 가운데 희망과 믿음을 심어 주십니다.

넷째로, 주님께서 공급해 주시는 은혜를 받는 일에 전심전력하여야 합니다. 은혜를 받는 방법은 기도와 말씀입니다.

끊임없이 기도하십시오. 모든 일에 기도하십시오. 감사하는 그리스도인이 되십시오. 찬양하는 사람이 되십시오. 당신의 죄를 자백하고 하나님의 용서하심을 받으십시오. 이것은 하나님의 자녀에게 주시는 유산입니다. “만일 우리가 우리 죄를 자백하면 저는 미쁘시고 의로우사 우리 죄를 사하시며, 모든 불의에서 우리를 깨끗케 하실 것이요”(요한일서 1:9). 당신의 필요를 계속적으로 그에게 아뢰십시오. 스스로 그것을 얻을 생각은 절대로 하지 마십시오. 결단코 스스로는 그것들을 얻을 수가 없고, 다만 그리스도를 통해서만 받을 수 있습니다. 바울이 한 말을 명심하십시오. "내게 능력 주시는 자 안에서 내가 모든 것을 할 수 있느니라"(빌립보서 4:13). 이 말씀은 당신에게도 그대로 적용됩니다. 이 얼마나 놀라운 일입니까! 성령께서 하나님의 말씀을 깨우쳐 주시도록 기도하십시오. "내 영혼이 진토에 붙었사오니 주의 말씀대로 나를 소성케 하소서"(시편 119:25)라고 기도한 시편 기자와 같이 기도하십시오.

말씀에 깊이 거하십시오. 목사님의 설교를 기록하고 그 설교의 내용을 당신의 생활 가운데 적용할 수 있게 도와주시도록 기도하십시오. 1년 내내 지속적으로 성경을 읽을 수 있는 매일 성경 읽기 프로그램을 이용하십시오. 스스로 하나님의 말씀을 파고들 수 있는 좋은 성경공부를 한 가지 시작하십시오. 하나님의 말씀만을 토의의 유일한 기초와 자원으로 삼고 있는, 그리스도 중심의 성경공부 토의 그룹을 찾아서 거기에 참여하십시오.

또한 성경 말씀을 체계적으로 암송하는 일도 잊지 마십시오. 성경 말씀을 암송할 때 축복의 성령께서는 당신의 삶에 계속 역사하실 수 있습니다. 성령께서는 당신을 격려하시거나 당신이 다른 사람을 도울 수 있도록 그때그때 필요한 말씀을 마음속에 떠오르게 해주십니다. 말씀과 기도를 통해서 하나님께서는 당신의 삶을 변화시켜 오직 하나님의 영광만을 바라보는, 힘차고 강건한 십자가의 군병으로 만들어 주실 것입니다.

뉴질랜드의 오클랜드에 살고 있는 엘븐 스미스 부부의 집에서 이른 아침 성경공부를 마치고, 함께 참석했던 두어 명의 형제가 자동차로 내가 묵고 있던 모텔로 나를 데려다 주는 길에 "에덴 공원에 가보신 적이 있나요?" 하고 물어 왔습니다. 가본 적이 없다고 대답했더니, 한 형제가 "선생님이 보실 수 있도록 바로 옆에 있는 언덕에 올라가 보죠"라고 제안했습니다. 그 언덕에서 아름다운 공원을 내려다 볼 때 일행이었던 데이브 블레이크록 박사는 그 공원이 한때는 쓰레기장이었다고 말하면서 그 공원의 내력을 자세히 이야기해 주었습니다. 어떤 신사가 와서 그 쓰레기장을 변경시켜 환경을 미화하기로 결심하고 많은 노력 끝에 드디어 공원을 만들어 일반에게 공개했습니다. 지금은 그곳이 널리 알려져 멀리서도 보러 온다는 것이었습니다. 그 이야기를 들으면서 나는 혼자 생각을 했습니다. '주님께서 하시는 일과 똑같아. 주님께서는 죄로 부서지고 황폐된 우리의 삶을 맡아 변화시켜 미화 작업을 하실 수 있는 분이셔.'

우리의 삶 가운데 역사하시는 하나님의 사역은 훌륭한 요리사의 일과도 같습니다. 어떻게 하면 훌륭한 요리사가 될 수 있습니까? 멋진 스테이크 한 조각과, 당근과 콩 조금 하고, 약간의 빵, 커피 한 포트, 초콜릿 케이크 하나를 가지고 훌륭한 음식상을 차려 내면 됩니까? 그것이 훌륭한 요리사의 표가 됩니까? 그럴지도 모릅니다. 그러나 내 생각에는 훌륭한 요리사란 쓰다 남은 적은 재료를 가지고도 그걸 잘 배합하여 모든 사람이 입맛을 다실 수 있는 음식을 만들어 내는 사람입니다. 신선하고 훌륭한 재료가 많이 있다면 누구나 좋은 음식을 만들어 낼 수 있을 것입니다.

그러나 하나님께는 그와 같은 좋은 재료들이 그렇게 많지 않으십니다. 하나님께서는 대부분 남아 있는 찌꺼기들을 가지고 작업을 하십니다. 우리 모두는 우리 삶의 좋은 부분들을 죄와 자기를 위하여 날려 버리고 나서야 결국 하나님께로 갑니다. 그러면 하나님께서는 우리 삶의 부서진 조각들을 모아서 그것들을 다시 붙이고 정비하여 하나님의 영광을 위하여 사용하십니다. 이때 하나님께서 사용하시는 한 가지 도구는 성경입니다.

그러므로 우리가 스데반으로부터 배울 수 있는 한 가지 교훈은 성경을 공부하는 학생이 되라는 것입니다. 하나님의 말씀을 공부하고, 읽고, 듣고, 암송하고, 묵상하는 데 사용한 시간은 결코 후회가 되지 않을 것입니다.

스데반은 틀림없이 많은 시간을 들여 성경을 공부하고, 그중 많은 부분을 암송했을 것입니다. 사두개인들 앞에서 행한 스데반의 변론은 그가 성경을 깊이 이해하고 있다는 사실을 잘 보여 주고 있습니다. 스데반의 설교를 살펴보고 이 가운데 들어 있는 두 가지의 교훈을 특별히 주목해 보도록 합시다.

모세의 생애에 대한 기사 중에서 스데반은 우리가 첫 번째로 배우게 될 교훈과 연관된 사건을 인용하고 있습니다.

> 모세가 애굽 사람의 학술을 다 배워 그 말과 행사가 능하더라. 나이 사십이 되매 그 형제 이스라엘 자손을 돌아볼 생각이 나더니, 한 사람의 원통한 일 당함을 보고 보호하여 압제받는 자를 위하여 원수를 갚아 애굽 사람을 쳐 죽이니라. 저는 그 형제들이 하나님께서 자기의 손을 빌어 구원하여 주시는 것을 깨달으리라고 생각하였으나 저희가 깨닫지 못하였더라. (사도행전 7:22-25)

무슨 교훈이 들어 있습니까? '행동으로 옮기기 전에 사실을 알라'는 것입니다.

모세는 애굽의 지혜로 교육을 받은 똑똑한 사람이었습니다. 그는 자기 동족들이 당연히 호응을 하리라고 여겼는데, 기실은 잘못된 추측이었을 뿐입니다. 모세는 분노에 사로잡혀, 분별없고, 성급하게 행동을 했습니다. 지도자가 받는 유혹 가운데 한 가지는 완전한 증거도 없이 판단을 하고 결정을 내려 버리는 일을 종종 하고 있다는 사실입니다. 그러나 그런 일이 있을 때마다 가능한 대로 시간을 내어 상황을 거듭 조사해 보고, 사실들을 잘 알아보고, 관계되는 사람들에게 이야기도 해본 후, 그 문제에 대하여 기도하고, 하나님께 지혜를 구한 다음, 하나님의 인도하심을 의뢰하는 가운데 태도를 취해야 하는 법입니다.

이제 사도행전 7장에서 두 번째로 배우게 될 교훈을 살펴봅시다. 오랜 세월에 걸쳐 유대인들은 하나님을 자기들만의 전유물로 믿어 왔습니다. 그러나 스데반은 설교 가운데서 유대인은 세계의 모든 민족들을 하나님 앞으로 인도하는 백성이 되도록 부르심을 입었다는 사실을 사두개인들이 이해할 수 있도록 돕기 위하여 성경 말씀을 풀어 주었습니다. 스데반은 지상사명이라는 관점에서 구약성경을 해석해 나갔던 것입니다.

유대인들은 그들만이 하나님께서 관심을 기울이시는 유일한 민족이라고 생각했기 때문에, 예루살렘을 하나님의 관심의 중심지로 보았습니다. 그러나 스데반은 설교를 통해서 유대 민족의 역사적 주류를 이루는 크고 거룩한 사건들은 대부분 이 성지 밖에서 일어났다는 사실을 지적했습니다. 하나님께서는 그들의 조상 아브라함이 메소보다미아에서 살 때 그에게 나타내 보이셨고, 모세가 낯선 땅 미디안의 광야 저편에서 양을 치고 있을 때 그에게 나타나셔서 말씀하셨습니다. 거기서도 하나님께서는 뜻밖의 장소인 떨기나무 불꽃 중에서 말씀을 하셨습니다. 심지어는 율법조차도 성지가 아니라 사막 한가운데 있는 시내산에서 주셨습니다.

유대인들은 또한 그들의 손으로 화려하게 꾸민 성전이 하나님의 처소라고 생각했습니다. 그들은 마치 자신들이 하나님을 그 안에 제한할 수 있는 것처럼 생각했습니다. 그러나 스데반은 그들에게 강렬한 도전의 말을 했습니다. "그러나 지극히 높으신 이는 손으로 지은 곳에 계시지 아니하시나니, 선지자의 말한 바 '주께서 가라사대 하늘은 나의 보좌요 땅은 나의 발등상이니, 너희가 나를 위하여 무슨 집을 짓겠으며 나의 안식할 처소가 어디뇨? 이 모든 것이 다 내 손으로 지은 것이 아니냐?'"(사도행전 7:48-50). 솔로몬 자신도 헌당식에서 행한 위대한 기도 가운데서 이미 이 사실을 인정했던 것입니다. "하나님이 참으로 땅에 거하시리이까? 하늘과 하늘들의 하늘이라도 주를 용납지 못하겠거든 하물며 내가 건축한 이 전이오리이까!"(열왕기상 8:27). 솔로몬의 기도를 잘 읽어 보면 우리는 그가 이 성전을 주로 기도의 장소로 생각하고 있었다는 것을 알 수 있습니다.

만민의 하나님

성전이 하나님의 백성들을 위한 기도처였지만, 솔로몬은 하나님의 이름을 듣고 와서 기도하는 이방인들을 위한 곳이기도 하다는 사실을 언급했습니다. "또 주의 백성 이스라엘에 속하지 아니한 자 곧 주의 이름을 위하여 먼 지방에서 온 이방인이라도 저희가 주의 광대한 이름과 주의 능한 손과 주의 펴신 팔의 소문을 듣고 와서 이 전을 향하여 기도하거든, 주는 계신 곳 하늘에서 들으시고 무릇 이방인이 주께 부르짖는 대로 이루사 땅의 만민으로 주의 이름을 알고 주의 백성 이스라엘처럼 경외하게 하옵시며, 또 내가 건축한 이 전을 주의 이름으로 일컫는 줄을 알게 하옵소서"(열왕기상 8:41-43).

스데반은 이 성전이 이스라엘만을 위한 하나님의 거룩한 계획으로 그치는 것이 결코 아니라는 사실을 주지시켰습니다. 아브라함의 자손들은 성전에 대한 하나님의 목적뿐만 아니라 그들 자신들의 삶에 대한 하나님의 목적까지도 완전히 오해했던 것입니다.

전 세계를 향한 하나님의 관심

성경의 모든 내용은 결국 하나님의 사랑과 그 구속을 세계 만민에게 알리고자 하시는 하나님의 위대한 계획에 대한 이야기입니다. 타락한 인간은 하나님께 반역하고 하나님과 분리되었습니다. 하나님께서는 인내로써 전 세계의 모든 인류와의 교제를 회복시키려는 작업을 시작하셨습니다. 그러나 인간은 그것을 받아들이려 하지 않았습니다. 인간은 하나님이 없는 세계를 건설하려했고 지금도 그렇게 하고 있습니다. 바벨탑은 인간적인 방대한 노력을 나타내고 있습니다. 결국 하나님께서는 모든 인간을 전체적으로 다루시려는 작업을 포기하고 단 한 사람 아브라함으로부터 새롭게 시작하셨습니다.

> 여호와께서 아브람에게 이르시되, "너는 너의 본토, 친척, 아비 집을 떠나 내가 네게 지시할 땅으로 가라. 내가 너로 큰 민족을 이루고 네게 복을 주어 네 이름을 창대케 하리니 너는 복의 근원이 될지라. 너를 축복하는 자에게는 내가 복을 내리고 너를 저주하는 자에게는 내가 저주하리니, 땅의 모든 족속이 너를 인하여 복을 얻을 것이니라" 하신지라. (창세기 12:1-3)

땅의 모든 족속이 아브라함과 그의 자손들을 통하여 축복을 받도록 계획하셨습니다. 하나님께서 아브라함과 사라를 갈대아 우르에서 불러내실 때 하나님의 눈은 유대인에게만 고정된 것이 아니라 이 세상의 모든 민족을 다 보고 계셨습니다!

그러나 세월이 흐름에 따라 이 백성들은 그 같은 안목을 완전히 잃어버리고 말았습니다. 그들은 어떻게 된 셈인지 그 민족이 생긴 이유까지도 잊어버렸습니다. 그들은 점점 안으로만 파고들어가서 마침내는 배타적이 되어 민족적인 하나님만을 섬기게 되었습니다. 그러나 하나님께서는 그들을 위하여 가지고 계신 계획을 그들에게 끊임없이 상기시켜 주셨습니다. 하나님께서는 그 사실을 출애굽기 19:5-6 가운데 명명백백하게 기록해 놓으셨습니다. "세계가 다 내게 속하였나니, 너희가 내 말을 잘 듣고 내 언약을 지키면, 너희는 열국 중에서 내 소유가 되겠고, 너희가 내게 대하여 제사장 나라가 되며 거룩한 백성이 되리라."

유대인들은 이 세상 모든 사람들을 하나님께로 인도하는 제사장 나라가 되도록 약속되어 있었습니다. 그러나 그들 가운데 비록 이러한 비전을 가진 몇 사람이 있긴 했지만 대부분이 이 취지에 대하여 소경이 되어 있었습니다. 시편 기자는 이 비전을 알고 있었습니다. "하나님은 우리를 긍휼히 여기사 복을 주시고, 그 얼굴빛으로 우리에게 비취사 주의 도를 땅 위에, 주의 구원을 만방 중에 알리소서"(시편 67:1-2). 다윗은 하나님께서 남녀노소 빈부귀천을 초월하여 모든 사람에게 관심을 가지고 계심을 깨달아 알고 있었습니다. "세상의 왕들과 모든 백성과 방백과 땅의 모든 사사며 청년 남자와 처녀와 노인과 아이들아, 다 여호와의 이름을 찬양할지어다. 그 이름이 홀로 높으시며 그 영광이 천지에 뛰어나심이로다"(시편 148:11-13).

선지자들도 같은 주제를 되풀이해서 알리고 있습니다. 하나님께서는 이사야를 통하여 "땅 끝의 모든 백성아, 나를 앙망하라. 그리하면 구원을 얻으리라. 나는 하나님이라. 다른 이가 없음이니라"(이사야 45:22)고 말씀하셨습니다. 하박국도 "대저 물이 바다를 덮음같이 여호와의 영광을 인정하는 것이 세상에 가득하리라"(하박국 2:14)고 선포하고 있습니다. 말라기가 묘사한 하나님의 관심의 폭을 들어 보십시오. "만군의 여호와가 이르노라. 해 뜨는 곳에서부터 해 지는 곳까지의 이방 민족 중에서 내 이름이 크게 될 것이라. 각처에서 내 이름을 위하여 분향하며 깨끗한 제물을 드리리니, 이는 내 이름이 이방 민족 중에서 크게 될 것임이니라"(말라기 1:11).

우리는 이스라엘 사람들이 눈먼 것을 가지고 "이 사람들은 왜 그들을 향한 하나님의 계획을 보지 못했을까?"라고 비난할 수도 있습니다. 그렇다면 현재의 우리 주위를 한번 돌아보십시오. 무엇을 볼 수 있습니까? 교회가 총동원되어 모든 사람들에게 나아가서 복음을 전하고 있는 것을 볼 수 있습니까? 이 큰 사명에 전적으로 헌신한 사람들도 물론 있습니다. 그러나 일주일에 한두 시간의 예배를 드리는 것과 1,2달러를 연보 주머니에 넣는 것으로 만족하고 있는 '일요 교인들'을 우리는 너무나 많이 보고 있습니다. 예나 지금이나 다를 바가 없습니다.

자기 백성들을 향한 하나님의 계획이 변경되었습니까? 아닙니다. 그 어느 때보다도 지금 그 목적은 한층 뚜렷합니다. 하나님께서는 우리가 세계 비전을 더욱 넓히기를 바라고 계십니다. 이 비전은 두 가지 방법으로 설명될 수 있습니다. 첫째로, 비전은 하나님의 마음속에 있는 것, 즉 세계를 당신의 마음속에 가지는 것입니다. "하나님이 세상을 이처럼 사랑하사 독생자를 주셨으니, 이는 저를 믿는 자마다 멸망치 않고 영생을 얻게 하려 하심이니라" (요한복음 3:16). 둘째로, 이 비전은 원근을 동시에 보도록 이중 초점을 갖고 있어야 합니다. 우리는 우리의 이웃, 우리의 마을, 내가 살고 있는 바로 그곳의 필요를 보는 동시에, 눈을 들어 이 세계의 절망적인 상태를 바라보고 그리스도만이 해답이시라는 사실을 선포할 줄 알아야 합니다.

공회에서 구약성경을 해석해서 설명해 준 후에 스데반은 하나님께서 최후로 나타내 보여 주신 것이 '의인'이신 예수 그리스도의 오심이었다는 사실을 담대히 공포했습니다. 그는 예수님이야말로 하나님의 아들이시요, 유대인이든 이방인이든, 종이든 자유인이든, 세상 모든 사람들의 구세주라는 사실을 알렸습니다. 유대인들은 다시 한 번 하나님의 의도와 계획에 소경이 되었던 것입니다. 그들은 오랜 세월을 내려오면서 성령을 거역하고 선지자들을 핍박했으며, 마침내 메시야를 죽이는 크나큰 잘못을 저지른 것입니다.

스데반은 이 사실을 들어 그들에게 도전을 했습니다. "목이 곧고 마음과 귀에 할례를 받지 못한 사람들아!… 너희가 천사의 전한 율법을 받고도 지키지 아니하였도다"(사도행전 7:51-53). 그들은 다른 어느 민족도 받을 수 없었던 큰 신뢰를 저버리고, 스스로 의심의 그늘 아래서 한 민족에게 부여될 수 있는 가장 영광스러운 명예를 누릴 만한 자격이 없다는 사실을 보여 주었을 뿐입니다. 스데반은 유대인들이 하나님으로부터 독특한 계시를 받았지만 오랜 세월 동안이나 그들에게 맡겨 주신 목적을 헛되게 만드느라 하나님을 거슬러 왔던 사실을 지적했습니다.

이것 때문에 그들은 다시 죄를 범했습니다. "저희가 이 말을 듣고 마음에 찔려 저를 향하여 이를 갈거늘, 스데반이 성령이 충만하여 하늘을 우러러 주목하여 하나님의 영광과 및 예수께서 하나님 우편에 서신 것을 보고 말하되, '보라. 하늘이 열리고 인자가 하나님 우편에 서신 것을 보노라' 한대"(사도행전 7:54-56).

공회는 복수심과 광포와 살기가 등등한 가운데 급기야 폭발하고 말았습니다.

> 저희가 큰 소리를 지르며 귀를 막고 일심으로 그에게 달려들어 성 밖에 내치고 돌로 칠새 증인들이 옷을 벗어 사울이라 하는 청년의 발 앞에 두니라. 저희가 돌로 스데반을 치니 스데반이 부르짖어 가로되, "주 예수여, 내 영혼을 받으시옵소서" 하고, 무릎을 꿇고 크게 불러 가로되, "주여, 이 죄를 저들에게

돌리지 마옵소서." 이 말을 하고 자니라. (사도행전 7:57-60)

스데반은 중대한 메시지를 선포했습니다. 아마도 그는 당대에서 어느 누구보다도 상황을 밝히 본 사람일 것입니다. 그 자리에 다소 성의 사울이 서서 그의 입에서 흘러나오는 모든 말씀을 다 듣고 있었다는 사실은 참으로 흥미 있는 일입니다. 이때 성령께서는 스데반의 설교를 통하여 이 청년의 마음 가운데 세계비전을 불러일으키기 시작하셨으리라고 믿습니다. 사울은 조용히 서서 스데반의 설교를 들으며, 그가 죽는 모습을 지켜본 그날 처음으로 세계비전을 어렴풋하게나마 보게 된 것입니다. 후에 사울은 이름이 바울로 바뀌고, 하나님의 위대한 전략가가 되어 끊임없이 교회의 확장을 궁리하며, 결코 순간에 만족하지 않고 내적으로나 외적으로나 이 일에 전심전력하여 매진하게 됩니다.

그렇습니다. 한 위대한 인물이 그날 죽임을 당했습니다. 그리스도의 군대에 속한 작은 무리의 군인들에게는 그날로 패배하여 끝장이 난 것처럼 보였습니다. 그러나 하나님의 나라에서는 처음에 실패로 보이는 것들이 후에 성공으로 바뀌는 경우가 종종 있습니다.

그리스도의 사역에 있어서 눈에 명백하게 드러나는 퇴보가 궁극적으로는 진보의 결과를 가져오는 경우가 많이 있는데, 스데반의 순교 때 일어났던 일도 바로 그런 경우라고 믿습니다. 바로 그날 다소 성에 사는 사울의 마음에 그 무엇인가가 심겨졌는데, 후에 하나님께서는 그를 변화시켜 이 세상이 지금껏 보지 못한 예수 그리스도 군대의 가장 위대한 장군이 되게 하셨습니다. 후에 사도가 된 바울은 복음을 땅 끝까지 전파하는 일의 선봉이 되었던 것입니다. 스데반의 죽음은 수를 셀 수 없는 많은 사람들에게 생명 곧 영원한 생명을 얻게 하는 밑거름이 되었습니다.

요 약

스데반은 하나님께서 유대인들만의 소유물이 아니라 세상 모든 사람들의 구세주시라는 사실을 전파하다가 죽임을 당했습니다. 그러나 유대인들은 하나님의 크신 경륜을 완전히 오해했습니다. 하나님의 마음속에는 세계가 있고, 전 세계에 복음을 전파하실 계획을 가지고 계십니다.

하나님께서는 스데반과 같이

- 말씀으로 무장되어 있고,
- 늘 기도에 깨어 있으며,
- 복음을 위하여 기꺼이 목숨을 바치는

형제 자매들을 통하여 이 일을 수행하십니다.

8

전도자 빌립

사도행전 6장에서 제자들을 향한 사탄의 제1차 대공세인 내부로부터의 공격이 실패로 돌아가자 사탄은 이번에는 평신도들을 향하여 외부로부터 제2차 대공세를 개시합니다. "사울이 그의 죽임당함을 마땅히 여기더라. 그날에 예루살렘에 있는 교회에 큰 핍박이 나서 사도 외에는 다 유대와 사마리아 모든 땅으로 흩어지니라"(사도행전 8:1). 사탄이 짜낸 전략은 신자들을 향해 난폭하고 사악한 핍박을 가하여 교회를 무너뜨리려는 것이었습니다. 이 작업을 위한 사탄의 주요 하수인은 다소 성의 사울이었습니다.

사도행전에 기록된 사건들 가운데서 가장 중추적인 역할을 수행한 이 사람에 대한 첫 소개가 이 장에서 시작되기 때문에, 그의 이력을 좀 자세히 살펴봐야 할 것 같습니다. 사울은 다소 성 출신으로 출생 시부터 로마의 자유 시민이었습니다. 바리새인이었던 그의 직업은 천막 제조업이었고, 가말리엘 문하에서 교육을 받았습니다. 사도행전 8장에서 볼 수 있는 것과 같이 사울의 최우선 목표는 그리스도인들을 위협하고 살해하는 것이었습니다. 사탄은 이 일에 대한 사울의 적극적인 행동, 시기심, 그리고 똑똑한 두뇌를 이용했습니다.

파괴만이 사탄의 유일한 무기는 아닙니다. 앞에서 살펴본 바와 같이 그는 분열책을 사용하여 공격을 하기도 합니다. 그가 사용하는 또 하나의 고성능 무기는 하나님의 사람들에게 낙담을 안겨주는 일입니다. 이는 하나님의 마음에 합한 다윗같이 위대한 하나님의 일꾼까지도 낙심에 빠져, "사망의 줄이 나를 얽고, 불의의 창수가 나를 두렵게 하였으며, 음부의 줄이 나를 두르고, 사망의 올무가 내게 이르렀도다"(시편 18:4-5)라고 읊은 일이 있을 정도로 무서운 무기입니다.

우리의 믿음을 약화시키는 것도 사탄이 사용하는 공격 무기입니다. 이러한 공격을 당해 보았던 시편 기자는 "나의 고난이 막심하오니, 여호와여, 주의 말씀대로 나를 소성케 하소서"(시편 119:107)라고 기도했습니다.

사탄이 우리의 믿음을 약화시킬 수가 없을 때는 최소한 침체에 빠뜨리려고 안간힘을 씁니다. 에베소 교회에 바로 이 같은 현상이 일어났었는데, 주님께서는 이에 대하여 "그러나 너를 책망할 것이 있나니, 너의 처음 사랑을 버렸느니라"(요한계시록 2:4)고 말씀하셨습니다.

사도행전 8장에 기록된 공격을 통해서 사탄은 신자들을 넘어뜨리고 삼키려 했는데, 이에 대해 베드로는 우리에게 경고해 주고 있습니다. "근신하라. 깨어라. 너희 대적 마귀가 우는 사자같이 두루 다니며 삼킬 자를 찾나니"(베드로전서 5:8). 우리는 이 다섯 가지의 위험에 대하여 늘 깨어 있어야 합니다. 즉 사탄의 작전인 분열(divide), 파괴(destroy), 낙담(discourage), 믿음의 약화(deaden), 믿음의 침체(dampen)입니다. 사도행전 8장에서 주님께서는 상황을 바꾸어 복음에 유리하게 만드실 수 있었습니다. 공격이 사실상 해보다는 유익을 가져왔던 것입니다. "그 흩어진 사람들이 두루 다니며 복음의 말씀을 전할새"(사도행전 8:4).

사탄의 부하들이 사탄의 주위에 모여 앉아 그리스도의 복음이 퍼져 나가는 것을 막기 위한 간부회의를 하고 있는 장면을 그려 봅시다. 그들은 첫 공격에서 아무 성과도 거두지 못했습니다. 하나님께서 자진하여 일을 도우려는 몇 명의 훌륭한 일꾼들을 사용하셔서 사탄의 분열책을 분쇄해 버리셨기 때문입니다. 그래서 사탄은 그리스도의 사역에 열중해 있는 제자들을 패배시킬 전략을 짜기 위하여 자기 군대를 재소집했습니다. 자, 이들이 한 의논들을 한번 들어 봅시다.

"예수가 부활했다는 말은 사실과 다르다고 말해 주면 어떨까요?" 한 귀신이 제안을 했습니다.

"이 머저리 같은 녀석아, 오백 명도 넘는 사람들이 그가 부활한 걸 봤단 말이야."

"복음에 진짜 능력은 없다고 선전하면 어떻겠습니까?"

"미쳤어? 수천 명이 회심하는 걸 봤고, 복음의 능력으로 그들의 삶이 변화하는 걸 본 사람이 한둘이 아닌데!"

이런 식으로 몇 가지 작전이 더 나왔는데, 마지막으로 한 부하가 "핍박을 하면 어떨까요? 진짜로 지독한 핍박 말입니다"라는 제안을 내놓았습니다. 이 제안은 마귀의 마음에 썩 들었습니다.

"바로 그거야. 멋진 생각이군 그래. 자네 계급이 뭔가?"

"소위입니다, 사령관님."

"그거면 충분해. 훌륭한 작전을 구상해 냈으니 자넨 특진이야. 자넨 이제부터 대령일세!"

이리하여 그 작전대로 공격이 개시되었는데, 결과는 완전히 뒤집혔습니다. 복음이 막히기는커녕 마치 불길이 대초원에서 뜨겁고 건조한 바람을 따라 번져 나가듯이 각지로 퍼져 나갔습니다. 그러자 지옥 군단은 대경실색했습니다. 회의가 다시 소집되었습니다.

"핍박 작전을 내놓은 대령 녀석은 어디 갔어?" 사탄은 노발대발했습니다.

대령이 와서 신고를 하자 사탄은 소리를 질렀습니다. "꿇어앉아, 이등병 놈아!"

하나님께서는 또다시 마귀가 일으킨 인간의 핍박을 변화시켜 자신에게 찬양이 되게 만드셨던 것입니다.

그날 가해진 핍박으로 '사도 외에는' 다 흩어진 사실에 주의하십시오. 사도들에게는 가말리엘에 의해 종교적 보호 조치가 취해졌습니다. 그러나 평신도들은 예루살렘에서 도망하여 각기 그곳에서 말씀을 전했습니다. 우리가 앞에서 살펴본 일곱 집사 가운데 한 사람이었던 빌립도 그중에 있었습니다.

빌립이 사마리아 성에 내려가 그리스도를 백성에게 전파하

> 니, 무리가 빌립의 말도 듣고 행하는 표적도 보고 일심으로 그의 말하는 것을 좇더라. 많은 사람에게 붙었던 더러운 귀신들이 크게 소리를 지르며 나가고 또 많은 중풍병자와 앉은뱅이가 나으니 그 성에 큰 기쁨이 있더라. (사도행전 8:5-8)

제자들은 유대와 사마리아 땅에도 복음을 들고 들어갔습니다. 이렇게 하여 예수님께서 명하신 순서대로 예루살렘, 유대, 사마리아에 차례대로 복음이 퍼져 나갔던 것입니다(사도행전 1:8 참조). 빌립 역시 초기의 제자들에게 자연스럽게 전해 내려온 대로 행하였을 뿐입니다. 사도들이 보여 준 본을 이제 제자들이 행할 차례가 되었던 것입니다. 그들의 전도는 어떤 결과를 가져왔습니까? 그 성에 큰 기쁨을 불러일으켰습니다. 그 같은 결과는 예수님께서 탄생하셨을 때 천사들이 한 예언을 통해서도 이미 예상할 수 있었던 일이었습니다. "무서워 말라. 보라. 내가 온 백성에게 미칠 큰 기쁨의 좋은 소식을 너희에게 전하노라. 오늘날 다윗의 동네에 너희를 위하여 구주가 나셨으니 곧 그리스도 주시니라" (누가복음 2:10-11).

호주의 애들레이드에 있는 어느 대학교에서 열린 전도 집회에는 그리스도인들이 서로 힘을 합하여 믿지 않는 친구들을 모임에 초대하기로 했습니다. 그들은 각자 믿지 않는 친구를 한 명 이상 모임 장소인 극장으로 데려오기로 의견을 모았습니다. 자기가 초대한 친구가 나오지 않은 것을 본 어떤 젊은 형제는 즉시 밖으로 나가서 마침 아무 일도 하지 않고 서성대고 있는 다른 학생을 한 사람 만나 인도해 오기도 했습니다. 인도받은 친구는 거기에 오게 된 걸 기뻐하며 둘이 앞자리에 나란히 앉아 말씀을 들었는데, 그날 내가 전한 말씀의 제목은 '거듭나는 법'이었습니다.

순서가 다 끝나자 그 형제는 자기가 방금 인도해 온 친구에게 그리스도를 영접하는 방법을 알고 싶은지를 물어보고 난 후, 그에게 복음을 자세히 전하고 이전에 그리스도를 자신의 생애 가운데 모셔 들인 적이 있는지를 물어보았습니다. 그 친구는 그런 적이 없다고 대답했습니다. 그러면 그리스도를 영접하기를 원하느냐는 물음에 그렇다고 대답을 해왔습니다. 이렇게 하여 두 사람은 성경 말씀을 몇 구절 더 읽고 난 후 함께 영접기도를 했는데, 새로 그리스도를 믿게 된 친구는 매우 기뻐했습니다. 그는 오랫동안 하나님을 찾아 왔으나 그리스도와의 개인적인 관계를 맺는 방법을 몰랐던 것이었습니다. 그는 그리스도를 영접하고 난 후 새로 갖게 된 믿음을 인하여 기쁨에 넘쳐서 극장을 떠났습니다.

이야기는 여기서 끝나지 않았습니다. 그 새 형제는 내가 바로 다음날 저녁에 어느 교회에서 말씀을 전하기로 되어 있다는 광고를 듣고, 그 길로 제일 친했던 친구에게 찾아가서, 그날 일어났던 일을 이야기해 주고 다음날 모임에 같이 가보지 않겠느냐고 권면했습니다. 그리하여 그 친구도 모임에 나와서 말씀을 듣고 그리스도를 구주와 주님으로 영접했습니다.

하지만 그리스도인이 지속적으로 성장하기 위해서는 기쁨만 가지고는 부족합니다. 빌립이 금방 알게 되었던 것처럼 마귀는 집요하게 우리를 노리고 쉽게 포기하지 않습니다. 마술사 시몬이 곧바로 빌립의 삶 가운데 등장했습니다. 이 두 사람은 얼마나 다른지 자세히 살펴보십시오. 시몬은 '자칭 큰 자라'(사도행전 8:9)

하는 사람이요, 반면에 빌립은 사마리아인들의 주의를 자기에게가 아니라 그리스도께로 이끌었던 사람입니다. 사도들이 보인 본은 또다시 열매를 맺습니다. 빌립은 시몬과 논쟁을 하지도 않았고 토론을 벌이지도 않았으며, 다만 부지런히 다니며 '하나님 나라와 및 예수 그리스도의 이름에 관하여 전도'(사도행전 8:12)했을 뿐입니다. 빌립은 어두움에 속한 일을 가지고 논쟁을 하고, 소리를 지르고, 싸우고, 토론을 벌인다고 해서 그 일을 물리칠 수 없다는 사실을 알고 있었습니다. 그는 빛만 비추면 자연히 어두움이 물러간다는 것과 이 세상을 비추는 빛은 바로 예수 그리스도라는 사실도 알고 있었던 것입니다.

이 사실 또한 우리에게 큰 교훈을 주고 있습니다. 육신적인 무기로 영적인 싸움에서 이기고자 시도하는 함정에 얼마나 쉽게 빠집니까? 그러나 그것으로는 결코 이길 수 없습니다.

> 우리가 육체에 있어 행하나 육체대로 싸우지 아니하노니, 우리의 싸우는 병기는 육체에 속한 것이 아니요 오직 하나님 앞에서 견고한 진을 파하는 강력이라. 모든 이론을 파하며 하나님 아는 것을 대적하여 높아진 것을 다 파하고, 모든 생각을 사로잡아 그리스도에게 복종케 하니. (고린도후서 10:3-5)

여기에 사용된 간단한 전략은 이미 예루살렘에서 추수절기인 오순절에 3,000명의 사람이 그리스도를 만남으로써 시작되었습니다. 그때의 결신자들과 그 후 그리스도를 따르게 되었던 사람들은 사도들을 통하여 말씀과 행동으로 철저하게 훈련을 받았습니다. 많은 제자들이 복음을 위한 열정과 시련 가운데서의 용기, 하나님께 대한 믿음, 진지한 기도 생활, 그리스도의 계명에 대한 순종, 희생정신, 그리스도의 이름을 위하여 고난을 받게 되는 것을 기쁨으로 여기는 모습을 보여 주었습니다.

사도행전 8장에서 그리스도를 믿고 그리스도를 섬길 준비가 된 성도들이 흩어지는 것을 보았습니다. '흩어지다'란 단어는 농부들이 씨앗을 뿌리는 것을 표현할 때 사용되는 용어입니다. 복음은 힘차게 급속도로 전파되어 처음에는 재난으로 나타났던 일이 궁극적으로는 하나님의 나라를 확장하는 일에 사용이 되었던 것입니다. 제자들은 마치 바람을 타고 흩어지는 씨앗처럼 펴져 나갔습니다. 예수님께서도 이 사실을 언급하셨습니다. "좋은 씨를 뿌리는 이는 인자요, 밭은 세상이요, 좋은 씨는 천국의 아들들이요"(마태복음 13:37-38. 마태복음 13:24-43도 참조할 것).

씨 뿌리는 이는 예수 그리스도시요, 좋은 씨는 천국의 아들들인데, 그냥 씨가 아니라 좋은 씨입니다. 우리가 이 세상에서 좋은 씨가 되려면 우리의 삶 가운데서 어떤 성품이 나타나야 하겠습니까? 이 문제에 대한 대답을 찾기 위하여 우리는 스데반과 빌립의 삶을 공부하면서 그들이 사도들이 베푼 훈련과 성령의 역사하심 가운데서 어떤 제자들로 변화되어 갔는지를 살펴보기로 합시다.

자아를 죽임. 예수님께서는 요한복음 12:24 말씀을 통하여 이 사실을 다음과 같이 말씀하셨습니다. "내가 진실로 진실로 너희에게 이르노니, 한 알의 밀이 땅에 떨어져 죽지 아니하면 한 알 그대로 있고 죽으면 많은 열매를 맺느니라." 좋은 씨앗이 열매를 맺으려면 그 자체는 죽어야 하는 법입니다. 스데반과 빌립 같은 사람들은 주 예수님의 생애와 사도들의 삶 가운데서 분명한 본을 보았던 사람들이었습니다.

예수님께서는 자신의 생명을 주셨습니다. "아버지께서 나를 사랑하시는 것은 내가 다시 목숨을 얻기 위하여 목숨을 버림이라. 이를 내게서 빼앗는 자가 있는 것이 아니라 내가 스스로 버리노라"(요한복음 10:17-18).

사도들 역시 처형도 불사하겠다는 공회의 위협 앞에 담대하게 자신들의 생명을 내놓았습니다. 죽는다는 것은 단지 죽음을 맞겠다는 용기 이상의 것을 요구합니다. 이것은 주님 되시는 예수 그리스도께 우리의 생명을 드리는 적극적인 헌신을 요구합니다. 우리가 이 단계를 밟을 때 비로소 그리스도께서는 우리의 생명이 되십니다.

바울도 이렇게 말했습니다. "그러므로 너희가 그리스도와 함께 다시 살리심을 받았으면 위엣 것을 찾으라. 거기는 그리스도께서 하나님 우편에 앉아 계시느니라. 위엣 것을 생각하고 땅엣 것을 생각지 말라. 이는 너희가 죽었고 너희 생명이 그리스도와 함께 하나님 안에 감춰었음이니라. 우리 생명이신 그리스도께서 나타나실 그때에 너희도 그와 함께 영광 중에 나타나리라"(골로새서 3:1-4). 바울은 로마서를 통해서도 같은 사실을 상기시키고 있습니다.

> 예수를 죽은 자 가운데서 살리신 이의 영이 너희 안에 거하시면 그리스도 예수를 죽은 자 가운데서 살리신 이가 너희 안에 거하시는 그의 영으로 말미암아 너희 죽을 몸도 살리시

리라. 그러므로 형제들아, 우리가 빚진 자로되 육신에게 져서 육신대로 살 것이 아니니라. 너희가 육신대로 살면 반드시 죽을 것이로되 영으로써 몸의 행실을 죽이면 살리니, 무릇 하나님의 영으로 인도함을 받는 그들은 곧 하나님의 아들이라. (로마서 8:11-14)

자아를 죽이는 것은 좋은 씨가 가져야 하는 태도입니다. 스데반과 빌립 같은 제자들은 자신들에게 속한 모든 권리를 다 포기했습니다. "또 무리에게 이르시되, '아무든지 나를 따라오려거든 자기를 부인하고 날마다 제 십자가를 지고 나를 좇을 것이니라'" (누가복음 9:23). 스데반과 빌립은 그리스도의 부르심에 순종하여 자신들을 산제사로 하나님께 드렸던 것입니다. 이제는 죄가 아니라 그리스도께서 그들의 죽을 몸을 다스리시게 되었습니다.

이와 같이 너희도 너희 자신을 죄에 대하여는 죽은 자요 그리스도 예수 안에서 하나님을 대하여는 산 자로 여길지어다. 그러므로 너희는 죄로 너희 죽을 몸에 왕노릇하지 못하게 하여 몸의 사욕을 순종치 말고, 또한 너희 지체를 불의의 병기로 죄에게 드리지 말고, 오직 너희 자신을 죽은 자 가운데서 다시 산 자같이 하나님께 드리며, 너희 지체를 의의 병기로 하나님께 드리라. 죄가 너희를 주관치 못하리니, 이는 너희가 법 아래 있지 아니하고 은혜 아래 있음이니라. (로마서 6:11-14)

이 말씀은 곧 빌립의 생활 방식을 그린 것이라 하겠습니다. 그의 삶은 죄로부터 완전히 분리되어 하나님께 사로잡힌 바 되었던 것입니다.

하나님의 말씀. 스데반은 구약성경의 흐름을 환하게 알고 있었습니다. 구약성경의 내용을 이해하는 것뿐만 아니라, 그 안에 들어 있는 하나님의 경륜을 꿰뚫어 보는 통찰력이 있었습니다. 그는 성경을 지상사명의 관점에서 주의 깊게 해석할 수 있었습니다.

이사야서를 읽고 있는 에디오피아 내시를 만났을 때에도 "빌립이 입을 열어 이 글에서 시작하여 예수를 가르쳐 복음을 전하였습니다"(사도행전 8:35). 사도들의 삶과 사역은 분명한 모본이 되었습니다. 빌립과 같은 제자들도 사도들이 선포하는 말씀을 듣고 그리스도께로 돌아섰는데, 아마 베드로가 담대하게 성경 말씀을 인용하여 예루살렘 거리 구석구석을 진리로 쩌렁쩌렁 울리던 그 오순절 날 처음으로 들었을지도 모릅니다.

좋은 씨가 되려면 우리의 마음과 삶이 말씀에 깊이 잠기도록 구체적인 노력을 기울이고 성령의 도움을 받아 그 말씀들을 생활에 적용시켜야 합니다. 예수님께서도 "너희가 내 말에 거하면 참 내 제자가 되고"(요한복음 8:31)라고 가르치셨고, 야고보도 이 내용을 우리에게 상기시켜 주었습니다. "너희는 도를 행하는 자가 되고 듣기만 하여 자신을 속이는 자가 되지 말라. 누구든지 도를 듣고 행하지 아니하면 그는 거울로 자기의 생긴 얼굴을 보는 사람과 같으니, 제 자신을 보고 가서 그 모양이 어떠한 것을 곧 잊어버리거니와"(야고보서 1:22-24). 시편 기자도 말씀이 자기의 생활에 미치는 효과에 대하여 말하고 있습니다. "내가 내 행위를 생각하고 주의 증거로 내 발을 돌이켰사오며, 주의 계명을 지키기에 신속히 하고 지체치 아니하였나이다"(시편 119:59-60).

기도. 우리는 스데반이 자기를 죽이는 살인자들을 위하여 기도하면서 죽어 간 것을 보았습니다(사도행전 7:60 참조). 좋은 씨앗이 되려는 사람에게 기도는 해도 좋고 안 해도 좋은 것이 될 수 없습니다. 하나님께서 경영하시는 제자 학교 커리큘럼에는 기도가 필수 과목으로 되어 있습니다. 예수 그리스도의 생애와 사역 가운데는 기도가 완전히 배어들어 있습니다(마가복음 1:35 참조). 사도들도 기도에 전념했습니다(사도행전 6:4 참조). 권력자들이 사도들에게 예수님의 이름으로 말하지도 말고 가르치지도 말라고 명했을 때도, 사도들은 그들과 투쟁이나 논쟁을 하지 않고 다만 기도로써 그 문제를 주님께 가져갔습니다(사도행전 4:23-31). 예수님께서 하셨던 것처럼 혼자서 깊이 기도할 수 있는 곳을 찾아가서 기도에 힘쓰는 습관을 들이십시오(누가복음 22:40-44 참조).

교제와 섬김. 제자들의 삶의 특징은 서로 교제하는 것과 다른 사람들에 대한 섬김이었습니다. 이들은 한마음과 한뜻, 그리고 같은 영과 같은 생각으로 묶여져 서로 하나가 되어 주님을 섬기는 무리들이었습니다. 스데반과 빌립은 식량 분배의 일을 기쁜 마음으로 맡았습니다. 희생적인 섬김과 사랑의 교제는 이들의 삶의 2대 특징이 되었습니다.

대부분의 사람들에게는 공동 목적을 위하여 함께 일하기를 싫어하는 고집들이 있기 때문에 이러한 삶은 쉽게 이루어지지 않습니다. 우리는 함께 멍에를 메고 끌기를 좋아하지 않습니다. 우리는 주님께서 보여 주신 모본과는 정반대로, 섬기기보다는 섬김받기를 좋아하고 있습니다. "인자의 온 것은 섬김을 받으려 함이 아니라 도리어 섬기려 하고 자기 목숨을 많은 사람의 대속물로 주려 함이니라"(마가복음 10:45). 제자의 대표적 특징인 사랑의 섬김이 그리스도인의 생활 가운데서 빠져 있는 경우가 종종 있습니다(요한복음 13:1-17,34-35 참조).

어쩐 일인지 우리는 사도 요한이 분명히 지적한 말씀을 무시하는 수가 많습니다. "누구든지 하나님을 사랑하노라 하고 그 형제를 미워하면 이는 거짓말하는 자니, 보는 바 그 형제를 사랑치 아니하는 자가 보지 못하는 바 하나님을 사랑할 수가 없느니라. 우리가 이 계명을 주께 받았나니 하나님을 사랑하는 자는 또한 그 형제를 사랑할지니라"(요한일서 4:20-21). 바울이 준 명령도 경시되고 있습니다. "형제들아, 너희가 자유를 위하여 부르심을 입었으나 그러나 그 자유로 육체의 기회를 삼지 말고 오직 사랑으로 서로 종노릇하라"(갈라디아서 5:13). 그러나 제자들에게 있어서 사랑의 섬김은 그 삶의 또 하나의 초석이었습니다.

전도. 스데반과 빌립은 간단명료하게 예수 그리스도를 전파했습니다. 빌립의 첫 번째 활동은 사마리아의 여러 성에 그리스도를 전하는 것이었습니다(사도행전 8:5). 제자들이 흩어진 사건을 기록한 장에 복음 전파에 대한 이야기가 여섯 건이나 기록되어 있다는 것은 흥미 있는 사실입니다. 이것은 이 장의 주제인 동시에 성령께서 우리가 놓치지 않기를 바라시는 교훈입니다. 스데반이나 빌립이나 다 같이 그들이 부르심을 받았던 또 하나의 영역인 행정 업무에만 제한되는 데에 만족하지 않았습니다. 그들에게는 힘이 넘쳤고, 그리스도를 전파하는 일에 즐거움과 열정이 가득 차 있었습니다.

하나님께서 당신을 부르셔서 교회 내의 어떤 책임을 맡기셨다고 생각해 봅시다. 성가대원으로 봉사한 수도 있고, 각종 위원회의 위원장으로 수고할 수도 있겠지요. 청소년 지도교사도 있어야 하고, 교회학교 반사들도 필요합니다. 영접 위원도 있고 헌금 위원도 있습니다. 좋습니다. 교회에는 그런 일꾼들이 필요하고 그들이 없이는 그 기능을 충분히 발휘할 수도 없습니다. 당신이 맡은 일은 하나님께서 주신 일이니 잘 수행할 뿐만 아니라 하나님을 위하여 즐거운 마음으로 감당해야 합니다. 그러나 또 한편으로 기억해야 할 것은 좋은 씨앗의 비유입니다(마태복음 13:24-43).

교회는 예배당이 비어 있는 월요일부터 토요일까지 그 본래의 임무를 수행하는 것입니다. 교회 업무도 물론 필수적입니다. 훌륭하게 할 뿐만 아니라, 주님께 하듯 전심으로 하십시오. 그러나 스데반과 빌립이 한 일도 본받으십시오. 스데반처럼 '사람들 가운데' 나가서 복음의 씨를 뿌리는 일을 하며, 빌립처럼 그리스도를 전파하십시오. 예수님께서는 이 세상은 밭이요 우리는 좋은 씨라고 하셨습니다. 당신을 이 세상에 널리 흩어서 그곳에서 죽어 영생의 열매를 거두게 해주시도록 하나님께 기도하십시오.

배우고자 하는 열망. 성령께서는 사도행전 2장의 새 신자들이 모두 배우는 일에 힘쓴 자들이었다고 말씀하신 것을 기억하십시오. "저희가 사도의 가르침을 받아"(사도행전 2:42). 그 첫

3,000명의 결신자들이나 사도행전 5장에 언급된 믿고 주님께로 나온 큰 무리 가운데는 높은 교육을 받은 중요 인물들도 있었으리라는 생각이 들지 않습니까? 6장에 보면 이 사실을 알 수 있습니다. "하나님의 말씀이 점점 왕성하여 예루살렘에 있는 제자의 수가 더 심히 많아지고 허다한 제사장의 무리도 이 도에 복종하니라"(사도행전 6:7).

그들 중에는 대학 졸업자도, 간호사도, 의사도, 변호사도, 사업가도, 전문가들도 있었을까요? 물론입니다. 그런데 사도들은 평범한 말을 쓰는 갈릴리 출신의 시골 사람들이었다는 사실을 기억하십시오. 새 신자들 가운데서 사회적으로 더 뛰어나거나 더 높은 교육을 받은 사람들이라면 사도들같이 세련되지 못한 사람들에게 인도받고 가르침을 받는다는 생각에 반발을 느끼기 쉬웠을지도 모를 일입니다. 그러나 그렇지 않았습니다. 새 신자들은 가르침을 받았으며, 배우고자 하는 열망을 가진 사람들이었습니다.

지혜가 충만했던 스데반도 배우려는 태도와 열망이 있었던 사람이었습니다. 누가는 베뢰아 사람들에게서 이러한 성품이 있는 것을 알고 그들을 칭찬했습니다. "베뢰아 사람은 데살로니가에 있는 사람보다 더 신사적이어서 간절한 마음으로 말씀을 받고, 이것이 그러한가 하여 날마다 성경을 상고하므로"(사도행전 17:11). 그러므로 좋은 씨가 되기를 바란다면 배우고자 하는 마음과 생각을 주시도록 하나님께 기도하십시오. 이것은 제자도의 기초입니다.

지속성. 마지막으로 제자들의 삶에 돋보이는 것은 지속성입니다. 그들은 하나님으로부터 받은 소명을 알고 있었으며 그 일에 전념했습니다. 스데반은 죽음 앞에서까지도 충성을 다했습니다. 수십 년이 지나 바울과 그 일행이 여행길에 빌립의 집을 방문했을 때도 빌립은 여전히 일곱 집사 중의 한 사람인 전도자 빌립으로 알려져 있었습니다(사도행전 21:8 참조). 그때에는 빌립도 결혼하여 장성한 딸을 넷이나 두고 있었지만, 세월의 흐름과 가정생활의 압력도 그리스도를 전파하려는 그의 열심을 바꿀 수는 없었습니다.

이것은 큰 도전이 됩니다. 지속성과 충성은 우리의 삶 가운데 영구적인 초석으로 놓여서 그 위에 제자의 삶이 세워져야 합니다. 시작은 훌륭했던 하나님의 사람들이 종말에는 영적 파멸로 끝났다는 이야기를 우리는 얼마나 많이 듣습니까? 장기적으로 지속할 수 있는 비결은 무엇이겠습니까?

단기적으로 유지하는 데 그 해답이 있다고 봅니다. 오늘 하루를 그리스도를 위해 사십시오. 오늘은 당신이 가진 전부입니다. 어제는 지나갔습니다. 어제의 패배에 대하여 염려하거나 어제의 승리에 황홀해 있을 수가 없습니다. 어제는 이미 지나가 버렸고 내일은 결코 오지 않습니다. 그리스도와 지속적으로 동행하기 위해서는 오늘 하루가 중요한 것입니다.

우리는 스스로 질문을 해보아야 합니다. '나는 오늘 하루 그리스도를 위해 살았는가? 나는 오늘 아침 기도를 하고 성경을 읽었는가? 나는 오늘 성경 말씀을 공부하고 암송했는가? 나는 오늘 그리스도를 증거했는가?' 어제 일을 가지고 마음 아파하지 말고, 내일 일을 가지고 오늘 고심하지 마십시오. 오늘 하루를 주님께 충성하십시오. 그러면 그 어느 날엔가 당신은 다음과 같은 축복된 말씀을 듣게 될 것입니다. "잘하였도다, 착하고 충성된 종아. 네가 작은 일에 충성하였으매 내가 많은 것으로 네게 맡기리니, 네 주인의 즐거움에 참예할지어다"(마태복음 25:21).

작은 일부터 충성하십시오. "지극히 작은 것에 충성된 자는 큰 것에도 충성되고, 지극히 작은 것에 불의한 자는 큰 것에도 불의하니라"(누가복음 16:10). 모든 일에 충성하십시오. "너희가 만일 남의 것에 충성치 아니하면 누가 너희의 것을 너희에게 주겠느냐?"(누가복음 16:12). 충성, 곧 그 본체가 왕이신 예수 그리스도께 대한 충성을 제자로 따르는 당신의 성품이 되도록 하십시오. 그리스도께서는 우리의 본이 되십니다. "그러므로 함께 하늘의 부르심을 입은 거룩한 형제들아, 우리의 믿는 도리의 사도시며 대제사장이신 예수를 깊이 생각하라. 저가 자기를 세우신 이에게 충성하시기를 모세가 하나님의 온 집에서 한 것과 같으니"(히브리서 3:1-2).

하나님께서 사마리아에서 행하시는 일에 대한 기쁜 소식이 곧 예루살렘에 있는 사도들의 귀에 들렸습니다. 예루살렘에서는 그들을 돕기 위하여 베드로와 요한을 사마리아로 보내게 되는데, 얼마 지나지 않아 그들 역시 마술사 시몬을 만나게 됩니다. 시몬은 사도들의 삶 가운데서 본 능력을 돈으로 사려고 합니다. 생각해 보십시오! 우리의 삶 가운데 나타난 하나님의 능력을 보고 자신이 힘들여 번 돈을 들여 그것을 사려고 당신이나 내 앞에 누군가가 찾아왔던 일이 최근 언제 있었습니까? 이것은 그들의 삶을 통하여 그리스도께서 실재하심을 보여 주는 놀라운 간증이었습니다. 그러나 베드로는 조금도 마음이 흔들리지 않았습니다. "베드로가 가로되, '네가 하나님의 선물을 돈 주고 살 줄로 생각하였으니 네 은과 네가 함께 망할지어다'"(사도행전 8:20). 그렇습니다. 사도들은 선교를 위한 헌금은 받았지만 뇌물을 받은 일은 결코 없었습니다.

베드로와 요한이 예루살렘으로 돌아간 후 하나님께서는 빌립에게 말씀하셨습니다.

> 주의 사자가 빌립더러 일러 가로되, "일어나서 남으로 향하여 예루살렘에서 가사로 내려가는 길까지 가라" 하니 그 길은 광야라. 일어나 가서 보니 에디오피아 사람 곧 에디오피아 여왕 간다게의 모든 국고를 맡은 큰 권세가 있는 내시가 예배하러 예루살렘에 왔다가 돌아가는데 병거를 타고 선지자 이사야의 글을 읽더라. 성령이 빌립더러 이르시되, "이 병거로 가까이 나아가라" 하시거늘, 빌립이 달려가서 선지자 이사야의 글 읽는 것을 듣고 말하되, "읽는 것을 깨닫느뇨?" (사도행전 8:26-30)

이 일은 어떻게 일어났는지 살펴봅시다. 성령께서 빌립에게 나아가라고 말씀하셨고, 빌립은 그 말씀대로 병거로 달려간 것 이외에는 아무것도 없습니다. 우리는 이와 같은 기사들을 읽으면서 빌립과 같은 사람들이 그리스도를 위하여 얼마나 큰일을 행하였는가를 보고 놀라곤 합니다. 자칫 주의하지 않으면 그들이 이룬 큰 성과에 대하여 원인을 다른 데로 돌리기가 쉽습니다. 그러나 여기 단지 몇 구절의 기록을 통하여 우리는 초대교회의 제자들이 왜 그처럼 능력 있게 하나님의 쓰임을 받았는지 그 큰 이유를 한 가지 볼 수 있습니다. 그들은 지체하지 않고 성령께 순종했던 것입니다.

빌립이 들은 말씀을 인간적인 눈으로 보면 도무지 이해가 가지 않습니다. 전도를 하기에 절호의 기회가 있었는데 갑자기 하나님께서 불같이 뜨거운 광야로 가라고 말씀하셨던 것입니다. 그렇다고 하나님께 따졌습니까? 그런 불합리한 명령이 어디 있느냐고 불평하려 했습니까? 감사하게도 그는 인간의 이성을 따르지 않고 하나님의 권위를 따랐습니다. 주관자가 누구신가를 분명히 알고 있었기 때문에 빌립은 하나님께서 하신 말씀에 즉각 순종했던 것입니다. 그는 하나님의 말씀이면 언제든 나설 태세가 되어 있었고, 하나님의 뜻에 순종했으며, 하나님의 말씀을 신뢰했습니다. 빌립은 즉각적으로, 전심으로, 이의 없이 순종한 사람이었습니다.

우리가 하나님의 영광을 위해 쓰임받고자 한다면 이와 똑같은 제자도의 기초가 우리의 영혼을 사로잡고 우리의 삶 가운데 세워져야 할 것입니다. 우리가 기꺼이 그렇게 하려고만 한다면 이러한 성품이 우리의 삶의 특징이 될 수 있습니다. 우리가 여기서 공부하는 것은 사무엘과 같은 위대한 선지자나 모세와 같은 위대한 지도자의 삶이 아니라는 사실을 기억하십시오. 우리의 주인공 빌립은 사도도 아니었고 여러 일꾼들 가운데 한 사람인 공궤하는 자였습니다. 그러나 그는 하나님께 순종함을 배워 기회를 놓치지 않고 복음을 전파하는 담대한 그리스도의 증인이었습니다.

빌립은 내시가 읽고 있던 글을 설명해 주고 그를 그리스도께로 인도한 후 내시로부터 한 가지 질문을 받았습니다. “길 가다가 물 있는 곳에 이르러 내시가 말하되, ‘보라. 물이 있으니 내가 세례를 받음에 무슨 거리낌이 있느뇨?’ 이에 명하여 병거를 머물고 빌립과 내시가 둘 다 물에 내려가 빌립이 세례를 주고”(사도행전 8:36-38).

빌립은 마술사 시몬 같은 자에게도 세례를 주었던 실수 때문에 용기가 꺾이지는 않았습니다. 오늘은 새로운 날이요, 새로운 기회가 주어진 날입니다. 그는 이렇게 생각할 수도 있었을 것입니다. ‘이번만은 조심해야지. 지난번에는 큰 실수를 했단 말이야. 이 사람에게는 세례를 주지 않는 게 더 좋겠어.’ 그러나 그는 망설이지 않고 그 기회를 잡았습니다. 빌립은 하나님을 의뢰하고 그 일을 밀고 나갔던 것입니다. 우리도 한때의 실패나 실수 때문에 다음에 올 승리나 성공을 놓치지 않도록 합시다.

덧붙여 말하지만 성경에는 빌립이 실수로 인해서 사도들로부터 꾸중을 들었다는 기록은 찾아볼 수 없습니다. 그들은 사역에 처음으로 참여하게 되는 사람이라면 누구나 실수를 하기 쉽다는 사실을 알고 있었습니다. 사도들 역시 일찍이 예수님을 따라다니며 선교 활동을 할 때 실수를 해본 적이 있기 때문에, 실수의 재발을 방지한답시고 빌립 같은 사람을 꽉 조이는 영적 제복 속에 가두어 두는 지침을 만들려 하지는 않았습니다. 실수가 없는 사람은 그 삶 가운데서 이루어 놓는 일도 적다는 사실을 그들은 잘 알고 있었던 것입니다. 평소에 거의 실수가 없다는 말 가운데는 때로 실수를 한다는 의미가 포함되어 있습니다. 이것은 지도자의 위치에 있는 사람들에게는 큰 교훈이 됩니다.

내시에게 접근했던 빌립의 용기와 순종은 놀라운 결과를 보이며 이 이야기의 끝을 맺습니다. "둘이 물에서 올라갈새 주의 영이 빌립을 이끌어 간지라, 내시는 흔연히 길을 가므로 그를 다시 보지 못하니라"(사도행전 8:39).

요 약

제자들은 핍박 때문에 흩어지긴 했지만(사도행전 8:1), 흩어진 곳에서 두루 다니며 "복음의 말씀을 전했습니다"(사도행전 8:4). 그들 가운데 두 제자 스데반과 빌립의 삶 가운데 나타난 일곱 가지 특징은 다음과 같습니다.

- 자아를 죽임
- 하나님의 말씀
- 기도
- 교제와 섬김
- 전도
- 배우고자 하는 열망
- 지속성

9

다메섹 도상에서

사도행전 9장에서 다소의 사울은 교회의 대적으로 재등장합니다. "사울이 주의 제자들을 대하여 여전히 위협과 살기가 등등하여, 대제사장에게 가서 다메섹 여러 회당에 갈 공문을 청하니, 이는 만일 그 도를 좇는 사람을 만나면 무론남녀하고 결박하여 예루살렘으로 잡아 오려 함이라"(사도행전 9:1-2). 사울은 박해하고 죽이려는 계책을 계속 추진하고 있었습니다.

이 사람은 왜 이렇게 그리스도인들에 대한 증오심에 사로잡혀 있었습니까? 그리스도인들이 무슨 짓을 했기에? 그들에게 무슨 죄가 있기에? 그리스도인들은 악하고 패역한 방법으로 사회를 오염시키는 부도덕하고 사악한 사람들이었습니까? 천만에요! 그들은 하나님을 사랑하고 형제들을 사랑하는 사람들로 알려져 있었습니다. 그들의 삶은 기쁨과 평안으로 가득 차 있었습니다. 그렇다면 무엇이 문제가 되었습니까? 그들이 전하고 있는 메시지가 문제였습니다. 그들은 누구에게나 예수님께서는 죽은 자 가운데서 살아나시고, 승천하셔서, 지금도 살아 계신다고 전파하고 있었습니다.

사울은 그 말을 믿으려 하지 않았습니다. 그는 그리스도의 제자들이 무덤에 와서 그 시체를 훔쳐 갔다고 생각했습니다. 이 생각은 지금까지도 유대인들이 널리 믿고 있는 생각입니다. 사울은 예수의 시체가 다른 사람들이 모르는 어느 무덤에서 썩어 없어졌다고 확신하고 있었습니다. 예수가 부활했다는 그런 거짓말을 당연히 막아야 한다고 생각한 사울은 자신이 바로 그 일을 해야 한다고 결심했던 것입니다.

사울의 망상에는 또 다른 이유가 있었습니다. 사울은 예수를 어부, 세리, 창기 등 무식한 무리들의 두목으로만 알고 있었습니다. 예수님께서 공공연하게 드러난 죄인들에게 설교하실 때는 사울과 같은 지위에 있는 사람들을 다룰 때만큼 통렬하게 다루시지 않았습니다. 예수는 바리새인들을 강도와 위선자들이라고 불렀습니다. 예수는 모세의 율법을 반대한다는 소문도 돌았습니다. 그는 방자하게도 성전이 무너질 것이라고 예언했습니다. 한술 더 떠서 이 거짓말쟁이는 자기가 메시야라고 주장하는 오만불손한 말을 했습니다. 사울에게는 도무지 있을 수 없는 일이라고 생각되었습니다. 사울은 메시야가 오신다면 강력하고 훌륭한 왕국을 건설하고 유대인들을 인도하여 그들의 적을 무찌르고 승리를 안겨 주실 거라고 믿었습니다. 그러나 예수는 자기를 핍박하는 자들의 박해로 고난을 당했을 뿐만 아니라 마지막으로는 무섭고 아픈 죽음을 당했습니다. 사울의 신학으로는 고난이 하나님의 진노의 표로 여겨졌던 것입니다. 이런 모습만 보인 사람을 누가 메시야로 생각할 수 있었겠습니까? 예수는 죽어서 무덤에 묻혔습니다. 사울은 그리스도의 추종자들이 먼 곳까지 널리 퍼뜨린 이 허황된 소망과 거짓말을 더 이상 퍼지지 못하도록 막아야 한다고 생각했습니다. 그러나 사울이 이 계획을 수행하고 있을 때 사울의 생의 방향과 결과적으로 세계 역사의 흐름까지 크게 변화시킨 한 사건이 일어났습니다.

"사울이 행하여 다메섹에 가까이 가더니, 홀연히 하늘로서 빛이 저를 둘러 비추는지라, 땅에 엎드러져 들으매 소리 있어 가라사대, '사울아, 사울아, 네가 어찌하여 나를 핍박하느냐?' 하시거늘, 대답하되 '주여, 뉘시오니이까?' 가라사대 '나는 네가 핍박하는 예수라. 네가 일어나 성으로 들어가라. 행할 것을 네게 이를 자가 있느니라' 하시니"(사도행전 9:3-6).

사울의 딜레마를 생각해 보십시오. 자신이 전에 믿고 있던 모든 것이 틀렸다는 사실이 드러났습니다. 자신이 이전에 행한 모든 일은 다 잘못 알고 한 일들이었습니다. 으슥한 골짜기의 무덤 안에서 썩어 없어졌으리라고 생각했던 사람이 생생하게 살아서 갑자기 하늘로부터 나타났습니다. 사울은 하나님의 이름으로 영광의 주님을 대적하고 있었던 것입니다. 사울은 마음이 흔들리면서 땅에 엎드러졌습니다. 그가 다시 일어났을 때는 눈뜬장님이 되어 일행들의 손에 끌려 다메섹으로 들어가서 "사흘 동안을 보지 못하고 식음을 전폐했습니다"(사도행전 9:9). 다메섹에 머무르며 육신의 어두움에 적응하는 동안 사울의 내면에서는 갈등이 시작되었습니다.

그는 마음의 눈으로 커다란 저울을 보았습니다. 그 한쪽에는 그가 만난 부활하신 주 예수 그리스도가 계시고, 다른 쪽에는 사울 자신이 가지고 있었던 모든 야망, 가족, 친구, 지위, 명성, 능력, 부, 명예, 안정, 지금까지 자기 방식대로 이해해 온 하나님의 말씀, 그리고 하나님께서 주신 것으로 믿어 온 단 하나의 종교가 있었습니다. 그는 사흘 동안이나 그 문제에 매달려 씨름을 하다가 마침내 결단을 내렸습니다. 이때 내린 결정을 그는 후에 빌립보서에서 이렇게 설명하고 있습니다.

> 그러나 무엇이든지 내게 유익하던 것을 내가 그리스도를 위하여 다 해로 여길 뿐더러 또한 모든 것을 해로 여김은 내 주 그리스도 예수를 아는 지식이 가장 고상함을 인함이라. 내가 그를 위하여 모든 것을 잃어버리고 배설물로 여김은 그리스도를 얻고 그 안에서 발견되려 함이니, 내가 가진 의는 율법에서 난 것이 아니요 오직 그리스도를 믿음으로 말미암은 것이니, 곧 믿음으로 하나님께로서 난 의라. (빌립보서 3:7-9)

헌 신

사울은 한때 자기가 얻었던 모든 것을 이제는 해로 여기게 되었습니다. 이전에 귀했던 것들이 이제는 배설물이 되었습니다. 사울이 모든 것을 다 저울에 달아 보았을 때 그 저울은 그리스도 쪽으로 기울어졌던 것입니다. 이제 그는 새로운 길을 걷게 되었으며, 그 위험도 알고 있었습니다. 그 자신이 그리스도인들을 핍박해 왔기 때문에 이제는 그의 앞에 기다리고 있는 채찍과 감옥의 실상을 환하게 알고 있었습니다. 만약 자신이 개종한 유대인으로서 다메섹을 떠나게 되면 바로 그날로 자기는 고난과 핍박의 표적이 되리라는 것도 잘 알고 있었습니다. 그러나 그는 그런 결과에 개의치 아니하고 그리스도께 헌신했습니다.

베드로도 밤새도록 물고기를 한 마리도 잡지 못한 다음 날 아침에 그와 비슷한 결정을 내린 적이 있습니다(누가복음 5:1-11 참조). 예수님께서 말씀을 가르치실 때 많은 사람들이 몰려와서 배에서 군중들에게 설교하시고 난 후, 베드로에게 제안하셨습니다. "깊은 데로 가서 그물을 내려 고기를 잡으라"(누가복음 5:4). 베드로는 밤새도록 수고를 했지만 한 마리도 잡지 못했다는 사실을 주님께 상기시켜 드렸습니다.

이렇게 말씀드릴 수도 있었을 것입니다. "그것도 그렇고요. 저는 어부고 선생님께서는 목수가 아닙니까? 선생님께서는 이 호수에 있는 고기의 습성을 잘 모르십니다. 낮에 햇빛이 따뜻하게 비칠 때는 물이 데워지기 때문에 고기들이 호수 바닥에서 올라오지 않아요. 우리는 고기들이 먹이를 먹으러 위로 올라오는 밤에 그물을 내렸는데도 잡지 못했어요. 그건 그렇고, 집사람이 아침을 지어 놓고 기다리고 있을 텐데, 제가 늦게 가면 걱정할 겁니다. 아내가 아침상을 차려 놓고 기다리게 할 수도 없지 않습니까?"

그러나 그는 그렇게 말하지 않았으며, 자신에게 이해가 되든 되지 않든 예수님께서 말씀하셨기 때문에 그 제안을 따랐습니다. "우리들이 밤이 맞도록 수고를 하였으되 얻은 것이 없지마는 말씀에 의지하여 내가 그물을 내리리이다"(누가복음 5:5). 믿음에는 선행조건이 필요 없습니다. 이전에 그런 일이 우리에게 있었든 없었든, 예수님께서 말씀하신 것이라면 우리는 그 말씀을 따라야 하는 것입니다.

산더미처럼 쌓인 물고기

그 결과는 놀라웠습니다. "그리한즉 고기를 에운 것이 심히 많아 그물이 찢어지는지라"(누가복음 5:6). 잠깐 동안에 두 배에 고기가 가득 차서 배가 가라앉기 시작했습니다. 이렇게 많은 고기를 한꺼번에 잡아 본 일이 없었던 그들은 대단히 놀랐습니다. "예수께서 시몬에게 일러 가라사대, '무서워 말라. 이제 후로는 네가 사람을 취하리라'"(누가복음 5:10). 베드로는 예수님께서 하신 말씀을 이해했고, 그 말씀에 함축되어 있는 내용을 알았습니다. 그는 "주님, 지금은 고기잡이를 그만둘 때가 아닙니다!"라고 대꾸할 뻔했습니다. 베드로는 결정을 내려야만 했습니다. 그래서 배들을 육지에 대고 고기를 내린 후 산더미처럼 쌓인 물고기와 주님을 번갈아 바라보았습니다. 다시 고기 더미를 바라보고는 이 고기들이 무엇을 나타내는가를 다시 생각했습니다. '산더미처럼 쌓인 이 고기들을 팔면 빚을 다 갚고, 아내와 가족들에게 새 옷도 사 줄 수 있을 텐데. 장래를 위해서 약간의 돈을 저축할 수도 있을 거야.' 자기와 가족에게 필요한 것들을 마련하기에는 충분한 돈을 받을 수 있었습니다. 그래서 그는 고기 더미를 보고 보고 또 보았습니다. 그런 다음 그는 다시 예수님께로 향하고 결정을 내렸습니다. 그는 모든 것을 버려 두고 예수님을 좇았습니다.

많은 재물

예수님께서는 다른 사람, 곧 부자 청년에게도 같은 선택을 요구하신 일이 있습니다. 이 청년이 자기는 어려서부터 계명을 다 지키었다고 말하자, 예수님께서는 "네게 오히려 한 가지 부족한 것이 있으니 가서 네 있는 것을 다 팔아 가난한 자들을 주라. 그리하면 하늘에서 보화가 네게 있으리라. 그리고 와서 나를 좇으라"(마가복음 10:21)고 하셨습니다. 그러나 이 청년에게는 문제가 생겼습니다. "그 사람은 재물이 많은 고로 이 말씀을 인하여 슬픈 기색을 띠고 근심하며 가니라"(마가복음 10:22). 그도 역시 예수님께서 자기에게 하신 말씀을 이해했습니다. 또한 결정을 내려야만 했습니다. 그는 자기가 가진 부, 권력, 명예에 대하여 오랫동안 생각해 본 후 예수님을 깊이 생각하기 시작했습니다. 잠시 후 예수님께로부터 고개를 돌린 그는 자기 결정을 내렸습니다. 그러나 오늘날 그가 누군지 그 이름조차 알려지지 않았습니다. 자기 자신의 안전과 안락만을 위하여 살기로 결정을 내렸던 그는 마침내 주님에게서 사라져 갔고, 그러한 그의 생애는 세상에 아무 영향도 주지 못하고 말았습니다.

그러나 베드로를 보십시오. 그의 이름은 온 세계에 다 알려져 있고 그의 생애는 수많은 사람들의 삶에 영향을 끼쳐 왔습니다. 이 두 사람의 차이점은 무엇이겠습니까? 주님 되시는 예수님께 자신의 삶을 드린 베드로의 헌신이 바로 그것입니다.

이러한 헌신은 실제적으로 어떤 의미를 가집니까? 1974년 여름 스위스의 로잔에서 작성된 어느 보고서에 그와 같은 헌신이 대단히 훌륭하게 기록되어 있는 것을 본 적이 있습니다. 그때 나는 로잔에서 열린 세계복음화를 위한 국제대회 위원의 한 사람으로서 '새 신자의 성장을 돕는 법'에 대한 분담토의 그룹을 인도해 달라는 초청을 받았습니다. 그 대회가 열리기 전에 나는 지금은 작고한, 나의 친한 친구이자 그 프로그램의 책임자였던 폴 리틀 형제에게 편지를 써서 그 대회에서 봉사하고 싶다는 뜻을 알렸습니다. 그가 너무나 큰 짐을 지고 있다는 것을 알고 그를 조금이나마 도와주고 싶었기 때문입니다. 나는 의자의 이동 및 배치, 자료 분배, 안내, 그리고 그 밖에 폴의 짐을 덜어 줄 수 있는 자질구레한 일들을 생각하고 있었습니다. 그는 "자네한테 한 가지 일을 부탁하네"라는 답장을 보내 왔습니다.

각국 대표들이 매일 각 나라별로 모여서 자기 나라를 복음화하기 위한 국가 전략을 토의하는 시간이 있었는데, 내가 할 일은 이 시간에 토의된 내용들을 요약해서 폴에게 보고하는 일이었습니다. 이 일은 재미도 있고 정보도 얻을 수 있는 일이었습니다. 보고서 작성에 몰두하여 많은 시간을 보내면서 나는 하나님께서 전 세계에서 역사하고 계시는 것들을 대단히 많이 배울 수 있었습니다. 대회의 마지막 날이 되자 각국에서는 최종 보고서들을 제출했습니다. 나는 그 보고서들을 하나하나 읽어 가며 주님께서 전 세계에 퍼져 있는 주님의 백성들을 인도하시는 방법 가운데 유사점 또는 같은 경향들을 찾아 나갔습니다. 어떤 보고서들은 매우 세밀하게 작성되어 있어서 그것을 읽는 데 많은 시간이 소요되는 것들도 있었습니다.

그리스도와 그리스도의 말씀

오후 늦게 꼭 한 페이지 정도로 쓰인 보고서를 읽게 되었는데, 이것은 금방 내 눈을 끌었습니다. 그 보고서를 읽어 감에 따라 나는 내 영혼 깊숙히 도전을 받을 수밖에 없었습니다. 그 보고서는 다음과 같습니다.

파푸아 뉴기니

국가 복음화 전략 토의 보고서

1) 우리는 물활론적인 종교들에 바탕을 두고 있는 우리 멜라네시아 및 폴리네시아 문화가 로마서 1:19에서 말씀하고 있는 하나님의 일반 계시의 증거가 되어 왔다는 사실을 인정합니다.
2) 이것 때문에 우리나라 사람들은 생과 운명을 지배하는 초자연적인 어떤 권위의 필요성을 늘 자각하고 있었습니다.
3) 잡신들에 대한 우리 조상들의 믿음은 영적인 그 권위에 대한 하나의 체계를 갖추었습니다.
4) 우리는 이 잡신들을 두려워하기만 했지 그들을 사랑하거나 존경할 만한 아무 이유도 발견할 수 없었습니다.
5) 우리는 우리 자신과 우리의 문화 속에 지금까지 마귀가 기만의 역사를 계속해 왔다는 것과 그 결과 우리의 눈은 영적으로 심한 소경인 상태에 있었다는 사실을 알고 있습니다.
6) 우리 주 예수 그리스도의 복음이 전파되어 진리의 성령께서 오셔서 우리의 상태가 얼마나 어두웠는가를 밝혀 주셨습니다.
7) 우리는 우리의 문화 속에 우리가 소중히 간직하고 계속 유지되기

를 바라는 것들이 많이 있는 반면, 진정한 하나님을 뜻 깊게 체험할 수 있는 기반을 만들어 내는 요소는 거의 없다는 사실을 겸손히 인정합니다.

8) 이제 우상을 섬기던 일로부터 돌아서서 사시고 참되신 하나님을 섬기게 된 자들로서(데살로니가전서 1:9-10), 우리는 우리 생명의 진정한 권위자는 단 한 분뿐이시며 그분은 바로 우리를 구속하신 우리의 주님이시요 구세주이신 예수 그리스도이심을 확신합니다.

9) 또한 우리는 우리 자신의 경험을 통하여 우리 인생의 단 하나의 확실한 안내자를 찾은 것과 이 안내자란 하나님의 뜻을 알려 주는 기록된 말씀인 성경이라는 사실을 확인합니다.

10) 그리스도를 믿는 자에게 너무나 은혜스럽게 주어진 새로운 영적인 지각으로 말미암아 우리는 우리가 믿고 있던 종교의 대상의 정체, 즉 이상한 잡신들과 우상들의 실상을 볼 수 있게 되었습니다.

11) 겸손히, 그러나 기꺼이, 그리고 즐거이, 우리는 우리 자신을 그리스도와 그리스도의 거룩하신 말씀의 권위 아래에만 둡니다. 그리고 그렇게 함으로써 우리는 우리의 충성이 우리의 문화유산과 가치를 보존함과 동시에 부요케 하는 단 하나의 진정한 방법임을 확언합니다.

이 보고서의 결론을 마음 깊이 묵상해 보십시오. "겸손히, 그러나 기꺼이, 그리고 즐거이, 우리는 우리 자신을 그리스도와 그리스도의 거룩하신 말씀의 권위 아래에만 둡니다." 이것이 바로 국가 복음화 전략입니다! 네덜란드의 모든 그리스도인들이 그같이 한다면 어떠하겠습니까? 캐나다의 모든 그리스도인들이 그같이 한다면 어떠하겠습니까? 당신의 나라에 있는 모든 그리스도인들이 그같이 한다면 어떠하겠습니까? 그렇게만 한다면 당신의 조국에는 어떠한 영향이 미치겠습니까? 당신이 살고 있는 도시의 모든 그리스도인들이, 당신이 다니고 있는 교회의 모든 신자들이 그와 같은 헌신을 한다면? 당신 자신이 그처럼 헌신을 한다면 그 효과는 어떠하겠습니까?

그리스도를 위한 삶

그런 생각들을 마음속에 간직한 채로 나는 그해 여름 유럽 일대의 많은 집회에서 계속 말씀을 전하다가 마지막으로 핀란드의 헬싱키에 이르게 되었습니다. 핀란드에 도착한 후 마가복음 15:31 말씀을 공부했습니다. "그와 같이 대제사장들도 서기관들과 함께 희롱하며 서로 말하되, '저가 남은 구원하였으되 자기는 구원할 수 없도다!'" 이 구절을 읽고서 나는 혼자 반문했습니다. 또 어떤 사람들이 그분을 조롱했는가?

성경에는 이렇게 기록되어 있었습니다. "지나가는 자들은 자기 머리를 흔들며 예수를 모욕하여 가로되, '아하, 성전을 헐고 사흘에 짓는 자여, 네가 너를 구원하여 십자가에서 내려오라' 하고"(마가복음 15:29-30).

마태는 이렇게 기록했습니다. "함께 십자가에 못 박힌 강도들도 이와 같이 욕하더라"(마태복음 27:44).

누가가 알아본 바로는 군인들도 희롱했습니다. "군병들도 희롱하면서 나아와 신 포도주를 주며 가로되, '네가 만일 유대인의 왕이어든 네가 너를 구원하라' 하더라"(누가복음 23:36-37). 조롱하는 자들은 이 세상의 축소판 모델들로서, 거기에는 종교 지도자들도 있었고, 군인, 범죄자, 구경꾼들이 다 있었습니다. 이들은 무엇을 주된 조롱거리로 삼았습니까? 이 문제의 해답을 찾기 위해서 마가복음 15:31의 "저가 남은 구원하였으되 자기는 구원할 수 없도다"라는 내용을 되새겨 보는데 갑자기 이 말 속에 포함되어 있는 모든 의미가 번개처럼 머리를 스쳤습니다. 나는 "맞다. 맞아! 바로 그거야!"라고 소리치지 않을 수 없었습니다. 내가 갑자기 소리를 지르는 바람에 곁에서 성경을 읽고 있던 아내가 깜짝 놀랐습니다. 나는 마가복음 15:31 말씀 가운데 들어 있는 진리를 순간적으로 깨달았던 것입니다.

예수님을 조롱했던 자들이 조롱조로 말하긴 했으나 기실 그들은 깊은 진리를 말했던 것입니다. 다른 사람을 구원하려 한다면 자신은 구원할 수 없는 법입니다. 그리스도를 위한 삶은 이기적인 목적을 위한 삶이 되지 않습니다. 그럴 수가 없습니다. 예수님께서도 그것을 우리에게 가르쳐 주셨습니다. "아무든지 나를 따라오려거든 자기를 부인하고 자기 십자가를 지고 나를 좇을 것이니라. 누구든지 제 목숨을 구원코자 하면 잃을 것이요, 누구든지 나와 복음을 위하여 제 목숨을 잃으면 구원하리라"(마가복음 8:34-35).

안개와 같은 인생

우리는 '왜 나는 그와 같은 헌신을 해야 하는가?'라고 스스로 반문해 볼 수도 있습니다. 야고보서 4:14에 그 첫 번째 해답이 있습니다. "너희 생명이 무엇이뇨? 너희는 잠깐 보이다가 없어지는 안개니라." 날씨가 추워져서 입김이 보이는 날 밖에 나가서 입으로 숨을 내쉬어 보십시오. 입김이 잠깐 동안 보이다가 사라질 것입니다. 당신의 인생이 바로 그와 같습니다! 한 줄기 입김일 뿐입니다. 두 번 불어서 수명을 두 배로 해봐야 아무 소용이 없습니다. 당신의 생명은 하나밖에 없습니다. 생명이 이처럼 짧으니 당신의 생을 자아와 죄에 파묻힌 보잘것없는 것으로 만들지 말고, 하나님의 뜻을 행하는 위대한 생으로 만드십시오. 영원히 존재하는 것은 세 가지 뿐인데, 하나님, 하나님의 말씀, 그리고 영생을 얻은 사람들의 영혼입니다. 당신의 삶이 이 세 가지에 사로잡혀 있다면 당신은 영원한 것들을 위해 사는 것입니다. 당신의 생애를 이 세상에서 하나님께서 행하시는 큰 경륜을 이루는 일에 드리십시오. 예수 그리스도와 그분께서 주신 지상사명에 사로잡혀야 합니다. 그와 같은 일을 하고 있다면 당신의 생은 짧아도 결코 작은 생이 되지 않을 것입니다.

영원한 목표들

그리스도께 헌신해야 하는 두 번째 이유는 베드로후서 3:10에서 찾아볼 수 있습니다. "그러나 주의 날이 도적같이 오리니 그 날에는 하늘이 큰 소리로 떠나가고 체질이 뜨거운 불에 풀어지고 땅과 그 중에 있는 모든 일이 드러나리로다!" 그날에 모든 것이 불타고 맙니다.

1957년 어느 날 네브래스카 주 오마하의 우리 집에서 아침 식사를 하고 있던 자리에서 당시 우리 집에서 생활하고 있던 청년인 봅 스티븐스 형제가 한 가지 발표로 우리를 깜짝 놀라게 했습니다. 그는 오마하에 있는 네브래스카 대학교의 공과대학 강사로 일하고 있었고 장래가 촉망되는 청년이었습니다. 그는 메릴랜드 대학교의 자기 과에서 차석으로 졸업했으며, 첨단을 걷는 미 공학계의 일원이었습니다.

"저는 저의 생을 전적으로 예수 그리스도께 드리기로 결심했습니다!" 무엇이 봅으로 하여금 그런 헌신을 하게 만들었을까요? 베드로후서 3:10의 진리였습니다. 그는 말을 계속했습니다. "제가 도로나 건물, 혹은 교량 설계하는 일에 제 인생을 다 바쳐 보았자 제가 한 모든 일들은 결국 남지 못합니다. 다 불타 버리고 말 텐데요." 봅은 위대한 영적 진리를 보았던 것입니다. 엔지니어로서 자기가 뜻했던 일들만 다 잘 수행해도 여전히 하나님으로부터 축복을 받게 됩니다. 그러나 그는 그런 일들을 위해서만 살 수는 없었던 것입니다. 엔지니어로서 자기의 직업에 충실하면서도 그리스도를 위한 삶을 살 수가 있습니다. 정말로 중요한 것은 우리가 어떤 일에 종사하느냐에 있는 것이 아니라 우리가 그 일을 하고 있는 동안에 우리의 삶을 누구에게 드리느냐에 달려 있는 것입니다. 내가 알고 있는 사람들 중에서 가장 충실한 열매를 맺고 있는 그리스도의 제자들 가운데는 의사도 있고, 치과의사, 건축가, 군인, 정치가, 노동자, 간호사, 가정주부 등 그 직업이 다양합니다. 어떤 비밀이라도 있단 말입니까? 그렇습니다. 그들은 그리스도를 위한 삶을 살았고 그들의 삶을 그리스도께 헌신했던 것입니다.

가치 있는 일

그 같은 헌신을 할 수 있는 세 번째 이유는 고린도전서 15:58에 기록되어 있습니다. "그러므로 내 사랑하는 형제들아, 견고하며 흔들리지 말며 항상 주의 일에 더욱 힘쓰는 자들이 되라. 이는 너희 수고가 주 안에서 헛되지 않은 줄을 앎이니라."

1976년 여름에 나는 테네시에서 열린 어느 기독교 기관의 간사들 모임에서 설교를 한 적이 있습니다. 내가 만났던 어느 간사는 제2차 세계대전사 공부에 매우 큰 관심을 가지고 있었는데, 마침 내가 그 당시 해병대에서 복무했다는 사실을 알고는 내게 어느 전투에 참전했느냐고 물었습니다. 페렐류 섬이었다고 대답해 주자 그는 그곳의 전투를 그려 놓은 책이 몇 권 있는데 내게 보내 주겠다고 했습니다. 그가 보내 준 책을 읽다가 그중 한 권을 읽고는 마음이 몹시 우울해졌습니다. 수백 명이 목숨을 잃은 끔찍한 전투 장면을 그린 기사를 쓴 후 저자는 그 지역에서는 전투를 하지 말았어야 했다고 결론을 내리고 있었습니다. 그의 주장은 그 지역이 쉽게 통과할 수 있는 지역이었으며, 그렇게 했어도 전세에는 거의 영향을 주지 않는 곳이었다는 것이었습니다.

그 기사를 읽으면서 내 마음속에는 산호초로 덮인 그 좁고 길게 뻗은 섬에서 죽어 간 수많은 미국 젊은이들과 일본의 젊은이들의 모습이 떠올랐습니다. 그들 모두가 헛된 죽음을 했다니! 그 책을 다 읽고는 고린도전서 15:58 말씀을 인하여 하나님께 감사 기도를 했습니다. 생각해 보십시오! 그리스도를 위해서는 어떤 일을 하더라도 그 일은 가치가 있습니다. 그 일은 결코 헛되지 않습니다. 당신의 생을 그리스도와 그분의 사역을 위하여 바친다면 당신은 가치 있는 사람이 되며 당신 주위의 세상에서 중요한 사역을 감당하게 될 것입니다.

옛 무리들에게서 떠남

어떻게 하면 그리스도께 그처럼 헌신할 수 있겠습니까? 어스름이 깔린 언덕 위에 서 있는 큰 무리들 가운데 끼여 서 있는 당신의 모습을 그려 보십시오. 군중들은 그 앞에 서 있는 어떤 분의 말씀을 듣고 있습니다. 그분은 이렇게 외쳤습니다. "아무든지 나를 따라오려거든, 자기를 부인하고, 날마다 제 십자가를 지고, 나를 좇을 것이니라"(누가복음 9:23). 말을 마치고 그분은 돌아서서 걸어가 버렸습니다. 바로 그 시점에서 당신 자신은 어떻게 하겠습니까? 당신은 환경이 어떻든지, 어떤 값을 치러야 하든지 군중들에게서 나와 예수님을 따르겠습니까? 아니면 그분에게 등을 돌리고 돌아서서 사람들을 어깨로 밀치며 그분과는 반대 방향으로 걸어가 버리겠습니까? 헌신이란 군중들로부터 빠져 나와 주님 되시는 예수 그리스도를 따르는 것을 뜻합니다. 헌신은 뒤돌아서지 않고 예수님을 따르기로 결심하는 것을 말합니다. 다소의 사울이 그리스도를 만난 후 내린 결단이 꼭 그와 같았습니다.

아나니아라 하는 제자

사울이 다메섹에서 그리스도를 따르는 결정을 놓고 묵상하고 있을 때 주님께서 아나니아에게 말씀하셨습니다.

그때에 다메섹에 아나니아라 하는 제자가 있더니, 주께서 환

> 상 중에 불러 가라사대, "아나니아야" 하시거늘, 대답하되 "주여, 내가 여기 있나이다" 하니 주께서 가라사대, "일어나 직가라 하는 거리로 가서, 유다 집에서 다소 사람 사울이라 하는 자를 찾으라. 저가 기도하는 중이다. 저가 아나니아라 하는 사람이 들어와서 지기에게 안수하여 다시 보게 하는 것을 보았느니라" 하시거늘, 아나니아가 대답하되 "주여, 이 사람에 대하여 내가 여러 사람에게 듣사온즉, 그가 예루살렘에서 주의 성도에게 적지 않은 해를 끼쳤다 하더니 여기서도 주의 이름을 부르는 모든 자를 결박할 권세를 대제사장들에게 받았나이다" 하거늘, 주께서 가라사대 "가라. 이 사람은 내 이름을 이방인과 임금들과 이스라엘 자손들 앞에 전하기 위하여 택한 나의 그릇이라. 그가 내 이름을 위하여 해를 얼마나 받아야 할 것을 내가 그에게 보이리라" 하시니. (사도행전 9:10-16)

'아나니아라 하는 제자.' 아나니아가 누굽니까? 어떤 배경을 가진 사람입니까? 우리가 아는 것은 그가 제자였다는 사실밖에는 없습니다. 만약 기독교의 가장 큰 대적이 우리가 살고 있는 이 도시에 있는 어느 호텔방에 와서 앉아 그리스도를 전파할 것을 생각하고 있다는 소식을 듣는다면 우리는 누구를 보내 그와 대화를 나누게 하겠습니까? 아마 십중팔구는 교회에서 그 이름과 지위를 봐서 그와 같은 일을 하기에 적합한 널리 알려진 인물을 선발하게 될 것입니다. 그러나 주님께서는 그렇게 하지 않으셨습니다. 주님께서는 그렇게 생각지도 않으셨습니다. 주님의 주 전략은 가장 낮은 사람으로부터 가장 높은 사람에 이르기까지 우리 모두를 사용하시는 전략입니다. 주님께서는 사람을 편파적으로 대하지 않는 분이시며 자신의 자녀들이 하나도 빠짐없이 복음을 전파하는 일에 힘차게 참여하게 되는 모습을 바라보길 간절히 원하고 계십니다.

아나니아는 주님의 명령에 우려를 나타냈습니다. 다소의 사울에 대하여 너무나 많이 들어 왔기 때문이었습니다. 그는 사울이 예루살렘에 있는 그리스도인들을 어떻게 핍박했는지 알고 있었으며, 대제사장이 사울에게 주님의 이름을 부르는 사람들을 모조리 잡아 투옥시킬 권한을 주었다는 사실도 알고 있었습니다. 그렇기 때문에 자연히 아나니아로서는 주님께서 원하시는 바가 무엇인지를 확인하고 자기가 바로 그 일을 맡을 사람인지를 확실히 알기 위해 자신에게 부여된 임무를 조심스럽게 생각해 보기를 원했습니다. 얼마나 전형적인 모습입니까! 그것이 바로 역사를 통해서 사람들이 보여 온 반응이었습니다.

모세도 하나님으로부터 부르심을 받았을 때에 순종하기를 망설였습니다. 요나, 예레미야, 기드온의 경우도 마찬가지였습니다. 그들의 마음이 내키지 않은 것을 우리는 이해할 수 있습니다. 그러나 우리를 사랑하시고 참아 주시는 하나님께 감사를 드립시다. "아비가 자식을 불쌍히 여김같이 여호와께서 자기를 경외하는 자를 불쌍히 여기시나니, 이는 저가 우리의 체질을 아시며 우리가 진토임을 기억하심이로다"(시편 103:13-14). 하나님께서는 우리의 연약함을 알고 계시지만, 우리가 기꺼이 순종하려고만 한다면 아나니아를 사용하신 것처럼 우리도 기꺼이 사용해 주실 것입니다.

사울의 새로운 삶

다메섹에서 여러 날을 지낸 사울은 예루살렘으로 가서 제자들과 함께하려고 했지만 다 두려워하여 그의 제자 됨을 믿지 아니하므로 바나바가 데리고 사도들에게 가서 말하였습니다(사도행전 9:26-27). 사울이 취한 첫 번째 행동이 스데반을 돌로 쳐 죽인 사람들에게로 곧장 가서, 자기도 곁에 서서 죽음을 지켜보았던 바로 그 순교자가 하던 일을 시작했다는 사실은 참으로 흥미롭습니다. "사울이 제자들과 함께 있어 예루살렘에 출입하며, 또 주 예수의 이름으로 담대히 말하고 헬라 파 유대인들과 함께 말하며 변론하니, 그 사람들이 죽이려고 힘쓰거늘"(사도행전 9:28-29). 스데반의 사역은 사울에게 결코 사라지지 않을 깊은 인상을 심어 놓았습니다. 그리하여 사울은 그때와 같은 헬라 파 유대인들에게로 가서 스데반이 하던 것과 같은 일을 다시 시작했던 것입니다. 스데반이 주로 사두개인들과 맞서 있었을 때 바리새인이었던 사울은 스데반을 반대하는 자들 편을 들었었습니다. 그러므로 이제 사울은 과거의 죄로부터 돌아섰습니다. 그들이 자기를 죽이고자 한다는 사실을 알고 있었지만 사울은 이미 죽을 각오가 다 되어 있었습니다. 후에 사울은 이때의 일을 다음과 같이 간증했습니다.

후에 내가 예루살렘으로 돌아와서 성전에서 기도할 때에 비몽사몽간에 보매, 주께서 내게 말씀하시되 "속히 예루살렘에서 나가라. 저희는 네가 내게 대하여 증거하는 말을 듣지 아니하리라" 하시거늘, 내가 말하기를 "주여, 내가 주 믿는 사람들을 가두고 또 각 회당에서 때리고, 또 주의 증인 스데반의 피를 흘릴 적에 내가 곁에 서서 찬성하고, 그 죽이는 사람들의 옷을 지킨 줄 저희도 아나이다." 나더러 또 이르시되, "떠나가라. 내가 너를 멀리 이방인에게로 보내리라" 하셨느니라. (사도행전 22:17-21)

나는 하나님께서 사울의 헌신과 용기, 그리고 목숨을 아끼지 않는 마음을 틀림없이 기뻐하셨으리라고 확신합니다. 그러나 하나님께서는 그 마음 가운데 이방인을 위한 선교를 계획하고 계셨고, 이 일을 위해서 사울을 그 그릇으로 선택하셨던 것입니다(사도행전 9:15-16 참조).

이리하여 사울은 새사람이 되어 다소로 돌아왔습니다. 가장 큰 대적이 이제는 믿는 자가 되었으므로 교회는 평안하고 성장을 계속해 나갔습니다.

한편 하나님께서는 계속해서 베드로를 극적인 방법으로 사용하셨습니다. 8년 동안이나 중풍병으로 누워 있던 애니아에게 행한 기적의 결과로 놀라운 일들이 계속 일어났습니다. "룻다와 사론에 사는 사람들이 다 그를 보고 주께로 돌아가니라"(사도행전 9:35).

얼마 안 되어 지체 말고 욥바로 와 달라는 긴급한 소식이 베드로에게 전달되었습니다. 한 중요한 여제자가 죽었는데 아마 베드로라면 어느 면에서 도움을 줄 수 있으리라고 믿어서 그에게 연락했던 것입니다. 그가 그곳에 이르니 하나님께서 그를 사용하셔서 도르가를 다시 살렸습니다. 도르가는 욥바에 있는 교회에서 왜 그렇게 중요한 인물이었을까요? 성도들을 섬겼기 때문이었습니다. 그녀는 성도들을 위하여 각종 의복들을 지었습니다(사도행전 9:39 참조).

이 사건을 통하여 한 가지 중요한 교훈을 배울 수 있는데, 그것은 모든 사람이 다 각광을 받도록 부르심을 받지는 않았다는 사실입니다. 어떤 사람들은 무대 뒤에서 다른 사람들을 섬기는 일을 맡습니다. 욥바에 있는 제자들은 왜 도르가의 죽음을 그렇게도 슬퍼했을까요? 그녀와 같이 '선행과 구제하는 일이 심히 많던'(사도행전 9:36) 사람은 찾아볼 수가 없었기 때문이었습니다. 섬김의 정신을 가지고 있는 제자는 그 몸무게만큼의 금덩어리같이 가치 있는 사람입니다. 욥바에 있는 제자들은 그것을 알고 있었습니다. 도르가가 살아난 것은 수많은 사람들의 삶에 큰 변화를 일으켰습니다. "온 욥바 사람이 알고 많이 주를 믿더라"(사도행전 9:42).

요 약

사도행전 9장에 나오는 두 중요 인물인 바울과 베드로는 생의 주인이신 예수 그리스도께 헌신했습니다. 이들은

- 결단을 내렸고,
- 모든 것을 버렸으며,
- 군중들로부터 걸어 나와,
- 뒤돌아서지 않고 예수님을 따랐으며,
- 이 세상에 영속적인 영향을 주었습니다.

10

이방인 환영

고넬료는 지금까지 살았던 가장 중요한 인물들 가운데 하나였지만, 오늘날 대부분의 사람들은 그가 누구인지 잘 모르고 있습니다. 그가 왜 그렇게 중요한 사람이었습니까? 이는 하나님께서 첫 이방인 회심자로 택하신 인물이며, 그의 회심을 통하여 이방인 세계에 구원의 문이 열렸기 때문입니다. 사도들은 그리스도께서 주신 지상사명을 이해하고는 있었지만 고넬료가 회심할 때까지는 유대인들과 사마리아인들에게만 전도를 하고 있었습니다. 그들은 이방인이 그리스도의 몸 가운데로 들어올 줄은 깨닫지 못했습니다.

고넬료는 로마군의 백부장으로서 백 명이 넘는 군인들을 휘하에 거느리고 있는 신분이었지만 유대인의 하나님께 이끌려서 기도와 헌금을 시작한 사람이었습니다. 그는 하나님과의 개인적인 관계를 위해 자기가 알고 있는 모든 일을 다 하고 있었으나 아직 이루어진 일은 아무것도 없었습니다. 그러나 하나님께서는 고넬료를 보고 계셨으며 그를 구원하기 위한 길을 예비하셨습니다.

이 과정은 환상 중에 천사가 나타나 그의 이름을 부름으로써 시작됩니다. 고넬료는 물론 놀랐습니다. "하루는 제9시쯤 되어 환상 중에 밝히 보매 하나님의 사자가 들어와 가로되, '고넬료야' 하니, 고넬료가 주목하여 보고 두려워 가로되, '주여, 무슨 일이니이까?' 천사가 가로되, '네 기도와 구제가 하나님 앞에 상달하여 기억하신 바가 되었으니'"(사도행전 10:3-4). 이어서 천사는 어떤 지침을 내렸습니다. "네가 지금 사람들을 욥바에 보내어 베드로라 하는 시몬을 청하라. 저는 피장 시몬의 집에 우거하니 그 집은 해변에 있느니라"(사도행전 10:5-6).

천사가 한 말을 읽다가 보면 우리는 한 가지 의문에 부딪칩니다. 왜 천사는 직접 고넬료에게 그리스도인이 되는 방법을 가르쳐 주지 않았을까? 왜 천사가 직접 하나님을 향한 회개와 주 예수 그리스도께 대한 믿음을 알려 주지 않았을까? 왜 천사는 그에게 직접 복음을 전해 주지 않았겠습니까? 그 이유는 하나님께서는 복음을 전하는 일에 천사들을 사용하지 않으시기 때문입니다. 사도행전 2장에서 살펴본 바와 같이 하나님께서는 당신이나 나 같은 사람을 사용하십니다.

천사가 시몬 베드로라는 사람을 찾으라고 가르쳐 준 후에, 고넬료는 즉시 자기의 측근 한 사람과 자기 집의 하인 두 사람을 불러서 베드로가 머무르고 있던 욥바로 보냅니다. 드라마는 이제 구체화되어 갑니다. 가이사랴에 있던 이교도 군인에게 복음의 문이 활짝 열렸습니다. 이제 하나님께서 하실 일은 그에게 그 복음을 전해 줄 사람을 예비하시는 일만 남았습니다. 이 이야기는 듣는 사람을 예비하기보다 전할 사람을 예비하는 일이 더 어렵다는 사실을 증명해 주고 있습니다.

당신의 고장에서도 그렇습니까? 복음을 들을 준비가 되어 있는 사람이 그것을 전할 준비가 되어 있는 사람보다 더 많은 것이 사실입니까? 당신의 이웃에도 정말 그렇습니까? 당신도 그 문제를 같이 느끼고 있습니까? 예수님 당시에도 추수할 것은 많았으나 일꾼은 적었습니다. 많은 훈련 과정, 공동 연구, 수양회가 열리고 있는 오늘날에도 영적으로 자격을 갖춘 일꾼들의 엄청난 부족 현상은 여전히 심각합니다.

주님의 종을 예비하심

그러나 하나님께서는 이 로마인 백부장에게 복음을 전할 사람을 예비하고 계셨습니다. 베드로는 기도하려고 지붕에 올라가 있었는데, 다른 일상적인 일에 열중하고 있었다면 아무도 가이사랴에서 온 사람들의 초대에 응하지 않았을는지도 모르지만, 베드로는 기도 중에 있었기 때문에 주님께서 특별한 환상을 통하여 그의 마음을 준비시키셨습니다.

> 베드로가 그 환상에 대하여 생각할 때에 성령께서 저더러 말씀하시되, "두 사람이 너를 찾으니 일어나 내려가 의심치 말고 함께 가라. 내가 저희를 보내었느니라" 하시니, 베드로가 내려가 그 사람들을 보고 가로되, "내가 곧 너희의 찾는 사람이니 너희가 무슨 일로 왔느냐?" 저희가 대답하되, "백부장 고넬료는 의인이요, 하나님을 경외하는 자라. 유대 온 족속이 칭찬하

더니 저가 거룩한 천사의 지시를 받아 너를 그 집으로 청하여 말을 들으려 하느니라" 한대. (사도행전 10:19-22)

이렇게 하여 베드로는 성령의 인도로 그들과 함께 가기로 결정했습니다.

이 사건을 통하여 우리는 많은 중요한 교훈들을 배우게 됩니다. 하나님께서는 그분의 일꾼이 의심이 없는 온전한 믿음의 확신 가운데서 이 임무에 임하기를 원하셨습니다. 자신이 하나님의 뜻 가운데 있다는 것을 분명하게 확신하지 못한다면 그의 삶과 증거는 아무 열매도 맺지 못하고 힘을 잃어버리고 말 것입니다.

바울이 하나님의 뜻을 따라 사도가 되었다고 끊임없이 주장한 것도 자신이 그리스도의 이름과 그리스도께서 주신 축복으로 사역을 하고 있다는 것을 자기 편지를 읽는 자들에게 확신시키려 하는 그 이상의 뜻이 있습니다. 그 말에는 바울의 사역에 대한 하나의 비밀이 들어 있습니다. 그는 하나님의 뜻 가운데서 살았고 자신도 그것을 알고 있었습니다. 하나님께서는 그 사실을 사용하셔서 바울의 영혼에 용기와 정열을 불타오르게 하셨습니다.

하나님께 쓰임받기를 원한다면 우리는 먼저 하나님께서 우리를 어떻게 사용하고자 하시는가를 확인하고, 다음에는 그 방향으로 힘차게 밀고 나가야 됩니다. 주님께서는 베드로가 바로 이런 태도를 가지고 나아가길 원하셨습니다.

제자삼는 일

두 번째 교훈은 사도행전 10:23에 들어 있습니다. "베드로가 불러 들여 유숙하게 하니라. 이튿날 일어나 저희와 함께 갈새 욥바 두어 형제도 함께 가니라." 베드로는 갈 때 몇 형제들을 데리고 갔습니다. 짐을 나르기 위해 데리고 갔을까요? 그들은 심부름을 하거나 여행 준비를 돕기 위해 따라갔겠습니까? 물론 그런 일도 좀 했겠지요. 그러나 그것이 베드로가 그들을 데리고 갔던 주 목적은 아니었습니다.

베드로의 생애의 임무는 제자삼는 일이었습니다. 예수님께서는 사도들에게 주신 지상사명 가운데서 그 사실을 명명백백하게 밝혀 주셨습니다. 베드로는 3년 동안이나 예수님과 함께 행하며 말씀을 나누었으며, 주님과 함께 다니면서 받은 훈련이 자신의 삶 가운데 끼친 강력한 영향을 잘 알고 있었습니다. 매우 간단하고 소박한 훈련이었습니다.

오늘날 우리에게 너무나 익숙해져 있는, 고도로 짜임새 있게 계획된 세미나, 강의, 학회, 연구 모임 같은 것들도 그때에는 없었습니다. 첨단 도구나 장비나 시설도 없었으며, 사역에 대해 체계적으로 정리한 자료집도, 하다못해 간단한 전도지 한 장도 없었습니다. 물론 그런 것들이 필요 없다는 말은 아닙니다. 형제 자매들에게 그리스도인의 삶을 훈련시켜 주는 데 사용될 수 있는 도구라면 무엇이나 사용해야 합니다.

그러나 예수님께서 사용하셨던 기본적인 훈련 방법을 빠뜨린다면 우리는 바보나 소경이 되어 버리고 말 것입니다. 예수님께서는 주로 일을 함께 하심으로써 제자들을 훈련시키셨습니다. 그것을 망각하고, 다른 모든 원리를 총동원하면서도 '동행의 원리'를 무시한 훈련 계획을 수행한다는 것은 가장 어리석은 일입니다. 베드로도 이러한 훈련 원리를 알고 있었기 때문에 몇 형제를 데리고 갔습니다. 예수님께서 열두 제자를 훈련하실 때 보여주셨던 본보기를 따랐던 것입니다(마가복음 3:14 참조).

한 사람

여기서 볼 수 있는 또 한 가지 교훈은 이방인들에게 믿음의 문을 여시는 하나님의 전략입니다. 하나님께서는 한 사람을 택하셔서 그 한 사람으로부터 시작하셨습니다. 이것은 모든 시대를 내려오면서 지속된 하나님의 계획이었습니다. 하나님께서는 아브라함 한 사람을 통하여 전 세계를 축복하셨고, 모세를 통하여 그 백성들을 구출하셨습니다. 기드온 한 사람을 통해서 미디안인들을 격퇴하셨으며, 자신의 아들을 통해서는 온 세상에 구속의 길을 열어 놓으셨습니다. 이 전략은 지극히 심오하지만 간단하기 때문에 우리는 그 사실을 간과하고 있습니다. 우리는 한 생명이 지닌 가능성을 지나쳐 버리곤 합니다.

네비게이토 선교회의 창시자 도슨 트로트맨이 우리 지역의 선교 상황을 보러 와서 물었던 첫 번째 질문은 "형제가 훈련시키고 있는 사람들은 어디 있습니까?"였습니다. 나는 그에게 내가 진행하고 있는 프로그램과 모임에 대하여 이야기해 주고, 우리가 하고 있는 활동들을 상세히 설명해 주었습니다. 그러나 그는 언제나 한 가지 주된 질문만을 되풀이했습니다. "형제가 기른 사람들은 어디 있습니까?" 우리는 곧 그 질문이 암시하는 바가 우리의 기도와 선교의 초점이 되어야 한다는 것을 깨달았습니다.

우리는 기꺼이 주님을 따르고자 하는 마음을 가진 한 사람을 주시도록 주님께 구했습니다. 영어의 첫 글자를 딴 W.H.A.T는 우리가 찾고 기도해야 할 주안점을 암시하고 있습니다. 우리가 구해야 할 사람은 기꺼이 값을 치르려는 사람(Willing to pay the price)이요, 하나님을 향한 마음이 있는 사람(Heart for God)이며, 늘 준비되어 있으며(Available), 배우려는 태도를 가진 사람(Teachable)인 것입니다. 그런 사람은 하나님께서 주시는 선물이기 때문에 우리는 기도하고 또 항상 눈을 크게 뜨고 찾아야 합니다.

네비게이토 선교회에서 나에게 처음으로 위임해 준 선교지는 펜실베이니아 주의 피츠버그였습니다. 어느 날 저녁 제일장로교회에서 일반 직장과 전문직에 있는 청장년들을 대상으로 말씀을 전할 기회가 있었는데 맨 앞줄에서 내 말을 모두 이해하고 있는 듯한 어떤 청년을 눈여겨본 적이 있습니다. 설교가 끝나고 나는 그 청년에게로 가서 나 자신을 소개했습니다. 청년의 이름은 앞장에서 소개한 바 있는 엔지니어 봅 스티븐스였습니다.

봅이 공학회의 배지를 달고 있기에 어느 대학을 다녔느냐고 물었더니 메릴랜드 대학교라고 대답했습니다. 나도 이전에 한 이 년 동안 그 학교 근처에서 산 적이 있노라고 말하고서는 다짜고짜로 내 친구 딕 커크를 아느냐고 물어보았습니다. "그를 아느냐고요? 그 친구가 나를 믿게 했어요!" 봅은 깜짝 놀라 외쳤습니다. 나는 딕에게 있는 신학상의 오류는 지적하지 않고 다만 딕과 내가 그리스도인의 교제 가운데서 정기적으로 만나 말씀을 나누었다는 사실을 이야기해 주었습니다. 다음 주에 나는 그와 좀 더 친해지기 위해서 그를 우리 집으로 초대해서 함께 식사를 했습니다.

후에 나는 봅이 그리스도를 만난 후 학교를 졸업하고 델라웨어에 있는 어떤 회사로 취직이 되어 갔었다는 사실을 알았습니다. 그리스도 안에서 갓난아이였던 그는 누구의 도움도 받지 못한 채로 자기 혼자 힘으로 그리스도인의 삶을 살아 보려고 계속 안간힘을 쓰다가 결국 그것은 힘든 일이라는 것을 알았습니다. 그의 삶은 차츰 옛 생활 방식으로 도로 떠내려가다가 결국은 자신이 실제적으로 그리스도인의 삶을 살고 있지 못하다는 사실을 깨닫게 되었습니다. 그리스도인으로서의 삶이 점점 더 엉망진창이 되어 가다가 마침내 이런 기도를 하기에 이르렀습니다. "주님, 오늘 밤에 마지막으로 교회에 가보려고 합니다. 만약 거기서 제가 진정한 그리스도인이 될 수 있도록 저를 도와줄 사람을 찾지 못한다면 이제 그리스도인이 되는 것은 다 포기하겠습니다. 오늘 밤에 찾지 못하면 이젠 끝장입니다!"

내가 교회에서 봅을 만났던 바로 그날 저녁이 그가 그런 기도를 한 때였습니다. 같은 날 밤에 나도 지난 몇 년 동안 하나님께서 내게 가르쳐 주신 교훈들을 쏟아 부어 줄 수 있는 사람을 한 사람 보내 주시도록 주님께 기도했었습니다. 나는 하나님을 향한 진정한 마음이 있고, 늘 준비된 태도를 가지고 있으며, 배우려는 자세와 기꺼이 값을 치르려는 마음을 가진 사람에게 나의 삶을 나누어 주고 싶은 생각이 간절했었습니다. 봅은 배우려는 자세가 아주 잘되어 있는 사람이었습니다. 나는 그와 같은 사람을 훈련시켜 본 적이 많지 않았습니다. 하지만 그런 사람이 많지 않다는 것은 이미 예상하고 있던 일이었습니다. 주님께서 언제나 일꾼은 부족하다고 하셨기 때문입니다. 그날 저녁 교회에서 그를 만남으로부터 시작해서 우리의 우정은 계속되었습니다. 오늘날 봅 스티븐스의 삶을 뒤돌아보면 하나님께서 그를 사용하셔서 세 개 대륙에서 그리스도를 섬기는 일꾼들을 불러일으키신 것을 볼 수 있습니다.

봅 및 봅과 같은 수많은 사람들이 이 세상에 가져다준 축복들을 기록하자면 한 권의 책으로는 부족할 줄 압니다. 이와 같이 고넬료의 회심이 이 세상에 가져다준 영향만을 계산한다고 하더라도 컴퓨터가 흥분할 정도일 것입니다!

베드로는 자기가 이와 같이 이방인의 집을 방문한다는 것이 얼마나 예외적인 일인가를 즉시 고넬료에게 설명해 주었습니다. "유대인으로서 이방인을 교제하는 것과 가까이하는 것이 위법인 줄은 너희도 알거니와, 하나님께서 내게 지시하사 아무도 속되다 하거나 깨끗지 않다 하지 말라 하시기로 부름을 사양치 아니하고 왔노라. 묻노니 무슨 일로 나를 불렀느뇨?"(사도행전 10:28-29).

유대인들은 이방인을 불결하다고 여겼으며, 그들을 개처럼 생각했습니다. 유대인들은 일상적인 기도 가운데서조차도 자기가 이방인으로 태어나지 않은 것을 하나님께 감사했습니다. 행여 이방인의 그림자라도 자기에게 덮이면 유대인들은 성전에 가서 '결례' 즉 정결 예식을 행해야 했습니다. 유대인들의 의식으로는 이방인이란 하등의 가치도 없는 부정하고 불결한 존재들이었으며, 유대인이 이방인의 집에 들어가는 것은 법으로 금지되어 있었습니다. 그러나 베드로는 고넬료에게 "하나님께서 내게 어떤 것을 보이시고, 나를 여기로 인도해 오시기로 내가 그대의 부름을 받아 왔노니, 내가 무엇을 해주기를 원하시오?" 하고 물었습니다. 고넬료는 자초지종을 다 이야기한 다음 자기 온 집안이 하나님께서 베드로에게 명하신 메시지를 듣기 위해 모였다는 말로 결론을 맺었습니다.

사람을 차별하지 아니하시는 하나님

베드로의 첫 번째 말은 함께 온 사람들의 마음을 사로잡는 말이었습니다. "베드로가 입을 열어 가로되, '내가 참으로 하나님은 사람의 외모를 취하지 아니하시고 각 나라 중 하나님을 경외하며 의를 행하는 사람은 하나님이 받으시는 줄 깨달았도다'"(사도행전 10:34-35). 유대인은 늘 하나님께서는 사람을 차별하시는 분으로 상상해 왔습니다. 그들은 하나님께서 자기들만 선택하시고 다른 사람들은 모두 버리셨다고 믿었으며, 그들을 향하신 하나님의 크신 목적을 깨닫지 못하고 성경의 분명한 가르침을 잊고 있었습니다. "너희의 하나님 여호와는 신의 신이시며 주의 주시요, 크고 능하시며 두려우신 하나님이시라. 사람을 외모로 보지 아니하시며, 뇌물을 받지 아니하시고, 고아와 과부를 위하여 신원하시며, 나그네를 사랑하사 그에게 식물과 의복을 주시나니, 너희는 나그네를 사랑하라. 전에 너희도 애굽 땅에서 나그네 되었었음이니라"(신명기 10:17-19). 이 같은 가르침은 구약 전체에 걸쳐서 찾아볼 수 있지만 유대 민족은 하나님의 말씀을 등한히 했던 것입니다. 그리하여 이방인의 집에 온 베드로마저도 어쩌면 눈앞에 일어나고 있는 모든 일을 완전히 이해하지 못하는 가운데 염려하고 있었는지도 모릅니다. 그가 전한 메시지의 서두는 예수 그리스도의 주재권에 대한 위대한 교리가 주안점이었습니다. 그는 그냥 주님이라고 하지 않고 '만유의 주 되신 예수 그리스도'(사도행전 10:36)라고 불렀습니다.

그리스도의 주재권

베드로는 개인적인 경험을 통해서 이 진리를 알았습니다. 그는 예수님과 동행하면서 삶의 모든 영역에서 예수님께서 주님이 되심을 자기 눈으로 보았습니다. 조그만 배를 타고 가다가 심한 풍랑을 만나 두려움에 사로 잡혀 있던 열두 제자들 가운데 베드로도 있었습니다. 그들은 자기들이 곧 죽게 되었다고 생각하고는 무서워하고 있었지만 예수님께서는 주무시고 계셨습니다. 그리하여 열두 제자가 예수님을 깨워서 이 위급함을 알려 드렸을 때, 예수님께서 일어나 꾸짖으신 몇 마디 말씀에 바람이 그치고 바다가 아주 잔잔하여졌습니다. 이에 놀란 그들은 서로 쳐다보며 말했습니다. "저가 뉘기에 바람과 바다라도 순종하는고?"(마가복음 4:35-41 참조). 그분은 바람과 바다도 다스리시는 주님이십니다.

그들이 건너편 거라사인의 땅에 이르렀을 때 귀신 들린 사람을 만나게 되었습니다(마가복음 5:1-20). 이 가련한 사람은 완전히 사탄의 지배하에 있었는데, 그것도 일 개 군단이 넘는 귀신들이 들려서 그를 밤낮 괴롭히고 있었습니다. 예수님과 귀신 들린 사람 사이에는 6,000이 넘는 지옥의 귀신들이 서서 둘 사이를 가로막고 있었습니다. 예수님께서는 한마디 말씀으로 이 귀신들을 다 내어 좇으시고 이 사람을 구원하셨습니다. 예수님께서는 지옥의 귀신들도 제어하실 수 있는 권능을 가지고 계신 분이십니다.

예수님께서 제자들과 함께 다시 호수 저편으로 건너가셨을 때 회당장 야이로를 만나셨습니다. 야이로는 예수님을 보고 그의 발 아래 엎드리어 자기가 처해 있는 문제를 말씀드렸습니다. "많이 간구하여 가로되, '내 어린 딸이 죽게 되었사오니 오셔서 그 위에 손을 얹으사 그로 구원을 얻어 살게 하소서'"(마가복음 5:23). 예수님께서 함께 가기로 하셨을 때 야이로의 마음에 넘쳐흘렀을 즐거움을 상상해 보십시오. 그러나 바로 다음 순간 새로운 문제가 한 가지 일어나서 예수님의 주의를 끌었습니다.

> 열두 해를 혈루증으로 앓는 한 여자가 있어 많은 의원에게 많은 괴로움을 받았고, 있던 것도 다 허비하였으되 아무 효험이 없고 도리어 더 중하여졌던 차에, 예수의 소문을 듣고 무리 가운데 섞여 뒤로 와서 그의 옷에 손을 대니, 이는 '내가 그의 옷에만 손을 대어도 구원을 얻으리라' 함일러라. 이에 그의 혈루 근원이 곧 마르매 병이 나은 줄을 몸에 깨달으니라. (마가복음 5:25-29)

야이로의 마음 가운데 어떤 생각이 흐르고 있었을까 생각해 보십시오. 어린 딸이 단지 앓고 있는 정도가 아니라 죽어 가고 있었습니다. 이제는 분초를 다루는 위급한 상황에 심장의 고동마저 시간을 재촉하는 것 같았습니다. 1,2초가 급했고 매 순간 순간이 너무나 긴 것 같았습니다. 예수님께서 조금만 더 서둘러 주신다면 얼마나 좋을까 하고 마음 졸였지만 예수님께서는 군중들에게 둘러싸여 한 여인과 말씀하고 계셨습니다. 바로 그때 그가 염려했던 소식이 드디어 전해졌습니다. "당신의 딸이 죽었나이다. 어찌하여 선생을 더 괴롭게 하나이까?"(마가복음 5:35). 만약 예수님께서 도중에 지체하지 않고 야이로의 집으로 직행하셨던들 상황은 달라졌을지도 모릅니다. 그러나 이제 야이로에게 있어서 모든 일은 다 틀렸습니다. 그의 어린 딸은 죽어 버렸습니다.

그러나 예수님께서는 그에게 돌아서서 말씀하셨습니다. "두려워 말고 믿기만 하라"(마가복음 5:36). 야이로는 이 말씀을 들었을 때 어떤 생각이 들었겠습니까? '믿기만 하라고요? 뭘 믿으라는 말입니까? 그 아이는 이미 죽었습니다! 종교적인 상투어나 연발할 때가 아닙니다. 현실을 직시해야 할 때입니다.' 믿음은 대단히 좋은 것이지만, 지금과 같은 경우라면 무엇을 믿습니까? 예수님께서는 우리에게 요구하시는 것과 동일한 믿음을 야이로에게 요구하셨는데, 그것은 하나님께서는 불가능한 일을 가능케 하신다는 것을 믿는 믿음입니다. 하늘이 무너져 솟아날 구멍이 없을 때라도 하나님께서는 인간으로서는 불가능한 일을 해내십니다. 결국 예수님께서는 그의 집에 가셔서 그 상황을 처리하셨습니다.

"예수께서 저희를 다 내어 보내신 후에 아이의 부모와 또 자기와 함께한 자들을 데리시고 아이 있는 곳에 들어가사 그 아이의 손을 잡고 가라사대, '달리다굼' 하시니, 번역하면 곧 '소녀야, 내가 네게 말하노니, 일어나라' 하심이라. 소녀가 곧 일어나서 걸으니 나이 열두 살이라. 사람들이 곧 크게 놀라고 놀라거늘"(마가복음 5:40-42). 예수님께서는 질병과 죽음까지도 이기시는 주님이십니다.

베드로는 예수님께서 질병과 죽음, 지옥의 귀신들, 그리고 바람과 파도를 다스리시는 권능을 행하시는 것을 직접 볼 수 있는 특권을 누린 사람들 중의 한 사람이었습니다. 그러한 체험을 통하여 예수님께서 실제로 '만유의 주' 되심을 확신하게 되었던 것입니다.

복음을 나눔

예수님과 함께했던 체험과 그리스도의 주재권에 대한 순종으로 말미암아 베드로는 고넬료를 방문하는 동안 이방인에게 하나님의 나라의 문을 열어 주는 사람으로서 준비가 되어 있었습니다. 고넬료의 집에서 베드로는 몇 가지 소개의 말을 한 다음 복음을 전했습니다(사도행전 10:39-41). 복음은 구원을 주시는 하나님의 능력입니다(로마서 1:16).

몇 년 전 캐리 부인이 자기 친구들을 주님께 인도한다고 부지런히 뛰어다녔지만 한 사람도 인도하지 못했습니다. 동료 그리스도인인 낸시 부인에게 이 사실을 이야기하자 낸시는 "다른 사람에게 복음을 전할 때 무슨 내용을 이야기합니까?" 하고 물었습니다. 캐리는 자기의 간증을 나누면서 자기가 어떻게 주님을 만났는가를 설명해 준다고 대답했습니다. "그게 전부예요?" 낸시가 다시 묻자 그녀는 그렇다고 대답했습니다. 낸시는 놀라서 "능력은 빼버리고 전도를 하시는군요!" 하고 소리치면서 구원의 능력은 복음의 메시지 안에 있다는 사실을 조용히 설명해 주었습니다. 낸시는 친구들에게 복음을 전할 수 있는 간단명료한 방법을 캐리에게 가르쳐 주었습니다. 캐리는 친구들에게 다시 복음을 전하기 시작했고, 얼마 되지 않아 많은 친구들이 회개하는 마음과 믿음을 가지고 주님께로 돌아왔습니다. 간증은 확신을 갖게 하는 데는 큰 힘이 됩니다. 그러나 회개하게 하는 능력이 있는 유일한 메시지는 복음 곧 십자가에 못 박혀 죽으셨다가 부활하신 구세주에 대한 기쁜 소식뿐입니다.

베드로는 복음을 전하고 난 다음 다시 믿음의 기초로 되돌아갔습니다. 그는 이렇게 말했습니다. "(하나님께서) 우리를 명하사 백성에게 전도하되, 하나님이 산 자와 죽은 자의 재판장으로 정하신 자가 곧 이 사람인 것을 증거하게 하셨고, 저에 대하여 모든 선지자도 증거하되, '저를 믿는 사람들이 다 그 이름을 힘입어 죄 사함을 받는다' 하였느니라"(사도행전 10:42-43). 선지자들과 사도들은 그들 자신의 삶과 그들이 기록한 말씀으로써 우리 믿음의 기초를 놓았습니다.

바울도 에베소 교인들에게 보낸 편지 중에서 이 사실에 대하여 기록하고 있습니다. "그러므로 이제부터 너희가 외인도 아니요 손도 아니요, 오직 성도들과 동일한 시민이요 하나님의 권속이라. 너희는 사도들과 선지자들의 터 위에 세우심을 입은 자라. 그리스도 예수께서 친히 모퉁이 돌이 되셨느니라"(에베소서 2:19-20). 우리의 믿음의 뿌리는 하나님께서 자신을 인간에게 계시해 주셨던 맨 처음에까지 거슬러 올라갑니다. 기독교는 근래의 발명품이 아닙니다. 우리가 아는 바와 같이 그리스도인의 삶은 예수님의 사역을 직접 목격하고, 부활하신 주님과 함께 먹고 마신 사람들로부터 전해 내려온 것입니다. 도처에서 이상한 종교들이 횡행하는 이때에 우리가 명심해야 할 핵심적인 진리가 바로 이것입니다. 우리의 믿음의 기초는 역사적인 진실 가운데 뿌리박고 있다는 것을 우리는 기억해야 할 것입니다.

방언의 의의

베드로가 말할 때에 특이한 일이 일어났습니다.

> 베드로가 이 말 할 때에 성령이 말씀 듣는 모든 사람에게 내려오시니, 베드로와 함께 온 할례받은 신자들이 이방인들에게도 성령 부어 주심을 인하여 놀라니, 이는 방언을 말하며 하나님 높임을 들음이러라. 이에 베드로가 가로되, "이 사람들이 우리와 같이 성령을 받았으니 누가 능히 물로 세례 줌을 금하리요?" 하고 명하여 "예수 그리스도의 이름으로 세례를 주라" 하니라. 저희가 베드로에게 수일 더 유하기를 청하니라. (사도행전 10:44-48)

방 안에 있던 모든 이방인들이 단번에 하나님의 나라로 인도되었습니다! 여기에서 우리는 다시, 살아 움직이고 있는 복음의 능력과 듣는 자들의 이해력을 보게 됩니다.

방언에 대한 기록으로는 이것이 사도행전 공부에서 처음 나오는 것이 아닙니다. 사도행전을 읽는 많은 사람들이 이 현상에 대하여 궁금해하고 있습니다. 우리는 고린도전서 14:21을 생각지 않을 수 없습니다. "율법에 기록된 바, '주께서 가라사대, 내가 다른 방언하는 자와 다른 입술로 이 백성에게 말할지라도 저희가 오히려 듣지 아니하리라' 하였으니." 바울은 여기서 이사야 28:11-12 말씀을 인용하고 있는데 이 구절은 성경에서 방언에 대하여 기록된 최초의 말씀입니다. 이사야는 하나님께서 방언을 통하여 '이 백성에게' 말씀하실 것이라고 예언했습니다. '이 백성'이란 누구를 가리킵니까? 유대인 즉 이스라엘 민족을 말하고 있습니다.

이러한 방언을 주신 목적은 무엇이겠습니까? 바울은 '방언은 믿는 자들을 위하지 않고 믿지 아니하는 자들을 위하는 표적'(고린도전서 14:22 상)이라고 했습니다. 하나님께서는 믿지 아니하는 유대인들을 위한 표적으로 방언을 주셨는데, 이는 바울이 언급한 대로 '유대인은 표적을 구하고 헬라인은 지혜를 찾는다'(고린도전서 1:22)는 말씀대로 된 것입니다. 유대인에게 표적이 필요하다면 하나님께서는 표적을 주실 것입니다. 하나님께서는 그것을 구름 속에 감추어 두고 우리와 술래잡기를 하시는 분이 아니십니다. 하나님께서는 자신을 우리에게 나타내고자 하시는 불타는 마음을 갖고 계시며 우리에게 자신을 알리기 위해서는 어떤 일이든 아끼지 않고 하시는 분이십니다. 사도행전 2장이 기억나십니까? 많은 유대인들이 예루살렘에 모여 있을 때 믿지 않는 유대인들을 위하여 방언이 표적으로 사용되었습니다.

사도행전 8장 기록에서 사마리아인들에게 성령께서 임하셨을 때도 방언이 나타났습니까? 사마리아인들은 표적을 구하지 않았기 때문에 그들에게 나타난 적은 없었습니다. 표적을 구한 사람들은 유대인들이었습니다. 사도행전 10장은 누구에게 관계된 이야기입니까? 이방인입니다. 이방인들이 표적을 구했습니까? 아닙니다. 유대인들이 표적을 구했습니다. 그래서 표적이 나타났습니까? 그렇습니다! 그렇다니요? 표적이 나타나지 않았다는 대답이 나와야 이야기가 제대로 맞아 들어갈 텐데 말입니다. 이방인들은 물론 표적을 구하지도 않았고, 방 안에 가득한 사람들 한가운데에 베드로가 앉아 있었을 뿐입니다.

그렇다면 방언이 나타난 이유는 무엇이었을까요? 해답을 찾기 위해서는 다음 구절을 다시 한 번 주의 깊게 읽지 않으면 안 됩니다. "베드로와 함께 온 할례받은 신자들이 이방인들에게도 성령 부어 주심을 인하여 놀라니, 이는 방언을 말하며 하나님 높임을 들음이러라"(사도행전 10:45-46). 하나님께서는 수십 세기를 내려오던 편견을 깨뜨리기 위해 무엇을 사용하셨습니까? 무엇이 거기에 있던 유대인들로 하여금 하나님께서는 이방인들에게도 생명의 회개를 주셨다는 사실을 확실히 믿게 해주었습니까? 그들은 이방인들이 방언 말함을 듣고 이것을 확신하게 되었습니다. 그러므로 표적은 이방인들을 위해서가 아니라 유대인들을 위하여 주어졌던 것입니다.

사도행전 10장은 특별한 사건들로 가득 차 있습니다. 이 사건들 가운데는 천사가 나타난 일도 있었고, 큰 보자기가 하늘에서 내려왔는가 하면, 방언이 터져 나오기도 했습니다. 그러나 이 모든 사건들을 주의 깊게 분석해 보면 어떤 사실을 볼 수 있겠습니까? 우리는 이런 일들 가운데서 예루살렘에서 유대로, 다음에는 사마리아로, 그리고 마침내는 이방인 세계로 점차 복음을 확장시켜 가시는 하나님의 크신 경륜을 보게 되는 것입니다.

요 약

하나님께서는 그리스도의 복음을 땅 끝까지 전하시려는 크고 위대한 계획을 가지고 계십니다. 그 계획을 이루는 하나님의 방법은 그분의 아들에게 주셔서 증인으로 삼으신 사람들을 통해서 하시는 것입니다. 이들이 다른 사람들에게 나아가 전하면, 그들은 또 다른 사람들을 가르치게 됩니다.

이와 같이 부르심을 입은 사람들은

- 경건한 사람과 동행함으로써 훈련받고,
- 하나님의 인도하심에 열린 마음으로 따르며,
- 그리스도의 주재권에 헌신되어,
- 복음을 전하는 일에 자기를 드리는 자입니다.

이 계획은 오늘날에도 계속 수행되고 있습니다. 하나님께서 우리 모두에게 이 방대한 계획 곧 그리스도의 지상사명 가운데 참여할 수 있는 즐거움을 주시기를 바랍니다.

11

베드로의 선교 보고

유대인의 사고방식으로 볼 때 베드로는 세 가지 용서받을 수 없는 죄를 범했습니다. 이방인의 집에 들어갔을 뿐만 아니라, 그들과 함께 음식을 먹었고, 한술 더 떠서 이방인의 무리가 교회에 들어오도록 세례를 주었다는 사실입니다. 유대의 그리스도인들은 이방인들이 할례도 받지 않은 채로 세례를 받게 된 것 때문에 모욕감을 느꼈습니다. 유대인들이 볼 때 그 같은 행동은 하나님께 대한 모독이며 성경과 그들의 민족 역사로부터도 이탈된 것이었습니다.

베드로는 자기가 행한 일에 대하여 그들이 이해할 수 있도록 돕기 위해서 "저희에게 이 일을 차례로 설명"했습니다(사도행전 11:4). 그는 욥바에서 환상을 본 일로부터 시작해서 하나님께서 어떻게 가이사랴로 인도하셔서 고넬료를 만나게 되었는가를 자세히 설명했습니다.

"그(고넬료)가 우리에게 말하기를, '천사가 내 집에 서서 말하되, "네가 사람을 욥바에 보내어 베드로라 하는 시몬을 청하라. 그가 너와 네 온 집의 구원 얻을 말씀을 네게 이르리라" 함을 보았다' 하거늘, 내가 말을 시작할 때에 성령이 저희에게 임하시기를 처음 우리에게 하신 것과 같이 하는지라, 내가 주의 말씀에, '요한은 물로 세례 주었으나 너희는 성령으로 세례 받으리라' 하신 것이 생각났노라. 그런즉 하나님이 우리가 주 예수 그리스도를 믿을 때에 주신 것과 같은 선물을 저희에게도 주셨으니, 내가 누구관대 하나님을 능히 막겠느냐?" 하더라. 저희가 이 말을 듣고 잠잠하여 하나님께 영광을 돌려 가로되, "그러면 하나님께서 이방인에게도 생명 얻는 회개를 주셨도다" 하니라. (사도행전 11:13-18)

유대인들은 자신들이 오순절 날에 성령을 받았던 것과 같은 방법으로 이방인들도 성령을 받았다는 말을 듣고는 확신을 하게 되었습니다. 이방인들을 하나님의 나라로 인도해 들이기까지는 길고도 힘든 투쟁이 있었습니다. 그러나 주님께서는 그날 또다시 승리를 거두셨습니다. 하나님의 '제사장 나라'(출애굽기 19:6 참조)가 마침내 활동을 개시했습니다. 그 일은 잠시 동안에 일어났지만 그 과정은 때때로 느리게 전개됩니다.

내가 살고 있는 콜로라도스프링스에서는 봄이 여름으로 바뀌는 데 오랜 기간이 걸립니다. 6월에도 예기치 않던 폭설이 거칠게 퍼부어서 여름이 오는 것을 방해하는 일이 있습니다. 잠깐 동안 햇볕이 비추어 날씨가 따뜻해지는가 싶다가는 어느새 북풍이 맹렬하게 불어 닥쳐 우리는 다투어 외투를 꺼내 입어야 합니다. 이런 일이 일어날 때는 마치 여름다운 진짜 여름은 영영 오지 않을 것같이 보입니다. 이 도시 외곽에 우뚝 솟아 있는 파이크피크 산 정상을 바라보면 거대한 국자로 방금 아이스크림을 떠서 정상에 뒤집어 씌워 놓은 듯한 모습에 또 한 번 겨울을 느끼곤 합니다. 그러나 서서히 눈이 녹으면서 결국 따뜻한 미풍이 대기 안으로 충만하게 들어옵니다. 마침내 여름은 찾아오지만, 언제나 투쟁 끝에 오는 것입니다.

하나님과 하나님의 백성들에게도 마찬가지입니다. 오랜 세월이 흐른 후에 마침내 하나님께서 그 백성들이 올바른 방향으로 들어서게 하심으로 그들은 이방인들도 유대인과 마찬가지로 하나님의 나라에 들어오도록 환영을 받았다는 사실을 이해하게 된 것입니다. 몇 가지 작은 실패에도 불구하고 교회는 이방인 세계에 활발히 증거하기 시작했습니다.

> 때에 스데반의 일로 일어난 환난을 인하여 흩어진 자들이 베니게와 구브로와 안디옥까지 이르러 도를 유대인에게만 전하는데, 그중에 구브로와 구레네 몇 사람이 안디옥에 이르러 헬라인에게도 말하여 주 예수를 전파하니, 주의 손이 그들과 함께하시매 수다한 사람이 믿고 주께 돌아오더라. 예루살렘 교회가 이 사람들의 소문을 듣고 바나바를 안디옥까지 보내니, 저가 이르러 하나님의 은혜를 보고 기뻐하여 모든 사람에게 굳은 마음으로 주께 붙어 있으라 권하니, 바나바는 착한 사람이요 성령과 믿음이 충만한 자라. 이에 큰 무리가 주께 더하더라. 바

나바가 사울을 찾으러 다소에 가서 만나매 안디옥에 데리고 와서 둘이 교회에 일 년간 모여 있어 큰 무리를 가르쳤고, 제자들이 안디옥에서 비로소 그리스도인이라 일컬음을 받게 되었더라. (사도행전 11:19-26)

오순절 날 각국에서 온 많은 사람들이 복음을 들었습니다. 구레네에서 온 사람들도 그 자리에 있었고, 그들 중 몇 명이 이 복된 소식을 이방인들에게 나누기 시작했을 가능성이 매우 큽니다. 하나님께서 이들의 사역을 축복하셨습니다. 이들이 교회의 지도자들이 아니었다는 사실을 기억하기 바랍니다. 사도들에게 훈련받은 일꾼들이었을 뿐입니다. 그들은 사도가 아니었지만, 삶의 모습은 사도들과 놀라우리만큼 닮았습니다. 우리는 영적으로 우리와 같은 종류의 사람을 재생산하게 됩니다. 이것이 바로 사도행전 11장에 기록되어 있는 사건 가운데 일어났던 일입니다. 그들은 주 예수 그리스도 안에 있는 새로운 삶을 전파했습니다. 그 결과는? "주의 손이 그들과 함께하시매 수다한 사람이 믿고 주께 돌아오더라"(21절). 귀에 익은 말이 아닙니까? 사도들은 그들이 해야 할 일 즉, 이러한 일꾼들을 효과적으로 훈련시키는 일을 다 해냈습니다. 주님께서 이런 일꾼들을 인도해 들이신 그 도시에 대하여 알아봅시다. 안디옥은 다음과 같이 알려져 있습니다.

로마제국 제3의 대도시. 인구 500,000명. 로마와 알렉산드리아 다음이었다. 동방 대로들에 이르는 지중해의 관문이었다. 예루살렘의 북쪽 480km에 있었다. '동방의 여왕,' '아름다운

> 안디옥' 등으로 불리었다. '로마의 부귀, 헬라의 아름다움, 동방의 사치'로 장식되어 있었다. 아스다롯의 숭배로 인하여 그 도시는 부도덕한 행위가 횡행하고 있었다. 그럼에도 불구하고 많은 사람들이 그리스도를 받아들였다. 여기에서 '그리스도인'이란 이름이 생겼고, 세계를 기독교화하기 위해 조직적인 노력을 시도하는 중심지가 되었다.[1]

하나님께서는 이 선교사들을 왜 그와 같은 곳으로 보내셨겠습니까? 전도하기가 더 쉽고 이 연약한 일꾼들을 보다 부드럽게 훈련시킬 수 있는 도시들도 있었습니다. 왜 하필 안디옥이었겠습니까? 부도덕한 이교도들보다 복음을 들을 필요가 더한 사람이 누가 있었겠습니까? 또한 이 제자들이 이와 같은 환경 가운데서 성공했다고 하면 복음은 어떤 곳에서든지 형통할 수 있다는 확증을 모든 사람에게 분명히 보여 주는 산 예가 될 것입니다.

그리스도를 나타냄

오늘날 그런 도시에 그리스도를 나타내려면 어떤 일들이 필요하겠습니까? 그 당시에 필요로 했던 바와 똑같은 요소가 있어야 합니다. 즉 그리스도에 대한 분명한 복음과 예수님께서 그 제자들에게 요구하셨던 것과 같은 속성이 그 삶에 나타나는 증인들입니다. 그중 세 가지를 살펴보기로 합시다.

첫 번째로 필요한 것은 사람 낚는 어부가 되는 것입니다. 예수님께서는 "나를 따라오너라. 내가 너희로 사람을 낚는 어부가 되게 하리라"(마태복음 4:19)고 말씀하셨습니다. 나는 문자 그대로의 어부는 아니기 때문에, 호숫가에 서서 혹은 배 안에 앉아서 고기잡이 하고자 하는 생각은 내게 전혀 매력이 없습니다. 하지만 내 아들 랜디는 상당한 낚시꾼 축에 듭니다. 그를 가만히 보고 있노라면 훌륭한 낚시꾼이 되기 위하여 어떤 것이 필요한지를 알 수 있습니다.

그는 대개 네비게이토의 수양회 센터에서 협곡을 따라 한참 위로 올라간 곳에 위치해 있는 이글 호수에서 낚시를 합니다. 아내와 나는 언제 한번 랜디가 낚시질 가는 날을 기하여 정오쯤에 점심 도시락을 싸가지고 소풍을 갈까 합니다. 랜디는 친구 한 사람과 꼭두새벽에 출발하는데 그렇게 가야 아침 낚시를 할 수 있습니다. 그들은 간절한 기대와 큰 확신으로 부푼 가슴을 안고 출발합니다. 그들은 무지개송어를 많이 잡아서 점심 요리를 해 먹을 희망에 부풀어 있습니다. 일단 호숫가에 도착하기만 하면 그때부터는 많은 기술과 인내가 필요합니다.

이 두 가지 자질은 사람을 낚는 일에 무엇이 필요한지 선명하게 보여 주고 있습니다. 효과적으로 사람을 낚는 사람의 특징은 기대, 믿음, 희망, 인내, 그리고 몇 가지 비결의 터득 등이 있습니다. 어부와 마찬가지로, 사람 낚는 어부도 무언가 잡으려면 우선 낚시질에 나서야 합니다. 사람을 낚으러 나간다고 항상 월척 같은 사람만을 낚는 것은 아니지만, 낚시질을 나서지 않으면 한 사람도 낚지 못합니다. 고기를 낚을 때는 고기가 있는 곳에 가서 바늘에 미끼를 꿰어 던져야 하는 것처럼, 사람을 낚으려면 사람들에게로 가서 복음을 나누어야 합니다.

여기에서 기술 문제가 대두됩니다. 훌륭한 어부라면 호수에 풍덩 뛰어들어가서 물고기를 쫓아다니며 붙잡아서 그 입에 미끼를 강제로 집어넣으려고 하지는 않을 것입니다. 어부는 고기를 이끌 수 있는 미끼를 던져 놓고 까딱까딱 움직여서 마침내 물도록 만듭니다. 우리는 그리스도를 믿지 않는 친구들이 어떤 일에 관심을 가지고 있는가를 알아내어 그것에 관심을 집중해야 합니다. 예수님의 경우, 그 한 가지 예는 우물가의 여인과 대화를 하실 때 물에 대하여 하신 말씀이었습니다. 빌립의 경우, 그것은 에디오피아 내시가 읽고 있던 글에 대한 질문이었습니다. 간단하고 자연스러운 한마디의 말 또는 질문이 전도의 문을 열어 주는 일은 종종 있습니다.

유고슬라비아를 여행할 때 베네수엘라에서 온 한 가족을 만난 적이 있습니다. 점심을 들면서 잠깐 환담을 나눈 것이 계기가 되어 그 부인이 내 아내 버지니아와 얘기를 좀 나눌 수 없겠느냐고 요청을 해왔습니다. 그날 오후 두 사람이 자리를 같이하여 두 시간 동안이나 서로 대화를 나누며 믿음에 대하여, 또 그리스도를 개인적으로 안다는 것이 무슨 뜻인지를 이야기했습니다. 아들 랜디도 그녀의 남편과 한 시간이 넘도록 함께 앉아서 복음을 비롯한 많은 이야기들을 나누었습니다. 솔직히 이 모든 일들이 너무나 자연스럽게 이루어져서 그 일이 일어난 정확한 순서를 꼬집어 말할 수는 없습니다. 그러나 아내와 아들 곧 두 어부는 깨어 있었기 때문에 주님께서 그들에게 주신 기회들을 이용할 수가 있었던 것입니다.

우리는 복된 소식을 널리 전파하라고 부르심을 받았지 그저 보호하라고 부르심을 받지는 않았습니다. 우리가 그리스도를 따른다면 주님께서 사람 낚는 일을 하셨으므로 우리도 그 일을 해야 합니다. 스펄전은 "진정한 회심의 모습은 초신자들이 다른 사람들을 회심하도록 도와주려고 할 때 가장 잘 나타난다"고 말한 바 있습니다. 우리는 그리스도를 따르기 위해서는 기도와 성경 읽기, 경건의 시간을 갖기만 하면 된다고 생각하는 때가 가끔 있습니다. 물론 이런 것들은 필요합니다. 그러나 그 말에는 또한 사람을 낚아야 한다는 의미도 들어 있습니다.

토머스 구드리의 말을 들어 봅시다. "나는 여러분의 기도 모임을 좋아합니다. 이런 모임은 아무리 자주 가져도 지나치다고는 말할 수 없습니다. 그러나 나는 지옥의 심연으로부터 구원받은 사람이 반석 위에 무릎 꿇고 앉아서 자기 자신의 구원만을 하나님께 감사하고 있는 모습보다는 죽음의 소용돌이 속에서 몸부림치고 있는 다른 사람들에게 구명줄을 던져 주는 모습을 더 보고 싶습니다. 하나님께서는 다른 사람을 위한 행동을, 구원받은 영혼이 하나님께 드릴 수 있는 최고의 감사의 표현으로 받으실 것이라고 믿습니다."

우리의 삶의 특징이 되어야 할 두 번째 필요 또는 자질은 소금입니다. 예수님께서는 이렇게 말씀하셨습니다. "너희는 세상의 소금이니 소금이 만일 그 맛을 잃으면 무엇으로 짜게 하리요. 후에는 아무 쓸데없어 다만 밖에 버리워 사람에게 밟힐 뿐이니라"(마태복음 5:13). 이 말씀의 의미는 무엇입니까?

소금을 생각할 때 마음에 먼저 떠오르는 것은 아마도 목마르게 한다는 사실일 것입니다. 아내는 팝콘을 좋아하는데, 이걸 한 사발 먹고 나면 으레 마실 것을 찾습니다. 짭짤한 팝콘은 갈증을 일으킵니다. 이제 이것을 요한계시록 21:6에 비추어서 생각해 보십시오. "이루었도다. 나는 알파와 오메가요, 처음과 나중이라. 내가 생명수 샘물로 목마른 자에게 값없이 주리니."

요한은 또다시 이렇게 기록했습니다. "성령과 신부가 말씀하시기를 '오라' 하시는도다. 듣는 자도 오라 할 것이요, 목마른 자도 올 것이요, 또 원하는 자는 값없이 생명수를 받으라 하시더라"(요한계시록 22:17). 예수님께서는 '목마른' 자들에게 말씀하고 계십니다. 옛 속담에도 '말을 물가에까지 끌고 갈 수는 있어도 억지로 마시게 할 수는 없다'는 말이 있는데 옳은 말입니다. 그러나 만약 말이 목마르다면 아무 문제 될 것이 없습니다. 물통에 주둥이를 들이대고 허겁지겁 마실 것입니다. 그리스도인으로서 우리가 할 일은 세상에 소금이 되어 사람들로 하나님을 목말라 찾도록 만드는 일입니다.

소금 병을 비움

소금이 병 속에만 있으면 아무 소용이 없습니다. 물론 짠 물질이긴 하나 그 안에 그대로 있는 한 짜게 할 수가 없습니다. 그 역할을 다하려면 뿌려져야 합니다. 우리가 할 일도 그리스도의 복음을 가지고 사회로 스며드는 일입니다. 때로 우리의 가장 큰 문제가 바로 병 안에 갇혀 있는 이 소금처럼 될 때가 너무나 많다는 사실인데, 우리는 배타적인 교제 가운데서 다른 그리스도인들과만 밀착되어 세상에서는 고립된 채로 남아 있을 수가 있는 것입니다.

그러나 예수님께서는 그런 식으로 사시지 않았습니다. "모든 세리와 죄인들이 말씀을 들으러 가까이 나아오니 바리새인과 서기관들이 원망하여 가로되, '이 사람이 죄인을 영접하고 음식을 같이 먹는다' 하더라"(누가복음 15:1-2). 그리스도께서는 승천하시기 직전 제자들에게 이렇게 명령하셨습니다. "너희는 온 천하에 다니며 만민에게 복음을 전파하라"(마가복음 16:15). 이 말씀에서 '온 천하에 다니며'라는 말은 '온 세상 속으로 들어가서'(KJV, NASB, NIV)라는 말입니다. 우리는 그리스도께서 우리에게 주신 명령 가운데 '속으로'라는 단어의 중요한 의미를 간과해서는 안 됩니다. 우리에게는 고립이 되어 접촉을 하지 못할 위험이 있습니다. 또 다른 위험도 있습니다. 소금이 그 효력을 발생하기 위해서는 그 고유의 짠 맛을 내야 합니다. 예수님께서도 "소금이 좋은 것이나 소금도 만일 그 맛을 잃었으면 무엇으로 짜게 하리요? 땅에도 거름에도 쓸데없어 내어버리느니라. 들을 귀가 있는 자는 들을지어다"(누가복음 14:34-35)라고 가르치셨습니다.

증인의 삶 가운데는 구원받은 변화가 뚜렷해야 합니다. 종교가 주는 순한 약 한 첩은 거의 아무 가치가 없습니다. 우리 안에서 사시는 그리스도의 생명은 개인적인 거룩함과 순결을 가져다줍니다. 우리는 세상에 살기는 하지만 세상에 속하지는 않았습니다. 그러므로 우리가 세상 속으로 퍼져 들어가야 하지만 우리 주위에 있는 세상 사람들과는 분명히 달라야 합니다. 우리가 만약 세상과 접촉도 하지 않고, 따뜻하긴 하지만 고립되어 있는 그리스도인의 교제 가운데로 물러가서 안정만을 구하고 있다면, 우리는 현대판 은둔자가 되어 버릴 것입니다. 우리는 세상 속으로 들어가서 사람들과 함께 섞여 살면서 우리 주위에 있는 사람들 가운데서 하나님께 대한 갈증을 일으키도록 만들어야 합니다.

우리의 삶의 특징이 되어야 할 세 번째 자질은 빛입니다. "너희는 세상의 빛이라. 산 위에 있는 동네가 숨기우지 못할 것이요, 사람이 등불을 켜서 말 아래 두지 아니하고 등경 위에 두나니, 이러므로 집 안 모든 사람에게 비취느니라. 이같이 너희 빛을 사람 앞에 비취게 하여 저희로 너희 착한 행실을 보고 하늘에 계신 너희 아버지께 영광을 돌리게 하라"(마태복음 5:14-16). 이 빛은 우리의 삶과 우리가 전하는 메시지로 이 세상에 퍼져야 합니다. 예수님께서 사람들이 우리의 착한 행실을 본다고 말씀하신 것은 우리의 삶을 이야기하신 것입니다.

바울도 우리가 전하는 메시지에 대하여 기록하고 있습니다.

그중에 이 세상 신이 믿지 아니하는 자들의 마음을 혼미케 하여 그리스도의 영광의 복음의 광채가 비취지 못하게 함이니 그리스도는 하나님의 형상이니라. 우리가 우리를 전파하는 것이 아니라 오직 그리스도 예수의 주 되신 것과, 또 예수를 위하여 우리가 너희의 종 된 것을 전파함이라. 어두운 데서 빛이 비취리라 하시던 그 하나님께서 예수 그리스도의 얼굴에 있는 하나님의 영광을 아는 빛을 우리 마음에 비취셨느니라. (고린도후서 4:4-6)

이렇게 말하는 사람들도 있다는 것을 압니다. "그렇지만 아무것도 아닌 제가 무엇을 할 수 있겠습니까! 제가 큰 부자거나, 높은 지위에 있거나, 재능이 많다면, 다른 사람들이 제 말을 들을지 모르겠지만 말입니다." 그런 게 문제가 아닙니다. 은행 계좌에 돈이 얼마나 들어 있든지, 자기가 가진 권력이나 명성이 어느 정도 되든지 염려하지 마십시오. 단순히 예수 그리스도께서 당신의 삶 속에서, 그리고 당신의 삶을 통하여 자신을 나타내 보이실 수 있도록만 해드린다면, 당신은 하나님의 나라에서 큰 자가 될 것입니다.

한번은 재향 군인 병원에 입원 중인 어느 젊은이를 방문해 주길 부탁하는 편지를 받은 일이 있습니다. 내 친구 몇이, 지뢰 폭발로 중상을 입고서 고생하고 있는 이 젊은이를 방문한 후였습니다. 이 사고로 그는 두 다리와, 한 팔, 턱, 그리고 한쪽 눈을 잃었습니다. 그러나 그는 매일같이 침대에서 몸을 굴리다시피 하여 내려와서 휠체어를 타고 병실을 여기저기 방문하면서 사람들에게 예수 그리스도를 전하고 있었습니다. 그가 설명하는 말을 들어 보면, '환자들이 너무나 실망하지 않도록 돕기 위해서' 그렇게 노력한다는 것이었습니다. 그리하여 오늘날 우리들 가운데 어떤 사람들이 편하게 앉아서 좀 더 많은 부와 명성과 좀 더 나은 지위 타령을 하고 있는 동안에도, 이 젊은이는 여전히 충성스럽게 복음을 전하고 있을 것임에 틀림없습니다.

글렌에리 수양회의 어느 강사로부터 들은 또 다른 이야기는 그리스도를 열심히 전파하고 있는 어떤 부인의 경우인데, 이 부인은 이상한 병에 걸려서 한쪽 다리를 잃고, 이어서 다른 쪽마저 잃어버렸습니다. 이렇게 되자 그녀는 편지로 친구들에게 복음을 전하기 시작했습니다. 얼마 후 그녀의 오른쪽 팔도 마비되었습니다. 이번에는 왼손 글씨를 연습해서 편지로 복음을 전하는 일을 계속하다가 마침내 왼쪽 팔마저 마비되었습니다. 그러자 그녀는 펜을 이빨로 물고 글씨를 쓰는 연습을 하기 시작했습니다. 변함없이 계속 복음을 전하고 있는 그녀는 이 어두운 세상에 밝은 빛이 되고 있습니다.

사도행전 11:20에 소개되고 있는 믿는 무리들도 세상에 빛을 비추고 있었습니다. 사도들은 이 무리들의 노력을 듣고 즉시 몇 사람의 조력자를 파송했습니다. 바나바를 보내기로 결정했을 때 그보다 더 적임자는 없었습니다. 예루살렘에 있는 성도들은 그를 크게 신뢰했습니다. 그들은 모두 바나바의 후한 연보의 덕을 본 사람들이었습니다. 한편 그는 안디옥의 사역에 매우 적절한 인물이기도 했습니다. 그의 집이 있었던 구브로가 거기에서 약 100km밖에 안 떨어져 있었기 때문에 그는 그 지역을 잘 알고 있었습니다. "저가 이르러 하나님의 은혜를 보고 기뻐하여 모든 사람에게 굳은 마음으로 주께 붙어 있으라 권하니, 바나바는 착한 사람이요 성령과 믿음이 충만한 자라. 이에 큰 무리가 주께 더하더라"(사도행전 11:23-24).

하나님의 능력으로 보호하심을 입음

바나바는 "모든 사람에게 굳은 마음으로 주께 붙어 있으라고 권했습니다"(사도행전 11:23). 이 말은 한 가지 재미있는 의문을 불러일으킵니다. 우리가 주님께 붙어 있습니까, 주님께서 우리를 붙들고 계십니까? 우리가 주님 곁에 머물러 있어야 할 책임이 있습니까, 아니면 주님께서 우리를 그 곁에 보호해 주실 책임이 있습니까? 이 문제에 대하여 성경은 어떻게 가르쳐 주고 있습니까?

베드로의 기록을 살펴봅시다. "찬송하리로다. 우리 주 예수 그리스도의 아버지 하나님께서 그 많으신 긍휼대로 예수 그리스도의 죽은 자 가운데서 부활하심으로 말미암아 우리를 거듭나게 하사 산 소망이 있게 하시며, 썩지 않고 더럽지 않고 쇠하지 아니하는 기업을 잇게 하시나니, 곧 너희를 위하여 하늘에 간직하신 것이라. 너희가 말세에 나타내기로 예비하신 구원을 얻기 위하여 믿음으로 말미암아 하나님의 능력으로 보호하심을 입었나니"(베드로전서 1:3-5).

베드로의 말대로라면 우리가 하나님의 능력으로 보호하심을 입은 것입니다. 그러나 유다는 기록하기를, "사랑하는 자들아, 너희는 너희의 지극히 거룩한 믿음 위에 자기를 건축하며, 성령으로 기도하며, 하나님의 사랑 안에서 자기를 지키며, 영생에 이르도록 우리 주 예수 그리스도의 긍휼을 기다리라"(유다서 20-21)고 했습니다.

하나님께서 그 사랑 가운데서 우리를 지켜 주십니까, 아니면 우리가 하나님의 사랑 안에서 스스로를 지켜야 합니까? 양편 다 옳은 대답입니다. 이 두 구절은 그리스도인의 믿음에 있어서 가장 중요한 두 가지 면인 관계와 교제에 대해 다루고 있습니다. 우리가 그리스도와 맺어져 있는 관계는 결코 깨어지지 않지만, 그리스도와의 교제는 깨어질 수 있기 때문에 우리는 매일 그분과의 교제를 유지해야 합니다. 이 두 단어를 좀 더 자세히 살펴보기로 합시다.

그리스도와의 관계

우리는 영적으로 거듭남으로써 하나님의 가족의 일원이 되었습니다. 요한의 기록을 보면, "영접하는 자, 곧 그 이름을 믿는 자들에게는 하나님의 자녀가 되는 권세를 주셨으니, 이는 혈통으로나 육정으로나 사람의 뜻으로 나지 아니하고 오직 하나님께로서 난 자들이니라"(요한복음 1:12-13)고 했습니다. 개인적으로 그리스도를 영접했다면 나는 하나님의 자녀가 되었고 그리스도께서 내 안에 거하십니다. 그리스도를 영접한 순간 나는 영생의 선물을 받았습니다. 예수님께서도 말씀하셨습니다. "내가 저희에게 영생을 주노니 영원히 멸망치 아니할 터이요, 또 저희를 내 손에서 빼앗을 자가 없느니라"(요한복음 10:28). 바울도 "그런즉 누구든지 그리스도 안에 있으면 새로운 피조물이라. 이전 것은 지나갔으니, 보라, 새것이 되었도다"(고린도후서 5:17)라고 기록했습니다. 그리스도를 개인적으로 영접한 사람들은 이제 '그리스도 안에' 삽니다. 그러나 우리가 처음부터 그렇게 된 것은 아닙니다. 우리는 한때 '아담 안에' 있었습니다. 고린도 교인들에게 보낸 바울의 서신 가운데는 "사망이 사람으로 말미암았으니 죽은 자의 부활도 사람으로 말미암는도다. 아담 안에서 모든 사람이 죽은 것같이 그리스도 안에서 모든 사람이 삶을 얻으리라"(고린도전서 15:21-22)라고 되어 있습니다.

아담이 범죄하고 사망에 빠졌을 때, 우리 모두도 그와 함께 빠진 바 되었습니다. 아담이 죽었을 때, 우리 모두도 죽었습니다. 아담이 하나님으로부터 분리되었을 때에, 우리 모든 사람도 하나님으로부터 분리되었습니다. 그러나 그리스도를 영접한 후로 나는 나의 충성을 그리스도께 바쳤고, '그리스도 안에' 있습니다. 이제 나는 그리스도께서 안전하신 만큼이나 안전하기 때문에 이 사실은 큰 위로가 됩니다. 예수님께서 아버지와 조화 가운데 사시는 한 나도 하나님과의 안전한 관계 안에서 보호받습니다. 그러므로 바울도 기록하기를, "또 함께 일으키사 그리스도 예수 안에서 함께 하늘에 앉히시니, 이는 그리스도 예수 안에서 우리에게 자비하심으로써 그 은혜의 지극히 풍성함을 오는 여러 세대에 나타내려 하심이니라"(에베소서 2:6-7)고 했습니다. 그리스도인인 나의 안전은 내 감정에 달려 있지 않고 그리스도께 달려 있습니다.

그리스도와의 교제

한편 교제는 이와는 다른 문제입니다. 이것이 바로 바나바가 안디옥에 있는 그리스도인들에게 말하고 있던 문제입니다. 우리에게는 매일 주님과 동행할 개인적인 책임이 있고, 그 방법과 동기는 주님께서 주십니다. 성령께서 우리를 격려해 주시고 우리로 그 길을 걸을 수 있도록 도와주십니다. 그러나 하나님께서는 우리에게 기도를 강요하시거나 강제로 말씀을 읽으라고 하지는 않으십니다. 주님께서는 단지 "내게 부르짖으라. 내가 네게 응답하겠고, 네가 알지 못하는 크고 비밀한 일을 네게 보이리라"(예레미야 33:3)고 말씀하셨을 뿐이며, "땅이여, 땅이여, 땅이여, 여호와의 말을 들을지니라"(예레미야 22:29)고 하시면서 우리를 초대하고 계십니다. 그러므로 주님께로 가서 주님의 말씀을 듣는 것은 우리의 책임입니다. 시편 기자도 "내가 내 행위를 생각하고 주의 증거로 내 발을 돌이켰사오며, 주의 계명을 지키기에 신속히 하고 지체치 아니하였나이다"(시편 119:59-60)라고 기록했습니다. 우리는 하나님의 명령에 순종하지 않으면 안 됩니다.

나는 언젠가 인도네시아의 반둥에 있는 어느 대학교에서 학생들과 이러한 내용을 가지고 토론한 적이 있습니다. 복음을 다 전하고 나자 어느 학생이 예수 그리스도를 믿기로 작정하고 난 다음에 죄를 지으면 어떤 일이 일어나느냐고 물어 왔습니다. "그렇게 되면 저는 그리스도를 다시 영접해야 합니까?" 마침 내 딸이 나와 함께 여행을 하고 있던 터라, 나는 딸을 예로 들어 가리키면서 그 질문에 대한 대답을 해주었습니다. 베키가 우리 집에 태어난 이래로 우리와의 관계는 전혀 변하지 않았습니다. 베키는 항상 내 딸이었습니다. 아버지와 딸이라는 우리의 관계는 베키가 태어난 날로부터 시작되어 변할 수가 없지만, 만약 베키가 내게 불순종하게 되면 우리의 교제는 악화되고 긴장 상태에 빠지게 되어 베키가 내게 와서 사과를 하고 교제를 다시 정상화시켜야 회복되는 것입니다.

주님과 우리의 관계에 있어서도 마찬가지입니다. 관계는 좋을 때도 있고 나쁠 때도 있습니다. 좋든 나쁘든 나는 여전히 주님의 자녀임이 틀림없습니다. 우리의 교제는 깨질 수도 있지만 우리의 관계는 변할 수가 없습니다. 하나님과 우리의 교제가 깨어졌을 때는 죄를 자백하고 버리며 깨끗케 하심과 용서를 받아야 하는 모든 일은 내게 달려 있습니다. "만일 우리가 우리 죄를 자백하면, 저는 미쁘시고 의로우사 우리 죄를 사하시며 모든 불의에서 우리를 깨끗케 하실 것이요"(요한일서 1:9).

권위자(勸慰子) 바나바

하나님께서 안디옥의 선교를 축복해 주셔서 수많은 무리들이 주님을 믿게 되었습니다. 바나바는 이 어린 신자들을 믿음 안에 세워 주기 위하여 도움이 필요했습니다. "바나바가 사울을 찾으러 다소에 가서 만나매 안디옥에 데리고 와서 둘이 교회에 일 년간 모여 있어 큰 무리를 가르쳤고, 제자들이 안디옥에서 비로소 그리스도인이라 일컬음을 받게 되었더라"(사도행전 11:25-26). 바나바는 온유하고 너그러운 사람이었습니다. 그 이름 자체가 '권위자(勸慰子)' 곧 '권위(격려, 위로)의 아들'이라는 뜻이었습니다. 그는 인정, 열정, 영감, 위로, 격려로 충만한 사람이었으며, 온유한 마음으로 진리를 지키고 그 진리를 온유하게 가르쳤습니다. 한마디로 사랑과 은혜의 격려자였습니다. 그러나 이제 그의 사역을 강화시키고 보완하기 위하여 훈련의 또 다른 요소가 필요한 시기가 왔습니다. 그에게는 열정과 논리적 사고력 및 분석적인 머리로 믿음의 위대한 교리들을 제자들에게 가르치고 훈련시킬 수 있는 동역자가 필요했습니다. 그리하여 바나바와 바울은 안디옥에서 한 팀을 이루게 되었습니다.

바나바가 사울과 함께 기꺼이 일하기로 한 태도에도 그의 삶 가운데 몇 가지 존경할 만한 성품이 있는 것을 알게 됩니다. 그는 자신에게도 도움이 필요하다는 것을 알 만큼 매우 겸손한 사람이었습니다. 그는 자기를 위대한 지도자로 존경하는 무리들을 자기 주위에 끌어 모으고, 자기 손으로 거대한 건물을 짓는 일에 관심을 두지는 않았습니다. 그는 자신의 한계점을 알고 있었으며, 그것을 자연스럽게 인정한 사람이었습니다. 바나바와 같은 사람은 선교 사역의 큰 재산이며 사울과 같은 대조적인 사람과 팀을 이루었을 때에는 그 효과가 배가됩니다.

여기에 지도자에 대한 위대한 원리가 있습니다. 지도자는 자기와 생각이 비슷한 친구들, 즉 하는 일이나 사고방식, 또는 행동하는 모양이 자기와 흡사한 사람들만을 불러 모으는 것을 피해야 합니다. 지도자는 자신의 은사와 능력을 보완해 줄 사람들을 불러 모을 필요가 있습니다. 이렇게 할 때 그 사역은 깊이가 더해 가고 발전하게 됩니다. 그러나 마귀는 이 전략에 대항을 하고 있는데, 지도자로 하여금 독선적으로 밀고 나가며 자신의 약점과 필요들을 인정하지 않도록 만들려고 애를 쓰고 있습니다. 그러나 마귀가 바나바를 그런 식으로 공격하려 들었더라면 성공하지 못했을 것입니다. 바나바는 자기 자신과 자신의 명성에만 관심을 두지 않고 모든 신자들에게 관심을 가졌기 때문입니다. 바나바의 사랑과 헌신은 한이 없었습니다.

이어서 선지자 아가보를 통하여 예루살렘에 있는 그리스도인들이 당면한 필요에 대한 소식이 알려지게 되었습니다. 하나님께서는 이 선지자에게 예루살렘 지역에 곧 흉년이 들 것을 알려 주셨습니다. "그중에 아가보라 하는 한 사람이 일어나 성령으로 말하되, '천하가 크게 흉년 들리라' 하더니 글라우디오 때에 그렇게 되니라"(사도행전 11:28). 안디옥의 제자들은 즉시 그 힘대로 부조를 보내기로 작정하고 실행했습니다(29-30절).

그들이 왜 이처럼 신속하고도 전심으로 반응을 보였다고 생각하십니까? 안디옥 교회의 그리스도인들이 필요를 느끼고 있었을 때 예루살렘 교회의 그리스도인들도 바나바라는 사람을 파송하여 그들을 도와주었기 때문입니다. 예루살렘 교회는 안디옥의 그리스도인들에 대한 그들의 사랑을 실증했습니다. 그렇기 때문에 안디옥의 그리스도인들이 예루살렘 교회의 필요를 알았을 때 그들은 당연히 이에 똑같이 응답했던 것입니다. 도움을 받은 사람들은 그 도움을 갚고 싶어 하는 법입니다.

두 번째로, 그들은 선지자를 믿었습니다. 그들이 믿음으로 부조를 한 것을 알 수 있는데, 사실 그 당시로 봐서는 부족한 것이 없었지만, 그들은 곧 흉년이 오리라고 말한 선지자를 믿었습니다. 그래서 그들은 믿음으로 이 일을 실행했습니다. 주님께서는 왜 흉년이 오기 전에 선지자를 통하여 이 일을 알게 해주셨을까요? 흉년에는 먹을 것이 없기 때문입니다. 돈을 먹을 수는 없지만 돈 없이는 식량을 살 수가 없습니다. 그러므로 그들은 돈을 보내어 사람들이 코앞에 닥쳐올 어려움에 대비하여 식량을 미리 구할 수 있도록 했습니다. 하나님께서 그분의 백성들을 두루 살피고 계셨던 것입니다.

요 약

이 제자들이 이방인 세계에 복음을 전하기 시작함으로써 많은 숫자가 가입되었습니다. 하나님께서는 이 제자들을 아래와 같이 사용하셨습니다.

- 사람 낚는 어부 - 빠져 죽어 가는 영혼들에게 구명줄을 던짐.
- 소금 - 이 사회에 스며들어 가서 하나님에 대해 목말라하도록 만듦.
- 빛 - 이 어두운 세상에 그리스도의 복된 소식을 밝힘.

---

1. 할레이 성서핸드북(기독교문사 발행, 1972), p. 614.

12

강인한 믿음과 지도력

하나님께서 그분의 백성들을 보살피며 돌보고 계신 것은 틀림없지만, 그 말은 우리 인생이 장미화원 같다는 말은 아닙니다. 1세기 교회에 있었던 것과 같은 고난은 우리들에게도 똑같이 옵니다.

> 그때에 헤롯 왕이 손을 들어 교회 중 몇 사람을 해하려 하여 요한의 형제 야고보를 칼로 죽이니, 유대인들이 이 일을 기뻐하는 것을 보고 베드로도 잡으려 할새, 때는 무교절일이라. 잡으매 옥에 가두어 군사 넷씩인 네 패에게 맡겨 지키고, 유월절 후에 백성 앞에 끌어내고자 하더라. (사도행전 12:1-4)

그들 가운데서는 동요하거나 실망하는 일이 없었습니다. 하나님께서는 고난과 어려움을 사용하여 제자들을 단련시키셨습니다. 이런 일을 통하여 그들에게는 '강인한 믿음'이 길러졌습니다.

강인한 믿음

몇 년 전 네브래스카 주의 노스플랫 근처에 있는 마라나다 성경캠프에서 여기에 관계되는 좋은 예를 한 가지 본 일이 있습니다. 그때 네비게이토 선교회에서는 월터 헨릭슨 형제의 주재로 훈련 프로그램이 진행 중이었는데, 나는 월터 형제도 만날 겸 참석자들에게 말씀도 전할 겸 그 수양회장을 방문했습니다. 월터와 만나 나무 밑에 앉아 환담을 하고 있는데 갑자기 고막을 찢는 듯한 비명 소리가 조용하던 수양회장을 흔들었습니다. 젊은 형제 한 사람이 잔디 깎는 기계로 잔디를 깎고 있다가 기계에 말려들어 구두와 발이 잘려서 피가 사방으로 튀었습니다. 나는 당황했습니다.

캠프장 내의 스피커에서는 간호사를 찾는 급한 광고가 흘러나왔습니다. 잠시 후 마라나다의 총무인 이반 올슨 목사가 사무실에서 나와 조용히 자기 차에 앉아 시동을 걸었습니다. 그는 다친 형제의 발을 수건으로 감아 묶도록 한 다음 차에 싣고 병원으로 향했습니다. 수양회장 내에서는 제한 속도가 시속 16km이었는데 올슨 목사를 보니 그 속도로 수양회장을 빠져나가고 있었습니다! 나는 그가 조용하고 침착하게 자기 자신과 상황을 제어하고 있는 것을 보았습니다. 몇 시간 후 그는 그 젊은 형제를 다시 캠프로 데리고 왔습니다. 여름이 끝날 무렵 그는 완전히 회복되어서 운동을 할 수가 있었습니다.

내가 깜짝 놀라 당황했던 그 위급한 상황 가운데서도 올슨 목사가 냉정하고 견고한 하나님의 사람으로서 반응을 나타내는 모습은 퍽 인상이 깊었습니다. 차이가 무엇이었겠습니까? 올슨 목사는 햇수로 따져서도 오랫동안 하나님과 동행했고 이런 어려움들을 많이 보아 온 분이었습니다. 하나님께서는 그러한 긴장된 시간들을 사용하셔서 그의 삶 가운데 인내와 하나님께 대한 확고한 신뢰감을 심어 주셨던 것입니다. 그는 견고하고 강인한 믿음의 소유자였습니다.

장교 선발 및 판정소라는 군 기관이 있는데, 여기에 들어오는 사람은 많습니다. 여기서는 모든 지위와 계급에 대한 구별은 다 제쳐놓고, 각 사람을 모두 같은 수준에 두고 다루게 됩니다. 시험 방법은 지식이나 기술을 측정하는 것이 아니라, 각 사람이 예기치 않은 일이나 마음에 들지 않는 상황, 또는 비난이나 위기에 처하여 어떻게 반응을 나타내느냐를 관찰하는 것입니다. 각 사람은 그 잠재적인 지도력을 판정받기 위해서 계속적으로 질문에 답하고, 자세한 점검을 받으며, 시험을 받습니다.

이러한 프로그램이 있다는 말을 들었을 때, 하나님께도 이와 비슷한 프로그램이 있다는 생각이 들었습니다. 신약성경의 기록자들은 우리로 하여금 하나님의 훈련 프로그램에 즐겁게 참여하도록 격려해 주고 있습니다. 야고보는 이렇게 말했습니다. "내 형제들이여, 온갖 종류의 시련과 유혹이 여러분의 삶 가운데로 몰려오더라도 그것을 방해물로 여겨 원망하지 말고 친구처럼 환영하십시오! 그런 것들은 여러분의 믿음을 시험하여 여러분에게 인내심을 길러 주려고 온다는 사실을 깨달아야 합니다. 인내심이 온전히 길러질 때까지 그 과정이 계속되도록 하십시오. 그리하면 여러분은 성숙된 성품을 갖추고, 약점들이 없는 온전한 사람이 될 것입니다"(야고보서 1:2-4 필립스역). 베드로도 기록하기를,

"사랑하는 자들아, 너희를 시련하려고 오는 불 시험을 이상한 일 당하는 것같이 이상히 여기지 말고, 오직 너희가 그리스도의 고난에 참예하는 것으로 즐거워하라. 이는 그의 영광을 나타내실 때에 너희로 즐거워하고 기뻐하게 하려 함이라"(베드로전서 4:12-13)고 했습니다. 우리 믿음은 시험을 받습니다. 올슨 목사는 그날 마라나다에서 있었던 시험에 합격했고 나는 불합격한 것입니다.

영국의 어느 장군은 전쟁을 수행하는 군인에게 첫째로 필요한 자질은 전투 시의 충격과 공포를 이겨 낼 수 있는 배짱이라고 말한 일이 있습니다. 내가 듣기로 어느 나라에서는 산악전에 사용될 새로운 무기를 재미있는 방법으로 검사한다고 합니다. 새로 개발된 기관총을 시험할 때 일단 그 총을 30미터 높이의 탑 꼭대기에서 그 아래 콘크리트 바닥으로 떨어뜨립니다. 그런 실험을 거치고도 실탄이 발사되면 그 다음으로 정확도와 분해 결합의 용이도를 시험합니다. 무엇보다도 먼저 충격 시험에 통과해야만 하는 것은 망가지기 쉬운 무기가 실전에서는 별 가치가 없다는 사실을 알았기 때문입니다. 전투용 무기는 견고해야 하며, 그 파괴력도 평균 이상이어야 합니다. 그리스도인의 삶에 있어서도 우리는 우리에게 닥친 어려운 시험을 하나님의 능력으로 이겨 내지 않으면 안 됩니다.

사도행전 12장에서는 야고보와 베드로 두 사도에 대한 기사가 실려 있는데, 이들은 헤롯의 분노 때문에 고난을 받았습니다.

헤롯은 유대인들에게 인기를 얻기 위하여 사도들을 죽이려는 계책을 생각해 냈습니다. 그는 야고보를 죽였을 때 유대인들이 기뻐하는 것을 보고 베드로도 잡아들였습니다. "이에 베드로는 옥에 갇혔고 교회는 그를 위하여 간절히 하나님께 빌더라"(사도행전 12:5). 모든 권력과 영광을 손에 쥐고 있는 헤롯과 기도하고 있는 일단의 무리들 사이에는 맹렬한 전투가 벌어졌습니다. 그러나 그들은 그저 기도한 것이 아니었습니다. 교회는 간절하고 뜨겁게 기도했습니다. 이런 종류의 기도를 표현하는 데 사용된 단어는 사람이 고문 틀에서 온 몸이 찢길 때 경험하는 것과 같은 극심한 고통을 표현하는 데 쓰이는 단어입니다.

간절한 기도

제자들은 왜 그렇게 간절히 기도했습니까? 몇 가지 이유가 있었을 것입니다. 첫째로, 그들은 불가능한 상황 가운데 처해 있었기 때문입니다. 베드로가 거기에서 도망한다는 것은 물리적으로 불가능했습니다. 이미 탈옥을 했던 사람으로 소문이 나 있었기 때문에 그를 지키기 위해 16명의 경비병들이 배치되어 있었습니다. 당국은 탈옥할 기회를 조금도 주지 않았습니다. 그들이 그처럼 간절히 기도한 두 번째 이유가 될 만한 것은 베드로의 과거에 있었던 일 때문이었습니다. 전에 매우 어려운 시험 가운데서 베드로는 주님을 부인하는 큰 실패를 한 적이 있습니다(누가복음 22:54-62 참조). 그러나 이제 기독교 사회에서 지도자의 위치에 있는 그가 또다시 실패한다면 기독교라는 공동체를 파괴시키는 엄청난 결과를 초래할 수도 있었기 때문에 주님께 매달리는 간절한 기도가 꼭 필요했습니다.

간절한 기도란 어떤 기도입니까? 야고보는 "의인의 간구는 역사하는 힘이 많으니라"(야고보서 5:16)고 했고, 누가는 예수님의 기도를 설명하는 데 같은 의미의 내용을 소개하고 있습니다. "예수께서 **힘쓰고** 애써 **더욱 간절히** 기도하시니 땀이 땅에 떨어지는 핏방울같이 되더라"(누가복음 22:44). 바울도 에바브라가 기도한 태도를 칭찬했습니다. "저가 항상 너희를 위하여 애써 기도하여"(골로새서 4:12). **간절하다**라는 단어의 여러 가지 다른 의미들을 조사해 보면 우리는 평범한 기도와 간절한 기도와의 차이를 많이 찾아낼 것입니다.

노력에 차이가 있습니다. 100미터 육상선수와 공원에서 조깅을 하는 사람은 둘 다 움직인다는 면에서는 같지만 누가 더 큰 노력을 쏟아야 하느냐는 면에서는 아주 다릅니다.

태도에 차이가 있습니다. 매년 한두 주 시간을 내어 산속에 있는 오두막을 수리하는 사람과, 폭설이 닥쳐오거나 늑대와 곰에게 둘러싸이기 전에 오두막의 창문이랑, 문, 지붕을 완성하기 위해 불꽃이 튈 정도로 열심히 작업을 해야 하는 사냥꾼의 경우, 두 사람 다 열심히 일한다는 면에서는 같지만 그 태도에 있어서는 서로 차이가 많이 있습니다.

그 강도에 차이가 있습니다. 엄마가 다섯 살짜리 꼬마에게 침대에서 뛰어내리면 아파트 바로 아래층에 사는 이웃 사람들에게 너무 소란스러우니 그러면 안 된다고 주의를 줍니다. 경찰관이 고층 건물 꼭대기에 서 있는 사람에게 뛰어내리지 못하게 하려고 소리를 지르고 있습니다. 양쪽 다 뛰어내리는 문제에 대한 것이지만 그 결과는 엄청나게 다르며 그 대화의 강도에 있어서는 상당한 차이가 있습니다.

집중도에 차이가 있습니다. 맑고 따뜻하고 바람 없는 날에 일상적인 비행으로 기체를 정상 착륙시키는 조종사와 안개가 자욱한 날 착륙 장치가 고장 난 채 비행기를 착륙시켜야 하는 조종사는 두 사람 다 주의 깊게 조종을 하지만 그 집중도에는 큰 차이가 있습니다.

예루살렘에 있는 교회는 하나님께 간절하고 진지한 기도를 드렸습니다. 하나님께서는 그 기도에 응답하셨습니까? 베드로는 감방 안에서 손톱을 깨물며 왔다 갔다 하면서 믿음을 부인할 것까지도 생각하고 있었습니까? 천만에요! 헤롯이 잡아 내려고 하는 그 전날 밤에 베드로는 두 군사 틈에서 두 쇠사슬에 매여 누워 자고 있었고, 문 밖에서는 파수꾼들이 옥을 지키고 있었습니다(사도행전 12:6). 그때 갑자기 기적이 일어났습니다. 이것은 기도의 응답이었음에 틀림없다고 믿습니다. "홀연히 주의 사자가 곁에 서매 옥중에 광채가 조요하며, 또 베드로의 옆구리를 쳐 깨워 가로되, '급히 일어나라' 하니 쇠사슬이 그 손에서 벗어지더라. 천사가 가로되, '띠를 띠고 신을 들메라' 하거늘 베드로가 그대로 하니, 천사가 또 가로되, '겉옷을 입고 따라오라' 한대"(사도행전 12:7-8).

그 장면을 머릿속에 그려 보십시오. 당신 같으면 어떤 반응을 보이겠습니까? 나는 아마 혼자서 이렇게 중얼거릴 것입니다. "저런! 어떻게 탈옥시키는지도 모르는 사람이 왔구나!" 천사가 베드로를 깨울 때 무슨 일이 일어났는지 잘 살펴보십시오. 첫째로, 감옥 안에 빛이 환하게 비쳤습니다. 둘째로, 베드로에게 묶여 있던 쇠사슬이 벗어져 돌바닥 위로 떨그렁 소리를 내며 떨어졌습니다.

보초들이 잠든 틈을 타서 탈옥하는 사람이 소리를 내며 빛을 비출 수 있겠습니까! 그런 다음에 천사는 베드로에게 겉옷을 입고 신을 들메라고 했습니다.

신약성경에는 신발을 나타내는 데 쓰인 단어가 세 가지 있다는 말을 들은 적이 있습니다. 한 가지는 부자들의 신발을 말할 때 쓰이고, 또 다른 한 가지는 평민들의 신발을 지칭할 때 사용되며, 세 번째는 극빈자들의 신발을 말하고 있습니다. 극빈자들이 신는 신발은 나무로 바닥을 대고 가죽 끈으로 고정시킨 간단한 신발이었습니다. 베드로가 신은 신발도 바로 이런 것이었습니다.

천사가 베드로에게 신발을 들메라고 말한 조금 후에 그들은 딸그락거리는 소리를 내며 감옥을 빠져나갔을 것입니다. 나라면 신발을 벗어 들고 발끝으로 살금살금 도망가겠습니다. 그러나 천사와 베드로는 그런 식으로 떠나지는 않았습니다. 그들은 함께 당당하게 땅을 쿵쿵 밟으며 그곳을 빠져나갔습니다.

베드로는 어떻게 감옥에서 잠을 잘 수 있었다고 생각하십니까? 해답은 인간적인 용기와는 별로 관계가 없고, 하나님 안에 있는 자신의 확신과 밀접한 관련이 있습니다. 그리스도인이 긴장이 쌓인 환경 가운데서 잠을 자는 것을 배우지 못하면 그의 삶 가운데서는 잠을 제대로 잘 수 없는 때가 많을 것입니다. 긴장이 계속될 때 평온을 유지할 수 있다는 것은 우리 자신의 행복을 위해서뿐만 아니라 우리 주위 사람들의 행복을 위해서도 중요합니다. 우리는 어려운 시기에 우리의 믿음을 가장 잘 전달해 줄 수 있습니다.

아내와 내가 네비게이토 사역을 시작하기 위해서 중서부로 갔을 때 우리 집에 실제로 돈이 떨어진 적이 한두 번이 아니었습니다. 나는 대개 우리 집에서 함께 살며 제자 훈련을 받고 있는 형제들에게 한 사람씩 우리 가계부 정리를 시켰는데 매월 돌아가면서 이 일을 했습니다. 이렇게 하면 그들 자신이 후에 선교 예산을 세우고 기록하는 책임을 맡게 될 때를 대비해서 훈련과 준비를 할 수 있도록 해줍니다. 월초에 어느 형제가 가계부를 인계받은 날이 생각납니다. 며칠 후 그는 내게 와서 충격을 받은 목소리로 말했습니다. "리로이 선생님, 이제 어떻게 해야 되지요?"

"무엇을 말이야?" 나는 되물었습니다.

"생활비 말입니다." 그는 큰 소리로 말했습니다. "사정이 이렇게 나빠졌으리라고는 생각도 못했어요. 어떻게 하면 좋죠?"

"지금까지 해온 대로 하면 돼. 하나님을 믿어." 이렇게 대답하고 나서 역대하 32:7-8 말씀을 그에게 나누어 주었습니다. "'너희는 마음을 강하게 하며 담대히 하고 앗수르 왕과 그 좇는 온 무리로 인하여 두려워 말며 놀라지 말라. 우리와 함께하는 자가 저와 함께하는 자보다 크니, 저와 함께하는 자는 육신의 팔이요, 우리와 함께하는 자는 우리의 하나님 여호와시라. 반드시 우리를 도우시고 우리를 대신하여 싸우시리라' 하매, 백성이 유다 왕 히스기야의 말로 인하여 안심하니라."

어려울 때도 물론 있겠지만 예수님께서는 이렇게 약속하셨습니다. "이것을 너희에게 이름은 너희로 내 안에서 평안을 누리게 하려 함이라. 세상에서는 너희가 환난을 당하나 담대하라. 내가 세상을 이기었노라"(요한복음 16:33). 하나님께서 우리가 가는 길에 허락하신 모든 것을 감사히, 그리고 기쁘게 받고 꾸준히 우리의 사명을 감당해 나가야 할 것입니다.

베드로는 감옥을 벗어나자마자 기도를 하고 있던 그리스도인들을 만나러 갔습니다. "저희가 문을 열어 베드로를 보고 놀라는지라, 베드로가 저희에게 손짓하여 종용하게 하고, 주께서 자기를 이끌어 옥에서 나오게 하던 일을 말하고, 또 야고보와 형제들에게 이 말을 전하라 하고 떠나 다른 곳으로 가니라"(사도행전 12:16-17). 베드로는 이 그리스도인들을 방문함으로써 그들의 믿음을 강건케 하고 그들의 기도의 삶에 큰 격려를 주게 되었습니다.

이전에 피츠버그 대학교에서 학생 선교를 시작했을 때, 선교를 어떻게 전개해 나갈 것인가에 대하여 몇 가지 방향을 주님께로부터 받은 후, 나는 기도 지원을 요청하기 시작했습니다. 나는 교회들을 차례로 방문하면서 목사님들에게 부탁하여 기도 모임에 참석하여, 몇 분씩 시간을 얻어 하나님께서 우리들을 통하여 하고자 하시는 일을 성도들에게 설명해 주고 이 일을 위한 기도 지원을 요청했습니다. 많은 교회를 방문하면서 우리는 그들의 따뜻한 반응에 격려를 받았으며, 많은 성도들로부터 기도 지원을 약속받았습니다. 우리는 매주 기숙사에서 복음을 전하고, 관심을 보이는 학생들과 만나기로 약속을 하고 만나 그리스도께로 인도하기로 했습니다. 얼마 되지 않아 우리를 위해 기도하고 있던 교회들을 다시 찾아가게 되었을 때에는 새로 믿은 몇 형제를 함께 데리고 갈 수 있었습니다.

그리스도를 갓 믿은 어느 형제와 함께 기도 모임에 참석했던 일이 생각납니다. 목사님이 간증이나 기도 응답 받은 내용을 나누겠느냐고 요청하자, 이 학생이 일어서서 “제가 바로 여러분들의 기도에 대한 응답이라고 생각됩니다”라고 말하고서는 자기의 간증을 이야기했습니다. 그는 시내에 있는 이 교회 저 교회들을 다니면서 하나님을 찾고 있었지만 아무 일도 일어나지 않았습니다. 그러던 어느 날 밤 기숙사 휴게실에 어떤 남자가 와서 구원의 메시지를 설명해 주었는데 이 사람에게는 자기의 의문에 대한 해답이 있었습니다. 그는 주님 앞에서 회개하고 주님을 믿음으로써 그리스도 안에서 새 피조물이 되었습니다. 그는 성도들 모두의 기도에 감사한다고 말하고 자리에 앉았습니다. 회중은 크게 감동했으며, 그런 일이 일어난 것이 처음인 듯 모두 기쁨에 넘쳤습니다. 기도에 대한 응답은 기적을 불러일으키고 우리의 믿음을 튼튼하게 만들어 줍니다.

지도력

베드로는 지도자였으므로 성도들에게 소식을 늘 알려 주는 것은 그의 책임이었습니다. 제2차 세계대전 중 영국의 몽고메리 원수는 중요한 출정을 앞두고는 반드시 취사병까지도 포함해서 전 장병에게 그 전투의 목적을 알려 주었습니다. 이렇게 한 이유는 정보가 높은 사기를 유지하는 데 있어서 핵심적인 한 요인이 되기 때문이었습니다. 아이젠하워 장군도 군의 사기에 지대한 관심을 쏟았던 인물인데, 그는 사기야말로 성공적인 전투에서 가장 중요한 단 한 가지의 요소라고 생각했습니다.

승리한 군대의 사기는 높지만 패배한 군대의 사기는 형편없이 떨어지는 법입니다. 베드로의 탈출은 하나님께는 승리였으며, 대적자들에게는 분통 터질 일이었습니다. 헤롯은 스스로 주님과 그 기름부음 받은 자를 대적했던 것입니다. 베드로로서는 그 하나님의 군대에게 가서 그들이 이겼다는 사실을 알려 주는 것이 중요한 일이었습니다.

예루살렘에 있는 그리스도인들은 전투 중에 있었으며, 그것도 치열한 전투였습니다. 훌륭한 지도자라면 마땅히 그래야 하는 것처럼 베드로도 그들에게 정보를 알려 주었습니다. 백성들이 이 소식을 상세히 알았을 때 그들 자신들이 지도자에게 중요한 존재들이라는 사실을 느꼈습니다.

신중함

베드로는 그리스도인들을 만나고 난 후 그곳을 떠나 몸을 감추었습니다. 성경 안에 있는 위대한 인물들은 믿음과 신중함을 늘 겸하고 있었다는 사실을 알 수 있습니다. 베드로는 방금 감옥을 탈출해 나왔습니다. 당연히 깨어 있어야 했을 경비병들도 깨지 않았고, 닫혀 있어야 할 문도 활짝 열렸습니다. 베드로는 이렇게 말할 수도 있었을 것입니다. “자, 집에 들어가서 마음 놓고 교제를 즐겨야겠다. 날 다시 잡으러 온다고 해도 난 하나님께서 또 다른 기적을 베풀어 주실 것을 믿겠어. 내가 그들 눈에 안 보이게 해달라고 기도하면 될 거야.” 그러나 그는 그렇게 하지 않았습니다. 그는 하나님께서 우리 마음대로 처리하려고 하는 것을 그대로 들어주시지는 않는다는 사실을 너무나 잘 알고 있었습니다. 하나님께서는 우리가 할 수 없는 일을 하십니다. 그러므로 베드로도 그곳을 떠나 피했습니다. 누가는 베드로가 어디에 숨었는지에 대해서는 기록하지 않았습니다. 아마 몰라서 그랬을 테지만, 설혹 알았다고 하더라도 아마 그 장소는 말하지 않았을 것입니다. 신자들 가운데서는 누가가 사도행전을 기록할 당시까지도 여전히 같은 장소를 도피처로 사용했을 가능성이 많았습니다. 그렇기 때문에 베드로가 도피처로 사용했던 장소는 비밀이었습니다.

교 만

사도행전 12장은 교만의 위험에 대한 한 가지 실례를 마지막으로 보여 주고 있습니다. 헤롯이 연설을 하기 위해 가이사랴로 갔을 때 그곳의 백성들은 그의 연설을 듣고 그를 신이라고 소리 질렀으며, 헤롯은 그들의 아첨을 흡족히 받았습니다. 그러나 그것도 일순간이었을 뿐입니다. "헤롯이 날을 택하여 왕복을 입고 위에 앉아 백성을 효유한대, 백성들이 크게 부르되, '이것은 신의 소리요 사람의 소리는 아니라' 하거늘, 헤롯이 영광을 하나님께로 돌리지 아니하는 고로 주의 사자가 곧 치니 충이 먹어 죽으니라"(사도행전 12:21-23). 성경에 등장하는 헤롯이라는 이름의 인물 중에 겸손한 자로 알려진 사람은 하나도 없습니다. 겸손은 훌륭한 지도자가 갖추어야 할 으뜸가는 성품 가운데 하나이며 쉽게 드러나는 성품이기도 합니다.

어느 날 어떤 회사의 사장이 빌딩의 맨 꼭대기 층에 있는 옥상 주택으로 가려고 엘리베이터에 탔습니다. 그 엘리베이터에는 사람이 반 정도밖에 안 찼지만 안내원이 얼른 문을 닫으려 하자 그 사장은 미소를 지으며 말했습니다. "몇 사람 더 기다리지. 아직

반밖에 안 찼으니까." 놀라운 이야기입니다! 그 정도의 위치에 있는 사람이라면 자기가 중요 인물이라는 생각 때문에 승강기의 반이 비어 있는 것쯤은 아무 문제도 아니라고 생각하기 쉬웠을 텐데 말입니다.

나는 링컨의 생애 가운데 있었던 한 가지 일화를 읽었던 것이 생각납니다. 그는 어느 건물에 들어가다가 문득 자기가 가져가야 될 물건을 다른 곳에 두고 온 생각이 났습니다. 그곳의 수위가 자청하여 그것을 가지고 오겠다고 하면서 그 심부름을 진정으로 하고 싶어 했기 때문에 링컨은 그렇게 하라고 했습니다. 그러나 그가 심부름을 떠나기 전에 링컨은 그 수위의 배지를 받아서 대신 달고 그가 심부름 갔다 오는 동안에 거기서 수위 노릇을 했다고 합니다.

겸손은 진정으로 위대한 사람들의 보증입니다. 그러나 헤롯의 두드러진 성품 중에는 이것이 없었습니다. 하나님께서는 교만한 자를 대적하시기 때문에 그를 치셨습니다.

그런 어려운 시기에도 하나님의 말씀은 계속 흥왕해 갔습니다. 말씀이 온 땅에 퍼져 나가면서 신자들의 삶 가운데 미친 영향은 그 어느 때보다도 더 커졌습니다. 반대가 일어나고 어려움이 닥쳐오며 핍박이 아무리 심해져도, 하나님의 말씀은 매이지 아니합니다(디모데후서 1:9 참조). 좋은 씨앗이 뿌려졌기 때문입니다(사도행전 8:1 참조). 강건한 여느 식물과 마찬가지로 그 씨앗도 뿌리를 내리고 계속 자라서 열매를 맺었습니다. 교회가 겪는 어려움들은 교회를 질식시키는 것이 아니라 도리어 성장을 촉진했습니다.

식물이 자라지 못하는 원인은 세 가지가 있는데, 첫째는 잘 돌보지 않기 때문이요, 둘째는 성장을 위한 조건이 나쁘기 때문이며, 셋째는 식물이 병들었기 때문입니다. 식물과 마찬가지로 새로운 그리스도인들도 온유하게 사랑으로 돌보아야 하고 건강하게 성장할 수 있는 환경이 필요합니다.

이곳의 신자들도 보살핌을 잘 받았습니다. 사도들은 자신들이 그들의 영혼을 위하여 하나님 앞에서 회계할 자들이라는 것을 알고 그들을 돌보았습니다(히브리서 13:17 참조). 조건들은 성장에 도움이 되었습니까? 그렇습니다. 이상하게도 기독교회는 편안한 시기에는 비대해지고 게을러지며, 어려운 시기에는 흥왕합니다. 그들은 건강한 무리들로서 그 마음이 전도, 제자의 도, 하나님의 말씀, 기도, 지상사명에 사로잡혀 있었습니다. 그러므로 그들은 견고하게 성장했고 배가되었습니다.

사도행전 12장은 바나바와 사울이 부조의 일을 마치고 예루살렘에서 되돌아오는 것으로 끝을 맺고 있습니다. 그들은 요한 마가라는 이름의 청년을 데리고 옵니다. 그가 바로 이 장 앞부분에서 언급되었던 마가입니다. "마가라 하는 요한의 어머니 마리아의 집에 가니 여러 사람이 모여 기도하더라"(사도행전 12:12). 그는 장래가 촉망되는 젊은이였습니다. 결국 그는 그리스도의 복음을 당대와 그 이후의 모든 세대에 전하는 일을 위하여 하나님께 크게 쓰임받는 사람이 되었습니다.

요 약

하나님의 복된 소식은 쉬지 않고 전파되고, 교회는 큰 반대에 부딪히면서도 견고하게 성장했습니다. 그들의 신실하신 하나님께서는

- 간절한 기도와,
- 강인한 믿음의 소유자들에게

응답을 하셨습니다.

13

일꾼들을 계발함

성령께서는 계속해서 교회를 온전히 다스리고 계셨습니다. 예수님께서는 성령께서 오셔서 인도하실 것을 약속하셨고, 신자들은 성령께서 인도하실 것을 기쁘게 기다렸습니다.

> 안디옥 교회에 선지자들과 교사들이 있으니, 곧 바나바와 니게르라 하는 시므온과 구레네 사람 루기오와 분봉왕 헤롯의 젖동생 마나엔과 및 사울이라. 주를 섬겨 금식할 때에 성령이 가라사대, "내가 불러 시키는 일을 위하여 바나바와 사울을 따로 세우라" 하시니, 이에 금식하며 기도하고 두 사람에게 안수하여 보내니라. (사도행전 13:1-3)

성령께서는 바나바와 사울을 어떤 장소가 아니라 일을 위하여 따로 세우라고 명령하셨습니다. 성령께서는 마음 가운데 어떤 일을 생각하고 계셨습니다. 선교의 일에 훈련이 되어 있다면 장소는 문제가 되지 않습니다.

한 젊은이가 해군에 입대하여 해상 근무 중에 그리스도를 믿게 되었다고 합시다. 그는 그리스도인의 생활에 필요한 기본적인 요소들을 배우고 성장하기 시작합니다. 성경 공부, 성경 읽기, 성경 암송, 그리고 하나님께서 말씀을 통하여 그에게 나타내 보여 주시는 것들을 묵상하는 방법을 배우게 됩니다. 또한 기도하는 법과 하나님의 약속을 주장하는 것을 배우며, 그리스도인의 교제에 참여하게 되고, 하나님께 순종하는 삶을 삽니다. 그는 자신의 삶의 주요 영역에서 그리스도를 첫자리에 모시기 시작하며 죄와 분리되기 시작합니다. 이어서 동료 해군들에게 자신의 간증을 나누면서 증거를 하고 복음을 효과적으로 전하는 방법도 배웁니다. 요컨대 그리스도인 생활의 기반이 다져지게 되는 것입니다.

몇 년 후 군 복무를 필하고 대학에 입학합니다. 그는 이때까지 정기적으로 성경 공부와 성경 암송을 해왔으며 기도의 생활에 있어서도 지속적으로 성장해 왔습니다. 이제 새로운 환경 가운데로 들어온 그는 지금까지 배운 것들을 실제로 적용했고, 그 결과 주님께서는 그의 캠퍼스 선교를 축복해 주십니다. 이윽고 학교를 졸업하고 엔지니어가 되어 대기업에 취직을 하게 됩니다. 지금까지와는 다른 새로운 세계로 들어가게 되지만 그의 기본적인 그리스도인 생활은 여전히 지속됩니다. 그리스도 안에 있는 그의 헌신의 삶은 깊어졌으며 그리스도를 위한 그의 사역은 계속 활기가 넘쳤습니다. 이 직장에서 그는 주님께 하듯 마음을 다하여 업무를 수행하는 가운데 먼저 하나님의 나라를 구했습니다. 승진에 승진을 거듭합니다. 결혼을 하고, 봉사회에 가입하며, 자기 사회에서 기반을 닦아 갑니다. 이제 여러 면으로 주님을 섬길 기회를 갖게 되었지만 그의 삶은 자신이 해군에서 수년 동안 배워 왔던 것과 여전히 같은 길을 걷습니다. 그는 영적으로 계속 성장하였고 하나님의 나라를 위하여 기쁨에 가득 찬 섬김의 삶을 살았습니다. 그 비결은 어디에 있었습니까? 그리스도의 효과적인 일꾼으로서의 훈련을 받은 데 있습니다.

바나바와 사울의 삶이 그러했습니다. 우리는 사울의 배경에 대해서는 많이 알고 있지만 바나바에 대해서는 잘 모릅니다. 그는 주님께서 택하시고 훈련시킨 70인 일꾼의 한 사람이었는지도 모릅니다. 우리가 한 가지 아는 것은 그는 그리스도의 위대한 사역을 수행하기 위하여 성령께서 택하신 인물이라는 사실입니다.

일꾼 선발

어떤 사람이 하나님의 나라에서 일할 일꾼이 되는 데 관계되는 두 가지 중요한 요소는 신중한 선발과 세심한 훈련입니다. 회개하고 믿으라는 예수님의 부르심을 들은 자는 수천 명이나 되지만 제자가 되어 주님을 따른 자는 수백 명밖에 되지 않고, 그 가운데서도 선발되고 훈련받아 추수하는 일꾼이 된 사람은 겨우 70명뿐입니다. 그들을 파송하실 때도 주님께서는 그들과 같은 일꾼이 부족함을 상기시키시고 일꾼을 더 보내 주시도록 기도하라고 가르치셨습니다(누가복음 10:1-2). 제자와 일꾼은 본질적으로 무슨 차이가 있습니까? 제자는 전도하고, 성경 읽고, 기도하지 않습니까? 일꾼이 되는 데는 특별한 무엇이 있어야 합니까?

그 차이는 깊이와 정도 문제입니다. 일꾼의 삶 깊은 곳에서 나타나야 할 아홉 가지의 특성을 들어 보겠습니다.

열망. 하나님과 더욱 깊이 동행하고자 하는 열망이 있어야 하며, 삶 가운데서 하나님의 실재하심과 살아 계심을 보다 깊이 체험하고자 하는 원함이 있어야 합니다. 배우고 성장하고자 하는 열망이 있어야 하며 하나님만이 그의 마음에 채워 주실 수 있는 그 만족을 위해서는 어떤 값이라도 기꺼이 치러야 합니다.

확신. 자기 자신의 삶을 움직이는 말씀 섭취, 기도, 교제, 증거 등의 기본적인 활동에 대한 절대적인 필요성을 확신하고 있어야 합니다. 지옥의 실재, 그리스도를 모시지 않은 사람들의 상실된 상태, 주님 안에서 각 사람이 지속적으로 성장해야 할 필요성에 대한 확신이 있어야만 합니다. 자신이 왜 하나님과 매일 교제의 시간을 갖는가를 알고, 또한 성경 공부와 성경 암송을 하는 이유도 알고 있어야 합니다. 왜 다른 사람들에게 전도해야 하는가와 지속적인 기도를 해야 하는 이유는 무엇인가를 알아야 합니다.

사역의 기술. 주님의 일꾼은 하나님께서 자기에게로 이끌어 주신 사람들의 삶 가운데서 하나님의 말씀을 사용하는 기술이 향상되어야 합니다. 그리스도를 따른 지 얼마 안 되었을 때 우리는 마치 몽둥이로 사람들을 위협하여 한 길로 몰아넣듯이 말씀을 사용한 일이 종종 있었습니다. 하나님의 나라에서 이러한 기술을 갖춘 일꾼은 마치 의료 도구를 정교하고 솜씨 있게 사용하는 잘 숙련된 외과 의사와 같습니다.

거룩한 삶. 세상은 일꾼을 그 틀에 넣어서 찍어 내지 못합니다. 몇 달 전 뮤지컬 영화 '남태평양'의 배경이 되었던 남중국해의 티오만 섬에 갔던 일이 있습니다. 티오만 섬은 아름답고 조용한 열대의 낙원입니다. 그곳에 있던 어느 날 아내와 함께 정글 사이로 난 길을 따라 산책을 하고 있다가 쓰레기 더미를 보았는데, 거기에는 나뭇가지, 열대수 잎, 달걀 껍질, 기름걸레 조각, 맥주 깡통, 기타 등등 차로 운반되어 버려진 쓰레기들이 쌓여 있었는데, 그 쓰레기 더미 한가운데 예쁜 열대 식물의 꽃이 한 송이 피어 있었습니다. 죽고 썩어 버려진 무더기 한가운데 꼿꼿이, 늘씬하게, 생생하게, 살아 있는 순결한 꽃이었습니다. 일꾼은 바로 그 꽃과 같습니다. 그는 이 세상의 쓰레기와 폐물 한가운데에서 살 동안에 순결하고 거룩함으로 그리스도를 활짝 꽃피우는 사람입니다.

다른 사람들에 대한 관심. 일꾼은 물질보다 사람에게 그 관심이 이끌립니다. 그에게는 목표와 목적, 의도가 있습니다. 자신이 어디로 가고 있는지를 알며, 거기에 도달하는 방법도 알고 있습니다. 그러나 일꾼은 사람들을 목적을 위한 사다리나 계단으로 삼고 그들을 이용하여 목적지에 도달하려 하지는 않습니다. 그는 사람들이 하나님과 동행하도록 그들을 돕습니다.

다른 사람들의 잠재력에 대한 분명한 비전. 일꾼은 세계 복음화에 대한 하나님의 경륜을 밝히 이해하고 있습니다. 그는 모든 그리스도인이 그 지상 과업에 참여해야 할 필요성을 확신하고 있습니다.

섬김의 정신. 일꾼은 섬김의 정신이 진정한 지도자의 기반임을 알고 있으며, 섬김받으려고 주장하기보다는 다른 사람들을 섬기는 일을 하는 사람입니다.

협동. 일꾼은 자기 혼자서 일을 하려 하지 않고 다른 사람들과 즐거이 함께 뭉쳐 협동하여 일합니다. 그는 자존심을 만족시켜 주는 책임을 맡거나 어떤 직위나 지위를 필요로 하지 않습니다. 일꾼은 소매를 걷어붙이고 다른 사람들 틈에 섞여서 자기의 삶을 필요로 하는 곳이라면 어디든지 가서 열심히 일하는 사람입니다. 일꾼은 팀플레이를 하는 사람입니다.

유용성. 해야 할 일이 생기면 일꾼은 이사야 선지자처럼 "내가 여기 있나이다. 나를 보내소서!"(이사야 6:8)라고 응답합니다. 그는 비록 좋은 일이라도 최선의 일에 자기 삶을 바치는 데 방해가 되는 활동들은 과감히 떨쳐 버립니다. 그는 자신의 계획표에 충분한 여유를 두어서 진정한 필요가 생겼을 때는 언제든지 발 벗고 나설 수 있도록 합니다. 성령께서 바나바와 사울을 따로 세우라고 말씀하셨을 때, 그들은 언제든지 부르심에 나설 태세가 되어 있었고, 채비를 차리고 있었으며, 자원하는 마음과 실제 능력이 있었습니다. "두 사람이 성령의 보내심을 받아, 실루기아에 내려가 거기서 배 타고 구브로에 가서 살라미에 이르러, 하나님의 말씀을 유대인의 여러 회당에서 전할새, 요한을 수종자로 두었더라"(사도행전 13:4-5).

현장 훈련

여기서 우리는 다시 한 번 세계 복음화를 위한 하나님의 계획의 위대함을 보게 됩니다. 바울과 바나바는 왜 요한 마가를 데리고 갔습니까? 그들의 짐을 운반하거나 여행 계획에 도움을 받기 위해서였겠습니까? 물론 그런 면에서도 도움을 준 것은 분명하겠지만 바울과 바나바가 그를 데리고 간 주목적은 요한 마가가 그리스도를 위한 효과적인 일꾼이 되는 데 필요한 것들을 직접 보고 훈련을 받도록 해주고자 하는 데 있었습니다. 이 모본을 기억하고 당신 자신의 사역에서도 이와 같이 실행하십시오. 당신이 그리스도의 일꾼들을 훈련시키고자 한다면 가장 좋은 방법은 그들과 함께 시간을 보내면서 그들에게 '현장 훈련'을 통하여 사역을 가르치는 것입니다. 함께하면서 본보기를 보이는 것이 가장 좋은 학습 방법입니다. 사람들로 하여금 당신과 함께하면서 배우게 하십시오.

좌 절

바울과 바나바는 경험이 많은 훈련자들이었지만 그들의 사역에도 차질이 없었던 것은 아니었습니다. 마가가 되돌아갔을 때에도 좌절에 부딪혔습니다. 우리 자신들도 사역 가운데 이와 같은 좌절이 있으리라는 것을 예상하고 있어야 합니다. 그리스도의 사역은 구구단의 숫자와 같은 것도 아니요, 단추만 누르면 원하는 층까지 모셔다 주는 엘리베이터와 같은 전기 기계 설비로 구성된 것도 아닙니다. 주님의 사역은, 세월이 바뀌고 바뀌어도 매년 같은 지류를 따라 올라와 같은 장소에서 산란을 하는 물고기 떼와 같지도 않고, 매년 제철이 되면 찾아오는 제비 떼와도 같지 않습니다.

만약 하나님께서 그 일을 어떤 기계 장치나 어떤 종류의 자연적인 본능으로 이루시려고 했다면 이 일은 훨씬 간단했을 것입니다. 그러나 주님께서는 영원한 나라의 의회에서 스스로 결정을 내리셨습니다. 주님의 기쁨은 사람에게 있습니다(잠언 8:22-31 참조). 주님께서는 약하고, 인간적이고, 어리석고, 죄 많고, 이기적이며, 두려움에 싸인 인간을 택하셨습니다. 그러나 감사하게도 우리는 변화될 수 있고, 구속받을 수 있으며, 가르침을 받을 수 있습니다! 혈과 육으로 된 사람과 일하는 것이 전자식 명령 신호에 따라 움직이도록 프로그래밍 된 금속제 로봇으로 일하는 것보다 어려운 것은 당연하지만, 하나님께서는 자신의 지혜 가운데서 이와 같은 결정을 내리셨습니다. 그러므로 사울과 바나바는 자신들이 너무나도 잘 알고 있는 하나님의 사역을 확장시키기 위하여 마가를 데리고 다니면서 그로 하여금 배우고 성장할 수 있도록 도와줍니다. 언젠가 그는 그 사역에서 헌신되고 유능한 일꾼이 될 터인데, 이 길은 바로 이 일을 위한 시작이었습니다.

흔히 그랬듯이, 복음에 대한 반대가 일어났습니다. 여기서는 마술사이자 거짓 선지자인 바예수라는 사람을 통해 나타났습니다. 사울이 그를 가리켜 이렇게 말했습니다. "모든 궤계와 악행이 가득한 자요, 마귀의 자식이요, 모든 의의 원수여, 주의 바른 길을 굽게 하기를 그치지 아니하겠느냐?"(사도행전 13:10). 그는 사탄의 특징과 속성과 생명을 지니고 있는 마귀의 자식이었습니다. 예수님께서 이것에 대하여 요한복음 8:44에서 하신 말씀을 들어 보십시오. "너희는 너희 아비 마귀에게서 났으니 너희 아비의 욕심을 너희도 행하고자 하느니라. 저는 처음부터 살인한 자요, 진리가 그 속에 없으므로 진리에 서지 못하고 거짓을 말할 때마다 제 것으로 말하나니, 이는 저가 거짓말쟁이요 거짓의 아비가 되었음이니라." 바예수는 바로 이런 종류의 사람으로서, 악을 선으로 보이게 하고 그른 것을 옳은 것으로 보이게 하면서 일을 굽게 만드는 자였습니다.

마귀는 지금도 여전히 이런 짓을 하고 있습니다. 그는 믿음의 삶이란 너무나 불확실하다고 말하면서, 마치 주님의 길은 불확실한 것처럼 우리에게 거짓 안전을 약속하려고 합니다. 성경은 너무나 비실용적이라고 말하며 그 가르침은 지나치게 요구하는 것이 많다고 말합니다. 주님을 섬기는 것은 불쾌한 일이며 유익이 없다고 유혹합니다. 그는 우리를 이렇게 부추깁니다. "결국, 너 자신을 돌아보아야 할 사람이 너밖에 또 누가 있느냐!" 그는 하나님께서 약속대로 우리를 돌보시지는 않는다고 우리를 유혹합니다.

그러므로 이것은 이 선교팀의 첫 번째 전도 여행에서 부닥친 큰 적이었습니다. 그러나 그들은 하나님으로부터 보내심을 받았고, 그리스도께서 자기를 따르는 자들에게 재차 다짐해 주신 몇 가지 분명한 약속을 가지고 있었습니다. "자기 양을 다 내어놓은 후에 앞서 가면 양들이 그의 음성을 아는 고로 따라오되"(요한복음 10:4). 바울은 성령이 충만하여 바예수를 꾸짖었습니다. "'보라. 이제 주의 손이 네 위에 있으니 네가 소경이 되어 얼마 동안 해를 보지 못하리라' 하니, 즉시 안개와 어두움이 그를 덮어 인도할 사람을 두루 구하는지라, 이에 총독이 그렇게 된 것을 보고 믿으며 주의 가르치심을 기이히 여기니라"(사도행전 13:11-12). 불행히도 이처럼 큰 격려를 주는 사건이 있은 후 실망을 주는 일이 한 가지 생겼습니다. 요한 마가가 도로 돌아가 버렸던 것입니다. "바울과 및 동행하는 사람들이 바보에서 배 타고 밤빌리아에 있는 버가에 이르니, 요한은 저희에게서 떠나 예루살렘으로 돌아가고"(사도행전 13:13).

왜 그런 일이 일어났습니까? 누가의 기록에는 자세한 내용이 나타나 있지 않지만 내용을 보완해 줄 수 있는 힌트는 얻을 수 있습니다. 골로새서에서 바울은 마가가 바나바의 생질이라는 사실을 밝히고 있습니다(골로새서 4:10). 이때쯤 팀의 리더십에 변화가 있었습니다. 그 이전까지만 해도 바나바와 바울이라고 기록되던 것이 그때부터는 바울과 바나바라고 기록되어 있습니다. 마가는 자기의 외숙부 바나바가 예루살렘에서 바울을 교제 가운데로 인도한 사실과, 바울을 안디옥으로 데리고 온 사실을 알고 있었습니다(사도행전 9:27, 11:26 참조). 마가로서는 아마도 자기의 외숙부가 두 번째 위치로 밀려난다는 생각을 하고 기분 나빠했을지도 모르며, 새로운 스타일의 지도자 밑에서 마찰이 있었는지도 모릅니다. 이유가 무엇이든 그가 그들을 떠나 집으로 가버린 것은 사실이었습니다.

복된 소식

이런 일이 있었지만 여행은 계속되어 바울과 바나바는 비시디아 안디옥에 이르러 그곳 회당을 방문하여 유대인들에게 그리스도를 전파했습니다. 바울은 "하나님이 약속하신 대로 이 사람의 씨에서 이스라엘을 위하여 구주를 세우셨으니 곧 예수라"(사도행전 13:23)고 전하면서 복음을 자세히 설명했습니다.

> 죽일 죄를 하나도 찾지 못하였으나 빌라도에게 죽여 달라 하였으니, 성경에 저를 가리켜 기록한 말씀을 다 응하게 한 것이라. 후에 나무에서 내려다가 무덤에 두었으나 하나님이 죽은

> 자 가운데서 저를 살리신지라, 갈릴리로부터 예루살렘에 함께 올라간 사람들에게 여러 날 보이셨으니, 저희가 이제 백성 앞에 그의 증인이라. (사도행전 13:28-31)

바울은 하나님께서 믿는 자에게는 모두 죄 사함과 의롭다 하심을 주신다는 사실도 설명했습니다. 그 반면 이 놀라운 그리스도의 복음을 거절하는 사람들에게는 여느 때와 마찬가지로 분명한 경고를 해주었습니다.

바울이 사회 부조리, 종교적 차이, 정치 문제, 경제 문제, 또는 지적인 문제들에 대해서 토론하지 않았다는 사실은 주목할 만합니다. 바울이 이런 문제들을 의식하지 못해서라든가 몰라서 그런 것이 아니라, 한 가지 사명을 띤 사람이었기 때문입니다. 그가 받은 사명은 그날그날 지나가 버릴 덧없는 문제들이 아니라 영혼에 관한 영원한 문제에 관계되는 것이었기 때문에 그는 하나님의 말씀을 전파하였습니다. 그들이 듣고 싶어 했던 것은 분명 그것이었습니다. "그 다음 안식일에는 온 성이 거의 다 하나님 말씀을 듣고자 하여 모이니"(사도행전 13:44).

그 메시지에 대한 반응은 갖가지였습니다. 어떤 자들은 시기가 가득 차서 비방하고, 어떤 이들은 믿고 기뻐하였습니다. "유대인들이 그 무리를 보고 시기가 가득하여 바울의 말한 것을 변박하고 비방하거늘, 바울과 바나바가 담대히 말하여 가로되, '하나님의 말씀을 마땅히 먼저 너희에게 전할 것이로되, 너희가 버리고 영생 얻음에 합당치 않은 자로 자처하기로 우리가 이방인에게로 향하노라. 주께서 이같이 우리를 명하시되, "내가 너를 이방의 빛을 삼아 너로 땅 끝까지 구원하게 하리라" 하셨느니라' 하니, 이방인들이 듣고 기뻐하여 하나님의 말씀을 찬송하며 영생을 주시기로 작정된 자는 다 믿더라"(사도행전 13:45-48).

이 이방인들은 하나님의 말씀을 믿고 그리스도께 대한 믿음으로 돌아왔습니다. 그들이 복음을 받아들인 것은 어떤 새로운 종교에 대한 논문으로서라든가 새로운 철학으로서가 아니라, 구원에 대한 놀라운 초대로서 받아들인 것입니다. 이방인들은 처음으로 그들도 하나님께 택함받았으며 하나님의 계획의 중요한 부분을 담당하고 있다는 사실을 알았습니다. 그들은 하나님께서 그들을 사랑하시고 그 구원을 그들에게까지 확장하셨다는 사실을 발견하고 매우 기뻐했습니다.

바울에게 내린 전진 명령

사도행전 13:47에서 바울은 이사야 49:6 말씀을 인용하고 있는데, 그 안에는 그에게 내리신 전진 명령이 들어 있었습니다. "내가 너를 이방의 빛을 삼아 너로 땅 끝까지 구원하게 하리라." 바울에게 있어서는 그날부터 이방인 세계의 선교에 마음껏 관심을 집중할 수 있게 되었습니다. 그렇다고 유대인들을 소홀히 여기거나 버리는 것은 아니었습니다. 그는 아무도 버리지 말라는 명령을 받았습니다. '만민'(마가복음 16:15)은 오늘날에도 모든 사람을 가리키는 것과 똑같이 그 당시에도 모든 사람을 가리켰습니다. 그렇긴 하지만 바울은 그의 선교의 주요 목표를 찾아냈고, 구약의 말씀 이사야 49:6을 자기 생애의 약속의 말씀으로 주장했습니다. 이 중요한 약속을 통하여 하나님께서는 바울의 생애와 사역의 방향을 새롭게 바꾸어 주셨습니다.

유대인들은 바울의 말에 좋은 반응을 나타내지 않았습니다. “이에 유대인들이 경건한 귀부인들과 그 성내 유력자들을 선동하여 바울과 바나바를 핍박케 하여 그 지경에서 쫓아내니”(사도행전 13:50). 안디옥에 있는 몇 지도자들이 핍박을 가하여 그들을 성 밖으로 쫓아냈을 때, 그들은 이고니온으로 갔습니다. 사도행전 13장의 마지막 절은 어두운 배경 가운데서 가장 돋보이는 찬란히 빛나는 보석 중 하나입니다. “제자들은 기쁨과 성령이 충만하니라”(사도행전 13:52). 박해의 소용돌이 속에서도 그들은 주님께서 주시는 기쁨을 맛보았습니다.

우리가 앨과 마지 베일 부부를 처음으로 만난 지 20년이 지난 후, 나는 아내와 함께 버지니아 주의 노퍽에 있는 그 부부의 집을 방문했습니다. 마지는 펜실베이니아 주의 피츠버그에서 우리와 함께 선교 활동에 참여하고 있을 때 앨을 처음으로 만났습니다. 노퍽의 그들 집에서 함께 저녁 식사를 할 때 마지는 딸의 부축을 받으며 아래층으로 내려왔는데 몸이 무척 야위어 체중이 약 43kg 정도밖에 되지 않았습니다. 오랫동안 암과 싸우느라 보기에도 딱할 정도로 초췌한 모습이었습니다. 저녁 식사가 끝난 후 마지와 아내는 함께 앉아서 그리스도인의 삶의 기쁨과 우리를 기다리고 있는 하늘나라의 영광에 대하여 서로 이야기했습니다. 우리가 그들을 방문한 지 얼마 되지 않아 마지는 세상을 떠나 주님 곁으로 갔습니다. 마지는 다른 사람들이 구원을 즐거워하고 제자로서의 삶을 살도록 돕는 일에 자신의 생을 바쳤습니다. 그녀는 이 세상에서의 마지막 주간에까지도 잠깐 시간을 내어 젊은 자매에게 성경 암송과, 성경 공부, 기도를 할 수 있도록 도와주었습니다. 마지 베일은 마지막까지 일꾼, 즉 하나님 나라의 일꾼으로서 일하다 갔습니다. 그녀는 시련 가운데서도 주님께서 주시는 기쁨을 맛본 사람이었습니다.

리더십의 변화

바나바는 사도행전 13장에서 또 하나의 밝은 빛을 비춰 주고 있습니다. 팀의 지도자가 바뀌어서 바울이 그 책임을 맡게 된 것입니다. 선교 환경이 극적으로 바뀌게 되어 바나바는 더 이상 지도력을 발휘하지 않게 되고, 바울이 하나님의 지시를 따라 지휘권을 행사하게 됩니다. 그러나 바나바는 변함없이 그 마음을 계속 선교 사역에 두고 있었습니다. 하나님을 향한 그의 열정은 조금도 식지 않았고, 그의 마음 가운데 쓴 뿌리가 생기지도 않았으며, 자존심이 상하지도 않았습니다. 그는 하나님의 인도하심을 인정하고 그 인도를 받아들였습니다.

내가 네비게이토 선교회의 로키마운틴 지역의 책임자로 일하고 있을 때, 빌 코울은 나의 책임하에 있는 애리조나 주 피닉스의 네비게이토 지역대표 간사였습니다. 빌은 내가 알고 있는 가장 멋진 그리스도인 가운데 한 사람이며, 그를 통해서 배운 점이 대단히 많습니다. 함께 일하는 동안 나는 빌이 간사의 일원으로서 일하기보다는 직장인으로서 지역사회에서 일하는 편이 선교에 훨씬 크게 기여할 수 있으리라는 데 대한 확신이 점점 커져갔습니다. 이 문제를 가지고 함께 이야기하면서 빌도 그렇게 하겠다고 결정을 내렸습니다. 그는 간사직을 사임하고 지금은 피닉스에 있는 어느 고등학교의 교사로 봉직하고 있습니다.

빌이 간사직을 사임한 지 얼마 되지 않아 애리조나 주의 턱슨 시에서 네비게이토 수양회가 열렸는데, 거기에서 나는 강사로서 말씀을 전하게 되었습니다. 빌은 그 수양회에 일반회원으로 참석했는데, 마침 빌을 모르는 대학생들이 접수부에서 등록을 받고 있다가 빌에게 수양회장 내에서 좀 불편한 건물의 외진 방을 그에게 배정해 주었습니다. 그는 군말 없이 미소를 지으며 자기 방 열쇠를 받아 들고 짐을 풀기 위해 명랑하게 그곳을 향해 걸어갔습니다. 나는 빌의 행동을 바라보고 속으로 '큰 인물이구나!'라고 생각했습니다.

바나바의 태도가 바로 그와 같았습니다. 이제 더 이상 바나바와 사울이 아니라, 바울과 그 일행으로 기록이 되고 있습니다. 그러나 그런 것이 바나바에게는 문제가 되지 않았습니다. 우리는 그가 보여 준 본을 보고 교훈을 배워야 합니다. 즉 하나님의 나라에서 직위는 중요한 것이 아니라는 교훈입니다. 중요한 것은 우리가 처해야 할 바른 위치를 알고 그 역할을 잘 감당하는 것입니다. 하나님께서 당신에게 맡기신 일을 찾아내어 전심으로 그 일을 감당하십시오.

요 약

성령께서는 이 세상에서 하나님의 사역을 확장시키기 위하여 바울과 바나바를 선택하셨습니다. 하나님께서 선택하시는 일꾼은

- 임무를 감당할 훈련이 되어 있고,
- 전달할 메시지로 잘 무장되어 있으며,
- 사명에 헌신되어 있고,
- 하나님께서 하시는 일에 겸손하게 순복하는

사람입니다.

14

팀 웍

"이에 이고니온에서 두 사도가 함께 유대인의 회당에 들어가 말하니 유대와 헬라의 허다한 무리가 믿더라"(사도행전 14:1). 바울과 바나바는 한 팀으로 일했습니다. 그들은 마음과 비전과 목표가 하나였습니다. 팀웍에 대한 원리가 성경 전체에 흐르고 있는 것을 볼 수 있는데, 때로는 두 사람이, 어떤 때는 적은 무리로, 또 어떤 경우에는 큰 무리가 함께 팀웍을 합니다. 하나님께서는 그 자녀들이 함께 일하는 것을 기뻐하신다고 성경에서도 가르치고 있습니다. "형제가 연합하여 동거함이 어찌 그리 선하고 아름다운고"(시편 133:1).

성경에서 이러한 연합은 여러 가지 모습으로 나타납니다. 구약에는 아브라함이나 이삭이나 야곱의 가족과 같은 가족 단위의 연합 형태가 많이 나타나 있습니다. 모세나 솔로몬, 느헤미야 같은 사람들은 그들 주위에 함께 일할 동역자들의 무리를 이끌었습니다. 일반 전쟁이나 영적인 전쟁을 위하여 전투 부대의 형태로 이루어진 것도 있었는데, 다윗, 기드온, 예수님, 바울이 이끌던 팀이 그러하였습니다. 사무엘상 10:26에는 연합의 원리가 들어 있습니다. "사울도 기브아 자기 집으로 갈 때에 마음이 하나님께 감동된 유력한 자들은 그와 함께 갔어도." 마가복음 6:7,30에서도 이것을 볼 수 있습니다. "열두 제자를 부르사 둘씩 둘씩 보내시며 더러운 귀신을 제어하는 권세를 주시고… 사도들이 예수께 모여 자기들의 행한 것과 가르친 것을 낱낱이 고하니."

웹스터 사전에는 팀웍의 정의를 다음과 같이 내리고 있습니다. '여러 사람이 각자가 한 부분씩을 담당하되 개별적으로는 독특한 중요성을 지니면서 전체 일의 능률에 종속되어 서로 연합하여 일을 하는 것.'

바울은 그의 동역자 가운데 한 사람을 지칭할 때 '참으로 나와 멍에를 같이한 자'(빌립보서 4:3)라고 부름으로써 한 겨리의 황소처럼 함께 멍에를 메는 개념을 사용했습니다. 웃시야 왕에게는 '떼를 지어 나가서 싸우는 자'(역대하 26:11)가 있었는데, 팀웍에는 그 이상의 의미가 들어 있습니다. 팀웍은 구성원들이 단지 같은 지도자와 연합되어 있을 뿐 아니라, 그들 스스로도 서로 서로 연결되어 있어야만 합니다. 이 개념은 인간의 타고난 속성과는 반대가 되는데, 우리 인간은 어떤 공동 목표를 이루기 위하여 다른 사람들과 연합하기를 거부합니다. 내가 말하는 것은 그 자리에서 금방 형성된 어떤 무리나 이 집 저 집 심방하도록 임의로 선발한 그룹을 말하는 것이 아닙니다. 내가 설명하고자 하는 개념은 적어도 다섯 가지의 요소를 갖춘 팀웍입니다.

1. 인정된 지도자.
2. 공동의 목표.
3. 제 활동에 대한 기본적인 의견의 일치.
4. 하나님께서 주신 강한 사랑과 구성원 상호간의 충성심.
5. 팀 내에서의 확실한 일의 분담.

영적 연합

진정한 영적 연합과 일치란 무엇입니까? 어떤 사람들은 이것을 사람들이 서로 손을 잡고 가만히 서 있으면 그 위에 내려앉는 일종의 향기나 되는 것같이 이야기하지만, 그것은 사실이 아닙니다. 영적인 연합은 피동적으로 스며들 수 없습니다. 이것은 같은 전투에 참여하고 있는 사람들에게 오는 것이며, 함께 복무할 때 이루어집니다. 즉, 영적 연합은 행동하는 가운데 형성됩니다.

여기에는 여러 가지 이유가 있습니다. 행동할 때 비로소 일의 진정한 가치가 알려지며, 진정한 연합이란 의견의 일치가 아니라 마음의 일치입니다. 대의(大義)를 따르고 고귀한 사업에 참여하게 될 때, 특히 모험 또는 희생의 여지가 있을 때, 사람들은 모여들게 됩니다. 다른 어떤 일로도 모이지 않던 사람들이 이런 때에 모여든다는 사실을 우리는 너무나 잘 알고 있습니다. 우리가 한 가지 큰 목표를 향해 매진하고 있을 때에는 다른 모든 것을 잊고 우리의 마음은 하나로 묶여집니다. 진정으로 헌신하고 있다면 한 목표를 가지고 있을 때 마음도 늘 하나가 됩니다. 사랑과 희생을 요하는 큰 임무를 달성하기 위하여 한 목표와 한마음으로 함께 참여하고 있는 경건한 사람들은 자신들이 이전에 느끼지 못했던 영적인 힘을 가지게 됩니다. 그들은 스스로가 알기에도 자신들을 초월한 힘과 열정에 의해 고무됩니다.

몇 년 전 네덜란드에 있는 우리 네비게이토 선교회 간사들이 팀웍에 대한 연구를 한 일이 있습니다. 네덜란드 선교의 총책임을 맡고 있던 게르트 도르넨발이 그 연구의 결론을 담은 사본을 내게 한 부 보내 주었는데, 이것을 읽어 보고 나는 그들이 그리스도의 사역에 헌신된 팀 안에서 구체적으로 수행되고 있는 목적과 기능과 정신을 확실히 파악해 냈다는 사실을 알 수 있었습니다. 여기에 그들이 따라야 한다고 결론 내린 지침이 있습니다.

1) 우리는 그리스도의 지상사명의 성취를 돕는 일에 우리 자신을 드려야 한다.
2) 우리는 일꾼을 무장시키고 배가하는 일에 전념함으로써 이 일을 한다.
3) 우리는 모든 그리스도인 개개인에게 중요성을 둔다.
4) 우리는 다른 사람들을 섬기는 일에 자신을 드린다.
5) 우리는 범사에 탁월한 수준을 추구한다.

우리는 다음 다섯 가지 사항이 우리의 선교 사역에 실제로 이루어질 때 우리의 팀이 제 기능을 발휘하는 것으로 인정할 것이다.

1) 예수님께서 가지셨던 것과 같은 목표를 가지고 있다-만민에게 복음을 전파.
2) 예수님께서 사용하신 것과 같은 방법을 사용하고 있다-일꾼 배가.

3) 예수님께서 사람들을 향하여 가지셨던 것과 같은 비전을 가지고 있다-개인의 중요성.
4) 예수님께서 사람들에게 가지셨던 것과 같은 태도를 가지고 있다-자신을 모든 사람의 종으로 여김.
5) 예수님께서 가지셨던 것과 같은 수준으로 일하기를 힘쓴다-범사에 탁월함.

이 지침을 적용하기 위하여 우리는 반드시 다음 다섯 가지 질문을 한다.

1) 이것은 제자삼는 일에 도움을 주는가?
2) 이것은 우리에게 가장 많은 일꾼들을 보내 주는가?
3) 이것은 개인의 가치를 보여 주고 있는가?
4) 이것은 더 좋은 방법으로 이루어질 수 있는가?
5) 우리는 그리스도의 몸 된 교회를 진정으로 섬기고 있는가?

신나는 목표

이 모든 일은 행동하는 가운데 일어나는 것이지, 몽롱한 분위기 속에서나, 온갖 밝고 아름다운 것들에 대하여 느긋한 토의를 하고 있을 때 일어나는 일이 아니라는 사실을 명심하십시오. 사람들은 그들의 생명을 거는 도전을 받아야 합니다. 우리가 크고, 신나는, 의미 깊은 목표를 향하여 함께 매진할 때, 우리의 마음은 하나로 연합되는 것입니다. 그것이 바로 팀웍입니다.

빌리 그래함이 한 이야기가 있는데, 어떤 사람이 한 회사로부터 엄청난 액수의 봉급을 받는 조건으로 입사해서 일해 달라는 요청을 받았으나 이를 거절했다고 합니다. 그 회사의 지배인이 물었습니다.

"우리가 드리려 하는 봉급 액수가 적은가요?"

"천만에요. 봉급은 대단합니다. 그렇지만 일이 너무나 시시합니다. 저는 선교사입니다." 그는 이 세상에서 그리스도의 사명을 수행하는 일을 돕기 위하여 자신을 다 바쳤습니다.

바울과 바나바도 이고니온으로 갔을 때 같은 사명을 위하여 온 힘을 쏟았습니다. 그들이 전한 말씀이 잘 받아들여져서 그 결과 대단히 많은 사람이 믿게 되었습니다. 이런 반응을 얻게 된 것은 그들이 전한 내용뿐만 아니라 그들의 말하는 태도에도 그 이유가 있습니다. 누가는 이렇게 기록합니다. "이에 이고니온에서 두 사도가 함께 유대인의 회당에 들어가 말하니 유대와 헬라의 허다한 무리가 믿더라"(사도행전 14:1). 그들은 아주 능력 있고 효과적으로 메시지를 전달했습니다. 무엇이 사람들을 능력 있는 전달자로 만듭니까? 그것은 메시지의 내용뿐만 아니라, 그 메시지를 전달하는 방법에 따라서도 크게 좌우됩니다. 많은 사람 앞에서 전달하든 한 사람에게 개별적으로 전달하든 이것은 사실입니다. 능력 있고 효과적인 의사소통을 위해서는 다음 네 가지 요소가 필요합니다.

따뜻하고 진지함. 한 부인이 방금 자기에게 있었던 일을 남편에게 이야기했습니다. 손위 어른이 그녀의 영혼이 처하게 될 결국에 대하여 그녀에게 이야기해 준 것이었습니다.

"자기 일에나 신경 쓰라고 그러지 그랬소?" 남편의 말이었습니다.

"그분의 진지한 그 음성을 듣고 있으니 그게 바로 그분의 일이라는 걸 알았어요." 부인이 대답했습니다.

정확한 내용. 미리 공부를 해야 합니다. 사실을 똑바로 알고 자신이 무엇을 말하고 있는가를 아십시오. 꾸며 대지 마십시오. 당신이 모르는 문제에 대해 질문을 받았을 때는 모른다고 하십시오. 그러나 당신이 해답을 찾을 수 있다면 후에 그 문제를 더 이야기하기를 원하느냐고 물어보십시오. 그렇다고 한다면 온 힘을 기울여 해답을 찾으십시오.

차분함. 누가 논쟁을 하려 들거나 거칠게 말하더라도 똑같은 식으로 대하지 마십시오. 태도에 있어서나 음성에 있어서도 계속적으로 차분하게 대해야 합니다. 성령의 열매 가운데 절제가 있다는 사실을 명심하십시오.

친근함. 따뜻한 악수와 미소 및 친근한 태도는 모두 사람들을 그리스도께로 인도하는 길에 동반되어야 할 요소들입니다. 예수님께서 세리와 죄인들의 친구였다는 사실을 기억하십시오.

바울과 바나바가 능력 있게 설교를 한 결과 많은 사람들이 믿게 되었지만 이고니온에 있는 사람들 모두가 그들이 전한 말씀을 좋아한 것은 아니었습니다. "그러나 순종치 아니하는 유대인들이 이방인들의 마음을 선동하여 형제들에게 악감을 품게 하거늘"(사도행전 14:2). 이런 방해에 대하여 바울과 바나바는 어떻게 대처했는가 살펴봅시다. "두 사도가 오래 있어 주를 힘입어 담대히 말하니, 주께서 저희 손으로 표적과 기사를 행하게 하여 주사 자기 은혜의 말씀을 증거하시니"(사도행전 14:3). 이 구절이 "그러므로 그들은 조심스럽게 말하니"라고 나올 것으로 예상하기도

하는데, 오히려 그와 정반대로 위험은 이들에게 두려움보다는 담대함을 더해 주었습니다. 주님을 의뢰했기 때문입니다.

그러나 곧 이들을 돌로 쳐 죽이려는 음모가 있었기 때문에 이들은 루스드라로 피하여 거기서도 계속 복음을 전했습니다(사도행전 14:7).

루스드라에서 나면서부터 앉은뱅이 된 사람이 고침을 받게 되자 이 기적을 본 사람들은 루가오니아 방언으로 소리 질러 말했습니다. "신들이 사람의 형상으로 우리 가운데 내려오셨다." 그들은 바나바는 쓰스(제우스)라 하고 바울은 그중에 말하는 자이므로 허메(헤르메스)라 했습니다. 그리고 성 밖 쓰스(제우스) 신당의 제사장이 황소 몇 마리와 화환들을 가지고 성문 앞에 와서 군중들과 함께 사도들에게 제사를 드리고자 하였습니다(사도행전 14:11-13).

사람들은 흥분하거나, 마냥 행복하거나, 놀라게 되면 즉각적으로 자기 나라 말로 이야기하기 시작하는 법입니다. 이를테면 네덜란드 사람, 중국 사람, 인도네시아 사람들이 한 방에 가득 앉아서 나와 함께 영어로 이야기를 하다가 우습거나 재미있는 이야기가 나오면 그들은 모두 금방 자기 나라 말로 떠들기 시작합니다.

바울과 바나바는 무리들이 무슨 일을 하려는 것인지 몰랐기 때문에 처음에는 그들이 하는 일을 막지 않았습니다. 무리들은 두 신이 그들 가운데 내려왔다고 생각했기 때문에 매우 당연하게 그들이 제사로 드릴 수 있는 가장 값비싸고 고귀한 제물인 꽃과 황소를 가지고 왔습니다. 바울과 바나바는 황소와 제사장들을 보고서는 자신들이 신격화되고 있음을 깨달았습니다. 이 경악할 만한 사실을 알았을 때 그들은 자신들을 내리누르는 큰 두려움에 휩싸이게 되었습니다.

> 두 사도 바나바와 바울이 듣고 옷을 찢고 무리 가운데 뛰어 들어가서 소리 질러 가로되, "여러분이여, 어찌하여 이러한 일을 하느냐? 우리도 너희와 같은 성정을 가진 사람이라. 너희에게 복음을 전하는 것은 이 헛된 일을 버리고 천지와 바다와 그 가운데 만유를 지으시고 살아 계신 하나님께로 돌아오라 함이라. 하나님이 지나간 세대에는 모든 족속으로 자기의 길들을 다니게 묵인하셨으나, 그러나 자기를 증거하지 아니하신 것이 아니니, 곧 너희에게 하늘로서 비를 내리시며 결실기를 주시는 선한 일을 하사 음식과 기쁨으로 너희 마음에 만족케 하셨느니라" 하고, 이렇게 말하여 겨우 무리를 말려 자기들에게 제사를 못하게 하니라(사도행전 14:14-18).

바울과 바나바는 이 위기를 막을 수 있었지만, 며칠이 지나지도 않아 이와는 전혀 다른 성질의 사건이 그들에게 닥쳐왔습니다.

선한 사람을 주저앉혀 둘 수는 없다

복음을 대적하는 자들은 결코 포기하지 않습니다. "유대인들이 안디옥과 이고니온에서 와서 무리를 초인하여 돌로 바울을 쳐서 죽은 줄로 알고 성 밖에 끌어 내치니라"(사도행전 14:19). 사람은 변덕스럽습니다. 그들은 금방 바울과 바나바에게 제사를 드리려 하다가, 다음 순간 바울을 돌로 쳤습니다. 그들은 바울이 죽은 줄로 알고 그 시체를 성 밖으로 끌어다 버렸습니다. 사람들이 바울을 돌로 칠 때 그가 겁에 질려서 옷을 찢지 않고, 오히려 그에게 제사하고자 했을 때 옷을 찢으며 말렸다는 사실을 주의하십시오. 바울은 사람들에게 경배받는 것이 핍박받는 것보다 더 위험하다는 사실을 알았던 것입니다.

사람들의 칭찬을 받을 때 자칫 잘못하면 자신이 의롭다고 여기는 유해한 믿음을 가질 수가 있습니다. 그것은 지도자에게 독약과도 같습니다. 지도자는 스스로 '아마 나는 뛰어난 인물인 모양이야. 아무튼 모두가 그렇게 말하고 있으니 말이야'라는 식으로 생각하게 될 우려가 있는데, 그런 생각이야말로 하나님께 쓰임받지 못하게 되는 첫 단계인 것입니다.

이렇게 하여 바울은 돌에 맞아 터지고 멍들어 피투성이가 된 채로 성 밖에 버려졌습니다. 사도행전 14:20-23에 담겨진 위대한 진리 한 가지는 선한 사람을 주저앉혀 둘 수는 없다는 것입니다!

제자들이 둘러섰을 때에 바울이 일어나 성에 들어갔다가, 이튿날 바나바와 함께 더베로 가서 복음을 그 성에서 전하여 많은 사람을 제자로 삼고, 루스드라와 이고니온과 안디옥으로 돌아가서 제자들의 마음을 굳게 하여 이 믿음에 거하라 권하고, 또 우리가 하나님 나라에 들어가려면 많은 환난을 겪어야 할 것이라 하고, 각 교회에서 장로들을 택하여 금식 기도하며 저희를 그 믿은 바 주께 부탁하고.

제자들을 훈련함

더베를 떠나 루스드라, 이고니온, 안디옥으로 다시 돌아간 사실은 주목할 만합니다. 루스드라는 바울이 돌에 맞아 거의 죽은 상태로 버려지기까지 했던 곳입니다! 안디옥과 이고니온은 그를 돌로 쳤던 장본인들이 왔던 곳입니다! 이 기사를 읽을 때 우리는 이런 생각을 하게 됩니다. '복음을 전하는 일을 위하여 얼마나 큰 짐을 지고 있는 사람들인가! 그들은 자기들에게 적개심을 품고 있는 그 지역으로 기꺼이 돌아가서 자신들의 생명을 걸고 그리스도의 복음을 전하려는 모험을 하고 있구나!'

그러나 바울과 바나바가 그 지역으로 돌아온 것은 그것 때문이 아니었습니다. 새 신자들의 믿음을 세워 주기 위해서였습니다. 그들은 제자들을 굳게 하고 제자들에게 격려를 주기 위해서 기꺼이 자신들의 목숨을 걸었습니다. 그들이 이 일을 한 것은 세계 복음화에 대하여 그들이 가지고 있는 개념 때문이었습니다. 그들의 사명은 몇 전문가들의 복지나 성공에 달려 있는 것이 아니었습니다. 평범한 사람들의 충성과 헌신에 따라 그 성패가 결정되는 것이었습니다. 그 사람들이야말로 세계 복음화의 열쇠였습니다. 그러므로 그 사람들은 도와주고 강하게 세워 주며, 가르치고 훈련시켜 줄 사람이 필요했습니다. 그것 때문에 바울과 바나바는 그곳으로 다시 가서 그 사람들의 마음을 굳게 하고 믿음에 거하라고 권면했던 것입니다.

여기서 우리는 제자삼는 과정에 있는 세 가지 독특한 면을 보게 되는데, 마음을 굳게 함, 영혼을 격려함, 그리고 제자가 치러야 할 값에 대해 사실대로 가르치는 것이 그것입니다. 굳게 한다는 말 가운데는 제자로 하여금 일상생활에서 강해지도록 만들어 주는 여러 가지 일을 하는 것도 포함됩니다. 어떤 사람에게 말씀을 섭취하는 방법과 견고한 기도생활을 확립하는 방법을 가르쳐 준다면 당신은 그를 굳게 해주는 일을 많이 한 것입니다. 격려는 여러 가지 모양으로 할 수 있습니다. 당신이 어떤 사람을 위해 기도하고 있다는 것을 그 사람이 알게 되면 그는 격려를 받습니다. 그가 성경 말씀을 한 구절 암송했거나, 성경공부를 마쳤거나, 그 이웃에게 전도를 했다면 그를 칭찬해 주십시오. 당신이 마음 가운데 느끼고 있는 열정을 나타내 보여 주십시오. 당신이 그의 발전을 기뻐하고 있다는 것을 그가 알도록 해주십시오. 그리고 제자의 삶이란 장미 화원을 거니는 식의 유유자적이 아니기 때문에 우리는 그런 방향으로 암시를 주어서는 안 됩니다. 치러야 할 값에 대해 사실적으로 가르쳐 주어야 합니다.

다소의 사울이 그리스도인이 되었을 때 주님께서 하신 말씀이 기억납니까? "그가 내 이름을 위하여 해를 얼마나 받아야 할 것을 내가 그에게 보이리라"(사도행전 9:16). 바울은 돌에 맞으면서 무슨 생각을 했으리라고 생각하십니까? 스데반을 생각하고 있었을까요?

어떤 의미에서, 복음을 듣는다는 것은 위험을 자초하는 것이기도 합니다. 언젠가 당신이 그리스도인들에게 돌을 던졌는데, 그 다음날 바로 당신에게 그 돌이 날아온 적이 있었는지도 모릅니다. 복음은 우리를 돌 던지는 편으로부터 그것을 맞는 편으로 옮겨 놓는 능력이 있습니다. 박해자였던 사울이 박해받는 자인 바울이 되었습니다.

최근에 힌두교 가정 출신의 어느 그리스도인을 만난 적이 있는데, 그는 오랫동안 기독교를 대적해 오다가 어느 친구의 전도로 그리스도를 따르는 사람이 되었습니다. 이 사실에 질겁을 한 그의 어머니는 힌두교 사제를 찾아가서 아들에게 일어난 일을 이야기했습니다. 사제는 아들이 잘 때 아들에게 행할 어떤 의식을 말해 주면서 그렇게 하면 틀림없이 그가 힌두교로 돌아올 것이라고 확약을 했습니다. 매일 밤마다 그녀는 그 의식을 행했지만 아무 효력이 없었습니다. 하나님께서 천사들을 보내셔서 그가 잠자고 있는 동안에도 그를 해치지 못하도록 보호하셨던 것입니다. 그녀는 실망해서 이번에는 불교의 승려에게 찾아가서 자초지종을 이야기했습니다. 그는 그녀에게 주문을 쓴 부적을 몇 장 팔면서 이 부적을 아들이 마시는 차에 담갔다 주면 효과가 있을 것이라고 약속했습니다. 그러나 그것도 아무 소용이 없었습니다.

그녀의 아들은 계속해서 새롭게 발견한 믿음 가운데 견고히 붙어 있었고 주님 안에서 성장하기 시작했습니다. 성경 말씀을 암송하기 시작했고, 같은 학교의 몇 친구들과 함께 성경공부에 참석했습니다. 그를 지켜보고 있던 어머니는 마침내 아들의 새로운 삶이 순수하다는 사실을 인정하지 않을 수가 없었습니다. 그의 친구들은 한때 그리스도를 대적하던 이 친구가 그리스도의 제자가 되었다는 사실을 믿기가 어려울 정도였습니다. 그것 때문에 그는 힌두교를 믿고 있는 그 친구들의 대적이 되어 그가 이전에 핍박했던 그 핍박을 이번에는 친구들로부터 받고 견뎌야 했습니다. 복음을 듣는다는 것은 이와 같이 위험한 일일 수도 있습니다.

정련 과정

바울은 제자들에게 "우리가 하나님 나라에 들어가려면 많은 환난을 겪어야 할 것이라"(사도행전 14:22)고 상기시켰습니다. 환난에 해당하는 헬라어 원어(thlipsis)는 알곡으로부터 겉겨를 분리시켜 내던 고대의 곡식 떠는 기구에서 유래된 말입니다. 밭에서 거둔 밀은 곳간에 보관되기 전에 꼭 탈곡기를 거쳐야 합니다. 이것은 신앙인의 순례의 모습을 보여 주는 좋은 예입니다!

우리는 좋은 씨로서 하나님의 밭인 세상에 뿌려졌습니다. 우리의 최종 안식처인 천국에 가는 노정에서 우리는 하나님의 거대한 탈곡기를 통과하게 됩니다. 혹시 당신은 탈곡기의 가동하는 모습을 보았는지 모르겠지만, 그 광경은 참으로 볼 만합니다. 탈곡기는 인정사정도 없이 곡식 낱알들을 훑습니다. 알곡으로부터 겉겨가 완전히 분리될 때까지 털어 냅니다. 이것은 그리스도인의 삶의 모습을 그대로 보여 주는 것입니다.

그러나 하나님의 탈곡기는 자비와 사랑과 은혜로 알곡을 다룹니다. 그것은 잔인한 도구가 아니라 하나님께서 우리의 삶 가운데 베푸시는 사랑과 온유의 도구입니다. 때로 하나님의 훈련 방법이 힘들어 보이기 때문에 우리는 불평을 늘어놓을 때도 있습니다. 그렇지만 하나님께서는 자신이 하시는 바를 분명히 알고 계시므로 우리는 그분을 신뢰할 수 있습니다. 우리의 환경을 주관하시는 그 손은 십자가에 못 박히셨던 손입니다. 우리는 환난을 십자가의 관점에서 바라보아야 합니다. 만약 당신이 현재 탈곡하는 과정 즉 정련과정에 처해 있다면 기뻐하십시오. 하나님께서 당신의 삶 가운데 역사하시기 때문입니다. 하나님께서는 그 과정을 시종일관 지켜 주시고 마침내는 당신을 위한 자신의 위대한 목적을 온전히 이루어 주실 것입니다. 하나님께서는 당신을 그리스도의 형상으로 변화시켜 주실 것입니다. 물론 용광로의 불길이 유쾌한 일은 못되나 용융 과정을 겪어야 정금을 얻을 수 있습니다. 밀에게는 탈곡 과정이 즐거울 리 없지만 겨를 제거하기 위해서는 반드시 필요한 과정입니다. 욥은 이 진리를 잘 알았습니다. 그는 "나의 가는 길을 오직 그가 아시나니 그가 나를 단련하신 후에는 내가 정금같이 나오리라"(욥기 23:10)고 말했습니다. 어느 교회에서든지 바울이 마지막으로 한 일은 그들을 주님께 부탁하는 것이었습니다(사도행전 14:23). 부탁한다는 말은 그들을 안전하게 지켜 주시도록 주님께 의탁한다는 뜻을 내포합니다. 그것은 어떤 물건을 금고 속에 맡겨 보관한다는 개념과 흡사합니다.

1978년 여름, 나는 네덜란드 암스테르담 북쪽에 위치한 어느 수양관에서 훈련 프로그램에 참석한 50명의 형제들에게 말씀을 전한 일이 있었습니다. 내가 배정받은 방은 문이 잠가지지 않는 것이었습니다. 당시 수양관에는 각기 다른 세 단체가 묵고 있었는데, 그중 하나는 그리스도인이 아닌 초월 명상 클럽이었습니다. 나는 여행 서류, 비행기표 그리고 여행자 수표 같은 것들을 잠기지도 않는 방에 그냥 두고 가기가 꺼림칙해서 수양관 책임자에게 맡겨 금고에 넣어 두도록 했습니다. 바울이 루스드라, 이고니온, 안디옥의 교인들을 위하여 했던 일이 바로 이와 흡사합니다. 그는 주님께서 그들을 안전히 지켜 주시도록 부탁했습니다.

바울이 디모데에게 명한 내용에서도 부탁하는 모습이 나옵니다. "또 네가 많은 증인 앞에서 내게 들은 바를 충성된 사람들에게 부탁하라. 저희가 또 다른 사람들을 가르칠 수 있으리라"(디모데후서 2:2). 디모데는 바울로부터 배운 바를, 그 가치를 깨닫고 다른 사람들에게 전할 수 있는 충성된 사람들에게 맡기고, 부탁하며, 보관시켜야 했습니다. 베드로도 "그러므로 하나님의 뜻대로 고난을 받는 자들은 또한 선을 행하는 가운데 그 영혼을 미쁘신 조물주께 부탁할지어다"(베드로전서 4:19)라고 기록했습니다. 바울이 뜻한 바도 바로 이것이었습니다. 그는 형제 자매들을 안전하게 지켜 주시고 그들이 하나님의 뜻을 수행할 때 능력을 주시도록 주님께 부탁했습니다.

늘 소식을 전함

사도행전 14장은 바울과 바나바가 처음에 전도 여행을 출발했던 곳으로 돌아오는 데서 끝맺습니다. "거기서 배 타고 안디옥에 이르니, 이곳은 두 사도의 이룬 그 일을 위하여 전에 하나님의 은혜에 부탁하던 곳이라. 이르러 교회를 모아 하나님이 함께 행하신 모든 일과 이방인들에게 믿음의 문을 여신 것을 고하고, 제자들과 함께 오래 있으니라"(사도행전 14:26-28). 그들은 그들의 사명을 완수하고 나서, 있었던 모든 일들에 대하여 형제 자매들과 나누었습니다.

만약 어떤 사람들이 당신의 생활과 선교 사역을 위해 기도해 주며 지원해 주고 있다면, 당신의 삶을 통하여 하나님께서 어떻게 역사하고 계신지에 대하여 그들에게 항상 새롭게 알리십시오. 그들에게 성공한 일뿐 아니라 실패한 것도 나누십시오. 그리고 그들에게 감사하십시오. 때로 그들의 사랑과 기도를 당연한 것으로 여기기가 쉽습니다.

나는 이 교훈을 힘겹게 배웠습니다. 나는 선교 사역을 위해 많은 사람들로부터 기도와 헌금 지원을 받고 있습니다. 그러므로 나는 선교 소식을 그들에게 항상 편지로 알리고 고마움을 표하고자 힘씁니다. 언젠가 여름이 되면서 나는 눈코 뜰 새 없이 바쁘게 되어 여기저기 동분서주하다가 그만 기도와 헌금으로 우리를 도와주던 사람들을 까맣게 잊고 지냈습니다. 여름이 끝나 갈 무렵 우리를 위해 매월 보내 오던 헌금이 여름 초반의 삼분의 일로 뚝 떨어졌습니다. 많은 사람들이 헌금을 중단했고, 설상가상으로 기도도 중단한 것이었습니다. 이 일을 통해 나는 귀한 교훈을 배웠습니다. 그래서 나는 이 세상 어딜 가나 물질로나 기도로 후원해 주는 사람들에게 잊지 않고 소식을 전하기를 힘쓰고 있습니다.

휴식의 필요성

여기서 보여 주는 두 번째 교훈은 우리의 영적인 배터리를 재충전시키기 위해 이따금 쉬는 것이 절대적으로 필요하다는 것입니다. 만일 자동차가 고속도로 상을 연료 보충 없이 계속 달린다면 끝내는 동력 소모로 멈추게 될 것입니다. 우리의 삶도 마찬가지입니다. 우리는 인간이기에 때때로 쉬고 긴장을 풀 필요가 있습니다. 특별히 동기력이 강한 사람일수록 그렇게 하기가 힘듭니다. 그들은 하루라도 쉬면 주님께 죄를 짓는 것으로 여깁니다.

1950년대 초기에 나는 펜실베이니아 주의 피츠버그에서 젊은 목사 켄 스미스와 동역했습니다. 월요일 아침마다 켄은 펜실베이니아 버틀러에 가서 이런저런 운동을 하곤 했습니다. 나는 그 일을 언짢게 생각했습니다. '월요일이라고 사람들이 지옥에 가지 않는단 말인가?' 나는 그렇게 생각했습니다. 그리스도께 헌신한 목사로서 어떻게 그러한 명백한 잘못을 정당화시킬 수 있을까? 그러나 켄은 그러한 나의 반응을 꾸준히 참아 냈고, 한번은 나에게 같이 가자고 말했습니다. 얼마 후 나는 그의 생활 습관 속에서 지혜를 찾을 수 있었습니다. 그는 하루를 쉬면서 긴장을 푼 뒤에 힘을 저축하여 다음 일을 준비했던 것입니다.

댈러스 신학교의 하워드 헨드릭스 박사는 주님의 일꾼들이 자기들도 역시 인간이라는 사실을 인정하기를 꺼린다고 지적합니다. 그것을 인정하는 것은 마치 육신에 져서 게으르고 나태한 본성에 굴복하기라도 하는 것인 양 생각합니다. 그러나 그것은 위험한 생각입니다. 우리는 균형 잡힌 생활을 유지해야 합니다. 마귀는 언제나 우리로 하여금 균형을 상실하도록 유도합니다. 권투선수가 시합에서 균형을 잃을 때 상대 선수의 손쉬운 제물이 됩니다. 마귀는 이 사실을 잘 알고 있기 때문에 우리에게 슬그머니 다가와 일단 "천천히 하라"고 속삭입니다. 우리가 그에게 속도를 늦출 수 없노라고 답하면, 마귀는 기다렸다는 듯이 "그래? 좋아. 그럼 좀 더 빨리!" 하고 외칩니다. 그는 온갖 수단을 동원하여 우리를 쉬지 못하게 만듭니다. 마귀의 관심은 오로지 그리스도인의 삶 가운데서 균형을 앗아 가는 것입니다.

요 약

하나님께서는 바울과 바나바의 팀웍을 축복하셨습니다. 이는 그들이

- 세상을 향한 그리스도의 사명에 적극적으로 헌신했고,
- 복음을 분명하게 전하였으며,
- 믿는 자들을 굳게 세워 주었고,
- 하나님의 정련 과정을 통과하였기 때문입니다.

15

그리스도 안에서의 자유

사도행전 15장에서는 그리스도의 사역을 변질시키려는 충격적인 사건이 일어납니다. 바울과 바나바는 그런 일이 터지리라곤 전혀 예기치 못한 터였습니다. 당시 그들은 선교 거점인 안디옥에 돌아와 쉬기도 하고 형제들과 즐겁게 교제를 나누며 평온한 시간을 보내고 있었습니다. 바로 그때 예기치 못한 일이 발생한 것입니다.

"어떤 사람들이 유대로부터 내려와서 형제들을 가르치되, '너희가 모세의 법대로 할례를 받지 아니하면 능히 구원을 얻지 못하리라' 하니"(사도행전 15:1). 비록 그들은 소수의 무리였지만, 커다란 논쟁의 불씨를 던졌습니다. 본시 문제를 일으키는 데는 그리 많은 사람이 필요하지 않습니다.

나는 아내와 아들을 데리고 스위스의 제네바를 방문한 적이 있었는데 때마침 싱싱한 과일들이 한창 쏟아져 나오는 시기였습니다. 바로 그전 몇 주 동안 동부 유럽을 여행했었는데 신선한 과

일을 찾아보기 힘들었던 터라 우리는 이런 기회를 벼르고 있었습니다.

제네바에 있는 어느 노천 시장을 지나게 되었는데 내 아들은 딸기를, 나는 버찌를 사기로 했습니다. 딸기는 조그만 상자에 포장되어 있었으나 버찌는 큼직한 궤짝에 아무렇게나 담겨져 있었습니다. 주춤거리는 우리를 보고 과일 장수는 우리에게 얼마나 살 것인지 프랑스어로 물어보았는데, 프랑스어를 잘 모르는 우리는 어떻게 대답할 줄을 몰랐습니다. 그가 우리에게 뭐라고 물어보는 것 같아서 엉겁결에 내가 고개를 끄덕였더니, 곧 그는 자루 하나를 꺼내어 버찌를 담기 시작했습니다. 자루가 가득 찰 때까지 열심히 담더니 저울에 달아 본 뒤 몇 줌을 더 집어넣었습니다.

나는 그렇게 많이 살 마음이 없었으나 그만 넣으라고 말할 줄을 몰랐기 때문에 결국 앞으로 며칠 동안 실컷 먹을 수 있으려니 생각하고 버찌 한 자루를 받아들었습니다. 그날 밤 몇 개를 먹어 보았더니 과연 감칠맛이었습니다. 그 다음 날도 얼마를 더 맛있게 먹을 수 있었습니다. 아직도 반 자루가 넘게 남아 있었지만 다음 날도 역시 맛있겠거니 생각했기에 조금도 염려가 되지는 않았습니다.

그런데 이게 어찌 된 영문인지 사흘째 되는 날 먹으려고 보니 거의 썩어 있는 것이었습니다. 틀림없이 자루의 밑바닥에 있는 약간의 썩은 버찌들이 나머지 것들까지 썩게 만든 것이 분명했습니다. 이와 똑같은 현상을 교회나 운동경기 팀, 혹은 일터의 작업반 등에서도 찾아볼 수 있습니다.

유대에서 안디옥에 내려온 소수의 무리들은 각 사람이 율법을 준수하지 않으면 구원받을 수 없다고 선동하면서 혼란을 야기했습니다. 상당수의 유대인들이 유대 민족의 위대함과 영광을 다시 부활시켜 줄 수 있는 메시야를 갈구해 왔었습니다. 그리하여 안디옥에 온 무리들은 만약 율법적인 의식을 기독교 메시지의 일부로 포함시켜 놓으면 보나 넓게, 보다 멀리 확산될 수 있으리라고 생각했던 것입니다. 안디옥은 그러한 의미에서 그들에게 전략의 요충지가 되었습니다. 왜냐하면 그 당시 안디옥은 복음 전파의 중심지였기 때문입니다. 만약 그들이 안디옥의 성도들에게 이 사실을 확신시킬 수만 있다면, 다른 지역의 사람들을 설득하는 것은 문제가 되지 않을 거라고 생각했던 것입니다.

편견은 쉽게 사라지지 않는다

과거의 구습과 편견들은 쉽게 사라지질 않습니다. 오늘날 진정으로 거듭난 그리스도인들이 많이 있습니다. 그들은 선행을 통해 천국에 이를 수 있다는 과거의 생각을 버렸습니다. 이제는 그리스도 예수 안에서 믿음으로 말미암아 구원받을 수 있다는 사실을 잘 알고 있습니다. 그렇지만 아직도 그들의 마음 한구석에는 하나님의 은혜를 값으로 살 수 있다는 생각이 남아 있습니다. 그들은 여전히 하나님께서 하나님의 나라를 점수 제도로 다스린다고 생각하는 것입니다. 만약 그들이 선행을 하면 하나님의 사랑을 받을 수 있으나, 그렇지 못하면 버림당하기 때문에, 어떻게 해서든지 자신들의 노력으로 하나님의 은총을 얻고자 하는 헛된 몸부림 가운데 어처구니없게도 자신의 생을 낭비하고 있습니다.

그러나 하나님께서 우리에게 변함없는 영원한 사랑을 지속적으로 베푸신다는 사실은 주옥같이 빛나는 진리입니다. 하나님께서는 결코 변함이 없으십니다. 하나님의 사랑은 강하고 견고하며 안전합니다. 하나님의 은혜를 값으로 사야 한다고 믿는 사람들은 자신들이 그런 태도를 가지고 있다는 것을 미처 의식하지 못하거나 그것이 잘못되었다는 사실조차 깨닫지 못할 수도 있습니다. 흔히 그러한 태도는 옛 생활의 잔재로서 버려야 할 잘못된 태도입니다.

사람에게는 이상하게도 자신의 생각이나 습관을 다른 이들에게까지도 규율로 만들려는 경향이 있습니다. 나 자신에게 좋다고 생각되면 그것을 주위 사람들에게도 강요하려고 합니다. 좋은 습관뿐만 아니라 나쁜 습관도 그렇습니다. 조깅을 하는 사람은 주위 동료들이 모두 자기와 함께 뛰어 주기를 바라고, 마약 중독자는 다른 사람들까지도 유혹하여 중독시키려 듭니다. 습관성 알코올 중독자 역시 마찬가지입니다.

한번은 유명한 저자인 할 린지와 함께 뉴올리언스에서 개최된 어느 겨울 수양회에 참석한 일이 있었습니다. 우리는 대학생 선교회(CCC)의 초청으로 수양회 메시지를 전해 달라는 부탁을 받고 참석했습니다. 수양회 도중 그들은 할 린지와 우리 부부를 저녁 식사에 초대하여 어느 프랑스 음식점에 데리고 갔습니다. 그곳의 웨이터는 키가 훤칠한데다, 위풍이 있어 보이는 검은 바지와 흰 셔츠 차림에 검은 넥타이를 맨 신사다운 젊은이였습니다. 그는 음식을 들기 전에 칵테일을 권했으나 우리는 거절했습니다. 그는 또 우리의 식사 주문을 받더니 식사와 더불어 약간의 포도주를 마시도록 권했습니다. 또다시 거절하자 그는 못마땅하다는 듯이 언성을 높이며, "도대체 술도 없이 음식을 무슨 맛으로 먹죠!" 하고 말했습니다.

할은 그를 힐끗 올려 보고 미소를 지으며 "우리를 보고만 있게나!"라고 말했습니다.

그 웨이터의 문제는 비로 사도행전 15장에 나오는 무리들의 문제와 비슷합니다. 그는 자기 자신이 식사와 더불어 술을 즐기므로 다른 모든 사람들도 그래야 마땅하다고 생각했던 것입니다. 사실 그는 훌륭한 웨이터로서 우리가 술을 약간이라도 마시도록 온갖 말로 권유했지만, 우리는 식탁에서 술을 즐기는 사람들이 아니었던 것입니다.

나의 아내는 매일 아침 두 시간 정도를 기도와 성경공부 하는 일에 보냅니다. 아내에게는 이것이 커다란 기쁨이며 간절히 사모하는 일입니다. 그렇다고 그러한 습관을 교회 장년부에 있는 모든 부인들에게도 고집할 수 있겠습니까? 만약 내 아내가 자신뿐만이 아니라 다른 부인들까지도 그러한 방식을 따르는 것이 하나님의 뜻이라고 생각하여 그들에게 자신의 방식만을 끈질기게 고집한다면 어떻게 되겠습니까? 필경 아내는 잘못을 범하게 될 것입니다. 왜냐하면 자신에게 좋다고 반드시 모든 사람에게 좋은 것은 아니기 때문입니다.

만약 당신이 암송의 축복을 깨닫고 일주일에 2구절씩 암송하면서 하나님과의 교제를 즐기고 있다고 합시다. 그렇다고 해서 그 방법이 반드시 다른 사람들도 따라야 하는 하나님의 뜻이라 생각할 수 있을까요? 아닙니다! 우리들은 서로 조심해야 합니다. 하나님께서 당신을 인도하시는 것과 똑같은 방법으로 다른 사람도 인도하신다는 법은 없습니다. 물론 성경적인 원리는 모든 사람에게 적용할 수 있는 보편적인 것이나, 실제적 적용 방법은 얼마든지 다를 수 있는 것입니다. 이를테면 하나님께서 그분의 모든 자녀들과 교제 나누길 원하시는 것은 틀림없는 사실이나, 자신이 하나님과 교제하는 방법을 다른 사람도 반드시 그대로 따라야 할 필요는 없습니다.

바울은 당시의 교회 내 성도들 간의 교제 생활이 어려운 문제에 직면하고 있음을 알았습니다. 자신을 돌멩이로 치려는 폭도들 앞에서나 감옥에 갇힐 위기 앞에서조차도 아무 말이 없던 바울이었습니다. 그러나 그는 갓 태어난 그리스도인들의 믿음에 관한 문제에 있어서는 한 치의 양보 없이 단호히 대응했습니다. "바울과 바나바와 저희 사이에 적지 아니한 다툼과 변론이 일어난지라, 형제들이 이 문제에 대하여 바울과 바나바와 및 그중에 몇 사람을 예루살렘에 있는 사도와 장로들에게 보내기로 작정하니라"(사도행전 15:2).

바울과 바나바가 그토록 염려한 이유가 무엇입니까? 간단히 말하면, 이 새로운 신자들이야말로 장래 선교의 성공을 위한 주춧돌이었기 때문입니다. 바울은 혼자의 힘으로 세계 복음화를 감당할 수 없음을 너무도 잘 알았습니다. 자신만의 힘으로 모든 사람에게 복음을 전할 수는 없었던 것입니다. 하나님의 전략은 명확했습니다. 모든 그리스도인은 선교사이며, 그리스도가 없는 모든 사람-가족, 이웃, 도시, 국가, 세계 등 어느 곳에 있든지-은 선교지인 것입니다. 그렇지만 새 신자들에 대한 바울의 근심과 관심이 단지 그러한 이유 때문만은 아니었습니다. 그는 그리스도

안의 형제 자매들을 단지 세계 복음화를 위한 거대한 기계 속의 톱니바퀴로만 여기지는 않았습니다. 그는 그들 하나하나를 깊이 알았으며, 진심으로 사랑했고, 소중히 여겼던 것입니다. 그는 데살로니가 성도들에게 이렇게 상기시켰습니다. "오직 우리가 너희 가운데서 유순한 지 되어 유모가 자기 자녀를 기름과 같이 하였으니, 우리가 이같이 너희를 사모하여 하나님의 복음으로만 아니라 우리 목숨까지 너희에게 주기를 즐겨함은 너희가 우리의 사랑하는 자 됨이니라"(데살로니가전서 2:7-8).

바울은 그들을 진정 사랑했고 그들이 어떤 굴레에 매여 속박당하는 것을 원하지 않았습니다. 후에 그는 사도행전 15:1에 기록된 사건을 갈라디아 교회에 보내는 서신서에서 회고하고 있습니다(갈라디아서 2:1-5 참조). 그중 특별히 다음 구절은 바울의 관심을 분명히 보여 주고 있습니다. "그리스도께서 우리로 자유케 하려고 자유를 주셨으니, 그러므로 굳세게 서서 다시는 종의 멍에를 메지 말라"(갈라디아서 5:1).

이 속박과 멍에가 문제가 되었었는데 바울은 그것을 단호하게 배격했습니다. 그는 속박이 주님께로부터 온 것이 아님을 알았습니다. 그리스도께서는 그분을 따르는 사람들에게 세례를 주라고 하셨지 할례를 행하라고 하시지는 않았습니다. 바울은 그러한 그리스도의 명령을 결코 잊지 않았던 것입니다.

그래서 그들은 그 문제를 해결하려고 예루살렘으로 떠났습니다. "저희가 교회의 전송을 받고 베니게와 사마리아로 다녀가며, 이방인들의 주께 돌아온 일을 말하여 형제들을 다 크게 기쁘게 하더라"(사도행전 15:3). 그리스도인으로서 다른 사람들이 주님께로 돌아오는 소식을 듣는 것은 여간 기쁜 일이 아닙니다. 미국의 한 뉴스잡지 기자가 미국 전역을 휩쓰는 역사적인 기독교 확장에 대한 사람들의 점증되는 관심에 대하여 기사를 쓴 일이 있었습니다. 그는 거기서 그리스도인들은 다른 이들의 구원 간증 듣기를 좋아하는 것 같다고 지적했습니다. 이것은 사실입니다. 어떤 그리스도인들의 모임에서건 활기를 불어넣고자 한다면 누군가로 하여금 자신의 간증을 이야기하도록 기회를 주십시오.

빌립이 사마리아에서 처음으로 복음을 전했을 때, 온 성안에 기쁨이 충만했었습니다. 바로 그 사마리아인들이 이방인들의 회심 소식을 듣고 크게 기뻐했던 것입니다. 해외여행을 마치고 돌아오게 되면 나는 으레 콜로라도스프링스에 있는 제일장로교회의 주일학교 반에서 여행 중 감명 깊었던 일들을 나누곤 합니다. 나는 그들이 내가 방문한 지역들에 관한 이야기에는 관심이 적은 반면 그리스도께로 돌아온 사람들의 생생한 이야기를 들려줄 때는 그들의 눈동자에 생동감이 넘치는 것을 보곤 했습니다. 그리스도로 말미암아 변화된 사람들의 간증은 같은 그리스도인들에게 말할 수 없는 기쁨을 안겨 줍니다.

예루살렘 회의에서 거론된 문제는 분명하였습니다. "바리새파 중에 믿는 어떤 사람들이 일어나 말하되, '이방인에게 할례 주고 모세의 율법을 지키라 명하는 것이 마땅하다' 하니라"(사도행전 15:5). 장로들과 사도들 가운데 적지 않은 토론이 오갔습니다. 그때 베드로는 고넬료를 방문한 일에 대해 설명을 하였습니다. 이어서 바울과 바나바가 말했습니다. "온 무리가 가만히 있어 바나바와 바울이 하나님이 자기들로 말미암아 이방인 중에서 행하신 표적과 기사 고하는 것을 듣더니, 말을 마치매 야고보가 대답하여 가로되, '형제들아, 내 말을 들으라. 하나님이 처음으로 이방인 중에서 자기 이름을 위할 백성을 취하시려고 저희를 권고하신 것을 시므온이 고하였으니, 선지자들의 말씀이 이와 합하도다'"(사도행전 15:12-15).

몇 사람이 더 논평을 덧붙이고 토론한 뒤에 사도들과 장로들은 안디옥, 수리아, 그리고 길리기아에 있는 이방인 신자들에게 보낼 편지를 작성하였습니다. 그 편지는 이방인들에게 몇 가지 필수적인 사항을 지키는 것을 제외하고는 아무것도 요구하지 않는다는 내용이었습니다. "성령과 우리는 이 요긴한 것들 외에 아무 짐도 너희에게 지우지 아니하는 것이 가한 줄 알았노니, 우상의 제물과 피와 목매어 죽인 것과 음행을 멀리할지니라. 이에 스스로 삼가면 잘되리라. 평안함을 원하노라"(사도행전 15:28-29). 사도들과 장로들 및 참석했던 모든 형제들이 동의하여 그 문제는 일단락되었습니다.

사도행전 15장에 나오는 이방인 신자들에 관한 토의 내용을 통해 몇 가지 교훈을 찾아볼 수 있습니다.

문제를 공개적으로 다룰 것

몇몇 형제들이 안디옥 교회에 와서 이방인이 그리스도인이 되기 위해서는 먼저 유대인의 율법을 지켜야 한다고 주장할 때 바울과 바나바는 지혜롭게 대처했습니다. 첫째로, 그들과 쓸데없이 논쟁을 하기보다 그 문제를 공개적으로 드러내 놓고 다룬 것입니다. 문제가 발생할 때마다 우리는 이 점을 기억해야 합니다. 즉 모든 문제점들을 공개 토론에 붙이는 것입니다. 그것들을 솔직하고도 공정하게 검토하고 관련된 모든 사람들을 참여시키십시오. 문제점이나 쓴 뿌리를 품고 속으로만 끙끙 앓는 사람이 없도록 하십시오.

하루는 어떤 사람이 도슨 트로트맨의 사무실에 느닷없이 들이닥쳤습니다. 그는 어느 한 간사와는 더 이상 같이 동역할 수 없겠노라고 도슨에게 말했습니다. 그러더니 그는 이어서 그 간사의 결점과 문제점들을 낱낱이 열거하며 그 간사를 비난했습니다. 도슨은 이야기의 자초지종을 묵묵히 듣고 나서 그의 불평의 대상이 되는 간사를 불러들였습니다. 이어 그는 이렇게 말했습니다. "좋습니다. 자 이제 나에게 방금 한 말을 모두 당사자에게 직접 말해 봐요."

여기서 우리는 커다란 교훈을 하나 발견할 수 있습니다. 만일 당신이 어느 형제에게 거리끼는 것이 있거든 직접 그 형제에게 찾아가십시오. 그에 대하여 말하지 말고 그에게 말하십시오. 우리는 평안의 매는 줄로 성령의 하나 되게 하신 것을 힘써 지켜야 합니다(에베소서 4:3). 성령의 하나 되게 하심은 저절로 이루어지지 않습니다. 우리가 그것을 위해 부단히 노력해야 합니다. 분명히 내 자신이 동의할 수 없는 일에 동의해야 할 순간들이 있을 것입니다. 그렇지만 우리가 서로에게 순종할 때 은혜와 사랑과 이해가 넘친다는 사실을 확신하시기 바랍니다.

인간은 스스로 정결케 할 수 없다

둘째로, 사도행전 15:8-9 말씀은 인간의 상태와 그의 문제 해결에 관한 위대한 진리를 보여 주고 있습니다. "또 마음을 아시는 하나님이 우리에게와 같이 저희에게도 성령을 주어 증거하시고, 믿음으로 저희 마음을 깨끗이 하사 저희나 우리나 분간치 아니하셨느니라." 이 구절을 통해 우리는 하나님의 놀라우신 능력을 엿볼 수 있습니다. 예레미야 선지자는 이렇게 기록했습니다. "만물보다 거짓되고 심히 부패한 것은 마음이라. 누가 능히 이를 알리요마는"(예레미야 17:9).

사람은 자동차의 배기가스나 하천의 오염을 방지함으로써 주위 환경을 어느 정도 깨끗케 할 수 있을지 모르지만 인간의 부패한 마음을 정결케 할 수는 없습니다. 왜 그렇습니까? 마가복음 7:21-23에서 그 이유를 제시해 주고 있습니다. "속에서 곧 사람의 마음에서 나오는 것은 악한 생각, 곧 음란과 도적질과 살인과 간음과 탐욕과 악독과 속임과 음탕과 흘기는 눈과 훼방과 교만과 광패니, 이 모든 악한 것이 다 속에서 나와서 사람을 더럽게 하느니라."

시애틀에 있는 워싱턴 대학의 학생 시절에 나는 제과점에서 일한 적이 있습니다. 나의 하는 일은 빵 굽는 냄비나 프라이팬을 닦고, 난로를 소제하며, 마루를 닦는 일이었습니다. 그런데 어느 토요일 날 창문을 닦는데 더러운 얼룩 하나가 도무지 지워지질 않았습니다. 더운 물로도 해보고 비누를 많이 풀어서도 해보았지만 모두 헛수고였습니다. 그러다가 나는 문제점을 발견하게 되었는데, 다름 아니라 그 얼룩이 내가 열심히 문지르던 반대쪽에 묻어 있었던 것입니다.

예수님께서는 그것이 바로 인간의 문제임을 지적하셨습니다.

더러운 악은 우리 마음속에서 비롯된다는 것입니다. 외부로부터 아무리 해결책을 찾아도 소용이 없습니다. 단 하나의 영원한 해결책은 예수 그리스도께서 성령으로 말미암아 우리의 마음에 들어오셔서 안으로부터 우리 마음을 정결케 해주시는 것뿐입니다. 오로지 하나님의 능력만이 거짓되고 심히 부패한 인간의 마음을 정결케 할 수 있습니다.

인간은 하나님의 도구이다

세 번째 교훈은 야고보가 예루살렘 회의 중에 아모스 9:11-12을 인용하면서 발표했던 내용에서 찾아볼 수 있습니다. "'이후에 내가 돌아와서 다윗의 무너진 장막을 다시 지으며, 또 그 퇴락한 것을 다시 지어 일으키리니, 이는 그 남은 사람들과 내 이름으로 일컬음을 받는 모든 이방인들로 주를 찾게 하려 함이라' 하셨으니, 즉 예로부터 이것을 알게 하시는 주의 말씀이라"(사도행전 15:16-18).

이방인을 구원하는 것은 하나님의 계획이었습니다. 그것은 단순한 사후 대책이 아니라, 처음부터 세우신 것이었습니다. 그것은 베드로나 바울, 혹은 바나바의 계획이 아니라 바로 하나님의 계획이었던 것입니다. 그것은 전적으로 하나님의 일이었고, 그것을 이루시기 위해 우리와 같은 사람들을 택하셨습니다. 하나님께서는 연약하고 부족한 질그릇과도 같은 사람들을 사용하십니다. 하나님의 위대하고 영원한 계획을 바라보며, 우리의 연약함과 부족을 생각할 때, 우리는 우리에 대한 하나님의 오래 참으심과 자비, 그리고 사랑에 대하여 그저 무릎을 꿇고 감사드릴 수밖에 없습니다. 우리는 하나님께서 부르신 선교사들입니다. 하나님께서는 자신의 사역을 이루시기 위해 우리들을 택하셨고, 우리에게는 하나님의 영원한 계획에 동참할 수 있는 커다란 특권이 부여된 것입니다.

마지막으로 사도행선 15:25이 주는 교훈을 찾아봅시다. 사도들과 장로들, 그리고 그 밖의 형제들은 안디옥의 이방인인 그리스도인들에게 편지를 전달하는 임무를 수행할 일꾼들을 선정하게 되었습니다. "사람을 택하여 우리 주 예수 그리스도의 이름을 위하여 생명을 아끼지 아니하는 자인 우리의 사랑하는 바나바와 바울과 함께 너희에게 보내기를 일치 가결하였노라"(사도행전 15:25). 그들은 수많은 영적 전쟁들을 치러 오면서 연단받은 용감하고 믿음직한 일꾼들이었습니다. 이러한 사람들이야말로 그리스도의 메시지를 온 세상에 전하기 위해서라면 목숨이라도 기꺼이 내놓을 수 있는 무리들로서 오늘날의 교회가 진정 필요로 하는 사람들입니다.

우리들은 스스로에게 다음과 같은 좀 어려운 질문을 던져 볼 필요가 있습니다. "나는 진정 예수 그리스도를 위하여 기꺼이 목숨을 버릴 각오가 되어 있는가?" 이것이 바로 주님의 요구입니다. "나는 곤경과 궁핍이 없는 편한 상황에서만 주님을 따르려고 하지는 않는가?" 다윗은 대가를 치르지 않고 얻은 것을 가지고 하나님께 제사 드리기를 거절했습니다(사무엘하 24:24 참조). "나는 주님을 전심으로 따르고 있는가, 아니면 반 마음으로 따르고 있는가? 혹시 내 마음의 반쪽은 하나님께, 나머지 반쪽은 세상을 향하고 있지는 않은가?" 바나바와 바울, 실라 그리고 다른 편지 전달자들은 모두 한결같이 그리스도를 위해서라면 모든 희생을 불사했습니다.

그런데 이제 선뜻 믿어지지 않는 문제 하나가 생겼습니다. 얼마 전에 바울과 바나바는 루스드라 사람들에게 자신들이 신이 아니고 그들과 조금도 다를 바가 없는 인간이라고 설득한 일이 있었습니다. 그런데 공교롭게도 그 두 사람이 말다툼을 하고 갈라섬으로써 자신들이 정말 인간이라는 사실을 증명하게 되었습니다.

바울의 다음과 같은 제의가 문제의 발단이 되었습니다. "수일 후에 바울이 바나바더러 말하되, '우리가 주의 말씀을 전한 각 성으로 다시 가서 형제들이 어떠한가 방문하자' 하니"(사도행전 15:36). '형제들이 어떻게 행하고 있는지 알아보자'(KJV, NIV). 바울은 저들이 무엇을 알고 있는지에 대해 우선적인 관심을 갖지 않았습니다. 그의 주된 관심은 그들이 어떻게 행하고 있는지에 대한 것이었습니다. 그리스도인 사역의 전적인 목표는 바로 사람들로 하여금 이 땅에 사는 동안 보다 성숙한 사람들로 자라 가도록 도와 하늘나라에 합당한 자로 세우는 것입니다. 하나님의 말씀은 우리에게 지식을 공급하기 위해 주어진 것이 아니라 우리들의 삶을 인도하고 우리들의 행동을 변화시키기 위해 주어진 것입니다.

바울의 선교 열정

바울의 안디옥 방문은 흔히 그의 제2차 선교 여행으로 불립니다. 그러나 어떤 의미에서 보면 그것은 진짜 선교 여행이라고 말할 수가 없습니다. 선교라 함은 새로운 불모의 땅을 개척하는 것으로 복음을 듣지 못한 사람들과 복음이 전파되지 않은 새로운 지역에 뛰어드는 것이라고 할 수 있습니다. 바울의 마음에는 개척자로서 전혀 복음이 들어가지 않은 미개척지에 들어가 복음을 전하고자 하는 열망이 언제나 사라지지 않았습니다.

그러나 이번에 그가 바나바에게 제안한 여행은 믿는 사람들을 격려하고 세워 주기 위한 것이었습니다. 바울에게 있어서 새 신자들은 앞으로 교회의 전 선교 사업이 흥하느냐 쇠하느냐를 좌우하는 주춧돌이었습니다. 그래서 그는 어린 신자들이 어떻게 자라고 있는지 보고 싶었습니다. 그는 잠언 27:23에 기록된 "네 양 떼의 형편을 부지런히 살피며, 네 소 떼에 마음을 두라"고 한 말씀을 익히 알고 있었던 것이 틀림없습니다. 바울은 또한 솔로몬의 말 가운데 "우리가 일찍이 일어나서 포도원으로 가서 포도 움이 돋았는지, 꽃술이 퍼졌는지, 석류꽃이 피었는지 보자. 거기서 내가 나의 사랑을 네게 주리라"(아가 7:12) 한 말씀을 생각했을 것입니다. 바나바 자신도 이 선교 여행을 열망하였고 그의 생질인 마가에게 한 번 더 기회를 주기 위해 그를 데리고 가기를 원했습니다. 그러나 바울은 바나바의 의견에 반대했습니다.

> 바울은 밤빌리아에서 자기들을 떠나 한가지로 일하러 가지 아니한 자를 데리고 가는 것이 옳지 않다 하여, 서로 심히 다투어 피차 갈라서니, 바나바는 마가를 데리고 배 타고 구브로로 가고, 바울은 실라를 택한 후에 형제들에게 주의 은혜에 부탁함을 받고 떠나 수리아와 길리기아로 다녀가며 교회들을 굳게 하니라. (사도행전 15:38-41)

그런데 왜 바울이 실라를 택했습니까? 실라는 주 예수 그리스도를 위해 목숨을 건 사람이었기 때문입니다. 바울은 자신이 알기에 신뢰할 수 있는 사람을 데리고 가길 원했습니다. 실라는 불같은 시련 속에서도 충성되고 용기 있는 사람으로 이미 입증되어 있었습니다. 실라는 또한 로마 시민이었습니다(사도행전 16:37 참조). 바울은 로마 시민권이 로마제국 영토 내에서 복음을 전하는 데 큰 도움이 될 것을 잘 알고 있었습니다.

바울과 바나바가 서로 다툰 후에 각자 어디로 갔는지 주목해 보십시오. 그들은 각자의 고향으로 갔습니다. 바나바는 구브로로 돌아갔고 바울은 길리기아 지방의 중심지 다소 성을 향해 떠났습니다. 그들의 행동은 어린 시절에 있었던 사건 하나를 생각나게 해줍니다. 나는 친구와 공깃돌 놀이를 하다가 다툰 적이 있는데, 내 친구는 화가 나자 "내 것은 다 가지고 우리 집에 갈 테야" 하는 것이었습니다. 바울과 바나바도 바로 이런 식이었나 봅니다.

그들 중에 누가 옳았을까요? 둘 다 옳았습니다. 마가는 분명히 재기의 기회를 주어 볼 만한 인물이었습니다. 우리 모두에게도 역시 그러한 재기의 기회가 필요할 것입니다. 후에 바울은 마가를 칭찬하면서 그가 복음 사역에 큰 도움이 된 사실을 밝히고 있습니다. "누가만 나와 함께 있느니라. 네가 올 때에 마가를 데리고 오라. 저가 나의 일에 유익하니라"(디모데후서 4:11). 바나바가 마가를 용납한 행동이 후에 마가로 하여금 침체의 늪에서 벗어나 4복음서 중의 한 권을 쓴 것을 비롯하여 성공적인 섬김의 삶을 살도록 했다고 하여도 무리는 아닐 것입니다. 그러나 한편으로는 과거에 중도 포기한 사람을 다시 한 번 믿어 본다는 것은 흔히 큰 모험을 수반하는 것입니다.

바울과 바나바는 다른 기질, 다른 성품, 그리고 다른 선교 스타일을 소유하였습니다. 그렇지만 두 사람 모두 하나님의 나라를 위해 크게 기여한 자들입니다. 바나바의 마음은 젊은 마가에 대한 사랑과 동정심이 가득 찬 반면, 바울은 눈앞에 놓인 그리스도의 지상사명 수행에 불타고 있었던 것입니다. 두 사람 사이에 격렬한 언쟁이 있었음에도 불구하고 마귀가 수작 부릴 틈을 얻지는 못하였습니다. 왜냐하면 바울과 바나바는 다투는 순간부터 즉각적으로 각각 실라와 마가를 데리고 적극적인 행동을 개시했기 때문입니다. 나는 하나님께서 그들 모두를 축복하신 것을 확신합니다.

요 약

교리 문제나 사람 선택의 문제에 있어서 의견의 불일치가 있긴 했지만, 하나님께서는 교회의 연합을 계속 유지시켜 주셨습니다.

- 믿음의 기초가 보존되었고,
- 새 신자들이 보호되었으며,
- 하나님의 사람들은 계속해서 인내심을 가지고 하나님의 사역을 감당해 갔습니다.

16

일꾼들을 징모함

바울은 이제 대적들이 들끓는 지역으로 되돌아갔습니다. 그가 전에 루스드라를 방문했을 때에는 거의 죽을 뻔하였습니다. 그러나 이번 방문에서는 그의 생애 최고의 기쁨 중 하나가 될 놀라운 일이 벌어졌습니다. 바로 디모데를 만난 것이었습니다. "바울이 더베와 루스드라에도 이르매 거기 디모데라 하는 제자가 있으니, 그 모친은 믿는 유대 여자요 부친은 헬라인이라. 디모데는 루스드라와 이고니온에 있는 형제들에게 칭찬받는 자니"(사도행전 16:1-2). 바울은 디모데를 징모하여 자기와 동역할 것을 요청하였습니다. 디모데는 믿는 사람들 사이에서도 칭찬받는 모범적인 제자였습니다. 그러나 그들 중에서 디모데만 그렇게 훌륭한 제자였겠습니까? 그렇지는 않습니다.

그렇다면 왜 바울이 유독 디모데를 주님의 일꾼으로 훈련시키고자 선택했을까요? 디모데의 삶 가운데 어떤 면이 바울의 마음을 끌었기에 디모데를 일꾼으로 징모하려고 했겠습니까? 내가 확신하기로는 바울이 디모데의 많은 잠재 가능성을 보고, 훈련을 통해 그것들이 계발되리라는 확신을 가졌기 때문이라 생각됩니다. 하지만 그것은 시간이 걸리는 일이었습니다.

디모데의 자질

바울의 동역자가 될 수 있었던 디모데의 자질을 살펴보기로 합시다.

그는 종의 마음을 가지고 있었습니다. "자기를 돕는 사람 중에서 디모데와 에라스도 두 사람을 마게도냐로 보내고 자기는 아시아에 얼마간 더 있으니라"(사도행전 19:22). 디모데는 바울을 충성스럽게 도와준 사람이었습니다. 우리가 그리스도의 일꾼이 되고자 한다면 반드시 사람들을 섬기고자 하는 각오와 열망이 있어야 하며, 우리가 이 땅에서 그리스도를 위하여 하는 모든 일은 다른 사람들을 위하는 것이어야 합니다. 디모데는 바울이 지극한 관심을 기울여 주시하여 찾고 있던 자질 중 하나인 섬기는 종의 태도를 삶으로 보여 주었습니다. 오늘날 섬기려는 열망을 가진 사람들은 찾아보기가 힘든 게 사실입니다. 왜냐하면 우리들 대부분은 섬김을 받는 일에 더 익숙해져 있기 때문입니다. 그러나 우리가 그저 섬김을 받으려고만 한다면 최고 수준의 종의 삶을 사셨던 예수 그리스도의 일꾼으로서는 낙제생이 될 수밖에 없을 것입니다.

그는 언제든지 나설 준비 태세가 되어 있었습니다. 디모데는 바울에게 항상 유용한 사람이었습니다. 디모데는 바울의 절친한 친구가 되었고 바울의 마지막 사역 때까지 언제 어디서든 함께하며 일했습니다. "아시아까지 함께 가는 자는 베뢰아 사람 부로의 아들 소바더와 데살로니가 사람 아리스다고와 세군도와 더베 사람 가이오와 및 디모데와 아시아 사람 두기고와 드로비모라"(사도행전 20:4).

그는 가르침을 잘 받는 사람이었습니다. 항상 배우려는 태도를 가지고 있었습니다. 디모데의 이러한 면은 신약성경 중 바울이 디모데에게 보낸 두 편의 서신서에 두드러지게 나타나고 있습니다. 놀랍게도 바울은 디모데가 바울 자신의 가르침과 삶의 목표를 속속들이 이해하고 있다고 말했습니다(디모데후서 3:10-11 참조). 디모데가 바울의 삶을 통해 깨달은 사실들을 일일이 주목해 보십시오. 디모데는 확실히 바울의 일거수일투족으로부터 가능한 한 모든 것을 배우고자 하는 열망이 있었습니다. 그의 배우려는 열정은 실로 대단한 것이었습니다.

최근에 나는 한 신학대학으로부터 강연을 요청받았습니다. 하루는 거기 모인 학생들에게 한 가지 질문을 던졌습니다. 바울이 디모데에게 "나를 본받는 자 되라"고 거듭 권면한 사실에 비추어 볼 때, 바울이 다른 성도들을 가르치기 위해서 자기 대신 디모데를 보낼 때는 어쩌면 그렇게도 마음을 놓을 수 있었는지 설명해 보라는 것이었습니다. 그때 어느 한 학생이 아주 적절한 답변을 제시했습니다. 그는 "디모데가 사도 바울로부터 오랜 기간을 배웠기 때문에 디모데를 보내는 것은 마치 바울 자신이 가는 것과 마찬가지이었기 때문입니다"라고 말했습니다. 이 대답은 바로 핵심을 찌르는 명답이었습니다. 이런 사실을 감안할 때 당신 자신도 당신에게 배우기 위하여 충분한 시간을 기꺼이 투자할 수 있는 사람을 찾으시기 바랍니다.

그는 마음을 같이하였습니다. "이는 뜻을 같이하여 너희 사정을 진실히 생각할 자가 이밖에 내게 없음이라(빌립보서 2:20)." 바울은 하나님께서 그의 마음에 주신 목표에 대한 불타는 열망을 디모데 자신도 가슴 깊이 간직하고 있는 것을 알았습니다. 그들은 한마음 한뜻으로 그리스도께서 주신 위대한 목표를 위해 동역했던 것입니다.

그는 충성된 사람이었습니다. "이를 인하여 내가 주 안에서 내 사랑하고 신실한 아들 디모데를 너희에게 보내었노니, 저가 너희로 하여금 그리스도 예수 안에서 나의 행사 곧 내가 각처 각 교회에서 가르치는 것을 생각나게 하리라"(고린도전서 4:17). 디모데는 바울과 많은 시간을 함께 보냈기 때문에 그는 바울의 가르침뿐만 아니라 그의 삶도 보고 알았습니다. 그저 안 정도가 아니라 그러한 삶을 사는 데에 충실했습니다. 그는 바울이 어떻게 행했는지에 대해 그 방법을 알았을 뿐만 아니라 실제 그렇게 행한 것입니다. 디모데는 마치 고성능 녹음기가 원음을 충실하게 재생시켜 내듯 충성된 자였습니다.

그는 재생산하는 자였습니다. 디모데는 바울의 삶을 본받는 것으로 끝나지 않고 다른 사람들도 자신과 같이 살도록 가르쳤습니다. 바울은 디모데에게 자신의 삶을 투자하면서 디모데 역시 충성스러운 제자들을 가르치고 훈련시켜 일꾼으로 세워 줄 수 있는 잠재력이 있는 것을 보았습니다. "우리 형제 곧 그리스도 복음의 하나님의 일꾼인 디모데를 보내노니, 이는 너희를 굳게 하고 너희 믿음에 대하여 위로함으로"(데살로니가전서 3:2). 디모데는 바울의 비전을 자신의 것으로 만들고 그러한 사역을 스스로 실천할 뿐만 아니라 다른 사람에게 전달할 수 있는 능력을 가지고 있었습니다. "또 네가 많은 증인 앞에서 내게 들은 바를 충성된 사람들에게 부탁하라. 저희가 또 다른 사람들을 가르칠 수 있으리라"(디모데후서 2:2).

이러한 것들이 바울이 루스드라에서 만난 디모데에게서 찾아본 특성들입니다. 이런 사람을 발견한 순간의 바울의 기쁨을 상상해 보십시오! 그리스도를 위한 일꾼들을 징모하고 훈련시키는 일에 자기 자신의 생애를 투자한 자라면 누구나 그러한 사람을 만났을 때의 기쁨을 이해할 수 있을 것입니다.

징모의 원리

그렇다면 이제 어떻게 해야 하겠습니까? 주님의 일을 위한 일꾼을 어떻게 징모할 수 있을까요? 본래 징모란 국가에서 특별한 일에 필요한 사람을 불러 모으는 것을 말합니다. 따라서 영적인 의미에서 징모란 하나님 나라의 영적 추수에 필요한 사람을 불러 모으는 것입니다. 오랫동안 이 사역을 감당하면서 배운 몇 가지 교훈을 나누어 보겠습니다.

기도로 시작하십시오. 기도는 그리스도의 사역을 감당할 일꾼을 징모하는 일의 토대가 됩니다. 한번은 아이오와 주의 어떤 도시에서 개최된 네비게이토 수양회에 참석하려고 그곳에 도착하여 어느 식당엘 들렀습니다. 음식을 먹고, 카운터에 돈을 지불하면서 나는 돈을 받는 점원에게 주님을 소개하였습니다. 그러자 그는 놀라며, "오늘 두 번째로 하나님에 대한 이야기를 듣게 되었군요"라고 말했습니다. 그러한 이야기를 들려준 사람이 누구냐고 물었더니 대답을 해주는데, 틀림없이 그 수양회에 참석하러 온 한 젊은이라는 생각이 들었습니다.

"그 젊은이를 찾아 주게나!" 나는 함께 왔던 한 형제에게 부탁했습니다. 나중에 드디어 찾게 되었는데 스터얼링 대학에서 온 짐 노스라는 청년임을 확인하였습니다. 그 수양회 이후 일 년 동안 내 자신은 짐을 위해 매일 기도했고 아울러 그와 함께 동역할 수 있는 기쁨을 달라고 간절히 주님께 구했습니다. 짐이 점원에게까지 증거하고자 하는 열망에 불타 있는 정도라면 우리들의 제자삼는 팀에 커다란 기여를 할 수 있으리라 확신했습니다. 다음해 여름 나는 스터얼링 대학을 방문하여 짐과 대화를 나눌 수 있었습니다. 나는 그에게 올 여름방학 계획이 어떤지 물어보았습니다. 그는 청과물 시장에서 일하게 될 것이라고 대답했습니다.

"지난여름에는 무엇을 했습니까?" 하고 내가 물었습니다.

"청과물 시장에서 일했어요." 짐의 대답이었습니다.

"지지난해 여름에는?"

"역시 청과물 시장에서 일했죠."

그때 나는 "짐 형제, 과일 장사에 앞으로 얼마나 더 삶을 투자하고자 합니까?"라고 질문했습니다.

나의 의미심장한 질문을 곰곰이 생각하더니, 짐은 대학을 졸업한 후 네브래스카 주 링컨 시로 옮겨 거기서 우리와 제자삼는 사역에 함께하기로 결단을 내렸습니다. 그는 우리들의 팀에 큰 기여를 했으며, 훗날 인도네시아에 선교사로 파송되어 그곳에서 네비게이토 선교 사역에 자신을 드렸습니다.

먼저 그들을 사랑하십시오. 한번은 대학생들을 위한 수양회를 책임 맡아 이끌면서 나는 몇몇 간사들에게 훈련을 위한 분담 토의를 인도하도록 부탁했습니다. 그 당시 간사로 주님을 섬기던 러쓰 존스턴은 '일꾼 징모'라는 주제로 분담 토의를 이끌었습니다. 그가 신약성경 중 사랑에 대한 위대한 장인 고린도전서 13장을 가지고 토의를 진행하면서 할당된 시간을 다 사용하는 것을 보고 나는 깜짝 놀랐습니다. 그러나 나는 그가 일꾼 징모라는 주제에 가장 필요한 내용을 다루었다는 사실을 인정하지 않을 수 없었습니다. 사랑이야말로 일꾼을 징모하는 열쇠이기 때문입니다. 예수 그리스도의 사랑이 우리로 하여금 그분께 나아가도록 이끌어 준 것을 기억하십시오. "우리가 사랑함은 그가 먼저 우리를 사랑하셨음이라"(요한일서 4:19). 특히 젊은 지도자를 징모하고자 할 때 사랑은 없어서는 안 될 중요한 요인입니다.

나의 아내와 나는 콜로라도스프링스에 있는 미국 공군사관학교에서 사관생도들을 중심으로 복음을 전할 기회가 있었습니다. 그 학생들은 지식적인 면에서나 사회적, 신체적 어느 면에서도 보통 수준 이상의 젊은이들이었습니다. 우리가 영적인 면에서 그들을 도와주려 했을 때 알게 된 사실은 그 학생들이 고교 시절에 대부분의 교사나, 코치 그리고 상담자들로부터 특별한 대우를 받은 반면 개인적인 관계에서는 항상 거리감이 있었다는 점입니다. 이 젊은이들은 아주 총명하고 예리하여 교사들조차도 그들과 지나치게 가까이하기를 꺼려했던 것입니다. 그러나 나는 일부러 그들에게 접근했습니다. 할 수 있는 한 그들에게 최대한의 사랑과 관심을 베풀었습니다. 결과적으로 많은 학생들이 이에 호응하였고, 그리스도의 제자로 따르며 더 나아가 그리스도를 위한 일꾼으로 자신들을 헌신하게 되었습니다. 그들 중 많은 사람들이 오늘날까지도 나와 아주 가까운 친구로 지내고 있습니다.

제자로서 본이 되는 삶을 사십시오. 그들에게 하나님께 쓰임받는 사람이 된다는 것이 무엇을 의미하는지 삶으로 직접 보여 주십시오. 우리 주위에는 그리스도를 위해 사는 것이 어떤 것이며 어떻게 주님의 일을 할 수 있는지에 대해 알기를 열망하는 징모할 만한 영혼들이 수없이 많기 때문입니다. 역대하 15:9 말씀을 기억하면서 앞서 행하여 그들에게 좋은 본을 보여 주십시오. "이는 이스라엘 사람들이 아사의 하나님 여호와께서 그와 함께하심을 보고 아사에게로 돌아오는 자가 많았음이더라." 이사야 선지자도 기록하기를 "장대한 족속들이 다 네게로 돌아와서 네게 속할 것이요"(이사야 45:14)라고 했습니다.

강하게 훈련하십시오. 그러면 강한 사람을 얻습니다. 만약 당신이 강하게 훈련하면 강한 사람들이 몰려들 것이요, 소꿉장난을 한다면 필시 어린아이들이 몰려들 것입니다. 그러나 예수님께서는 사람들의 응석을 받아 주지 않으셨습니다. 그분은 이 세상에서 가장 강하고 엄격한 지도자이셨습니다. 그분은 우리의 모든 것을 바치기를 요구하십니다. 내가 공군사관학교에서 선교를 할 때 생도들에게 강조했던 것도 바로 이 점입니다. 물론 그들의 시간표를 보면 거기에 모든 정력을 다 쏟아도 모자랄 정도로 과중한 것이었습니다. 교육 훈련 기간도 길었고 교과 과정도 어려웠던 것이 사실입니다. 그러나 나는 그들에게 사관학교 생활이 일생 동안 주님을 따르는 제자의 삶과 비교한다면 아무것도 아닌 어린이 소꿉장난에 불과한 것임을 거듭 강조했습니다. 주님의 도덕 수준은 최고로 높은 것이며 주님께서 요구하시는 헌신의 수준 역시 최고 수준입니다. 주님의 사역은 가장 위대한 도전이며 주님의 사명 또한 가장 중요한 것입니다. 주님께서는 이 세상을 가장 예리한 시야로 통찰하셨고 지구 상에서 가장 위대한 삶을 사셨습니다. 주님의 입술을 통해 흘러나온 말씀은 어느 누구의 것과도 비교할 수 없는 가장 능력 있는 말씀이었습니다. 도슨 트로트맨은 언제나 우리에게 "한 사람이 진정한 그리스도인이 되는 데에는 그의 대부분이 아닌 그의 전체가 필요합니다"라고 말했습니다.

그들을 사용하십시오. 그렇지 않으면 잃게 됩니다. 만약 당신이 어떤 사람에게 임무를 부여하여 함께 일을 해나가면, 그는 곧 '당신의 사역'이라는 말 대신에 '우리들의 사역'이라는 말을 쓰기 시작할 것입니다. 작고 간단한 일부터 시작하도록 맡기십시오. 작은 일을 충성스럽게 해나가면 점점 더 큰 책임을 맡길 수 있을 것입니다. 예수님께서는 무리들을 가르치실 때 베드로에게 몇 분 동안만 그의 배를 사용할 것을 요청하심으로써 시작하셨습니다. 그리고 후에는 베드로의 삶 전부를 요구하셨습니다. 사람들은 자기가 필요하지 않다고 느끼게 되면 그곳을 떠나 자신에게 소속감을 줄 수 있는 또 다른 곳을 향해 갑니다. 당신이 징모한 사람들에게 책임을 맡기십시오. 그러나 분별력 있게 해야 합니다. 사람들은 자신이 별 의미 없는 일만 분주히 하고 있다고 생각할지 모르기 때문입니다. 비록 작은 일이라도 그들의 참여가 의미 있는 것이 되도록 해야 합니다.

행렬의 원리를 적용하십시오. 팀을 최대로 활용하여 그 팀으로 사람들이 모여들도록 하십시오. 뉴욕 시의 성 패트릭 축제일이 되면 그 축제 행렬을 보기 위해 모여든 수많은 구경꾼들은 자신들도 아일랜드 사람이 되어 보았으면 하고 동경하곤 합니다. 멀리 있는 그리운 고국 땅에 대한 노래들을 부르며 녹색 옷을 입고 즐겁게 행진하는 광경을 바라보는 사람들의 마음속에는 다음과 같은 생각이 스쳐가기도 합니다. '저들과 함께 거리를 누비며 행진한다면 얼마나 멋질까? 저 사람들은 무척이나 즐거워 보이는걸. 나도 저들과 한패가 되었으면….'

초기 주님의 제자들은 이와 비슷한, 기쁨이 충만한 팀의 충천된 사기를 보여 주었습니다. 그들을 보는 많은 사람들이 그들을 칭찬했다고 했습니다(사도행전 2:46-47 참조). 팀은 사람을 징모하는 데 좋은 역할을 합니다. 만일 어떤 팀 안에서 서로 사랑의 교제를 나누고 주님의 일을 효과적으로 수행할 뿐만 아니라 늘 기쁨이 충만한 것을 보게 된다면, 사람들이 그러한 팀에 매력을 느끼고 모여드는 것은 당연합니다.

그들의 필요를 채워 주십시오. 그들로 하여금 이 사역이 그들 자신의 유익을 위한 것임을 확신할 수 있도록 하십시오. 1950년대 말기에 나는 조니 쌔킷이라고 하는 젊은 청년을 만났습니다. 그의 총명하고 열정적인 태도는 즉각 나의 관심을 끌었습니다. 그가 주님께 귀히 쓰일 수 있는 놀라운 잠재력을 갖춘 자임이 오랫동안 함께 일하면서 더욱 분명히 입증되었습니다. 어느 날 조니와 나는 마주 앉아 주님의 사역에 대해서 이야기를 나누고 그가 어떻게 이 사역에 참여할 수 있는지에 대해서도 이야기했습니다. 조니는 얼마 동안 생각해 보더니, "예, 리로이 형제님, 당신을 돕겠습니다"라고 말했습니다. 그 순간 나는 그의 참여가 우선적으로 그의 유익을 위한 것이지 우리들을 위한 것이 아님을 설명해 주었습니다. 그 뒤 좀 더 이야기를 나누는 과정에서 조니 자신도 그 점을 이해하게 되었습니다. 그러므로 그와 함께하는 것으로 그치지 말고 그 사람 개인의 필요를 채우는 일에 항상 주의하십시오. 함께하면서 얻는 경험들을 통하여 그 자신이 유익을 얻을 수 있어야 합니다. 많은 지도자들이 입술로는 이러한 생각에 동의하지만 실제 사역에서는 자신들의 사역에만 열중하는 것을 보아 왔습니다. 사람들은 자신이 단지 선교의 목적을 달성하기 위한 수단으로 취급되는지, 아니면 그들 자신이 바로 선교의 목적으로 여겨지는지를 언제나 알아차리고 있습니다.

그리스도의 지상사명과 연관된 삶을 살게 하십시오. 이 점은 공군사관학교에서의 사역을 통하여 경험하게 되었던 가장 감격적인 것 중 하나입니다. 미국 공군이 세계 도처에 기지를 가지고 있어서 사관생도들이 여행할 기회가 많아 해외에서의 생활과 근무 경험 및 선교 활동 등으로 말미암아 자신들의 세계 비전을 자연스럽게 계발시킬 수 있는 기회가 많았습니다. 우리의 훈련을 받은 많은 생도들이 현재 세계 도처에서 그리스도를 위해 헌신된 삶을 살고 있습니다. 당신이 징모한 사람이 노동자이든 실업가이든, 혹은 간호원, 정부 관리, 또는 가정주부 등 누가 되었든 관계없이 그들의 삶이 그리스도의 지상사명과 어떻게 연관되어야 하는지 가르치십시오.

훌륭한 일꾼을 알아내는 법을 배우십시오. 그저 좋은 사람과 참다운 일꾼을 구별할 줄 알아야 합니다. 구별하는 한 가지 방법은 팀의 멤버들로 하여금 계속해서 그리스도를 증거하도록 하는 일입니다. 그렇게 할 때 그들 중에서 진정으로 영적 싸움터에 나아가 영혼을 구하는 일에 관심 있는 자, 즉 '전투대원' 타입의 사람들을 얻게 될 것입니다. 만약 당신의 팀이 친교 중심적이라면 그저 앉아서 담소를 즐기는 유형의 사람들이 모이게 될 것입니다. 그러나 당신이 도전적으로 복음 증거하는 일에 힘쓴다면 그리스도의 군사로 싸움터에 나가기를 원하는 적극적인 사람들을 얻을 것입니다.

그저 교제 갖는 것만을 즐기는 사람에 대해 신경 쓸 필요는 없습니다. 이 세상에는 그러한 유형의 사람들, 곧 앉아서 토론하고 잡담하며 새로운 이론을 듣기 좋아하는 사람들이 갈 수 있는 집단이 많이 있기 때문입니다. 그런 사람들에게는 그런 교제의 욕구를 채울 수 있는 길이 얼마든지 열려 있습니다.

그러나 깊은 관심을 가져야 할 대상은 싸움터에 나가서 영혼을 위해 싸우고자 하는 마음은 있으나 실제로는 그렇게 하지 못하고 있는 사람들입니다. 그들이야말로 바로 당신이 도와서 그들의 영혼에 대한 불타는 열정을 쏟을 수 있는 돌파구를 마련해 주어야 할 사람들입니다. 그는 그저 앉아 즐기는 것도, 여러 분주한 일들로 시간을 메우는 것도 원하지 않습니다. 그가 바라는 것은 정말로 중요한 일에 뛰어드는 것입니다. 즉 그리스도를 위해 싸우는 일입니다. 그에게 기회를 제공해 주고 선교의 목표를 설정해 주십시오. 또 전달할 내용도 알려 주십시오. 그렇게 할 때 정말 필요한 일꾼들이 당신에게 몰려올 것입니다. 바울이 디모데에게 전해 준 내용은 참된 것, 즉 예수 그리스도의 지상사명이었습니다.

그들을 꽉 묶어 두려고 하지 마십시오. 융통성 있게 다루십시오. 당신이 지도자로 세우고자 하는 주님의 일꾼들과 함께 일할 때 그들에게 어느 정도의 자유 재량권을 주십시오. 그들은 새장 속에 갇혀 있기를 원하지 않습니다. 어떤 면에서 그들은 마치 우리 집 고양이 실베스타와 성격이 비슷합니다. 그 고양이는 내가 간섭만 하지 않으면 내 무릎에서 떠나지 않고 하루 종일이라도 재롱을 떨며 만족해합니다. 그러나 내가 잡으려 한다든지, 조용히 앉아 있도록 손을 쓸라치면 기어코 빠져나가려 합니다. 영적 지도자로서의 능력이 있는 훈련생들도 어쩌면 이와 흡사합니다. 꽉 묶어 두려고 하면 달아나 버립니다.

서두르지 마십시오. 결코 성급하게 행동하지 마십시오. 충분히 시간을 갖고 훈련하십시오. 그들을 진정 깊이 알아야 할 필요가 있습니다. 그들의 심중이 어떠한지 또 그들의 관심이 어디에 있는지 알아야 합니다. 필요할 때 그들은 언제든지 기꺼이 나서려 합니까? 그들의 가르침을 받는 태도는 어떠합니까? 그들과 함께 기도하고 함께 전도하십시오. 또한 말씀도 함께 나누십시오. 바울의 권면을 기억하는 것이 도움이 될 것입니다. "아무에게나 경솔히 안수하지 말고, 다른 사람의 죄에 간섭지 말고, 네 자신을 지켜 정결케 하라"(디모데전서 5:22).

선교팀의 발족

바울은 디모데를 만나고 그의 위대한 잠재력을 발견한 후에 그를 자신의 전도팀에 징모했습니다. 디모데에 대한 바울의 첫 번째 결단은 디모데의 선교 사역을 확장시켜 주고 아울러 그가 더 많은 사람들의 인정과 지지를 받을 수 있도록 도와주려는 것이었습니다. "바울이 그를 데리고 떠나고자 할새 그 지경에 있는 유대인을 인하여 그를 데려다가 할례를 행하니, 이는 그 사람들이 그의 부친은 헬라인인 줄 다 앎이러라"(사도행전 16:3).

비록 바울 자신은 이방인의 사도로 부르심을 받았으나 여전히 자기의 동족인 이스라엘의 회개를 간절히 바라고 소원했습니다. 그는 기록하기를, "형제들아, 내 마음에 원하는 바와 하나님께 구하는 바는 이스라엘을 위함이니, 곧 저희로 구원을 얻게 함이라"(로마서 10:1)고 했습니다. 그렇기 때문에 바울은 유대인들이 디모데를 온전히 용납하게 되길 원했습니다.

사도행전 15장에 나오는 예루살렘 회의에서 이루어진 결정은 의심할 여지 없이 성령께서 인도하신 것으로 바울 일행이 각 교회에 그 내용을 전했을 때 모두들 기쁨으로 받아들였습니다. "여러 성으로 다녀갈 때에 예루살렘에 있는 사도와 장로들의 작정한 규례를 저희에게 주어 지키게 하니, 이에 여러 교회가 믿음이 더 굳어지고 수가 날마다 더하니라"(사도행전 16:4-5).

그곳 사람들이 그리스도인이 되기 위해 필요한 내용들을 전해 듣자 그들은 기꺼이 그리스도께로 돌아오게 되었습니다. 교회는 점점 양적으로나 질적으로 든든히 서갔습니다. 잃어버린 영혼들이 구원을 받는 한편 이미 구원받은 자들은 견고히 세움을 입게 되었습니다. 어느 교회든 이 두 가지의 위대한 균형을 위해 최선을 다해야 합니다. 그러나 너무도 많은 경우 우리는 어느 한쪽 면으로 치우치곤 합니다. 어느 교회 목사는 매년 쉬지 않고 복음 설교를 강행합니다. 그리하여 구원받은 자의 수가 늘어납니다. 그러나 이미 믿은 성도들의 성장은 제대로 이루어지지 못합니다. 또 어떤 경우는 말씀 중심의 설교를 통해 성도들의 성장에 치중하나 복음 전파의 측면에서는 거의 아무것도 이루어지지 않는 교회도 있습니다. 사도행전 16:5에서 우리는 교회 내에서의 복음 증거와 제자 훈련이 완전하게 조화를 이룬 것을 볼 수 있습니다.

선교팀

바울과 그의 일행이 여행을 계속해 가는 동안 성령께서 깊이 관여하고 계심이 분명했습니다. 성령께서는 그들이 가는 길목마다 함께하셨습니다. 성령께서 오셔서 인도해 주실 것에 대한 예수님의 약속이 정확히 이루어진 것입니다. 바로 그때 역사의 흐름을 바꿔 놓은 한 사건이 발생했습니다. 즉 바울은 주님께서 자신을 마게도냐로 인도하신다는 사실을 깨달았습니다.

"밤에 환상이 바울에게 보이니 마게도냐 사람 하나가 서서 그에게 청하여 가로되, '마게도냐로 건너와서 우리를 도우라' 하거늘, 바울이 이 환상을 본 후에 우리가 곧 마게도냐로 떠나기를 힘쓰니, 이는 하나님이 저 사람들에게 복음을 전하라고 우리를 부르신 줄로 인정함이러라"(사도행전 16:9-10). 누가는 분명히 "우리가 곧 마게도냐로 떠나기를 힘쓰니, 이는 하나님이… 우리를 부르신 줄로 인정함이러라"고 기록했습니다. 그렇다면 하나님께서 누가를 부르셨습니까? 아닙니다. 바울이 환상을 보았습니다. 그런데 왜 누가는 '우리'라고 기록했을까요? 그것은 그들이 한 팀이었고 바울은 그 팀의 지도자였기 때문입니다. 하나님께서 바울에게 말씀하셨을 때 그것은 모든 사람들에게 말씀하신 것과 마찬가지인 것입니다.

새로운 땅을 개척함

만약 당신이 바울 팀의 일원으로서 하나님께로부터 마게도냐에 가서 복음을 전하라는 특별 지시를 받게 되었다면 당신은 무엇을 기대했겠습니까? 아마도 나 같으면 우리를 환영해 줄 군악대라든지 회개하기 위해 기다리고 있는 수천 명의 행렬을 기대했으리라 생각됩니다.

그런데 마게도냐에서 바울 팀을 기다리고 있던 것은 무엇이었습니까? 어떤 여인, 귀신 들린 여종, 그리고 채찍과 감옥이 그들을 기다리고 있었습니다. 이사야 55:8-9 말씀을 기억하십시오. "여호와의 말씀에, '내 생각은 너희 생각과 다르며 내 길은 너희 길과 달라서 하늘이 땅보다 높음같이 내 길은 너희 길보다 높으며 내 생각은 너희 생각보다 높으니라'"(이사야 55:8-9). 하나님께서 미리 알고 계획하신 일이었습니다. 결국 루디아라는 여자가 주님께 마음을 열었고, 귀신은 소녀로부터 쫓겨 나갔으며, 바울과 실라는 채찍질당하고 옥에 갇혔습니다.

왜 그들이 옥에 갇히게 되었습니까? 몇몇 사람들이 귀신 들렸던 여종을 이용해서 돈벌이를 해오고 있었는데 바울과 실라가 방해를 놓은 격이 되고 말았기 때문입니다. 그러한 사악한 행위는 오늘날도 세계 도처에서 성행하고 있습니다.

인도네시아의 고대 사원을 구경하는데 수많은 거지들이 나를 둘러싼 일이 있었습니다. 그중 어떤 이들은 소경이고, 어떤 이들은 절름발이였습니다. 관광객들이 불쌍히 여겨 그들에게 돈 몇 푼을 주게 되면 즉시 몇 사람이 나타나서 그 거지들이 얻은 돈을 착취하여 자기네 호주머니에 집어넣는 것이었습니다. 그 소경이나 절름발이들을 거느리는 것이 그네들의 본업이었습니다. 그들은 마치 농부가 가축 떼를 거느리듯 일단의 불구 거지들을 거느리고 있는 것입니다. 그 거지들은 주인들의 배를 채워 주느라 자신들은 실제 배를 곯는 신세가 되고 맙니다.

귀신 들린 여종을 데리고 있던 자들이 이익의 소망이 끊긴 것을 알고는 바울과 실라를 상대로 범법 행위를 했다고 고소했고, 따라서 바울과 실라는 억울하게 처벌을 받게 되었습니다. "종의 주인들은 자기 이익의 소망이 끊어진 것을 보고 바울과 실라를 잡아 가지고 저자로 관원들에게 끌어갔다가 상관들 앞에 데리고 가서 말하되, '이 사람들이 유대인인데 우리 성을 심히 요란케 하여 로마 사람인 우리가 받지도 못하고 행치도 못할 풍속을 전한다' 하거늘, 무리가 일제히 일어나 송사하니, 상관들이 옷을 찢어 벗기고 매로 치라 하여 많이 친 후에 옥에 가두고 간수에게 분부하여 든든히 지키라 하니, 그가 이러한 영을 받아 저희를 깊은 옥에 가두고 그 발을 차꼬에 든든히 채웠더니"(사도행전 16:19-24).

바울과 실라는 혹독하게 매를 맞았습니다. 이제 다시금 바울은 예전에 자신이 그리스도인들에게 채찍을 가한 것과는 반대의 입장에서 오히려 채찍질을 당한 것입니다. 그는 나중에 술회하기를, "내가 주 믿는 사람들을 가두고 또 각 회당에서 때리고"(사도행전 22:19)라고 했습니다. 마게도냐에서 바울과 실라가 받은 대우는 실로 인정사정없는 것이었습니다. 끝에 쇠가 달린 가죽 채찍으로 하도 맞아서 살이 터져 피가 흐르는 채로 깊은 감옥 속에 내동댕이쳐졌습니다.

그때의 간수는 매 맞아 피 흘리는 두 사람을 옥에 처넣고 발에 차꼬를 단단히 채운 뒤 자신은 곤히 잔 것으로 보아 아마도 냉혹한 사람임에 틀림없을 것입니다. 그러나 그 잔인하고 강퍅한 로마 간수가 회개한 뒤 처음 보인 반응을 주의해 주십시오. "밤 그 시에 간수가 저희를 데려다가 그 맞은 자리를 씻기고 자기와 그 권속이 다 세례를 받은 후"(사도행전 16:33). 그리스도께서 그의 삶 속에 들어가셔서 역사하셨을 때 그에게 맨 먼저 나타난 행동은 두 사람의 아픈 상처를 싸매 준 사랑의 치료였습니다. 진정한 회개는 개인의 삶에서뿐만이 아니라 사회에도 사랑의 영향을 끼치게 됩니다.

강인하고 굳건한 스승

이튿날 상급 관원들은 바울과 실라를 석방시키라는 전갈을 보냈습니다. "바울이 이르되, '로마 사람인 우리를 죄도 정치 아니하고 공중 앞에서 때리고 옥에 가두었다가 이제는 가만히 우리를 내어 보내고자 하느냐? 아니라. 저희가 친히 와서 우리를 데리고 나가야 하리라' 한대"(사도행전 10:37). 바울의 말을 듣고 관원들은 겁에 질렸던지, "와서 권하여 데리고 나가 성에서 떠나기를 청하니, 두 사람이 옥에서 나가 루디아의 집에 들어가서 형제들을 만나 보고 위로하고" 갔습니다(사도행전 16:39-40).

왜 바울은 관원들이 자신을 부당하게 채찍질하고 투옥하게끔

놔두었을까요? 성경에 그 이유를 밝히지는 않았으나 아마도 그는 루스드라에 있는 그리스도인들을 생각해서 그렇게 했을 것입니다. 그 일로 인해 관원들이 함부로 불법적인 행위나 폭력을 가하는 일은 없었을 것입니다. 바울은 위대한 스승으로서 자신의 희생적인 본을 통해 하나님의 백성들에게 큰 유익을 끼칠 수 있는 방법을 잘 알고 있었음이 분명합니다. 유럽 최초의 교회는 바로 이러한 거칠고 불법적인 소동이 난무하는 소용돌이 속에서 용기와 위엄을 기반으로 하여 당당하게 세워졌던 것입니다.

요 약

바울은 그의 선교팀을 구성해서 영적 전쟁터로 이끌고 나갔습니다. 그는

- 참된 일꾼을 발견하여,
- 그들을 지상사명을 위해 징모했으며,
- 그들을 팀으로 묶어 잃어버린 영혼에게 복음 전하는 일과 새 신자들을 양육하는 일을 위해 전력을 다하도록 이끌었습니다.

17

하나님의 메시지에 대한 반응

“저희가 암비볼리와 아볼로니아로 다녀가 데살로니가에 이르니 거기 유대인의 회당이 있는지라”(사도행전 17:1). 왜 바울 일행은 암비볼리와 아볼로니아를 그냥 지나쳐 갔을까요? 그곳 사람들은 복음을 들을 필요가 없어서입니까? 그럴 리는 없습니다. 그러나 사도행전 17:1 말씀은 필요한 곳이라고 모두 주님의 부르심이 있는 것은 아님을 말해 주고 있습니다. 만약 내가 필요한 곳이라고 무조건 쫓아다닌다면 얼마 못 가서 나는 일 속에 파묻혀 지내다가 급기야는 지쳐 버리고 말 것입니다.

워싱턴 D. C.의 제4장로교회 목사인 리처드 할버슨 박사가 말하기를, 그가 인도에 선교 여행을 하던 중 수백만의 인도 사람들이 육신의 고통으로 신음하고 있는 것을 보고 자신의 마음이 너무도 무거웠지만 그저 혼잣말로 “하나님은 사랑이시다. 하나님은 사랑이시다”라고 말할 수밖에 없었다고 했습니다. 할버슨 목사는 자신이 목격한 모든 사람들의 필요를 혼자의 힘으로 해결해 줄 수 없음을 알고 있었습니다. 그는 자신이 만났던 모든 거지들, 절름발이들, 혹은 소경들의 육신적 문제를 해결해 주려고 뛰어들 수가 없었습니다. 오직 그것은 하나님만이 하실 수 있는 일이었습니다.

필요는 도처에서 찾아볼 수 있습니다. 만일 나 혼자 그 모든 필요들을 채워 줄 책임을 진다고 한다면 나는 곧 절망에 빠지고 말 것입니다. 나의 책임은 하나님께서 내 개인에게 맡기신 일들을 성실히 행하는 것이며, 나머지 일들에 대해서는 하나님께서 또 다른 사람들을 통해 이루실 것을 믿어야 합니다.

선교사인 내 친구 하나는 인간의 필요에 대하여 감정적으로 반응했다가 비참한 결과를 야기하는 실례를 남겼습니다. 그는 남자 학교의 교목으로서 훌륭한 가르침으로 많은 학생들을 주님께로 인도했고 그들을 그리스도의 제자로 훈련시켰습니다. 그러던 중 몇 달이 지나자 그 지역에 항존하던 육신적, 영적인 수많은 필요들이 그를 압박해 오기 시작했습니다. 수많은 무리들이 그리스도를 모르는 채 죽어 가는 모습은 그의 마음에 큰 타격을 주었습니다. 길거리에서 굶주림에 허덕이며 죽어 가는 사람들이 수없이 많은데 어떻게 빵 한 조각이라도 편히 먹을 수 있겠는가! 더군다나 여기저기 할 일이 산더미처럼 쌓여 있는데 어떻게 스포츠를 즐기며 휴식을 취할 수 있겠는가?

그는 자신이 목격하는 모든 필요를 채우려 뛰어들었습니다. 잠잘 시간이 없었습니다. 먹지도 않았습니다. 물론 휴식도 거절하였습니다. 얼마 후 선교 본부의 책임자로부터 이 사람을 본국으로 송환하라는 편지가 날아왔습니다. 이유인즉 그의 지나친 열심과 노력이 그 자신을 해치고 있기 때문이라는 것이었습니다.

나의 아내와 나는 그가 미국에 돌아왔을 때 처음으로 인사를 나누게 되었는데, 그의 초췌한 모습을 본 순간 우리는 슬픔에 잠겼습니다. 수개월간 잠도 안 자고 먹지도 않고 자신을 혹사한 처참한 모습 그대로였습니다. 다행스럽게도 그는 다시금 영육의 건강을 되찾아 지금은 하나님께 귀히 쓰이고 있습니다. 당신의 주위에 도사리고 있는 수많은 필요들로 인하여 자신의 파멸을 초래하는 일이 없도록 조심하십시오. 당신은 하나님이 아닙니다. 당신 스스로 모든 필요를 채울 수는 없습니다.

우리는 각 개인을 위해 하나님께서 가지고 계신 뜻을 잘 분별하여 그 일에 전심전력해야 합니다. 그리고 당신이 가지고 있는 모든 것을 투자해야 합니다. 그렇게 할 때 당신의 생애 동안 더 많은 일들을 성취할 수 있을 것입니다. 스펀지 과자로 장전된 엽총으로는 훤히 비치는 창호지 문도 뚫을 수 없으나, 고성능 장총으로는 두꺼운 통나무도 관통시킬 수 있습니다. 만일 당신이 너무 얄팍하게 일을 벌여 놓는다면 많은 것에 손댈 수는 있어도 성취하는 일은 거의 없을 것입니다. 마치 네브래스카 주를 통과하여 꼬불꼬불 흘러가는 플라트 강이 폭은 1.6km 정도나 되지만 깊이는 30cm 정도밖에 되지 않아 힘을 발휘할 수 없는 것과도 같습니다.

말 씀

바울은 데살로니가에 도착하자 늘 하던 것처럼 회당으로 찾아갔습니다. “바울이 자기의 규례대로 저희에게로 들어가서 세 안식일에 성경을 가지고 강론하며 뜻을 풀어 그리스도가 해를 받고 죽은 자 가운데서 다시 살아야 할 것을 증명하고 이르되, '내가 너희에게 전하는 이 예수가 곧 그리스도라' 하니"(사도행전 17:2-3). 이 구절이 말해 주듯이 바울이 늘 행하는 두 가지가 있습니다. 첫째는 그가 어디를 가든지 정규적으로 회당에 들어간 것과, 둘째로는 그곳에 있는 사람들을 그리스도께로 인도하고자 성경을 풀어 설명한 것입니다. 누가는 바울이 말씀의 뜻을 체계적으로 풀어 설명함으로써 복음을 명확하고도 쉽게 설명했다고 기록하고 있습니다. 바울이 가르쳤던 모든 내용은 성경에만 의거한 것으로 인간적 사고방식이 지배적인 오늘날에 살고 있는 우리들에게 중요한 교훈을 주고 있습니다. 성경은 바울의 설교에 그 깊이와 넓이와 높이를 더해 주었습니다.

바울이 체계적이면서도 이해하기 쉽게 하나님의 말씀을 전한 사실에 주목하십시오. 당신이 그리스도를 증거하고자 할 때 당신의 모든 말이 반드시 성경적이며 그리스도 중심적인 것이 되도록 해야 합니다. 무엇보다도 복음을 명확하게 전하십시오. 당신이 전하고자 하는 사람에게 명확하게 전할 수 있도록 하나님의 지혜를 구하십시오.

당신은 가정주부입니까? 오늘날 가정주부들의 주요 관심사는 무엇입니까? 그들이 두려워하는 것은 무엇입니까? 또한 그들이 바라고 열망하는 것은 무엇입니까? 그들의 삶을 실질적으로 괴롭히는 것들은 무엇입니까? 그러한 것들을 깊이 생각하여 여기에 어떻게 복음을 연관시켜 전할 것인지 지혜를 주시도록 하나님께 기도하십시오. 이러한 접근은 그들로 하여금 당신의 이야기에 귀를 기울이도록 도와줄 것입니다.

당신은 의사입니까, 아니면 변호사, 혹은 공장 노무자로 일하십니까? 요즈음 당신 동료들의 입에 오르내리고 있는 관심사는 무엇입니까? 그들이 고통을 겪고 있는 면들은 어떤 것입니까? 역시 그들의 문제를 숙고해 보고 복음을 그러한 내용들과 어떻게 연관 지을 것인지 스스로 질문해 보십시오. 즉 복음이 그들의 문제에 대해 해결책을 주고 있습니까? 만약 그러하다면 복음을 어떻게 연결시켜 나갈 것입니까? 복음을 실제적인 과녁, 즉 현재 당면한 필요들에 겨냥하는 것이 필요합니다. 그들의 실질적인 삶에 초점을 맞추십시오. 바울이 그러했습니다. 우리는 복음을 상대방의 지적 호기심에 맞추려는 마음에서 진리를 왜곡시키지 않도록 조심해야 합니다. 참다운 복음의 핵심, 즉 회개, 믿음, 그리고 그리스도의 죽으심과 부활을 정확히 전하십시오.

명확한 복음을 전하되 항상 그들의 실생활과 연관하여 전하도록 하십시오. 바울은 언제나 말씀을 강론하고 개인적인 삶의 간증을 나누었던 것을 기억하기 바랍니다. 그의 간증은 듣는 자들에게 복음의 내용이 더욱 실감나게 해주었습니다. 그리고 하나님의 말씀은 그의 메시지에 힘과 생명력을 불어넣었습니다. “하나님의 말씀은 살았고 운동력이 있어 좌우에 날 선 어떤 검보다도 예리하여 혼과 영과 및 관절과 골수를 찔러 쪼개기까지 하며 또 마음의 생각과 뜻을 감찰하나니”(히브리서 4:12).

당신에게 그리스도를 증거할 기회가 왔을 때 반드시 기억해야 할 것은 사람의 마음을 주장하시는 분은 하나님이시라는 사실입니다. 당신은 단지 그리스도께서 성령을 통해 그분의 사역을 이루시기 위하여 선택된 도구일 뿐입니다. 바울의 예를 생각해 봅시다. "그리스도께서 이방인들을 순종케 하기 위하여 나로 말미암아 말과 일이며, 표적과 기사의 능력이며, 성령의 능력으로 역사하신 것 외에는 내가 감히 말하지 아니하노라"(로마서 15:18). 바로 이런 본을 따르십시오.

로마서 15:18은 그리스도께서 바울을 사용하셔서 일하신 것을 가르쳐 주는 중요한 말씀입니다. 바울은 하나님의 통로였습니다. 이러한 태도를 철저히 가질 때 당신은 주님 안에서 쉼을 누릴 수가 있습니다. 당신은 단지 주님의 사역을 위해 택함을 입은 도구일 뿐입니다. 이 진리는 또한 인간의 교만을 치료해 주는 해결책이 됩니다.

나는 한 젊은이와 프랑스의 스트라스부르에서 강변을 따라 산책을 한 적이 있습니다. 그 젊은이는 영적으로 어린 신자였으나 하나님께서는 그를 통해 대학생들에게 능력 있는 역사를 일으키고 계셨습니다. 그는 나에게 교만의 문제에 대해서 이야기를 했습니다.

우리가 한 오래된 다리를 건너고 있을 때 나는 거리의 하수를 강으로 힘차게 뿜어내는 배수관을 보게 되었습니다. 그때 나는 그 젊은이에게 하수도관을 보라고 가리키며, "알랭 군, 자네가 바로 저 관과 같다는 사실을 알고 있나? 저 관은 자랑할 만한 것은 아무것도 없어. 어느 누군가가 저것을 만들어 관으로서의 기능을 발휘할 수 있는 위치에 설치해 놓았을 뿐이지." 그러고 나서 우리는 알랭의 삶에 대해 이야기했습니다. 그는 스스로의 힘에 의해서가 아니라 하나님의 능력으로 구원을 얻은 것입니다.

그를 대학으로 인도하신 분도 역시 하나님이셨습니다. 이제 그는 하나님의 사랑과 자비, 은혜와 용서, 구속과 구원을 전달하기 위한 통로로서 스트라스부르 대학에 배치된 것뿐입니다.

당신의 삶을 통해 일하시는 분이 그리스도이심을 깨닫게 될 때, 당신은 그리스도와 그분의 말씀을 전할 준비를 잘 갖출 수 있을 뿐 아니라 복음을 전하는 과정 속에서도 자신을 드러내고자 하는 일은 없을 것입니다. 이러한 깨달음은 또한 당신의 증거에 담대함과 자유함을 더해 줄 것입니다. 복음은 당신이 고안한 것이 아닌 하나님의 메시지입니다. 이 땅에 복음을 주신 분은 하나님이십니다.

이 장을 쓸 무렵 나는 중동에 있는 한 친구로부터 전보를 기다리고 있었습니다. 전보가 왔을 때 배달 소년은 그 내용을 묻거나 그것을 전달하는 데 망설이거나 하지 않았습니다. 그가 작성한 전보가 아니기 때문입니다. 그는 단지 전하는 자인 것입니다. 우리도 하나님의 메시지를 전하는 배달부가 되어야 합니다.

바울은 이 사실을 깨닫고 있었습니다. 그는 즉각 회당문을 열고 들어가서 주저 없이 주 예수 그리스도께 받은 메시지를 전했습니다. 그는 구원의 말씀을 증거하는 자신의 역할을 틀림없이 수행한 것입니다. "형제들아, 내가 너희에게 알게 하노니, 내가 전한 복음이 사람의 뜻을 따라 된 것이 아니라. 이는 내가 사람에게서 받은 것도 아니요, 배운 것도 아니요, 오직 예수 그리스도의 계시로 말미암은 것이라"(갈라디아서 1:11-12).

또한 당신 자신을 하나님의 은혜의 통로로 생각할 때 스스로 부적합하다는 느낌을 갖지 않게 될 것입니다. 도대체 무엇을 하는 데에 부적합하다는 것입니까? 어느 누가 훌륭한 통로가 되기에 충분한 자격을 가지고 있습니까? 분명히 우리들 가운데는 어느 누구도 하나님의 수준에 도달할 수 없습니다. 그럼에도 불구하고 주님께서 우리를 택하셨을진대, 어떻게 우리가 주님으로 더불어 다투겠습니까? 베드로는 주님을 부인한 적이 있습니다. 마가도 영적 전쟁에서 도중하차했던 사람이었습니다. 더욱이 바울은 살인자였습니다. 마태는 세리에 불과했습니다. 그러나 하나님께서는 그들을 택하여 사용하셨습니다. 바울은 "우리가 이 보배를 질그릇에 가졌으니, 이는 능력의 심히 큰 것이 하나님께 있고 우리에게 있지 아니함을 알게 하려 함이라"(고린도후서 4:7)고 기록하고 있습니다.

바울이 데살로니가에서 회당에 들어가 가르치는 동안 그의 대적들이 강력하게 방해 공작을 폈습니다.

> 그중에 어떤 사람 곧 경건한 헬라인의 큰 무리와 적지 않은 귀부인도 권함을 받고 바울과 실라를 좇으나, 그러나 유대인들은 시기하여 저자의 어떤 괴악한 사람들을 데리고 떼를 지어 성을 소동케 하여, 야손의 집에 달려들어 저희를 백성에게 끌어내려고 찾았으나 발견치 못하매, 야손과 및 형제를 끌고 읍장들 앞에 가서 소리 질러 가로되, "천하를 어지럽게 하던 이 사람들이 여기도 이르매 야손이 들였도다. 이 사람들이 다 가이사의 명을 거역하여 말하되, '다른 임금 곧 예수라 하는 이가 있다' 하더이다" 하니, 무리와 읍장들이 이 말을 듣고 소동하여. (사도행전 17:4-8)

반대에 부딪혔을 때 우리들의 반응은 어떻습니까? 내가 네덜란드 암스테르담에서 개최된 훈련 집회에서 설교를 할 때였습니다. 참석한 75명의 훈련생들은 대부분이 제자의 도에 관한 메시지를 전해 듣고 아주 열정적인 반응을 보여서 그 집회의 분위기를 한층 활기 있게 만들었습니다. 그러나 팀의 지도자들의 모임에서 그들은 소수의 사람들이 몇 가지 심각한 문제를 안고 있는 것을 발견했습니다. 그들은 거센 말다툼을 하고 급기야는 서로 갈라서기까지 했습니다. 그러자 집회의 총책임자는 심한 염려에 휩싸였습니다. 문제를 함께 이야기하면서 나는 그에게 언제 어디서나 반대는 있기 마련이라는 것을 상기시켜 주었습니다. 우리는 결코 그러한 싸움터에서 벗어나 살 수 없습니다. 반대에 부딪히더라도 우리는 항상 기뻐해야 합니다. "항상 기뻐하라. 쉬지 말고 기도하라. 범사에 감사하라. 이는 그리스도 예수 안에서 너희를 향하신 하나님의 뜻이니라"(데살로니가전서 5:16-18).

대적하는 무리가 있다는 것은 우리가 올바른 길을 걷고 있음을 더 확실히 해주기 때문에 기뻐해야 합니다. 왜냐하면 사탄은 우리가 올바른 일을 하는 것을 싫어하므로 필사적인 제지를 가하기 때문입니다. 그러므로 용기를 잃지 마십시오. 지금 이 순간 당신이 치열한 영적 전쟁 속에 처해 있고 그 싸움이 심히 괴롭힌다 해도 기뻐하십시오!

한마음

복음을 대적하던 무리들은 바울 일행의 사역 효과에 대해서 명확하고도 흥미로운 해설을 제공해 준 셈이 되었는데, 그들은 제자들을 일컬어, "천하를 어지럽게 하던 이 사람들"(사도행전 17:6)이라고 했습니다. 복음은 그만큼 주목할 만한 영향을 미쳤던 것입니다. 그처럼 폭발적인 영향력의 비결은 무엇이었을까요? 그것은 바로 초대 그리스도인들이 오직 한 푯대를 향하여 전심전력한 태도 때문이라고 생각합니다.

어느 해 여름 우리 일행이 사용하고 있던 한 수양관의 책임자가 우리에게 그의 집 곁에 있는 거대한 사시나무를 톱으로 자른 뒤 그것을 다른 곳으로 치워 달라는 요청을 해왔습니다. 나는 그 요청을 수락하고 곧 일에 착수하였습니다. 그러나 우리들 중 아무도 나무를 잘라 본 경험이 없었기 때문에 상당히 난처한 상황이었습니다. 만약 우리가 조금만 부주의하게 되면 자칫 그 커다란 나무 덩이가 그 집 지붕을 강타할지도 모를 일이었습니다. 어쨌든 우리는 나무줄기에 밧줄을 걸고 열심히 톱으로 켜기 시작했습니다. 나무가 쓰러지기 시작할 때 바로 밧줄로 나무를 끌어당길 작정이었습니다. 몇 사람은 줄을 끌어당기고 나머지 사람들은 집 쪽에서 반대편으로 나무를 밀어붙이고자 하는 계획이었습니다! 드디어 나무가 서서히 기울기 시작하자 우리 모두는 즉각적인 행동 개시를 했습니다. 모든 일이 우리가 의도했던 대로 되어 우리가 세운 계획이 성공을 거두었을 때 감격이 솟구쳤습니다. 그 사시나무는 쓰러졌으나 집은 조금도 상하지 않았습니다. 우리가 성공할 수 있었던 비결은 모두가 한 목표, 한 방향으로 힘을 모아 노력했기 때문입니다.

오늘날의 교회를 돌아볼 때 당신은 무엇을 눈으로 볼 수 있습니까? 세상을 완전히 변화시키고자 서로 힘을 합해 열심히, 그리고 확신 있게 일해 나가고 있습니까? 나에게는 그렇게 생각되지 않습니다. 어떤 사람은 이 방향으로, 어떤 사람은 저 방향으로, 모두 제각기 나름대로 밀고 나가는 것 같습니다. 어떻게 보면 세상을 복음으로 변화시키는 일만을 제외하고는 다른 온갖 일들에 사로잡혀 있는 듯한 인상을 줍니다. 그러나 초대교회 사도들의 삶의 목표는 오로지 그리스도를 위해 영혼들을 구원하는 것뿐이었습니다. 그리하여 심지어는 그들의 대적들조차도 사도들의 선교가 성공적이었음을 시인하고 있습니다.

비록 데살로니가에 있는 많은 사람들이 바울이 전한 복음을 받아들였지만 그 성내의 허다한 무리들은 바울과 그의 일행을 향해 거세게 반발하고 있었습니다. 결국 바울 일행은 자신들의 안전을 위해 데살로니가를 떠날 수밖에 없었습니다.

그 다음 방문지인 베뢰아에서는 대조적인 일이 바울 일행을 기다리고 있었습니다. "베뢰아 사람은 데살로니가에 있는 사람보다 더 신사적이어서 간절한 마음으로 말씀을 받고, 이것이 그러한가 하여 날마다 성경을 상고하므로, 그중에 믿는 사람이 많고 또 헬라의 귀부인과 남자가 적지 아니하나"(사도행전 17:11-12).

베뢰아 사람들은 마음의 문을 활짝 열었습니다. 그들은 복음을 듣자 즉각적으로 받아들였고 열심히 듣고 배웠습니다. 정말 찾아보기 힘든 열렬한 반응이었습니다. 그리스도를 증거할 때 흔히 우리는 마음이 닫힌 사람들을 만나게 됩니다. 사람들은 본능적으로 복음을 거부하는 경향이 있습니다. 그 이유를 네 가지 정도 생각해 보겠습니다.

첫째로, 사탄이 불신자들의 마음을 혼미케 만들기 때문입니다.

"그중에 이 세상 신이 믿지 아니하는 자들의 마음을 혼미케 하여 그리스도의 영광의 복음의 광채가 비취지 못하게 함이니, 그리스도는 하나님의 형상이니라"(고린도후서 4:4). 나는 전도하는 중에 솔직하지 못하고 앞뒤가 맞지 않는 말로 저항하는 사람들을 만날 때마다 하나님께 그 사람의 마음을 덮고 있는 사탄의 눈가리개를 제거해 달라고 말없이 기도하곤 합니다.

두 번째 이유는 로마서 8:5에서 찾아볼 수 있습니다. "육신을 좇는 자는 육신의 일을, 영을 좇는 자는 영의 일을 생각하나니." 불신자들의 마음은 육신의 일들, 즉 죄 된 성품들로 가득 차 있습니다. 그들은 흔히 죄를 묵과하여 심지어는 고상하게 생각하고 남몰래 동경하기까지 합니다. 우리가 어디에 있든지 죄는 항상 존재합니다. 죄의 뿌리는 매우 깊어서 그것을 근절시키기가 아주 힘들고 어렵습니다. 나는 삶의 주도권을 죄에게 빼앗긴 채 스스로 거기서 벗어나려고 발버둥치는 사람들을 많이 보아 왔습니다.

죄와의 투쟁은 나의 아내가 뒤뜰의 민들레와 벌이는 격렬한 싸움을 연상케 합니다. 아내는 뿌리째 뽑아 버릴 수 있는 연장을 집어 들고 열심히 민들레 뿌리를 찾습니다. 그러나 민들레와의 싸움은 언제나 아내의 패배로 끝나고 맙니다. 왜냐하면 다시는 민들레가 자라지 못하도록 하려면 뿌리를 완전히 제거해야 하는데 대개는 뿌리 끝이 잘라진 채 일부가 땅속에 그대로 남아 있기 때문입니다. 그래서 결국 남은 뿌리가 다시 자라기 시작하고 또 다시 꽃은 활짝 피게 됩니다.

개인적으로 증거할 때 우리는 하나님을 의뢰함으로 불신자들이 자신의 무력한 참모습을 보고 죄와의 끊임없는 투쟁에서 벗어나기 위해 그리스도를 영접하고자 하는 열망을 갖도록 도와주어야 합니다.

셋째로, 복음을 거부하는 사람들의 문제점은 호기심입니다. 사람들은 본시 곁길로 새는 것에 흥미를 느껴서 항상 인생의 우회로들을 탐험하고자 합니다. 우리는 마치 양 같아서 종종 방황합니다(이사야 53:6 참조). 죄의 길로 빠져들어 가는 사람들의 마음은 그들을 죄로 유혹하는 호기심에 사로잡혀 결국은 스스로의 파멸을 초래합니다. 그들에게는 그리스도를 따르는 길이 좁고, 시대에 뒤떨어지고, 너무 구속하는 것처럼 생각되는 반면, 죄의 길은 화려하게 보이고 매력적으로 보입니다. 죄가 우리의 옛 본성에 호소력을 갖는 것도 바로 이 때문입니다. 그러므로 우리가 복음을 증거할 때 불신자들로 하여금 죄의 어두운 길, 즉 막다른 골목에 있는 무서운 종말을 깨닫도록 도와야 하며 하나님의 밝은 탄탄대로를 활보하고자 하는 마음을 갖도록 기도해야 합니다.

네 번째 문제는 로마서 8:7-8에 기록되어 있습니다. "육신의 생각은 하나님과 원수가 되나니, 이는 하나님의 법에 굴복치 아니할 뿐 아니라 할 수도 없음이라. 육신에 있는 자들은 하나님을 기쁘시게 할 수 없느니라." 육신의 소욕은 하나님과 원수가 됩니다. 그것은 하나님의 말씀에 굴복하려 하질 않습니다. 이쯤 되면 사람의 지성과 의지도 그 소욕에 합세하여 하나님의 법을 대항해서 독립을 선언하고 맙니다.

그들은 예수 그리스도를 바라보면서도 그분을 주님으로 인정할 수 없다고 선언하는데, 예수님께서 누가복음 19:12-14에서 사용하신 비유에 나오는 백성들과 아주 흡사합니다. "어떤 귀인이 왕위를 받아 가지고 오려고 먼 나라로 갈 때에, 그 종 열을 불러 은 열 므나를 주며 이르되, '내가 돌아오기까지 장사하라' 하니라. 그런데 그 백성이 저를 미워하여 사자를 뒤로 보내어 가로되, '우리는 이 사람이 우리의 왕 됨을 원치 아니하노이다' 하였더라."

그러한 사람들은 하나님께 대하여 선전포고를 하는 것과 같습니다. 주님을 증거하는 사람에게는 저들이 하나님의 사랑에 굴복하는 것만이 유일한 희망입니다. 물론 그들이 하나님의 존재를 끈질기게 부인하고, 하나님께 반항하며, 하나님의 말씀을 조롱할지 모릅니다. 그러나 그들은 끊임없는 하나님의 자비로운 음성, 즉 "나는 너를 사랑한다"라는 말씀을 듣고 결국에는 십자가 앞에 무조건적으로 굴복하고 나아올 수도 있을 것입니다.

말씀을 받아들임

바울은 각 곳에서 온갖 형태의 저항을 받아 온 것이 사실이지만, 뜻밖에 베뢰아에서는 말씀을 기쁨으로 받는 사람들을 만날 수 있었습니다. 베뢰아 사람들은 간절한 마음으로 바울의 증거가 하나님의 말씀에 일치하는지를 확인하고자 했습니다. 성경을 최고의 권위로 받아들이는 사람들을 만난다는 것이 얼마나 기쁜 일이었겠습니까? 나는 그러한 사람들을 자주 만납니다. 그들은 성경이 가르치는 바를 깨닫고자 하는 열심이 대단합니다. 수많은 사람들이 인간이 만들어 낸 끝없는 이론들에 싫증을 느끼고 하나님의 음성을 갈망하고 있습니다.

세계 어느 곳에서나 손쉽게 구할 수 있는, 간단하면서도 깊이 있는 몇몇 성경공부 교재들은 성령의 도우심으로 사람들로 하여금 인간의 필요와 그리스도를 통한 구원의 길을 예비하신 하나님의 섭리에 대해 성경이 어떻게 가르치고 있는가를 스스로 깨달을 수 있도록 도와주고 있습니다. 또한 많은 지역사회 성경연구 모임들도 성경을 효과적으로 배우고 깨닫는 일에 많은 기여를 하고 있습니다.

베뢰아 사람들이 처음에는 간절한 마음으로 기꺼이 말씀을 받았으나 데살로니가로부터 대적하는 무리들이 당도한 이후부터는 그들의 열정이 점차 식어졌습니다. 그리하여 바울은 아덴으로 옮겨갔습니다. 그가 아덴에 만연된 우상 숭배의 현장을 목격하게 되었을 때, 그는 마음에 분노를 느끼며 즉시 회당에 들어가 그리스도를 소리 높여 증거했습니다. 거기 있던 사람들은 바울의 증거를 듣고 순수한 관심을 보였으며 어떤 이들은 좀 더 충분한 설명을 요구하였습니다.

어떤 에비구레오와 스도이고 철학자들도 바울과 쟁론할새, 혹은 이르되 "이 말쟁이가 무슨 말을 하고자 하느뇨?" 하고, 혹은 이르되 "이방 신들을 전하는 사람인가 보다" 하니, 이는 바울이 예수와 또 몸의 부활 전함을 인함이러라. 붙들어 가지고 아레오바고로 가며 말하기를, "우리가 너의 말하는 이 새 교가 무엇인지 알 수 있겠느냐? 네가 무슨 이상한 것을 우리 귀에 들려주니 그 무슨 뜻인지 알고자 하노라" 하니, 모든 아덴 사람과 거기서 나그네 된 외국인들이 가장 새로 되는 것을 말하고 듣는 이외에 달리는 시간을 쓰지 않음이더라. (사도행전 17:18-21)

저들이 예수님의 부활에 대한 바울의 증거에 흥미를 느끼자 바울은 정말 기뻐하며 상세한 설명을 더해 주었습니다. 사도행전 17:27-32 말씀은 그 기록으로서, 바울은 그들이 경배해 오던 알지 못하는 신은 실상 하나님이시며 우리 주 예수 그리스도의 아버지이심을 말하고 있습니다.

> "이는 사람으로 하나님을 혹 더듬어 찾아 발견케 하려 하심이로되, 그는 우리 각 사람에게서 멀리 떠나 계시지 아니하도다. 우리가 그를 힘입어 살며 기동하며 있느니라. 너희 시인 중에도 어떤 사람들의 말과 같이 우리가 그의 소생이라 하니, 이와 같이 신의 소생이 되었은즉 신을 금이나 은이나 돌에다 사람의 기술과 고안으로 새긴 것들과 같이 여길 것이 아니니라. 알지 못하던 시대에는 하나님이 허물치 아니하셨거니와 이제는 어디든지 사람을 다 명하사 회개하라 하셨으니, 이는 정하신 사람으로 하여금 천하를 공의로 심판할 날을 작정하시고, 이에 저를 죽은 자 가운데서 다시 살리신 것으로 모든 사람에게 믿을 만한 증거를 주셨음이니라" 하니라. 저희가 죽은 자의 부활을 듣고, 혹은 기롱도 하고, 혹은 이 일에 대하여 "네 말을 다시 듣겠다" 하니. (사도행전 17:27-32)

부활에 대한 바울의 증거는 오늘날 볼 수 있는 것과 똑같은 반응을 불러일으켰습니다. 혹은 비웃고, 혹은 다음 기회로 결단을 미루었습니다. 그러나 그중 몇몇 사람들은 믿게 되었습니다(34절). 그러므로 당신도 복음을 비웃는 사람들을 만나게 될 때 결코 낙심하지 마십시오. 그들 중 누군가는 당신과 한편이 되어 줄 것입니다. 바울도 그것을 경험했습니다.

1세기의 초대교회 제자들에게는 육체적인 박해가 심했습니다. 그들은 성난 폭도들에 의해 매 맞고 돌을 맞는 일이 허다했습니다. 또한 복음을 거스르는 종교적이며 지성적이고 합리적인 이론들의 반대에 부딪히기도 했습니다. 그러나 복음은 줄기차게 전파되어 나갔습니다. 1세기에서의 복음의 승리는 오늘날에도 역시 이루어질 것입니다. 그리스도를 증거하는 당신 자신의 모습을 생각해 볼 때 소망 없는 일처럼 보일지도 모릅니다. 당신의 직장, 농장, 학교, 병원, 공장, 혹은 이웃 사람들 대부분이 믿지 않고 있습니다. 그들은 한결같이 무관심해 보이고 심지어는 적대적이거나 이상한 신앙에 사로잡혀 있는 듯 보입니다. 그러나 용기를 갖고 계속해서 그리스도의 말씀을 증거하십시오. 주님께서는 절대로 실패하시지 않습니다.

요 약

바울과 그의 일행은 그들의 사명에 온전히 헌신되어 한마음으로 움직였습니다. 바울은 하나님께서 인도하시는 곳은 어디든지 가서 복음을 전파했습니다. 어떤 이들은 그의 증거를 받아들였으나 많은 사람들이 거세게 반발하였습니다. 그러나 바울은 하나님의 통로로서 쉬지 않고 하나님의 메시지를 전했습니다.

- 그의 교재: 하나님의 말씀
- 그의 메시지: 하나님의 아들
- 그의 확신: 하나님의 능력
- 그의 지도자: 하나님의 성령

18

바울의 훈련 내용

사도행전 18장에는 사도 바울의 고린도에서의 행적이 기록되어 있습니다. 내 자신이 고린도를 방문한 적이 있는데 그때 그 도시의 전략적 중요성을 직감할 수 있었습니다. 고린도는 에게 해와 아드리아 해 사이를 연결하는 무역의 요충지로서 그리스와 로마, 그리고 중동지역 무역 상인들의 거래가 이루어지던 곳이었습니다. 그러기에 사도 바울은 그곳에서의 복음 사역 확장이 앞으로 전 세계로의 복음 전파를 위한 발판이 될 수 있음을 알았습니다. 바울은 고린도에 도착하자마자 즉각 행동을 개시했습니다. "아굴라라 하는 본도에서 난 유대인 하나를 만나니, 글라우디오가 모든 유대인을 명하여 로마에서 떠나라 한 고로 그가 그 아내 브리스길라와 함께 이달리야로부터 새로 온지라, 바울이 그들에게 가매 업이 같으므로 함께 거하여 일을 하니 그 업은 장막을 만드는 것이더라"(사도행전 18:2-3).

그는 장래성 있는 한 부부를 발견하여 그들을 위해 자신의 삶을 투자하기 시작했습니다. 또한 자신이 주님을 따르면서 배웠던 교훈들을 그들에게 열정적으로 가르쳤습니다. 우리는 이러한 바울의 모범을 여러 차례 보아 왔습니다. 그는 자신의 직책을 명확히 알았습니다. 그것은 곧 만나는 모든 사람에게 복음을 전파하는 것이었습니다.

그러나 그는 또한 자신의 한계성도 잘 깨닫고 있었습니다. 자기 한 사람만의 힘은 미약하나 자신과 함께 일할 수 있는 동역자들을 훈련시킨다면 그의 사역은 훨씬 효과적으로 배가할 수 있었습니다. 바울이 사람들을 훈련시킬 때, 그 훈련 내용이 무엇이었을까 생각해 본 일이 있습니까? 만일 그때 한쪽 구석에 앉아 그들 사이에 오가던 대화를 엿들을 수 있었다면 얼마나 흥미로웠겠습니까?

그런데 감사하게도 우리에게는 바울의 훈련 내용에 대한 기록이 남아 있습니다. 그것은 바울 자신이 가르쳤던 내용들을 요약한 것으로서, 디모데에게 맡겨진 사명에 대해 다시 상기시키기 위해 쓴 편지에 잘 나타나 있습니다. "나의 교훈과 행실과 의향과 믿음과 오래 참음과 사랑과 인내와 핍박과 고난과 또한 안디옥과 이고니온과 루스드라에서 당한 일과 어떠한 핍박 받은 것을 네가 과연 보고 알았거니와, 주께서 이 모든 것 가운데서 나를 건지셨느니라"(디모데후서 3:10-11). 바울은 여기서 아홉 가지 내용을 다루었습니다.

교훈. 그들은 바울로부터 올바른 교리를 배웠습니다. 바울의 서신서를 끝까지 훑어보면, 여러 가지 주제들, 즉 하나님의 말씀, 기도, 성결한 삶, 청지기 직분, 성자, 성령, 말세, 제자의 도, 교회

지도자, 믿음, 복음, 칭의[의화], 그리고 그 밖의 여러 가지 주제들을 그가 얼마나 책임감을 가지고 가르쳤는지 곧 느낄 수 있습니다.

행실. 당신의 삶의 방식을 다른 사람에게 가르칠 수 있는 가장 좋은 방법은 무엇입니까? 그것은 당신의 삶과 생각과 사역을 그에게 직접 보여 주는 길밖에 없습니다. 이를 위한 최선의 방법은 그 사람으로 하여금 당신과 함께 살고, 함께 여행하며, 함께 섬길 수 있도록 해주는 것입니다. 이것이 바로 바울이 디모데, 브리스길라와 아굴라, 그리고 다른 많은 사람들을 훈련시켰던 방법입니다. 끊임없는 접촉과 상호 교류를 통한 훈련 방법은 또한 예수님께서 제자들을 훈련하신 방법이기도 합니다. 바울은 예수 그리스도의 방법보다 더 좋은 방법을 생각할 수가 없었습니다.

의향. 바울에게는 하나님께서 주신 두 가지 생의 목표가 있었는데, 그는 그것을 그들에게 열심히 가르쳤습니다. 그중의 하나는 세계 복음화로서 바울 자신은 철저히 복음 전파를 위해 살았습니다. 세상 어느 것도 그 과업으로부터 그를 떼어 놓을 수 없었습니다. 그는 회당과 시장터에서 복음을 전했고, 감옥의 간수에게, 그리고 항해 중 선객들에게도 전했습니다. 장소나 상황을 가리지 않고 그는 언제 어디서나 증거했습니다.

바울의 두 번째 생의 목표는 예수 그리스도를 아주 깊이 알아가는 것이었습니다. 그는 "내가 그리스도와 그 부활의 권능과 그 고난에 참예함을 알려 하여 그의 죽으심을 본받아 어찌하든지 죽은 자 가운데서 부활에 이르려 하노니"(빌립보서 3:10-11)라고 말했습니다. 그는 다메섹 도상에서 자기를 굴복시켰던 지존하신 예수 그리스도의 인격의 깊이를 도저히 측량할 수 없는 것은 알았지만, 그는 구세주 되신 그분과의 개인적인 교제 관계 속에서 계속 자라 갔습니다. 주님을 배우면 배울수록 그분을 알고자 하는 열망은 더욱 커갔습니다. 예수 그리스도께서 제자들에게 자신의 영광을 나타내 주실 때도 한 걸음씩 점진적으로 하셨던 것을 바울은 잘 알았습니다. "우리가 다 수건을 벗은 얼굴로 거울을 보는 것같이 주의 영광을 보매, 저와 같은 형상으로 화하여 영광으로 영광에 이르니, 곧 주의 영으로 말미암음이니라"(고린도후서 3:18). 바울의 두 가지 생의 목표는 '그리스도를 알고, 그를 알게 하라'는 말로 요약될 수 있습니다.

믿음. 그러면 어떻게 다른 사람에게 믿음을 가르칠 수 있겠습니까? 바울은 믿음으로 살았습니다. 그는 믿음의 행동을 몸소 실천했습니다. 감옥에서도 그는 다른 사람들에게 용기를 가지고 믿음을 지켜 나가도록 권면했습니다. 풍랑을 만나 표류하는 배 위에서도 그는 다른 사람들을 위로하여 하나님을 믿도록 촉구했습니다. 폭동과 소요의 와중에서도 그는 믿음과 용기를 보여 주었습니다. 즉 그는 말과 행실로 믿음을 가르쳤던 것입니다.

믿음의 삶에 있어서 두 가지 큰 적은 두려움과 의심입니다(마가복음 4:40, 5:36 참조). 현재 당신이 삶의 폭풍우 속에 처해 있다면, 하나님을 굳게 신뢰하는 당신의 모습을 확실히 보여 줌으로써 똑같이 어려움에 처해 있는 다른 사람들을 도와줄 수 있습니다. 당신의 격려를 필요로 하는 사람들이 항상 당신의 삶을 주시하고 있습니다. 바울과 실라가 실컷 두들겨 맞고 투옥되었던 모습을 기억해 보십시오. 그들의 반응은 어떠했습니까? 그들의 시민으로서의 권리를 유린당했다는 이유로 불평하거나 저항하는 노래를 불렀습니까? 아닙니다! 그들은 도리어 하나님을 찬양하는 노래를 불러서 믿음의 행동을 보여 주었습니다. 그들이 찬양할 때, "죄수들이 듣더라"(사도행전 16:25)고 기록되어 있습니다.

우리가 시험을 당하거나 곤경에 처했을 때, 우리를 지켜보는 다른 사람들에게 우리는 어떠한 인상을 심어 줍니까? 우리의 입술에는 찬양의 노래가 있습니까? 만일 내가 바울과 함께 감옥에 갇혀 있었다면 바울 혼자서만 찬양해서야 되겠습니까?

오래 참음. 부당한 대우를 받고도 냉정을 유지할 수 있는 힘은 오래 참음에서 비롯됩니다.

내가 터키의 이스탄불에 있는 한 호텔에 투숙하려고 절차를 밟고 있을 때, 담당 직원이 자기들의 기록에 의하면 내가 그 전날 도착했어야 한다고 알려 주면서 내가 하루 늦게 온 것이므로 전날 숙박비도 지불해야 한다고 했습니다. 나도 질세라 서류가방에서 전보 용지를 꺼내어 호텔 기록이 잘못되었음을 입증했습니다. 날짜 기록의 착오였습니다. 그러나 그 직원은 좀처럼 실수를 인정하려 들지 않았습니다.

드디어 지배인이 오게 되어 나는 그에게 모든 것을 소상하게 설명했습니다. 하나님의 은혜로 말미암아 나는 자제력을 잃지 않고 계속 낮고 온화한 목소리로 말할 수 있었습니다. 나는 시종 미소를 지으며 설명을 했지만 아무 소용이 없었습니다. 그들이 끝까지 옳다고 우기기에 나는 그 문제를 주님께 맡기고 일단 투숙 절차를 끝냈습니다. 나흘 뒤 내가 숙박료를 지불하려고 계산대에 다가가자 그 직원이 "당신의 하루분 숙박료는 내지 않아도 되는 것임을 확인했습니다"라고 말하는 것이었습니다. 숙박료를 지불한 후 나는 주님께 진심으로 감사드렸습니다. 나의 오래 참음이 결국 보상받은 것이었습니다.

사랑. 사랑은 그리스도인을 식별하는 위대한 표지입니다. 주님께서는 세상에 계실 때 자기를 따르던 자들에게 제자임을 증명하는 배지를 주셨습니다. 주님께서는, "새 계명을 너희에게 주노니 서로 사랑하라. 내가 너희를 사랑한 것같이 너희도 서로 사랑하라. 너희가 서로 사랑하면 이로써 모든 사람이 너희가 내 제자인 줄 알리라"(요한복음 13:34-35)고 말씀하셨습니다.

바울은 날마다 그 사랑의 배지를 모든 사람이 볼 수 있게 달고 다녔습니다. 하나님과 형제들에 대한 그의 사랑은 명백히 드러났습니다. 사랑이란 주는 것인 바, 사도 바울은 자기 자신을 하나님과 다른 사람들을 위해 희생적으로 바쳤습니다. 여러 교회들에 권면한 내용도 언제나 분명했습니다. "그러므로 사랑을 입은 자녀같이 너희는 하나님을 본받는 자가 되고, 그리스도께서 너희를 사랑하신 것같이 너희도 사랑 가운데서 행하라. 그는 우리를 위하여 자신을 버리사 향기로운 제물과 생축으로 하나님께 드리셨느니라"(에베소서 5:1-2).

인내. 인내는 어떠한 생활환경 속에서도 굴하지 아니하며 아무리 싸움이 치열해도 결코 뒤로 물러서지 않는, 그리스도를 닮은 성품입니다. 인내는 골로새 교인을 위한 바울의 주된 기도 제목 중의 하나였습니다. "주께 합당히 행하여 범사에 기쁘시게 하고, 모든 선한 일에 열매를 맺게 하시며, 하나님을 아는 것에 자라게 하시고, 그 영광의 힘을 좇아 모든 능력으로 능하게 하시며, 기쁨으로 모든 견딤[인내]과 오래 참음에 이르게 하시고"(골로새서 1:10-11). 이러한 참고 견디는 성품을 통해서 하나님께서는 우리의 삶 속에 그리스도인으로서의 인격을 원숙하게 만드십니다(야고보서 1:2-4 참조).

핍박. 비록 바울은 복음을 대적하는 무리들로부터 끊임없는 공격을 받았으나 단 한 치도 물러서질 않았습니다. 그의 사전에 후퇴라는 말은 없었습니다.

제1차 세계대전 당시 미 해병대가 프랑스 전선에 도착했을 때, 연합군들은 후퇴하고 있었습니다. 미 해병대 사령관은 퇴각 명령을 받고 말하기를, "후퇴라고? 지금 겨우 도착했는데!"라고 말하고 자기 군대를 그대로 투입시켜 적의 공격을 저지시켰습니다. 전투 중에 그 해병들은 물러서지 않는 그들의 특성 때문에 '악마의 들개'라는 별명까지 얻었습니다. 바울이 바로 그러한 유형의 불요불굴의 투사였습니다.

고난. 그리스도인들은 고난이나 개인적인 문제와는 상관없이 계속 전진하도록 부름받았습니다. 바울은 그가 겪었던 고난들과 그것들을 어떻게 극복했는지에 대해서 고린도 교회에 편지를 썼습니다.

> 유대인들에게 사십에 하나 감한 매를 다섯 번 맞았으며, 세 번 태장으로 맞고, 한 번 돌로 맞고, 세 번 파선하는데 일주야를 깊음에서 지냈으며, 여러 번 여행에 강의 위험과 강도의 위험과 동족의 위험과 이방인의 위험과 시내의 위험과 광야의 위

험과 바다의 위험과 거짓 형제 중의 위험을 당하고, 또 수고하며 애쓰고, 여러 번 자지 못하고 주리며 목마르고, 여러 번 굶고 춥고 헐벗었노라. 이외의 일은 고사하고 오히려 날마다 내 속에 눌리는 일이 있으니 곧 모든 교회를 위하여 염려하는 것이라. (고린도후서 11:24-28)

바울은 또한 육체의 가시로 말미암아 큰 고통을 겪었으나 결코 낙심하지 않았습니다. 그가 주님께 기도하면서 그 질병을 제거해 달라고 간구했을 때, 주님께서 그에게 위로의 말씀을 주셨습니다. "내게 이르시기를, '내 은혜가 네게 족하도다. 이는 내 능력이 약한 데서 온전하여짐이라' 하신지라, 이러므로 도리어 크게 기뻐함으로 나의 여러 약한 것들에 대하여 자랑하리니, 이는 그리스도의 능력으로 내게 머물게 하려 함이라. 그러므로 내가 그리스도를 위하여 약한 것들과 능욕과 궁핍과 핍박과 곤란을 기뻐하노니, 이는 내가 약할 그때에 곧 강함이니라"(고린도후서 12:9-10).

바울은 자신이 겪은 혹독한 시련들을 극복할 수 있도록 하나님께서 어떻게 힘 주셨는지 다른 사람들에게 가르쳤습니다. 그는 훈련 내용을 입술로뿐만 아니라 삶을 통해서 직접 전달했습니다.

이상의 아홉 가지 성품들은 바울이 브리스길라와 아굴라처럼 성장하는 그리스도인들에게 주었던 가르침의 기초적인 내용들입니다. 바울이 브리스길라와 아굴라와 함께 지냈던 고린도는 바로 그들의 특별한 훈련장이었던 것입니다.

역사가들은 고린도와 그 거주민들에 대한 많은 정보를 제공하고 있습니다. 고린도는 고대 세계에서 온갖 죄악이 난무하던 곳으로 소문나 있었습니다. 당시 고린도인들의 모습을 가장 잘 묘사한 글은 바울이 그들에게 보낸 서신서에서 찾아볼 수 있다고 생각됩니다.

> 불의한 자가 하나님의 나라를 유업으로 받지 못할 줄을 알지 못하느냐? 미혹을 받지 말라. 음란하는 자나, 우상 숭배하는 자나, 간음하는 자나, 탐색하는 자나, 남색하는 자나, 도적이나, 탐람하는 자나, 술 취하는 자나, 후욕하는 자나, 토색하는 자들은 하나님의 나라를 유업으로 받지 못하리라. 너희 중에 이와 같은 자들이 있더니 주 예수 그리스도의 이름과 우리 하나님의 성령 안에서 씻음과 거룩함과 의롭다 하심을 얻었느니라. (고린도전서 6:9-11)

이 엄청난 죄목들! 고린도 교인들에게 그들 자신이 처한 환경을 상기시켜 준 바울의 이 편지는 당시의 전략상 요지였던 항구도시 고린도의 생활 단면을 선명하게 보여 줍니다.

만약 당신이 일하고 있는 곳의 사람들이 상스런 욕설과 음란한 이야기를 즐기는 자들인데도 하나님께서 과연 그들 마음을 돌이키실 수 있을까에 대해 의문시된다 할지라도 용기를 내십시오. 바울이 묘사했던 고린도인들의 죄목들을 다시 한 번 상기해 보고 그들의 삶 가운데서도 놀라운 변화가 일어났던 것을 잊지 마십시오.

바울이 접근하기 가장 힘들었던 사람들은 누구였습니까? 종교적인 유대인들이었습니까? 아니면 죄와 방탕 속에 살던 이방인들이었습니까? 고린도에서의 바울의 선교 사역에 대한 누가의 설명이 이에 대한 해답을 제시해 줍니다.

> 안식일마다 바울이 회당에서 강론하고 유대인과 헬라인을 권면하니라. 실라와 디모데가 마게도냐로서 내려오매 바울이 하나님의 말씀에 붙잡혀 유대인들에게 예수는 그리스도라 밝히 증거하니, 저희가 대적하여 훼방하거늘, 바울이 옷을 떨어 가로되, "너희 피가 너희 머리로 돌아갈 것이요, 나는 깨끗하니라. 이후에는 이방인에게로 가리라" 하고. (사도행전 18:4-6)

고린도에서, 유대인들은 이방인들보다 더욱 심한 고통을 바울에게 안겨다 주었습니다.

바울은 이방 세계로 발길을 돌리면서 유대인들에게 그들 스스로 자초한 파멸에 대해 자기에게는 아무 자책할 것이 없음을 주지시켰습니다. 그가 최선을 다했건만, 그들은 이에 아랑곳없이 그들의 길을 택했습니다. 오늘날 인간은 자신의 행동에 대하여 책임이 없다는 말을 자주 듣습니다. 그리하여 사람들은 자신의 환경, 부모, 친구, 교육 제도 등 자신 외의 것들에 모든 책임을 전가시킵니다. 그러나 우리는 자신의 모든 행동에 대하여 책임을 져야 합니다. 우리의 결정뿐 아니라 그것으로 말미암는 결과들에 대해서도 책임을 져야 합니다. 그러므로 바울은 고린도에 있는 유대인들에게 "너희 피가 너희 머리로 돌아갈 것이요, 나는 깨끗하니라"(사도행전 18:6)고 경고했습니다. 그는 그들이 복음을 거절할 때 다가올 결과에 대해 자기들 외에 어느 누구도 탓할 수 없음을 강조했습니다.

바울이 이러한 반대에 직면하자 주님께로부터 위로의 말씀을 듣습니다. "밤에 주께서 환상 가운데 바울에게 말씀하시되, '두려워하지 말며 잠잠하지 말고 말하라. 내가 너와 함께 있으매 아무 사람도 너를 대적하여 해롭게 할 자가 없을 것이니, 이는 이 성중에 내 백성이 많음이라' 하시더라"(사도행전 18:9-10). 주님께서 바울에게 다섯 가지 사항을 말씀해 주셨습니다.

"두려워하지 말라." 두려움은 믿음을 파괴시키는 적입니다. 때때로 우리는 마음속에 두려움을 일으키는 상황에 직면합니다.

내가 동부 유럽의 어느 나라를 떠나기 위해 공항의 여권 조사대에 이르자 담당관이 "당신의 비자는 이미 만기가 지났소!"라고 말하는 것이었습니다. 그때 나는 개찰구에서 불과 한두 걸음밖에 떨어져 있지 않았으나 떠날 수가 없었습니다. 소총을 휴대한 어느 장교가 나를 데리고 가서 철장 속에 가두어 버리는 것이었습니다. 나는 곧 죽기라도 할 것처럼 두려움이 엄습해 왔습니다. 감옥에 감금될 모습도 상상해 보았습니다. 어쨌든 그 장교의 눈에는 내가 죄수에 불과했습니다.

나의 심장은 방망이질하듯 두근거리기 시작했고 속이 울렁거렸습니다. 그렇지만 나는 그들에게 걱정하는 모습을 보이고 싶지 않아서 내색을 않고 도리어 미소를 지으며, "자, 어떻게 이 문제를 잘 해결할 방도를 찾아봅시다!"라고 말했습니다. 그 장교는 상관을 부르더니 얼마 동안 말을 주고받았습니다. 그러고 나서 그들이 나를 다른 부서로 데리고 가더니 만료 기일을 이틀간 더 연장해 주었습니다. 다시 한 번 하나님께서는 어려운 상황을 처리하실 수 있는 분이심을 입증하셨습니다. 나의 믿음이 좀 더 굳세었더라면 비록 잠시라도 불안과 초조에 떨 필요가 없었을 텐데 하는 생각이 떠올랐습니다.

"잠잠하지 말고 말하라." 긴장이 고조된 상황에서나 강한 반발에 부딪혔을 때, 이 말씀대로 행하기란 참 힘듭니다. 그러기에 바울조차도 담대한 증거를 계속하기 위해서 때로 하나님의 격려가 필요했던 것입니다. 그렇다면 우리도 복음 증거의 삶을 지속하기 위해 격려받을 필요가 있는 것은 당연한 말입니다. 바울은 바로 이것을 위해 기도를 요청했습니다(골로새서 4:3-4 참조).

"내가 너와 함께 있다." 여기서 중요한 것은 이 약속을 주신 분이 누구신가에 있습니다. 그분은 만왕의 왕, 만주의 주이신 예수 그리스도이십니다. 바로 그분께서 "내가 너와 함께 있다"고 말씀하셨습니다. 우리는 이 약속을 잊어버리기가 쉽습니다. 문제가 심히 커 보이고, 역경이나 대적들이 엄습해 오면 우리는 겁에 질리곤 합니다. 그러한 때 우리는 주님께서 함께하마 약속하신 사실을 확신해야 합니다.

나는 갓 주님을 믿고 나서 요한복음 16:13, 사도행전 2:25, 히브리서 13:5 등 주님의 함께하심과 인도하심에 관한 성경 구절들을 암송했습니다. 그 이후 지금까지 주님께서는 수시로 이 말씀들을 통해 나를 격려해 주셨습니다. 당신도 이와 같이 주님의 위로와 인도하심을 약속하고 있는 성경 구절들을 암송해 보도록 권면합니다.

"아무 사람도 너를 대적하여 해롭게 할 자가 없을 것이다." 주님께서 바울을 고린도에 두신 것은 한 가지 목적이 있었기 때문이었는데, 그 목적들이 꼭 이루어지리라고 다짐해 주시곤 했습니다. 일시적인 후퇴는 전쟁에서 흔히 있는 일입니다. 전쟁이 한창 격렬해지면 때로 엎치락뒤치락 밀고 밀리곤 하는 법입니다. 그러나 우리는 그리스도께서 이미 우리의 영적인 싸움을 승리로 이끄신 사실을 확신할 때, 큰 용기를 얻을 수 있습니다. 주님께서는 바울에게 고린도에서 승리케 해주실 것을 약속하셨습니다. 바울이 그리스도께 받은 사명에 충성을 다하는 한 그의 승리는 확실했습니다.

"이 성중에 내 백성이 많다." 이 말씀이 현재 시제인 것을 주목하십시오. 주님께서는 앞으로 고린도에서 주님의 백성들을 많이 얻게 되리라고 말씀하신 것이 아니라, 이미 많이 있음을 상기시켰습니다. 분명히 바울은 고린도에서 주위 환경을 돌아보고 방탕, 탐욕 그리고 정욕에 사로잡혀 지옥의 파멸로 치닫는 무리들을 목격했을 때, 과연 그리스도를 따르는 사람들이 있을까 의심했을 것입니다. 바울의 눈으로는 볼 수 없었으나, 분명히 그러한 사람들이 존재했습니다.

바울과 같이 우리도 우리가 주님을 섬기는 곳에서 외롭고 침체에 빠진 느낌을 맛볼 수 있습니다. 바로 그러할 때 우리는 바울에게 주셨던 주님의 말씀을 통해 용기를 얻을 수 있습니다. 오늘날에도 대부분의 마을이나 부락, 도시들에 그리스도인들이 존재합니다. 다만 그들이 서로 알지 못하며 서로 교제를 나눌 수 없는 상황일 뿐입니다.

고린도에서 일 년 반을 지낸 후 바울은 브리스길라와 아굴라를 데리고 에베소로 가서 그들을 거기에 남겨 두고 안디옥으로 되돌아갔습니다. 안디옥에 얼마 동안 머무르다가 바울은 제자들을 굳게 세워 주기 위해 다시 순회 여행을 떠났습니다.

이제 우리는 '성경에 능한 자'이며 '열심으로 예수님에 관한 것을 자세히 말하며 가르치던'(사도행전 18:24-25) 열심 있고 언변에 능한 아볼로를 만나게 됩니다. 아볼로처럼 은사와 재능이 풍부하면서도 배우고 가르침받기를 즐거워하는 사람을 만나기란 무척 어렵습니다. 그는 다만 요한의 세례밖에 알지 못하였기에 브리스길라와 아굴라가 그를 '데려다가 하나님의 도를 더 자세히 풀어 일렀을'(사도행전 18:26) 때, 아볼로는 열정적으로 배웠습니다. 그때 배운 내용은 아볼로가 그의 사역을 온전히 이루는 데 꼭 필요한 것이었습니다. 그가 아가야에 건너갔을 때, "은혜로 말미암아 믿은 자들에게 많은 유익을 주니, 이는 성경으로써 예수는 그리스도라고 증거하여 공중 앞에서 유력하게 유대인의 말을 이김일러라"(사도행전 18:27-28)고 기록된 대로 놀라운 주님의 일꾼으로 쓰임받았습니다.

요 약

바울은 계속해서 충성된 사람들에게 그의 삶을 투자하여 그들로 하여금 또 다른 사람들을 가르칠 수 있도록 했습니다.

- 바울은 브리스길라와 아굴라와 함께 지내며 동역했습니다.
- 브리스길라와 아굴라는 아볼로를 가르쳤습니다.
- 아볼로는 아가야에 있는 교회를 굳게 세워 주었습니다.

19

거듭남의 결과

에베소에서 바울은 누가가 제자라고 일컬은 열두 명쯤 되는 사람들을 만났습니다. 바울이 그들을 알게 되었을 때, 그들로부터 무엇인가 잘못된 점을 발견하였습니다. 그들은 예수님의 제자가 아니라 세례 요한의 제자들이었던 것입니다. 바울은 그들에게, "요한이 회개의 세례를 베풀며 백성에게 말하되, '내 뒤에 오시는 이를 믿으라' 하였으니, 이는 곧 예수라"(사도행전 19:4)고 말했습니다. 그러자 그들은 그들의 믿음을 예수님께 두어야 함을 깨닫게 되었습니다. 그들이 그 결단을 내리자 성령을 받게 되고 방언을 하며 예언도 하였습니다. 그들은 하나님께서 다른 유대인들에게 허락하셨던 것과 똑같은 거듭남의 표적을 받았던 것입니다.

바울은 어떻게 이 사람들이 하나님의 성령에 의해 진정으로 거듭나지 못했다는 것을 분별했을까요? 성경에는 이에 대한 언급이 없지만, 나는 우리들도 대부분 이와 비슷한 경험이 있다고 믿습니다. 소위 그리스도인이라고 자처하는 어떤 사람을 만나지만 어딘지 모르게 무언가 결여된 느낌이 들 때, 그가 진정으로 거듭난 하나님의 자녀가 아닌 것을 발견합니다.

나는 어느 날 저녁 파티에 참석한 수많은 무리들 속에 섞여 앉아서 이야기를 나누고 있었는데, 한 부부가 도착했습니다. 나의 아내와 나는 즉각 그들에게서 무언가 다른 점을 발견했습니다. 그들은 같은 지역에서 사는 사람들이었고 다른 사람들과 옷차림이나 말투도 다를 바가 없었지만, 뭐라고 꼬집어 말하기 힘든 색다른 점이 있었습니다. 아마도 그들의 웃음 가운데 은연중 드러난 어떤 것 때문이었을 것입니다. 우리는 그들이 그리스도인이 아닐까 하고 생각했습니다. 파티가 끝난 후 차를 타러 나오면서 그들과 함께 이야기를 나누다가, 영적인 문제로 화제를 돌리자 그들은 즉각 반응을 나타냈습니다. 과연 그들은 그리스도인들이었습니다. 그 뒤 우리는 그들과 함께 반 시간 동안 주님과 주님의 사역에 대하여 서로 간증을 나누었습니다.

거듭남

우리가 거듭날 때 하나님께서 우리의 삶 가운데 우리를 위해 이루어 주시는 것들이 무엇인가 생각해 봅시다. 그리고 어떻게 거듭나게 됩니까? 베드로는 이에 대하여, "너희가 거듭난 것이 썩어질 씨로 된 것이 아니요 썩지 아니할 씨로 된 것이니, 하나님의 살아 있고 항상 있는 말씀으로 되었느니라"(베드로전서 1:23)고 기록했습니다.

예수님께서 유월절에 예루살렘에 계셨을 때, 예수님께서 행하신 기적들을 보고 많은 사람들이 예수님을 믿었습니다(요한복음 2:23). 그들과 연관하여 그 다음 24-25절에 이렇게 기록하고 있습니다. "예수는 그 몸을 저희에게 의탁지 아니하셨으니, 이는 친히 모든 사람을 아심이요, 또 친히 사람의 속에 있는 것을 아시므로 사람에 대하여 아무의 증거도 받으실 필요가 없음이니라." 이 사람들은 "많은 사람이… 그 이름을 믿었으나"(23절)라고 기록된 말씀이 보여 주듯 소위 믿는 자들이었습니다. 그러나 예수님께서는 그들에게 무엇인가 부족한 것이 있음을 아셨습니다.

그 일이 있은 직후, 예수님께서는 간단한 믿음의 고백으로 말을 걸어온 니고데모와 대화를 나누셨습니다. "랍비여, 우리가 당신은 하나님께로서 오신 선생인 줄 아나이다. 하나님이 함께하시지 아니하시면 당신의 행하시는 이 표적을 아무라도 할 수 없음이니이다"(요한복음 3:2).

그러자 주님께서는 즉각, "진실로 진실로 네게 이르노니, 사람이 거듭나지 아니하면 하나님 나라를 볼 수 없느니라"(요한복음 3:3)고 선언하셨습니다. 니고데모의 믿음은 유월절에 모였던 무리들처럼 죽은 믿음이었습니다. 생명이 없음을 보시고 주님께서는 니고데모에게 "육으로 난 것은 육이요 성령으로 난 것은 영이니, 내가 네게 거듭나야 하겠다 하는 말을 기이히 여기지 말라"(요한복음 3:6-7)고 말씀하셨습니다. 우리는 하나님의 말씀을 통해 성령으로 말미암아 거듭나게 됩니다.

어떻게 그러한 변화가 일어날 수 있을까요? 요한복음 1:12-13 말씀을 살펴봅시다. "영접하는 자, 곧 그 이름을 믿는 자들에게는 하나님의 자녀가 되는 권세를 주셨으니, 이는 혈통으로나 육정으로나 사람의 뜻으로 나지 아니하고 오직 하나님께로서 난 자들이니라." 그리스도의 이름을 믿는 것은 곧 예수님을 영접하는 것입니다. 우리는 각자 하나님의 말씀을 듣고 예수 그리스도께 나의 믿음을 두며, 나의 삶 속에 그분을 모셔 들일 때, 성령에 의해 거듭나게 됩니다. 그렇게 되면 나의 삶 가운데 어떤 일이 일어날까요? 거듭남과 동시에 이루어지는 결과를 여덟 가지 측면에서 살펴봅시다.

그리스도 안에서 새로운 피조물이 됨. 하나님의 성령께서 나의 삶 속에 새 노래, 새 희망, 그리고 새로운 삶의 목적을 안겨 주십니다. 나의 옛 생활은 지겹고 혐오스러운 것이 되어 버리고 맙니다. 그리하여 나의 옛 습관과 욕정, 그리고 이전에 누리던 쾌락들은 사라져 버리고 나의 삶이 온전히 새로워집니다. "그런즉 누구든지 그리스도 안에 있으면 새로운 피조물이라. 이전 것은 지나갔으니, 보라 새것이 되었도다"(고린도후서 5:17).

생명을 얻게 됨. 거듭나기 전 나의 삶은 죽은 상태였습니다. 어떤 의미로 보면 살아 있었지만 죄악에 대해 살았던 것뿐입니다. 과거의 나는 불의에 종노릇했습니다. 그러나 이제는 하나님께 대해 다시 산 자로서 의의 종이 되었습니다(로마서 6:19 참조). "긍휼에 풍성하신 하나님이 우리를 사랑하신 그 큰 사랑을 인하여 허물로 죽은 우리를 그리스도와 함께 살리셨고(너희가 은혜로 구원을 얻은 것이라)"(에베소서 2:4-5).

새로운 힘의 원천을 얻게 됨. 하나님께서는 이제 성령을 통해 우리 안에 거하십니다. 하나님께서는 나를 도와 옛 습관에서 벗어나게 해주시며, 새로운 삶의 길을 제시하고 인도해 주십니다.

나는 이제 하나님의 주관 아래 살고 있습니다. 죄가 더 이상 나를 지배할 수 없습니다. "이로써 그 보배롭고 지극히 큰 약속을 우리에게 주사, 이 약속으로 말미암아 너희로 정욕을 인하여 세상에서 썩어질 것을 피하여 신의 성품에 참예하는 자가 되게 하려 하셨으니"(베드로후서 1:4).

온전하게 됨. 그리스도를 모르고 사는 사람들은 대부분 그들의 삶 가운데 무엇인가 결핍되어 있음을 느끼지만 그것이 정확히 무엇인지는 모릅니다. 그들은 쾌락, 물질, 모험, 명성, 그리고 재산으로 공허한 마음을 채워 보려고 안간힘을 쓰지만 아무 소용이 없습니다. 그들은 또한 광적인 행동이나 알코올 중독 혹은 약물 중독에 탐닉해 보나 여전히 허탈감에 사로잡힐 뿐입니다. 결국 많은 사람들이 비관한 나머지 자살을 시도하기도 합니다. 그러나 이 공허한 마음을 채울 수 있는 분은 오직 하나님밖에 없습니다. 그리스도께서 나의 삶 속에 들어오셨을 때, 공허한 나의 마음을 만족감으로 대치시켜 주시고 온전케 해주셨습니다. "그 안에는 신성의 모든 충만이 육체로 거하시고 너희도 그 안에서 충만하여졌으니, 그는 모든 정사와 권세의 머리시라"(골로새서 2:9-10).

만족한 삶을 누리게 됨. 예수님께서는 우물가의 여인에게 "내가 주는 물을 먹는 자는 영원히 목마르지 아니하리니, 나의 주는 물은 그 속에서 영생하도록 솟아나는 샘물이 되리라"(요한복음 4:14)고 말씀하셨습니다. 생명의 물은 우리 안에 괴어 있지 않고, 계속 솟아 나오는 신선한 샘물처럼 우리 안에서 한없이 퐁퐁 솟아 흘러넘칠 것입니다. 우리가 그리스도께서 나누어 주시는 생명수와 생명의 떡을 맛볼 때 우리의 갈증은 해소되며 배고픔도 온전히 해결됩니다. "예수께서 가라사대, '내가 곧 생명의 떡이니 내게 오는 자는 결코 주리지 아니할 터이요 나를 믿는 자는 영원히 목마르지 아니하리라'"(요한복음 6:35).

영생을 누림. 영생은 내가 앞으로 언젠가 얻게 될 것이 아니라, 지금 현재 소유하고 있습니다. 요한은 이에 대하여, "내가 하나님의 아들의 이름을 믿는 너희에게 이것을 쓴 것은, 너희로 하여금 너희에게 영생이 있음을 알게 하려 함이라"(요한일서 5:13)고 기록했습니다.

결혼 직후 아내가 문득 "우리가 죽으면 어떻게 되나요?" 하고 물어 왔습니다. 나도 알 수가 없었습니다. 당시의 나의 생각은 하나님께서 각 사람의 선과 악을 저울질하여 심판하시리라는 것이었습니다. 그 저울이 어느 쪽으로 기우느냐에 따라 영원한 운명이 좌우되리라는 생각이었습니다. 나는 그것을 확신할 수 없었기 때문에 도서관에 가서 그 질문을 답해 줄 수 있는 종교 서적을 찾아보겠노라고 아내에게 말했습니다.

내가 도서관 사서에게 도움을 요청하자 종교 서적부로 안내해 주었습니다. 거기서 나는 그 문제에 대해 이해하기 쉬운 설명이 있겠거니 기대하면서 짤막한 제목이 붙은 책 한 권을 골랐습니다. 그 책을 다 읽고 나서도 그 의문은 풀리지 않았습니다. 책명은 '벤허'인데 한 가지 사실은 내가 그 소설을 흥미진진하게 읽었다는 것뿐입니다. 그 후 내가 성경을 한 권 사서 읽어 본 후에야 비로소 내가 현재 영생을 소유하고 있음을 깨닫게 되었습니다. 오늘도 나는 영생을 소유한 사실을 확신할 수 있습니다.

우리가 영생을 얻은 사실을 확신하는 것은 죽은 뒤에 어떻게 될까 하는 두려움에서 우리를 해방시켜 줍니다. 예수님께서 말씀하시기를, "내가 진실로 진실로 너희에게 이르노니, 내 말을 듣고 또 나 보내신 이를 믿는 자는 영생을 얻었고 심판에 이르지 아니하나니 사망에서 생명으로 옮겼느니라"(요한복음 5:24)고 하셨습니다.

죄로부터 해방됨. 나는 어두움의 권세의 억압에서 벗어나 하나님의 빛의 나라로 옮겨졌습니다. "그가 우리를 흑암의 권세에서 건져 내사 그의 사랑의 아들의 나라로 옮기셨으니"(골로새서 1:13).

당신은 어둠 속에서 길을 잃어 본 적이 있습니까? 내가 제2차 세계대전 중 미 해병대에 복무하고 있을 때, 우리 부대는 남태평양 파부부 섬에 주둔하고 있었습니다. 나는 보초 근무를 마치고 막사로 돌아가고 있었습니다. 칠흑같이 어두운 밤이었기 때문에 나는 더듬거리며 막사를 향해 한 걸음씩 나아갔습니다. 아니나 다를까 나는 헤매다 방향 감각을 완전히 상실했습니다. 어림짐작으로 우리 막사겠거니 하고 들어가면 곧바로 엉뚱한 곳임을 깨닫곤 했습니다. 오랫동안 주위를 뱅글뱅글 헤매다가 드디어 팻말 하나를 발견하고는 방향을 바로잡아 우리 막사를 간신히 찾을 수 있었습니다. 어둠 속에서 길을 잃는 것은 아주 소름끼치는 일입니다.

우리 그리스도인들은 빛 가운데서 아무런 두려움 없이 살 수 있습니다. 그리스도께서는 "나는 세상의 빛이니, 나를 따르는 자는 어두움에 다니지 아니하고 생명의 빛을 얻으리라"(요한복음 8:12)고 약속하셨습니다.

생명책에 이름이 기록됨. 우리가 사망에서 생명으로, 사탄의 권세로부터 하나님의 권세로, 어두움에서 빛으로 옮겨질 때, 우리 이름이 자동적으로 하늘나라에 기록됩니다. "누구든지 생명책에 기록되지 못한 자는 불못에 던지우더라"(요한계시록 20:15).

거듭남으로 인하여 얻는 이상의 여덟 가지 결과들은 에베소에서 바울이 만났던 요한의 제자들에게도 이루어지게 되었습니다. 그뿐 아니라 지금 그리스도를 구세주로 영접할 때, 당신의 삶 가운데도 그러한 축복이 임할 것입니다.

부드러운 설득

바울은 요한의 제자들을 만나 본 후 회당에 들어가서 "석 달 동안을 담대히 하나님 나라에 대하여 강론하며 권면"(사도행전 19:8)하였습니다. 다시 한 번 바울은 그리스도께 대한 자신의 믿음을 담대히 증거하였습니다. 우리는 그의 증거 방법을 통해서 두 가지 교훈을 배울 수 있습니다. 그는 말씀을 강론하며, 그들이 가지고 있던 질문에 대하여 성경으로 답변을 해주었습니다. 우리도 이러한 방법을 활용해야 합니다. 설혹 답변하기 어려운 질문을 받는다 해도 걱정하지 마십시오. 대답해 주지 못하는 것이 죄가 되는 것은 아닙니다.

그러나 똑같은 질문을 연거푸 대답해 주지 못하는 일은 없도록 하십시오. 성경을 부지런히 연구하여 그 해답을 열심히 찾아보십시오. 성경에 해답이 있습니다. 또한 목사님을 찾아가 도움을 요청하십시오. 답변을 찾기 위해서 가능한 한 최선을 다하십시오. 베드로는 이에 대하여, "너희 마음에 그리스도를 주로 삼아 거룩하게 하고, 너희 속에 있는 소망에 관한 이유를 묻는 자에게는 대답할 것을 항상 예비하되 온유와 두려움으로 하고"(베드로전서 3:15)라고 말했습니다.

바울은 진리의 말씀으로 듣는 사람들을 설득했습니다. 세상에서 가장 설득력이 강한 것 두 가지는 성령과 성경입니다. 우리의 책임은 성경 말씀을 나누는 것입니다. 영접을 미루거나 거절할 때의 위험에 대하여 성경 말씀을 찾아 보여 주는 것입니다. 미루는 것의 위험은 명확합니다. "너는 내일 일을 자랑하지 말라. 하루 동안에 무슨 일이 날는지 네가 알 수 없음이니라"(잠언 27:1). 다음 순간에 무슨 일이 일어날는지 아는 사람은 아무도 없습니다. 바울은 고린도 교인들에게 다음 사실을 상기시켰습니다. "우리가 하나님과 함께 일하는 자로서 너희를 권하노니, 하나님의 은혜를 헛되이 받지 말라.… 보라. 지금은 구원의 날이로다"(고린도후서 6:1-2).

지금 이 순간에도 수천 명이 내일을 보지 못하고 죽어 갑니다. 그래서 하나님께서는 "지금 오라!"고 말씀하십니다. 우리가 이 진리를 선포할 때, 성령께서는 각 사람으로 하여금 그 진리를 받아들여야 할 필요성을 일깨워 주십니다. 사도 바울은 사람들을 지나치게 몰아세우지는 않았지만, 온유하게 설득하는 일은 주저하지 않았습니다. 이와 마찬가지로 우리도 사람들에게 그리스도를 모시는 일의 긴박성에 대하여 성경 말씀을 가지고 설득할 필요가 있습니다.

도(道)

"어떤 사람들은 마음이 굳어 순종치 않고 무리 앞에서 이 도를 비방하거늘, 바울이 그들을 떠나 제자들을 따로 세우고 두란노 서원에서 날마다 강론하여, 이같이 두 해 동안을 하매 아시아에 사는 자는 유대인이나 헬라인이나 다 주의 말씀을 듣더라"(사도행전 19:9-10). 이 말씀에는 중요한 진리가 담겨져 있습니다. 기독교를 다시 한 번 '도(道)'라고 일컫고 있습니다. 기독교는 하늘나라로 인도하는 길[道]인 것입니다! 예수님께서는 "내가 곧 길이요, 진리요, 생명이니, 나로 말미암지 않고는 아버지께로 올 자가 없느니라"(요한복음 14:6)고 말씀하셨습니다. 기독교는 또한 삶의 길, 즉 하나의 생활 방식이기도 합니다. 우리는 이 세상이 이해할 수도 없고 누릴 수도 없는, 하나님께서 허락하신 생활 방식을 가지고 있습니다. 나 자신도 주님을 믿지 않을 때는 기독교를 도저히 이해할 수 없었습니다. 만약 이 세상이 전부이며, 내게 책임을 묻게 될 하나님도 존재하지 않는다면, 그리스도인처럼 살아가는 것은 전혀 무의미한 일입니다. 그러나 분명히 하나님은 존재하시며 우리는 그분께 모든 것을 고하게 될 것입니다. 또한 죄에 대한 심판도 반드시 올 것이며 천국과 지옥도 분명히 존재합니다. 기독교는 하나의 사고방식이며 생활 방식이요, 또한 구원의 길입니다.

바울이 유대인들에게 석 달 동안 가르쳤던 것이 바로 이 '사고와 생활과 구원'의 길[道]이었던 것입니다. 그러나 그들은 바울의 가르침을 거절하였습니다. 그리하여 바울은 그들을 떠날 수밖에 없었습니다.

그때 바울은 제자들과 더불어 두란노 서원에 날마다 모여 하나님의 말씀을 강론했습니다. 그 결과로 에베소 전역에 획기적인 영향을 미쳤습니다. 바울이 제자들을 따로 세우고 두란노 서원에서 날마다 강론하여, 이같이 두 해 동안을 하자 아시아에 사는 자는 유대인이나 헬라인이나 다 주님의 말씀을 들었습니다. 바울은 서두르지 않았습니다. 그는 두 해 동안이나 자신의 삶을 투자했지만, 그럴 만한 가치가 충분히 있었습니다. 만약 당신도 하나님께서 가르쳐 주신 교훈들을 다른 사람에게 말하는 일에 당신의 삶을 투자한다면, 세상에서 가장 폭발적이고 역동적이며 박진감 있는 사업에 참여하게 될 것입니다.

우리는 이제 에베소의 또 다른 생활 양상 곧 마술, 요술, 주술 등 '요사스런 술법들'을 접하게 됩니다. 귀신들을 향하여 외는 주문들을 모은 '에베소의 마술책'이 소위 에베소식 마술을 구사하는 전 세계의 마술사들에게 배포되었습니다. 오늘날까지도 이와 비슷한 술법들이 횡행하고 있습니다.

내가 아는 몇몇 젊은이들이 콜로라도 주의 보울더에서 전셋집을 얻었습니다. 그들은 지하실 벽에서 이상한 그림들을 발견했습니다. 그들은 전에 그 집에 귀신 숭배자들이 살았다는 것을 알게 되어 그 벽에 흰 페인트를 칠하기로 했습니다. 그러나 몇 번을 덧칠해도 소용이 없었습니다. 아침마다 점검을 해보면 불로 태워 그린 자국이 그대로 선명하게 나타나곤 하였습니다. 결국 그들은 다른 집으로 이사를 하게 되었습니다.

많은 남녀 젊은이들이 신비로운 마술에 말려들어 처참한 결과를 초래하고 있습니다. 한 젊은이가 나에게 공포와 무기력의 올무에 점점 빨려들어 갔던 자신의 경험을 털어놓았습니다. 그는 사탄의 지배하에 있었으며 자기 자신도 그 사실을 알았습니다. 마침내 그는 필사적으로 하나님께 부르짖게 되어, 기적적으로 어떤 사람을 통해 그리스도께로 인도되었습니다. 그리스도의 능력이 지옥의 권세로 말미암는 그 어느 것보다도 위대한 것에 대해 하나님께 감사하십시오!

에베소의 마술사들도 예수님의 이름의 능력을 알게 되었습니다. "또 마술을 행하던 많은 사람이 그 책을 모아 가지고 와서 모든 사람 앞에서 불사르니 그 책값을 계산한즉 은 오만이나 되더라. 이와 같이 주의 말씀이 힘이 있어 흥왕하여 세력을 얻으니라"(사도행전 19:19-20). 그러나 이 사건이 하나님 편의 대승리였지만, 제자들은 그것에 도취되어 편히 쉬고 있을 수는 없었습니다.

영적 전쟁은 때로 실망을 안겨 줄 수도 있습니다. 한쪽 전선에서 승리하는가 싶으면 또 다른 전선에서 싸움이 벌어집니다. 마귀는 쉴 줄 모르는 적입니다. 바울이 얼마간 더 에베소에 머무는 동안 좀 더 심한 어려움을 겪게 됩니다. 데메드리오라고 불리는 은세공업자가 아데미 여신의 신전 모형을 만들어 관광객들이나 아데미 사원에 종교 순례차 오는 사람들에게 팔고 있었습니다. 그의 영업은 한창 번창 일로에 있었는데 어느 날 갑자기 바울의 복음 전파의 영향으로 말미암아 크게 위협당하고 있다는 사실을 깨달았습니다.

그리하여 데메드리오는 직공들과 은세공업자들을 불러 모아 놓고 말했습니다. "이 바울이 에베소뿐 아니라 거의 아시아 전부를 통하여 허다한 사람을 권유하여 말하되, '사람의 손으로 만든 것들은 신이 아니라' 하니, 이는 그대들도 보고 들은 것이라"(사도행전 19:26). 데메드리오는 또한 기독교의 갑작스런 침입으로 말미암아 아데미 사원의 위엄이 실추되고 위협당하고 있음을 지적했습니다. 탐욕과 이기심이 종교적 열심과 민족주의적인 태도와 결탁될 때마다 엄청난 악의 세력을 형성합니다. 데메드리오는 무리들을 선동하여 폭동을 일으켰습니다.

적지 않은 소요 끝에 결국 그들은 일제히 연극장으로 몰려들어 두 시간 동안이나 아데미 여신을 찬양하였습니다. 다행히도 서기장이 질서를 수습하자 군중들은 다시 흩어졌습니다.

여기서 위험천만의 위협적인 사건에 대처하는 바울의 태도를 주목해 보면 흥미롭습니다. "바울이 백성 가운데로 들어가고자 하나 제자들이 말리고, 또 아시아 관원 중에 바울의 친구 된 어떤 이들이 그에게 통지하여 연극장에 들어가지 말라 권하더라"(사도행전 19:30-31). 처음에 바울은 군인 정신을 발휘하여 연극장에 모인 군중들 속으로 당당히 걸어 들어가 그들을 설득시키고자 했습니다. 그러나 그는 지혜롭게도 친구들의 조언을 받아들여 훗날에 있을 영적인 싸움을 대비하여 목숨을 보존했습니다.

여기에서 우리는 중요한 교훈을 배울 수 있습니다. 우리는 항상 총력을 기울여 하나님의 세계 선교에 대한 전체적인 청사진을 마음속에 그리고 있어야 합니다. 그 당시 바울은 순간적인 흥분에 휩싸이기가 쉬운 상황에 있었습니다. 그러나 모든 요인들을 신중히 검토하여 전체적인 청사진을 염두에 두고 결정을 내려야 하는 법입니다. 여전히 복음이 전파되지 않은 곳이 세계 각처에

산재해 있었습니다. 로마의 복음화는 아직도 요원하였습니다. 스페인도 바울에겐 큰 짐이 되었습니다. 그리하여 그는 친구들의 조언을 받아들였습니다.

어떤 사람들은 주님을 위해 자신을 불사르도록 부름받을 수도 있습니다. 그들의 생애는 짧지만 대단한 영향을 끼칩니다. 그들은 하나님을 향해 타오르는 열정 속에 자신의 모든 힘을 한꺼번에 쏟으며, 따라서 그들의 선교 사역도 빨리 막을 내립니다. 그러나 우리들 대부분은 꾸준히 일하도록 이 땅에 보내심을 받았습니다. 우리는 전쟁의 위대한 영웅들이 아닙니다. 매일매일의 전투에 임하여, 주어진 임무를 수행하는 충성된 보병인 것입니다. 만약 당신도 그렇게 부르심을 받았다면 바울의 이 모범을 보고 용기를 얻어 꾸준히 정진하도록 하십시오. 꾸준히 일한 사람이든 영웅이든 한결같이 주님께서는 “잘하였도다” 하고 칭찬하실 것입니다.

선교사이자 나의 친한 친구이기도 한 워렌 마이어즈가 근대 선교의 아버지라 불리는 윌리엄 케리의 생애 속에 나타난, 꾸준히 일하는 것의 중요성에 대해 편지를 보내 왔습니다. 그 편지에서 워렌은 케리의 누이 역시 주님의 군대의 또 하나의 충성된 보병으로서 케리의 선교 사역을 위해 얼마나 꾸준히 기도했는가를 강조하였습니다.

> 윌리엄 케리에 관한 책들은 많이 출판되었지만, 내가 알기로는 병상에 누운 ‘쓸모없는’ 그의 누이에 관해 쓰인 책은 전혀 없습니다. 그녀와 윌리엄 케리의 사이는 무척 가까웠습니다.

그래서 케리는 편지를 통해 성경 번역 및 출판, 교사 훈련, 초신자 양육 등의 일을 통해 겪는 자신의 고충들을 낱낱이 털어놓았습니다. 다른 사람들은 그저 그의 소식을 대강 들어서 아는 정도였지만, 그녀는 상세한 편지를 받아 시간 시간마다 병상에서 그 내용을 가지고 주님께 아뢰곤 했습니다.

하나님께서는 고학으로 공부한 이 구두 수선공과 그의 두 동역자들을 사용하시어 신구약 전체를 여덟 개의 인도 방언으로, 그리고 신약만은 25개 이상의 언어로 번역, 출판하여 선교 역사상 유례없는 업적을 남기게 하셨습니다.

그뿐 아니라 그들은 학교와 신문사를 세우고, 교리 문답을 강의하고, 신학교를 세웠으며. 더욱더 놀라운 것은 이러한 가운데서도 일반 직업을 갖고 자신의 생계를 유지해 나갔다는 것입니다.

윌리엄 케리는 생애 가운데 두 가지 표어가 있었습니다. '나는 재능이 부족하나 꾸준히 일할 수 있다.' '하나님을 위해 위대한 일을 시도하고 하나님께로부터 위대한 일을 기대하라.' 그리고 그에게는 늘 기도로 지원하는 병상의 누이가 있었습니다.

나는 주님께서 윌리엄 케리를 통해 이룩하신 일로 말미암아 과연 누가 상급을 누리게 될 것인가 생각해 보았습니다. 그때 사무엘상 30:24 말씀이 마음속에 떠올랐습니다. "전장에 내려갔던 자의 분깃이나 소유물 곁에 머물렀던 자의 분깃이 일반일지니 같이 분배할 것이니라."

우리는 이러한 사람들처럼 꾸준함과 기도의 본을 따를 필요가 있습니다. 바울은 그 혼란 속에 말려들지 않고 계속해서 꾸준히 경주하기로 결심했습니다. 그러므로 그는 서기장이 그 소요 사태를 마무리 짓도록 내버려 두었습니다.

에베소의 그 서기장의 행동은 감명을 줍니다. 그는 몇 마디 간단한 말로 광적인 폭도들을 진정시킬 수 있었던 대단한 인물이었습니다. 그가 무슨 말을 했기에 잠잠해졌을까요? 네 가지 사항을 찾아볼 수 있습니다.

첫째로, 그는 그들이 이미 모두가 알고 있는 사실을 가지고 새삼스럽게 외쳐 대고 있음을 지적해 주었습니다. 그의 주장은 아무도 에베소 사람들의 여신의 위대함을 부인한 적이 없는데 왜 그렇게 야단법석을 피우느냐는 것이었습니다.

둘째로, 바울과 그의 일행들은 에베소 사람들을 괴롭히는 어떤 일도 실제로 하지 않았음을 지적했습니다. 그들은 사원 물건을 훔친 일도 없고 여신을 모독한 일도 없었습니다.

셋째로, 만일 데메드리오가 송사할 일이 있다면, 개인적으로 얼마든지 고소하라고 말했습니다. 그렇게 하면 민회에서 정식으로 그 문제를 처리해 줄 것이라는 설명이었습니다.

넷째로, 그들이 계속 소란을 피운다면 로마 군인들에 의해 온 성이 짓밟히게 되리라고 경고했습니다.

군중들은 그의 말을 진지하게 듣고 나서 마음을 가라앉히고는 각자 흩어졌습니다. 그 상황을 처리하기 위해 서기장이 취한 행동은 어떤 것이었습니까? 그는 침착성을 잃지 않고 그 무리들을 설득했으며, 그 소요 사태를 중지하는 것이 그들에게 가장 이롭다는 사실을 깨닫도록 도와주었습니다. 그것이 바로 지도력입니다. 곧 사람들로 하여금 그들에게 진정 유리한 행동을 할 수 있도록 동기를 유발시켜 주는 것입니다. 서기장은 모든 사람들에게 가장 바람직한 최선의 선택은 소요를 그치고 집으로 돌아가는 것임을 깨닫도록 지혜롭게 도와주었습니다. 훌륭한 지도자가 되려면 사람들로 하여금 그저 올바른 일을 해야 한다고 느끼는 것으로 그치지 않고 올바른 일을 열정적으로 할 수 있도록 이끌어 줄 수 있어야 합니다.

요 약

바울과 제자들은 거센 반발에도 불구하고 꾸준히 복음의 진보를 위하여 헌신적으로 수고하였습니다. 그들은 소아시아 전역에 걸쳐 그곳 사람들에게 주님의 복음을 전파하고 권하여, 하나님의 말씀의 능력으로 말미암아,

- 그들로 거듭나게 하며,
- 그들에게 그리스도인의 생활 방식을 심어 주었습니다.

20

영적 지도자의 특성

바울과 그의 일곱 동역자들은 마게도냐와 헬라 지방을 두루 다니면서 사람들에게 말씀을 전파하고 권면하였습니다. 그런데 우리는 바울에게만 관심을 집중한 나머지 그와 함께했던 다른 사람들에 대해서는 소홀히 여기기가 쉽습니다. "아시아까지 함께 가는 자는 베뢰아 사람 부로의 아들 소바더와 데살로니가 사람 아리스다고와 세군도와 더베 사람 가이오와 및 디모데와 아시아 사람 두기고와 드로비모라"(사도행전 20:4).

바울은 왜 이 사람들을 데리고 다녔습니까? 바울은 자기 혼자서는 세계 복음화의 사명을 완수하지 못한다는 점을 알고 있었습니다. 그 열쇠는 하나님께서 그를 통해 변화시키실 일단의 사람들에 있었습니다. 그러므로 바울은 앞으로의 사역에서 중추적인 역할을 담당하게 될 이 사람들을 훈련시키는 데에 많은 시간을 투자했습니다. 이러한 바울의 본보기를 살펴보면서, 당신 자신의 삶은 어떠한가 생각해 보십시오. 당신은 다른 사람들이 영적으로 성장하여 주님의 효과적인 일꾼이 되도록 도와주기 위해 어떤 단계적 조치들을 취할 수 있겠습니까? 네 단계로 나누어 생각해 보겠습니다.

건강한 초신자. 먼저, 믿는 자로 하여금 구원의 확신을 갖도록 도와주십시오.

성장하는 제자. 그로 하여금 은혜 안에서 자라 가고 다른 그리스도인들과 정기적으로 교제하며 하나님을 예배하도록 도와주십시오. 매일 아침 경건의 시간 및 성경 읽기를 위해 시간을 따로 떼어 놓는 법, 그리고 친척들이나 친구들에게 자신의 간증을 나누는 법을 가르쳐 주십시오. 이런 일은 그가 제자의 삶을 살기 시작하는 데 큰 도움이 됩니다.

성숙한 제자. 그가 참으로 그리스도께 헌신하도록 돕고, 또한 그리스도를 증거하는 삶에서 열매 맺게 도와주십시오. 그리스도를 중심으로 다루면서 명확하게 복음을 전하는 법을 보여 주십시오. 그리고 성경 암송 및 성경 공부를 통하여 지속적으로 말씀을 섭취하며 즐기는 법을 가르쳐 주고 기도의 삶의 깊이와 넓이가 더해 가도록 지도해 주십시오. 그로 하여금 자신을 위해서가 아니라 주님을 위해 살도록 돕고, 또한 믿음의 사람이 되도록 도와, 그의 삶이 순결하여 하나님 나라의 일에 쓰임받는 자가 되게 해 주십시오.

일꾼. 그로 하여금 추수하는 들판의 일꾼 대열에 서도록 도와주십시오. 다른 사람들을 그리스도께 인도하는 법뿐만 아니라 그들이 우리 주 곧 구주 예수 그리스도의 은혜와 그분을 아는 지식에서 자라 가도록(베드로후서 3:18) 돕는 법도 가르쳐 주십시오.

사역의 여러 기술과 아울러 개인적인 확신을 계발하도록 도와주십시오. 즉 자기가 왜 그리스도를 따르는지 그 이유를 스스로 알도록 돕고 또한 이 면에서 다른 사람들을 돕는 법도 가르쳐 주십시오.

이제 다른 사람들의 성장을 도모하고 그들이 그리스도를 위한 사역에서 계발되어 가도록 도울 때 도움이 되는 몇 가지 훈련의 요지들을 소개하겠습니다.

먼저는 다른 사람들을 훈련시키는 일의 전략적 가치를 명심하십시오. 일꾼들의 은사와 능력의 계발을 도와주는 선교 기관이나 팀은 그 자원을 현명하게 투자하고 있는 것입니다. 당신이 훈련시키고 있는 각 제자가 강하고 헌신적이며 효과적인 하나님의 사람이 되도록 도와주는 것을 당신의 목표로 삼으십시오.

이 일을 하려면 당신이 몸소 사역의 본을 보이며, 거룩한 삶과 그리스도께 대한 헌신에 있어서 다른 사람의 모본이 되어야 합니다.

다른 사람들이 동참할 수 있는 길을 마련해 주십시오. 밖으로 뻗어 나가 영향을 주는 방책들을 마련하여 당신이 훈련시키고 있는 사람들이 다른 사람들과 함께 어울려 그리스도를 증거하며 주님 안에서 자라 가도록 하십시오. 소규모 성경공부를 통한 교제나 매주 인근 지역에 나가 증거하는 일을 통해 사람들은 선한 싸움을 하게 되고 하나님의 일꾼들로 훈련되는 것입니다.

처음에는, 이 일이 소그룹 모임을 통하여 이루어질 수 있습니다. 그러나 기술이 갖춰진 일꾼으로 훈련시키고자 한다면 당신은 그 사람과 개인적으로 만나는 시간을 가져야 합니다. 기술이 갖춰지고 헌신된 일꾼은 무더기로 훈련되지 않습니다. 당신은 그들이 하나의 팀으로 기능을 발휘하도록 해주기 위하여, 그룹 내에서뿐만 아니라, 개인적으로 그들을 훈련시켜야 합니다. 당신은 슈퍼스타가 아닌 팀 멤버를 훈련시키고 있는 것입니다.

바울은 이에 대한 올바른 접근 방법을 본으로 보여 주었습니다. "너희도 아는 바와 같이 우리가 너희 각 사람에게 아비가 자기 자녀에게 하듯 권면하고 위로하고 경계하노니, 이는 너희를 부르사 자기 나라와 영광에 이르게 하시는 하나님께 합당히 행하게 하려 함이니라"(데살로니가전서 2:11-12). 예수님께서는 무리를 대상으로 선교 사역을 하셨지만 훈련은 주로 열두 명에게만 시키셨습니다.

바울도 자기와 함께 여행한 사람들에게 관심을 집중했습니다. 계속되는 여행 중에 일어난 한 사건은 이러한 바울의 마음을 잘 나타내 주고 있습니다. 드로아에서 제자들이 한자리에 모였을 때 일어난 일입니다.

> 안식 후 첫날에 우리가 떡을 떼려 하여 모였더니, 바울이 이튿날 떠나고자 하여 저희에게 강론할새 말을 밤중까지 계속하매 우리의 모인 윗다락에 등불을 많이 켰는데, 유두고라 하는 청년이 창에 걸터앉았다가 깊이 졸더니 바울이 강론하기를 더 오래 하매 졸음을 이기지 못하여 삼층 누에서 떨어지거늘 일으켜 보니 죽었는지라, 바울이 내려가서 그 위에 엎드려 그 몸을 안고 말하되, "떠들지 말라. 생명이 저에게 있다" 하고 올라가 떡을 떼어 먹고 오랫동안 곧 날이 새기까지 이야기하고 떠나니

> 라. 사람들이 살아난 아이를 데리고 와서 위로를 적지 않게 받았더라. (사도행전 20:7-12)

이렇듯 바울은 나누어 줄 이야기들로 마음이 충만해 있었습니다. 그는 밤을 새워 가며 강론했던 것입니다!

바울은 계속 예루살렘을 향해 여행했습니다. 밀레도에 도착하여 그는 에베소로 사람을 보내어 교회 장로들을 청하여 자기를 만나도록 했습니다.

> 오매 저희에게 말하되, "아시아에 들어온 첫날부터 지금까지 내가 항상 너희 가운데서 어떻게 행한 것을 너희도 아는 바니, 곧 모든 겸손과 눈물이며, 유대인의 간계를 인하여 당한 시험을 참고 주를 섬긴 것과, 유익한 것은 무엇이든지 공중 앞에서나 각 집에서나 꺼림이 없이 너희에게 전하여 가르치고, 유대인과 헬라인들에게 하나님께 대한 회개와 우리 주 예수 그리스도께 대한 믿음을 증거한 것이라. 보라. 이제 나는 심령에 매임을 받아 예루살렘으로 가는데 저기서 무슨 일을 만날는지 알지 못하노라. 오직 성령이 각 성에서 내게 증거하여 결박과 환난이 나를 기다린다 하시나, 나의 달려갈 길과 주 예수께 받은 사명 곧 하나님의 은혜의 복음 증거하는 일을 마치려 함에는 나의 생명을 조금도 귀한 것으로 여기지 아니하노라. 보라. 내가 너희 중에 왕래하며 하나님 나라를 전파하였으나 지금은 너희가 다 내 얼굴을 다시 보지 못할 줄 아노라. 그러므로 오늘 너희에게 증거하노니 모든 사람의 피에 대하여 내가 깨끗하니 이

는 내가 꺼리지 않고 하나님의 뜻을 다 너희에게 전하였음이라." (사도행전 20:18-27)

바울은 교회 장로들과 함께, 자신이 그들 가운데서 행한 모든 일을 회고해 보았습니다. 즉 그는 자신이 모본을 보여 준 영적 지도자로서의 일곱 가지 자격을 하나의 프로필로 그들에게 제시했던 것입니다.

겸손. 교만은 지도자를 죽입니다. 바울은 감독을 택할 때에 주의할 점을 디모데에게 쓰면서 이렇게 전했습니다. "새로 입교한 자도 말지니 교만하여져서 마귀를 정죄하는 그 정죄에 빠질까 함이요"(디모데전서 3:6). 지도자란 하나님과 동행하며 그분의 능력으로 맡은 기능을 하는 것입니다. 하나님은 교만한 자를 대적하십니다.

나는 아주 훌륭한 교회에 다닙니다. 만약 우리 교회 교우들에게 "누가 가장 훌륭한 목사님을 모시고 있는가?"라고 묻는다면, 그들은 두말 않고 "우리입니다" 하고 대답할 것입니다. 또는 가장 훌륭한 성가대는 어느 교회에 있느냐고 물어도 역시 그들은 "우리 교회"라고 대답할 것입니다. 그들은 우리 교회의 청년부 프로그램, 주일학교, 또는 선교 프로그램 등에 대하여 이야기할 때는 자못 얼굴이 상기되기도 할 것입니다. 그렇다고 우리가 다른 교회들을 낮춰 본다는 뜻이겠습니까? 물론 그렇지 않습니다. 하나님의 축복을 경험할 때 우리는 겸손히 감사하는 마음으로 하나님께 나아가야 합니다. 이것은 모든 삶의 영역에 적용됩니다. 노래를 잘한다는 것은 교만을 부추길 수도 있고 겸손을 유발할 수도 있습니다. 당신은 재능 있는 교사입니까? 또는 행실 좋은 자녀를 둔 훌륭한 어머니이거나 성공한 사업가입니까? 겸손히 감사하는 마음으로 하나님께 나아가십시오. 바울이 그랬습니다.

깊은 사랑의 마음. 바울은 진한 감정의 소유자였습니다. 그는 에베소 성도들을 사랑했고, 그들은 그를 사랑했습니다. 그가 방문을 마치고 떠나려 할 때 실로 가슴 뭉클한 그 무엇을 보여 주는 장면이 있었습니다. "이 말을 한 후 무릎을 꿇고 저희 모든 사람과 함께 기도하니, 다 크게 울며 바울의 목을 안고 입을 맞추고, 다시 그 얼굴을 보지 못하리라 한 말을 인하여 더욱 근심하고 배에까지 그를 전송하니라"(사도행전 20:36-38).

한번은 우리 교회 목사님이 한 소년의 이야기를 했는데 그의 누이가 사고를 당하여 많은 피를 흘렸다는 것부터 이야기는 시작되었습니다. 소년은 그의 누이가 수혈받는 데 적합한 혈액형을 가진 유일한 사람이었습니다. 의사가 소년에게 누이의 필요에 대해 설명해 주었습니다. 소년이 물었습니다. "만일 내가 누이에게 피를 주지 않으면 죽게 되나요?"

"그래, 거의 확실하단다." 의사의 대답이었습니다. 소년은 잠시 생각해 보는 듯하더니 그렇게 하겠다고 대답했습니다. 얼마간의 피를 뽑은 뒤 소년은 병원 침대에 조용히 그리고 꼼짝도 않고 누워 있었습니다. 간호사가 그가 초점이 없이 당황한 듯한 눈빛을 띠고 누워 있는 것을 보고 곁으로 다가가 무엇이 잘못되었느냐고 물었습니다.

"글쎄요, 저는 그저 제가 언제쯤 죽게 되나 생각해 본 것뿐이어요." 소년의 대답이었는데, 그는 아마도 누이에게 자기 피를 주면 자기는 죽게 되는 줄로 생각한 모양이었습니다. 이것은 바로 바울의 마음을 여실히 그려 주는 장면인 것입니다. 그는 자기가 복음 안에서 섬긴 사람들을 위해 그의 생명까지도 기꺼이 주고자 했습니다. 그는 애틋하고 희생적인 사랑의 마음으로 그들을 깊이깊이 사랑했습니다.

강한 의지. 바울은 그의 생명의 위협 및 갖가지 형태로 부딪혀 온 적대와 곤경들로 말미암아 극심한 시련을 감수해야 했습니다. 그러나 그는 가는 길을 멈추지 않았습니다. 예수님께서도 끊임없이 반대에 부딪혔지만 계속 앞으로 나아가셨습니다. 예수님께서는 예루살렘을 향하여 시선을 고정하고, 그분을 곁길로 끌어들이려는 수많은 유혹들을 물리치고, 마침내 도착하시게 되었습니다. 예수님의 생애에서처럼 사랑과 겸손과 강한 의지가 효과적으로 조화를 이룬 경우는 드뭅니다.

의지가 강한 사람은 사랑과 긍휼로 인한 부드러움이 결여된 차가운 마음으로 냉철하기만 한 연출가가 되기 쉽습니다. 그리스도의 삶에서는 이런 특성들이 완전한 균형을 이루고 있었습니다. 주님께서는 결단성 있는 의지와 사랑의 마음과 긍휼의 태도를 갖고 계셨습니다. 그리스도와 많은 시간을 교제할 때, 이런 특성들이 우리의 것이 될 수 있으며, 더욱 주님의 삶을 다른 사람들에게 나타내 줄 때 그렇게 됩니다. 강한 의지는 지도자에게 필수적인 특성으로서 하나님께서 주신 것입니다. 지도자는 숱한 곤경들에도 불구하고 그 길을 헤쳐 나가야 합니다. 그는 가는 길을 늦추지 말아야 하며 맡은 바 선교의 사명을 언제나 정진시켜 나가야 합니다.

말해야 할 것을 말하는 용기. 바울은 말했습니다. "유익한 것은 무엇이든지 공중 앞에서나 각 집에서나 꺼림이 없이 너희에게 전하여 가르치고, 유대인과 헬라인들에게 하나님께 대한 회개와 우리 주 예수 그리스도께 대한 믿음을 증거한 것이라"(사도행전 20:20-21).

말할 필요가 있는 것은 반드시 말해야 합니다. 때로 지도자는 오해를 받기도 하고 마음이 상하기도 하지만 이것이 바로 지도자가 감수해야 할 위험 부담인 것입니다. 나도 지도자로서 겪어야만 했던 한 고통스런 처지를 기억하고 있습니다. 우리 팀에 때와 장소를 가리지 않고 말을 함부로 하는 사람이 한 명 있었습니다. 그는 여러 사람들의 감정을 해쳤는데도 그 자신은 이것이 문제가 되는지조차 까맣게 모르는 것이었습니다. 결국 그 문제에 대해 내가 이야기해 주었지만 그는 농담으로 여기고 웃어넘길 정도로 전혀 이해를 못했습니다. 그의 문제는 그냥 보아 넘길 수 없는 것임을 알고 나는 아내와 함께 그와 친한 두 친구를 데리고 그를 만나 우리의 염려되는 점을 이야기했습니다.

우리는 각자 그의 이러한 문제점을 목격한 경우들을 상세하게 이야기했습니다. 그도 각각의 경우들을 기억하긴 했지만 그때 누가 감정이 상했었는지에 대해서는 전혀 모르고 있었습니다. 우리는 그가 계속 생각 없이 실없는 말을 계속한다면 효과적으로 주님을 섬기는 일이 위태롭게 될까 염려되어 그 점에 대해 주의를 주고 싶었다고 설명했습니다. 마침내 그도 이해하게 되어 자기의 행동 방식을 바꾸겠다고 말했습니다.

우리는 말을 절제하는 데 좋은 방법은 시편 141:3 말씀을 암송하고 기도하는 것이라는 점까지 소개해 주었습니다. "여호와여, 내 입 앞에 파수꾼을 세우시고 내 입술의 문을 지키소서." 우리의 친구와 맞닥뜨린다는 것이 얼마나 힘들었던가는 지금도 기억에 생생합니다. 그러나 말해야 할 필요가 있는 것을 반드시 말해야 할 때가 있는 것이며, 우리는 이런 때 하나님께서 주시는 용기로 말해야 합니다.

해야 할 일을 하는 용기. 몇 년 전 나는 매우 헌신적인 젊은이와 함께 일하고 있었는데, 그는 하나님을 향한 뜨거운 열정과 아울러 선교 현장으로 가고자 하는 열망을 가지고 있었습니다. 그러나 그가 몸담고 동역하고 있는 기관에서는 그를 해외로 파송할 의사가 없는 것이 분명했습니다. 그는 계속 자기의 최고 희망을 버리지 않았지만, 그의 은사와 능력은 그 기관의 해외 선교 목표와 필요에는 맞지 않았습니다. 그래도 그는 오랫동안 그 기관에서 주님을 섬기길 원했습니다.

어느 날 우리는 함께 꽤 오랜 시간을 산책하면서 이야기 나누는 기회를 가졌는데 나는 그에게 자신의 삶, 즉 자신의 야망, 꿈, 은사 및 재능 등을 재검토해 볼 것을 도전했습니다. 그러고 난 다음 몇 가지 구체적으로 적용해 볼 만한 것들을 함께 이야기했습니다. 모든 것을 포기하고, 성경대학 대학원 과정에 들어가 공부한 후, 그를 참으로 필요로 하고 있고 그의 재능과 은사를 활용할 수 있는 선교 단체와 동역하는 것이 그에게는 가장 적합할 것 같았습니다. 몇 달 동안 이 문제를 놓고 생각해 본 후 그는 그대로 결행했습니다.

오늘날 그는 이 세상의 참으로 필요한 지역에서 존경받는 선교

사로 귀하게 쓰이고 있습니다. 만약 그때 자기 삶의 진로를 바꿀 용기가 없었더라면, 그는 지금도 선교 현장에 나가 하나님을 섬길 것을 꿈꾸는 중에 있을 뻔했습니다. 그는 과감히 변화를 시도하여 해야 할 일을 했기 때문에 오늘날 선교지에 나가 있는 것입니다.

사도들의 삶을 연구해 볼 때, 우리도 그들처럼 용기 있고 결단력 있게 복음을 위하여 행동하는 법을 배우게 됩니다. 특히 바울은 개척자 정신을 갖고 있었습니다(고린도후서 10:15-16 참조).

분명한 목표. 바울은 분명한 목표를 가지고 있었습니다. "나의 달려갈 길과 주 예수께 받은 사명 곧 하나님의 은혜의 복음 증거하는 일을 마치려 함에는 나의 생명을 조금도 귀한 것으로 여기지 아니하노라"(사도행전 20:24). 이것은 바울이 하나님께서 자기에게 주신 사명에 대해서 말한 것입니다. 당신에게도 하나님께서 주신 사명이 있습니다. 하나님께서는 당신이 섬길 수 있는 특별한 기회를 마련하고 계시는데, 어쩌면 그것은 당신만이 할 수 있는 일인지도 모릅니다.

바울은 하나님께서 맡겨 주신 사명을 완수하고자 하는 결의에 차 있었습니다. 이것은 예수님의 생애의 한 두드러진 특징이기도 했습니다. 예수님께서는 "나의 양식은 나를 보내신 이의 뜻을 행하며 그의 일을 온전히 이루는 이것이니라"(요한복음 4:34) 하고 말씀하셨습니다. 또한 사역을 마치실 때쯤에는 "아버지께서 내게 하라고 주신 일을 내가 이루어 아버지를 이 세상에서 영화롭게 하였사오니"(요한복음 17:4)라고 말씀하셨습니다. 예수님께서 말씀하신 일이란 복음을 전파하고, 사람들이 자기를 따르는 가운데 제자의 삶을 살도록 돕고, 몇몇은 일꾼으로 파송하며, 열두 사도를 훈련시키는 일 등을 가리키는 것이었습니다. 마침내 그리스도께서는 구속의 사역을 모두 마치시고 십자가 위에서 "다 이루었다"(요한복음 19:30)고 선언하셨습니다.

바울도 그의 생애의 끝 무렵에 이와 똑같이 만족에 찬 간증을 했습니다. "내가 선한 싸움을 싸우고 나의 달려갈 길을 마치고 믿음을 지켰으니"(디모데후서 4:7). 그는 다른 사람들에게도 각자의 삶에 그와 같은 목표를 세울 것을 권면했습니다.

> 운동장에서 달음질하는 자들이 다 달아날지라도 오직 상 얻는 자는 하나인 줄을 너희가 알지 못하느냐? 너희도 얻도록 이와 같이 달음질하라. 이기기를 다투는 자마다 모든 일에 절제하나니 저희는 썩을 면류관을 얻고자 하되 우리는 썩지 아니할 것을 얻고자 하노라. 그러므로 내가 달음질하기를 향방 없는 것같이 아니하고 싸우기를 허공을 치는 것같이 아니하여. (고린도전서 9:24-26)

바울은 또한 빌립보 성도들에게 이렇게 말했습니다. "형제들아, 나는 아직 내가 잡은 줄로 여기지 아니하고, 오직 한 일 즉 뒤에 있는 것은 잊어버리고 앞에 있는 것을 잡으려고, 푯대를 향하여 그리스도 예수 안에서 하나님이 위에서 부르신 부름의 상을 위하여 좇아가노라"(빌립보서 3:13-14). 바울은 자신이 가고 있는 곳을 분명히 알고 있었습니다.

깨끗한 양심. "그러므로 오늘 너희에게 증거하노니, 모든 사람의 피에 대하여 내가 깨끗하니 이는 내가 꺼리지 않고 하나님의 뜻을 다 너희에게 전하였음이라"(사도행전 20:26-27). 바울은 에베소 교회 장로들에게 깨끗한 양심의 본을 남겨 주었습니다. 우리 모두와 마찬가지로 그도 좀 더 잘할 수 있었던 일이나 하지 못하고 떠나는 일 등이 생각났을 것이 분명합니다. 그러나 그는 자신이 최선을 다했다는 것을 알고 있었는데, 하나님께서 각 사람에게 요구하시는 것은 이것뿐입니다. 하나님만이 모든 일과 성품에 완전한 분이십니다. 우리는 때때로 실수를 하지만 우리가 하나님의 능력 안에서, 하나님의 은혜로, 그리고 하나님의 영광을 위하여 우리에게 주어진 일을 한 것이라면, 하나님께서는 우리를 기뻐하십니다.

바울은 하나님께서 맡겨 주신 사역을 돌아보면서, 장로들을 향하여 마지막 도전을 하였습니다.

> 너희는 자기를 위하여 또는 온 양 떼를 위하여 삼가라. 성령이 저들 가운데 너희로 감독자를 삼고 하나님이 자기 피로 사신 교회를 치게 하셨느니라. 내가 떠난 후에 흉악한 이리가 너희에게 들어와서 그 양 떼를 아끼지 아니하며, 또한 너희 중에서도 제자들을 끌어 자기를 좇게 하려고 어그러진 말을 하는 사람들이 일어날 줄을 내가 아노니, 그러므로 너희가 일깨어 내가 삼 년이나 밤낮 쉬지 않고 눈물로 각 사람을 훈계하던 것을 기억하라. 지금 내가 너희를 주와 및 그 은혜의 말씀께 부탁하노니, 그 말씀이 너희를 능히 든든히 세우사 거룩케 하심을 입은 모든 자 가운데 기업이 있게 하시리라. 내가 아무의 은이

> 나 금이나 의복을 탐하지 아니하였고, 너희 아는 바에 이 손으로 나와 내 동행들의 쓰는 것을 당하여 범사에 너희에게 모본을 보였노니, 곧 이같이 수고하여 약한 사람들을 돕고, 또 주 예수의 친히 말씀하신 바 "주는 것이 받는 것보다 복이 있다" 하심을 기억하여야 할지니라. (사도행전 20:28-35)

사도행전 20:28에서 바울은 교회 지도자들을 가리켜 '감독자'라고 불렀는데, 사도행전 20:17에서는 교회의 '장로'들을 청했습니다. 감독자라는 말은 일에 관련된 표현이고, 장로라는 말은 사람을 염두에 두고 하는 말입니다. 감독자란 사람들이 자기들에게 맡겨진 일을 제대로 해내도록 독려하는 책임을 맡은 사람입니다. 장로라는 말은 하나님과 개인적으로 동행하는 삶이 성숙한 상태에 있고 맡겨진 사역에서 많은 경험이 쌓인 사람을 지칭하는 말입니다.

여기서 바울이 지도자들에게 양 떼는 하나님께 속한 것이라고 상기시킨 것을 주목해 보십시오. 그것은 그들의 교회가 아니라 하나님의 교회였던 것입니다. 그는 지도자들에게 양 무리의 목자가 되어 그들을 먹이고, 보호하며, 인도하라고 권면했습니다. 그들은 항상 깨어 있는 가운데 양 떼를 세워 주어야 할 뿐더러, 양 떼를 해칠 수 있는 모든 것에도 깨어 있어 그들을 모든 가능한 위험으로부터 보호해야 했습니다.

지도자들은 각자 자신들의 삶에서도 그와 같이 해야 했습니다. 목자라고 해서 위험에 빠지지 않는다고 장담할 수 없기 때문입니다. 우는 사자가 언제나 우리 밖에 숨어서 공격할 기회를 호시탐

탐 노리며 목자를 습격하고 양 떼를 흩어 버리려고 꾀하고 있습니다. 다른 사람들의 삶을 효과적으로 도와주기 위한 첫 번째 요건은 당신 자신을 부지런히 보살피는 것입니다.

사도행전 20:29 말씀은 경고의 말을 담고 있습니다. 양 떼는 항상 공격의 위험에 처해 있습니다. 위대한 목자장께서도 예외가 아니셨다면, 그분의 양 떼도 이 점에 예외일 수는 없습니다. 때로 이런 공격들은 전혀 예상치 못하는 경로를 통해서도 가해집니다.

최근에 나는 그간 두 대륙에서 주님을 섬겨 오던 한 그리스도인 지도자와 이야기를 나누었습니다. "리로이, 나의 가족은 지금 어려움에 처해 있다네" 하고 그는 말했습니다. 문제는 그의 맏아들이 매사에 날뛰듯이 반항적인 데 있었습니다. 그 상황은 마치 아버지는 열심히 배를 저어 호수를 건너려고 하는데 아들 녀석은 배 밑바닥에 구멍을 뚫느라 정신이 없는 것과 같았습니다. 즉 그가 하는 일이란 이치에 맞는 것이 전혀 없었습니다. 그는 아버지와 어머니와 형제들과 누이들을 사랑했지만, 그들 모두에게 괴로움을 주는 길을 따르고 있었습니다. 그 상황은 바로 다름 아닌 마귀의 공격이라는 모든 증거가 뚜렷했습니다. 사탄은 우리가 힘이 약할 때 걷어차길 좋아하는 자로 사악하고 야비하며 추한 싸움꾼입니다.

사도행전 20:30 말씀에서는 문젯거리가 교회 자체 내에서도 생겨날 수 있다고 경고하고 있습니다. 몇 년 전 나는 한 그리스도인 지도자가 다른 한 사람의 사역에 대해 이야기하는 것을 들었습니다. 그는 그 사람의 교회를 방문하여 그리스도 중심의 설교와 풍성한 전도의 열매를 보고 크게 도전이 되었다고 했습니다. 그로부터 몇 해가 지난 후 또 다른 친구가 내게 그 사람의 사역에 대하여 알고 있느냐고 물었습니다. 나는 그에게, 한 번도 직접 본 일은 없지만 훌륭하게 해나가고 있다고 전에 들어 본 적은 있다고 대답했습니다.

이야기가 계속되면서 나는 내 친구의 말을 듣고 큰 충격을 받았습니다. 처음에는 변화가 아주 미묘하여 얼핏 볼 때 거의 눈에 띄지 않았지만 몇 달이 지나면서는 그 교회의 사역이 색다른 길로 들어서고 있다는 것이 분명하게 되었습니다. 더 이상 그리스도 중심으로 진행되지도 않았고, 사람들이 구원받고 믿음 안에서 세워지는 역사가 일어나지도 않았습니다. 이 목사는 결국 교회가 침체 일로에 빠지도록 인도하였고 교인들이 효과적으로 그리스도를 섬기는 일을 못하게 막은 셈이 되었던 것입니다.

바울은 삼 년 동안 밤낮으로 신자들을 한 사람 한 사람 친히 만나 이런 내부로부터의 공격에 늘 깨어 있도록 경고했습니다.

사도행전 20:32 말씀 또한 놀라움을 줍니다. 우리는 바울이 그리스도 안의 영적인 갓난아이들을 주님과 및 그 은혜의 말씀께 부탁할 줄로 기대했는데, 오히려 그는 지도자들을 염두에 두고 이야기하고 있는 것입니다! 우리는 모두 시시각각으로 하나님께 충성되며 그분의 말씀을 섭취하는 면에 마음을 새롭게 할 필요가 있습니다.

얼마 전에 한 그리스도인 지도자와 이야기 나누는 기회가 있었는데 그는 몇 주일 동안이나 성경을 펴보기조차 안 했다고 말했습니다. 성경 말씀이 메마르게 되었고, 기도를 안 한 지도 몇 주일 되었다고 했습니다. 그의 영적인 삶은 침울하기 짝이 없었습니다. 이런 일은 우리 중 누구에게든지 일어날 수 있는 것입니다.

나는 나 자신이 영적으로 메말라 가고 있다고 느낄 때 내게 도움이 되는 한 가지 처방전을 가지고 있는데, 그것은 주님과만 교제하며 하루를 보내는 것입니다. 이 시간에는 성경을 읽고, 찬송을 부르며, 기도를 합니다. 때로는 선교사든 복음 전도자든 하나님께 크게 쓰임받은 위대한 믿음의 영웅들의 전기를 하나 택하여 읽기도 합니다. 이렇게 몇 시간 동안 기도하고, 말씀을 묵상하며, 영적인 감동을 주는 책을 부분적으로 읽고 나면 나는 새 힘을 얻기 시작합니다. 즉 나의 영적 축전지는 곧 충전되는 것입니다.

사도행전 20:33에서 바울은 그들의 관심이 땅에 있는 것이 아니라 하늘에 있는 것에 돌려져야 한다고 상기시켜 주었습니다. 탐욕과 이기심은 희생적인 삶을 사신 분을 따르는 사람의 삶 속에는 발붙일 곳이 없습니다. 자기희생으로 우리 삶을 다스릴 때, 하나님께서는 우리에게 연약한 형제 자매들이 주님과 동행하는 삶에서 견고해지도록 도울 수 있는 힘을 주십니다. 끝으로 바울은 주는 삶에 대하여 도전하면서 우리 주 예수님의 예를 강조하여 설명했습니다.

주는 것을 강조하는 것은 에베소에서는 특히 필요했습니다. 아데미 신전의 지도자들과 제사장들은 금은을 보관하는 커다란 창고를 관리했는데, 그들은 이런 재물을 자신들의 쾌락을 위해 사용했습니다. 사도행전 20:33-35에서 바울은 에베소인들이 잘 아는 종교와는 완전히 대조적인 교훈을 실례를 들어 가면서 전해 주었습니다. "내가 아무의 은이나 금이나 의복을 탐하지 아니하였고, 너희 아는 바에 이 손으로 나와 내 동행들의 쓰는 것을 당하여 범사에 너희에게 모본을 보였노니, 곧 이같이 수고하여 약한 사람들을 돕고, 또 주 예수의 친히 말씀하신 바 주는 것이 받는 것보다 복이 있다 하심을 기억하여야 할지니라."

달의 여신 아데미의 종교는 은밀하고 신비한 마술과 비밀 의식 및 개인적 쾌락이 그 특징이었습니다. 바울은 장로들에게, 그리스도인의 신앙과 복음 메시지의 특징은 하나님의 말씀을 널리 공개적으로 선포하는 것에 있어야 한다고 상기시켰습니다. 이 메시지야말로 사람들에게 빛을 비추고 감동을 불러일으켜 그들로 하여금 이 땅에서 그리스도의 사명을 이루어 나가는 데 함께 희생적으로 힘쓰도록 해주는 원동력이 되는 것입니다.

요 약

바울은 효과적인 영적 지도자상을 이렇게 보여 주었습니다.

- 그의 눈은 세상의 수많은 사람들을 바라보았습니다. 그러나 또한 그가 세운 지도자들을 훈련시켰습니다.
- 그는 자신을 사람들에게 헌신했습니다. 그러나 자신의 목표를 고수하였습니다.
- 그는 엄격한 기준들을 집요하게 지켰습니다. 그러나 깊고 따뜻한 사랑의 마음을 가졌습니다.

21

성숙의 특징

누가가 사도행전 21:1에서 기록한 바, 바울이 에베소 장로들과 헤어지는 것은 무척이나 힘들었습니다. 깊은 사랑의 띠가 이 사람들과 바울을 묶었던 것입니다. 사랑은 우리를 하나로 묶어서 서로 헤어지는 것을 힘들게 만듭니다. 바울은 골로새 성도들에게 보낸 서신에서 긍휼과 자비와 겸손과 온유와 오래 참음에 대하여 권면하고, 이 모든 것 위에 사랑을 더하라고 특별히 강조했습니다. "이 모든 것 위에 사랑을 더하라. 이는 온전하게 매는 띠니라"(골로새서 3:14).

계속 행선하다가 바울이 처음 내린 곳은 두로였는데, 여기서는 배가 짐을 풀기로 되어 있었습니다. 누가는 계속 이렇게 기록하고 있습니다.

> 제자들을 찾아 거기서 이레를 머물더니, 그 제자들이 성령의 감동으로 바울더러 예루살렘에 들어가지 말라 하더라. 이 여러

> 날을 지난 후 우리가 떠나갈새 저희가 다 그 처자와 함께 성문 밖까지 전송하거늘, 우리가 바닷가에서 무릎을 꿇어 기도하고 서로 작별한 후 우리는 배에 오르고 저희는 집으로 돌아가니라. (사도행전 21:4-6)

내가 처음 네비게이토 선교회의 일을 담당하게 되었을 때 도슨 트로트맨으로부터 편지를 한 통 받았습니다. 그는 편지에 "사랑의 띠 안에서, 도슨"이라고 사인하여 보내 왔는데, 나는 이전에 그런 사인을 본 적이 없었습니다. 도슨은 이때 중요한 무언가를 무언 중에 전하고 있었는데, 이는 우리가 단지 어떤 기관 내에서 서로 맺어진 것이 아니며 좀 더 깊은 어떤 것이 있다는 것이었습니다. 그는 나를 어떤 기계 속의 톱니바퀴로 여기지 않고, 그리스도의 사랑 안에서 하나님의 영으로 자기와 연합된 한 사람으로 본 것이었습니다. 우리의 교역자나 선교사나 그리스도인 일꾼이나 평신도들이 모두 어떤 교파, 교리, 목적, 또는 기관보다 그리스도의 사랑 안에서 연합된다면 그리스도의 일을 할 때에 거의 문제가 없을 줄로 압니다. 표면에 그치는 연합은 쉽게 붕괴됩니다.

두로는 세계의 상업 도시로 알려져 있었습니다. 그곳은 바울의 사역에서 우선적인 관심의 대상이었습니다. 만약 두로에서 강하고 견고한 제자들이 세워진다면 그들의 영향력은 쉽게 세상으로 확산될 수 있었습니다. 우리 모두는 너무도 흔히 어떤 순간의 좋은 기회나 혹은 어려움에 집착한 나머지 그것들이 좀 더 큰 이상과는 어떻게 관련되는지 보지 못하는 수가 있습니다. 이런 활동이 세계 복음화에 직접적인 기여를 할 수 있을 것인가? 이 계획은 최소의 시간에 최선의 방법으로 가장 많은 제자들을 훈련시키는 데 도움이 될 것인가? 바울은 분명히 이러한 점들을 염두에 두고 자신의 사역을 구상하였습니다.

지도력

바울은 어떤 사소한 문제점들을 지적하는 검열관이나 그들 위에 군림하는 유력자로, 또는 서툰 논리와 둔한 손짓으로 그들을 바로잡으려고 온 냉엄한 감독관으로서 일주일간을 머무르지 않았습니다. 그는 그들의 사랑을 받는 사람이었습니다.

지도자는 사람들에게 두 가지 일을 해야 합니다. 첫째, 그는 그들을 그리스도의 제자들로 대하여 그들의 영적인 삶과 사역을 도와주어야 합니다. 그는 그들의 교리적인 기초를 다져 주어야 하며 그리스도를 섬기는 일에 더욱 연단되도록 해주어야 합니다. 둘째, 그는 또한 그들을 한 인간으로 대하여 그들의 개인적인 필요들을 채워 주어야 합니다. 하루 종일 사람들에게 성경공부하는 법을 가르친다고 해도, 자기의 재정 문제나 몸이 아픈 자녀에 온통 관심이 쏠려 있는 사람에게는, 그것이 별 소용이 없을 것입니다. 지도자들은 함께 일하는 사람들을 도와 그들이 맡은 일들을 더욱 잘 해나가도록 해주고 그들의 가족 문제도 도와주어야 합니다. 이것은 그들을 영적인 면에서 훈련시키는 것 못지않게 중요한 것입니다.

바울이 다음에 들른 중요한 곳은 가이사랴였습니다. 이번 방문은 누가, 바울, 전도자 빌립, 예언의 은사를 가진 빌립의 네 딸

및 선지자 아가보 등이 한 데 모이게 된 흥미 있는 여행길이 되었습니다. 얼마나 놀라운 모임인지! 누가 그는 두 권의 신약성경의 저자요, 빌립 그는 20년 전 예루살렘 사역에서 음식 나눠 주는 일로 섬겼었고, 그의 네 딸은 말씀으로 봉사했으며, 바울 그는 위대한 신학자요 전략가로서 신약성경의 대부분을 썼고, 아가보 그는 예루살렘 교회의 필요들을 채우며 돕는 일에 하나님께 크게 쓰임받은 사람이었습니다.

영적인 은사들

여기 나온 사람들의 모임은 바울이 성도들에게 가르친 말씀의 진리를 잘 예시해 주고 있습니다.

> 은사는 여러 가지나 성령은 같고, 직임은 여러 가지나 주는 같으며, 또 역사는 여러 가지나 모든 것을 모든 사람 가운데서 역사하시는 하나님은 같으니, 각 사람에게 성령의 나타남을 주심은 유익하게 하려 하심이라. (고린도전서 12:4-7. 12:8-31도 참조)

그 그룹 안에 있던 각 사람들은 각자 하나님께로부터 받은 은사와 부르심이 있었습니다. 하나님 보시기에는 다른 사람보다 더 중요한 개인이란 없었습니다. 당신이 어느 순간에든지 다른 사람처럼 되고 싶어 하는 유혹에 이끌릴 때 이것을 명심하십시오. 모든 것을 아시고 모두를 사랑하시는 하나님께서는 자신이 추진하고 계시는 일을 모두 아십니다. 하나님께서는 가장 적합하게 당신을 지으셨고, 현재 당신이 처한 곳에 뜻하신 바가 있어 당신을 두셨습니다.

빌립은 이 그룹에 속한 사람 중에서도 실로 놀라운 일꾼이었습니다. 그는 여전히 주님을 향해 힘차게 나아가고 있는 모습을 보여 주는데 참으로 감격스럽습니다. 혹자는 빌립과 함께 이전에 음식을 나누어 주며 봉사의 일을 맡아 했던 다른 집사들은 어떻게 되었는지 궁금해하기도 합니다. 스데반의 경우 또한 놀랍게 사용된 것은 알지만, 그 밖에 다른 사람들은 어떻게 되었는지? 우리는 다만 그들도 유종의 미를 거두었기를 바랄 뿐입니다.

계속 전진하는 길

노르웨이에서 나는 두 좋은 친구 대그핀 시터 부부의 집을 방문하였습니다. 우리가 처음 만난 것은 15년 전 노르웨이의 오슬로 시에서였습니다. 최근에 방문했을 때 누군가가 대그핀에게 오늘날까지 그의 그리스도인으로서의 삶이 계속 전진하게 된 비결이 무엇이냐고 물었습니다. 지금도 그와 그의 아내는 여전히 예수 그리스도께 깊이 헌신되어 있고 그들의 사역도 열정적으로 이루어 가고 있습니다. 질문에 대한 그의 대답은 매우 겸손하였습니다. "그것은 제가 한 일이 아닙니다. 우리의 인내는 우리 자신의 어떤 참을성이나 열정으로 인한 것이 아니고 모두 하나님의 신실하심의 결과인 것입니다." 얼마나 진실한지! 세월이 흐를수록 대그핀 부부는 하나님의 따뜻한 사랑과 신실하심 안에 거하며 그 빛을 받았고 그들의 삶을 통하여 수많은 사람들에게 빛 된 간증을 보여 주었습니다. 그들은 하나님의 은혜와 자비의 빛나는 트로피입니다. 우리는 그들의 산 증거로부터 배울 수 있습니다. 이제 우리도 하나님께서 계속 우리를 전진시켜 주시고 성장하게 해주시도록 의뢰해야 합니다.

가이사랴에서 아가보가 바울에게 권고로 들려준 말은 참으로 중대한 의미가 있습니다. 바울은 그의 말을 듣고 예루살렘에 가면 어떤 일을 당할지 훤히 알게 되었습니다. 주님께서 이미 바울에게 그가 당할 고난들에 대해 예고하셨던 것을 기억하십시오. 바울이 그리스도인의 삶을 시작한 직후 주님께서는 "그가 내 이름을 위하여 해를 얼마나 받아야 할 것을 내가 그에게 보이리라"(사도행전 9:16)고 말씀하셨던 것입니다. 바울은 자기가 무슨 일을 당할 것인지 충분히 아는 가운데 전진을 계속했습니다. 아가보의 말을 듣고 바울은 이렇게 답변했습니다. "너희가 어찌하여 울어 내 마음을 상하게 하느냐? 나는 주 예수의 이름을 위하여 결박받을 뿐 아니라 예루살렘에서 죽을 것도 각오하였노라"(사도행전 21:13). 바울은 갑작스레 놀라거나 당황하는 법이 없었습니다. 나중에 바울이 다시 돌아오게 되었을 때 가장 놀란 사람들은 바로 의심할 여지 없이 이들 가이사랴 사람들이었을 것입니다(사도행전 23:23 및 24:23-27 참조).

스스로 결단하게 할 것

사도행전 21:14은 흥미 있는 진리의 말씀을 담고 있습니다. "저가 권함을 받지 아니하므로 우리가 '주의 뜻대로 이루어지이다' 하고 그쳤노라." 때로는 우리가 어떤 사람에게 "당신이 할 일을 알아서 하시오" 하고 간단히 말하고 그만두어야 할 때가 있습니다. 비록 그 결과가 어떻게 될 것인지 명백하더라도, 우리는 손을 떼고 그가 자기 길을 따르도록 놓아두어야 합니다.

한번은 어떤 그리스도인 지도자와 이야기를 나누게 되었는데, 그는 자기 나라에서 주님의 사역을 위하여 중요한 역할을 담당하게 될 젊은이를 한 명 훈련시키고 있었습니다. 어느 날 그 젊은이가 그의 사무실로 찾아와 자기는 그 나라를 떠나 외국인과 결혼할 계획이라고 말했습니다. 그 지도자로서는 이만저만한 충격이 아니었습니다. 그러나 그는 냉정을 되찾고 평온을 유지하는 가운데 생각을 정리하였습니다. 이 문제를 놓고 함께 몇 주일간을 이야기하는 가운데 그는 그 젊은이로 하여금 그러한 결정이면 훗날 어떤 결과로 나타날 것인가 바라볼 수 있도록 최선을 다하였습니다. 그러나 그의 노력은 아무 소용이 없었습니다. 그리하여 그 젊은이를 설득하는 것이 소용없는 짓임을 안 지도자는 간단히 이렇게 말하기만 했습니다. "주님의 뜻대로 되길 바라네." 비록 그것조차도 아무 변화를 일으키지 못했고 그의 마음은 상했지만 그는 그 문제에 관한 한 주님을 의뢰하고 맡겼습니다. 이 지도자는 궁극적인 결과에 대하여는 하나님께 맡기고 일단은 놓아두는 법을 알았던 것입니다.

여느 때와 같이 바울은 예루살렘을 향하여 떠날 때 몇 제자들을 데리고 갔습니다. "이 여러 날 후에 행장을 준비하여 예루살렘으로 올라갈새, 가이사랴의 몇 제자가 함께 가며 한 오랜 제자 구브로 사람 나손을 데리고 가니, 이는 우리가 그의 집에 유하려 함이라. 예루살렘에 이르니 형제들이 우리를 기꺼이 영접하거늘" (사도행전 21:15-17). 나손은 여기서 그리스도의 '오랜 제자'로

소개되어 있는데, 누가가 그를 '오랜 제자'라고 기록할 때 무엇을 염두에 두고 있었겠습니까? 그는 분명 성숙한 제자였을 것입니다. 성경에서 보여 주는 성숙의 특징들을 무엇입니까? 사도 바울이 당시 그리스도인들을 위하여 한 기도를 연구해 보면 그 해답을 발견할 것입니다.

성숙의 특징들

골로새 성도들을 위한 기도 중에서 바울은 성숙한 제자의 일곱 가지 특징을 보여 주고 있습니다. "이로써 우리도 듣던 날부터 너희를 위하여 기도하기를 그치지 아니하고 구하노니, 너희로 하여금 모든 신령한 지혜와 총명에 하나님의 뜻을 아는 것으로 채우게 하시고, 주께 합당히 행하여 범사에 기쁘시게 하고, 모든 선한 일에 열매를 맺게 하시며, 하나님을 아는 것에 자라게 하시고, 그 영광의 힘을 좇아 모든 능력으로 능하게 하시며, 기쁨으로 모든 견딤과 오래 참음에 이르게 하시고, 우리로 하여금 빛 가운데서 성도의 기업의 부분을 얻기에 합당하게 하신 아버지께 감사하게 하시기를 원하노라"(골로새서 1:9-12).

자신에 대한 하나님의 뜻을 분별할 수 있다. 성숙한 제자는 삶 가운데서 결정을 내릴 때마다 다른 사람들을 의존하지는 않습니다. 지도자가 사람들로 하여금 이런 단계의 성장에까지 도달하도록 돕는다는 것은 얼마나 중요한 일인지! 어린아이들은 모든 일에 다른 사람들을 의존합니다. 성숙의 한 가지 특징은 분별력, 솔선 정신 및 건전한 판단력을 발휘하는 능력에 있습니다. 바울은 성숙에 이르는 길로 이끌며 돕고 있던 어린 그리스도인들을 위하여 이 점을 기도했습니다.

하나님을 기쁘시게 하는 삶을 산다. 하나님을 영화롭게 하는 것은 단지 그의 영적인 삶뿐만이 아니며 소위 세속적인 측면의 삶도 그렇게 되어야 합니다. 그는 하나님의 가족 내에서 고결한 삶을 살 뿐만 아니라, 믿지 않는 사람들 사이에서도 지혜롭게 동행해 나가며 자기 맡은 일을 잘 처리해 나갑니다.

그의 삶은 선한 일들로 채워져 있다. 우리는 선행으로 구원받은 것은 아니지만, 그리스도 안에서 선한 일을 하도록 새 생명을 받았습니다. 이 점을 생각할 때면 나는 아내의 모습이 떠오릅니다. 아내는 사람들에게 복음을 전하며 도움을 베푸는 일에 헌신적입니다. 우리 이웃의 어린이들에게 구원의 말씀을 전하는 것부터 시작하여 집집마다 다니면서 모금하는 일에 이르기까지 다양한 일에 시간을 들이며 돕고 있습니다.

하나님을 아는 지식이 점점 깊어진다. 바울은 그 자신은 물론 다른 사람들도 이렇게 되길 원했습니다. 이것은 사실 많은 사람들이 실패하는 영역이기도 합니다. 즉 그들은 그리스도를 위해 어떻게 봉사하는지에 대해서는 많은 것을 배우지만 하나님을 아는 지식 안에서 자라 가는 일에는 소홀히 하기 때문입니다.

주님 안에서와 그 힘의 능력으로 계속 강건하게 자라 간다. "종말로 너희가 주 안에서와 그 힘의 능력으로 강건하여지고"(에베소서 6:10). 이것은 우리가 영적 전쟁에서 승리하고자 할 때의 필수 요건입니다. 연약한 것은 하나님의 속성이 아닙니다. 우리는 전능하신 하나님을 섬기고 있는 것입니다. 실로 우리들 자신이 언제나 연약한 것은 시인하지 않을 수 없지만, 우리의 연약함은 하나님의 능력이 나타나는 출구인 것입니다. "내게 이르시기를, '내 은혜가 네게 족하도다. 이는 내 능력이 약한 데서 온전하여짐이라' 하신지라. 이러므로 도리어 크게 기뻐함으로 나의 여러 약한 것들에 대하여 자랑하리니, 이는 그리스도의 능력으로 내게 머물게 하려 함이라"(고린도후서 12:9). 기억해야 할 것은 그것이 하나님의 능력이지, 결코 우리들 자신의 것이 아니라는 점입니다(에베소서 6:10 참조).

꾸준한 지속성과 인내를 보여 준다. 이것 또한 분명히 성숙의 한 특징인 바, 갖가지 방해 요소, 어려움, 시험, 환난 및 곤경에도 불구하고 전진을 늦추지 않는 의지와 능력을 말하는 것입니다.

손녀 아이가 세발자전거를 타고 놀고 있는 모습을 지켜본 적이 있습니다. 그 애는 자전거를 타고 가다 앞에 무엇이 걸려 가질 못하니까 누가 도와주지 않나 하고 막 울기 시작하는 것이었습니다. 그 아이의 행동은 어린아이로서는 극히 자연스러운 것이었습니다. 그러나 그 아이도 커가면서 모든 것이 바뀔 것입니다. 장애물들은 우리가 극복해야 할 외적인 도전인 것입니다. 인내는 그가 성장하고 있다는 증거입니다.

기쁨과 감사를 나타낸다. 성숙한 제자는 좋은 경험들과 어려운 시련들에 대하여 감사합니다. 그는 범사에 기뻐하며 감사합니다(데살로니가전서 5:16-18 참조).

빌립보서 1:9-11 말씀에서는 성숙의 특징으로 다음 네 가지를 덧붙이고 있습니다. "내가 기도하노라. 너희 사랑을 지식과 모든 총명으로 점점 더 풍성하게 하사, 너희로 지극히 선한 것을 분별하며 또 진실하여 허물 없이 그리스도의 날까지 이르고, 예수 그리스도로 말미암아 의의 열매가 가득하여 하나님의 영광과 찬송이 되게 하시기를 구하노라."

지식, 상식 및 영적 통찰력을 토대로 하는 사랑에 풍성하다. 사랑스러운 사람을 사랑하는 것은 쉽지만, 사랑스럽지 못한 사람을 사랑한다는 것은 어렵습니다. 사랑스럽지 못한 사람까지도 사랑하는, 풍성한 사랑은 성숙의 특징인 것입니다.

좋은 것과 가장 좋은 것을 분별할 수 있다. 바울은 그리스도인들이 첫째로 여겨야 할 것은 첫째로 여기는 능력에서 성숙해지는 모습을 보길 간절히 바랐습니다. 어린아이들은 무엇이든지 눈앞에 닥친 것에 손댑니다. 그들은 거의 어떤 계획된 행동의 순서를 따르지 않습니다. 내가 주님을 믿은 지 얼마 안 되어서 배운 한 가지는 나의 일생을 두고 유익을 주었습니다. 그것은 어느 날이든지 해야 할 일들이 있게 마련인데 그 일들을 중요한 순서대로 정리하여 번호를 매겨 놓는 아주 간단한 일입니다. 그 다음에는 이렇게 우선순위대로 정리해 둔 목록을 따라 일을 처리합니다. 먼저 할 일은 먼저!

우리 모두는 항상 그런 선택을 하고 있습니다. 학생이라면 자기 친구와 만나서 탁구를 치면서 시간을 보낼 것인지, 아니면 내일 임박한 시험 준비를 할 것인지 결정해야 합니다. 그가 내리는 결정은 그의 성숙의 단계를 보여 줍니다. 주부 같으면 마루 닦는 일, 창문 닦는 일, 그리고 식사 준비 따위를 해야 하는데, 그녀가 좋아하는 TV 프로그램이 방영 중일 때가 있습니다. 이럴 때 그녀의 결정은 역시 그 성숙의 수준을 보여 줍니다. 바울은 그가 아는 어린 신자들이 지극히 선한 것 즉 가장 좋은 것을 분별하여 그것을 행할 수 있게 되기를 기도했습니다.

무엇이든지 다른 사람에게 거리낌이 되지 않는 신실하고 순결한 삶을 산다. 성숙에 이르기까지 자라는 데에 고통스러운 것 중 하나는 옛 습관이나 버릇을 잘라 내는 것입니다. 이것이 결코 쉬운 일이 아니지만, 옛 습관이 사라지고 새로운 것들이 내신하게 될 때 우리는 성숙에 이르고 있는 것입니다.

그리스도의 의로 충만하다. 이것은 이 세상에 충만해 있는 자기의(自己義)와는 엄격히 다릅니다. 더욱더 예수님을 닮아 가는 것은 모든 믿는 이에게 성숙의 본질적인 특징입니다.

에베소서 3:14-19에 나오는 바울의 기도도 바로 이 점을 잘 보여 주고 있습니다.

> 이러하므로 내가 하늘과 땅에 있는 각 족속에게 이름을 주신 아버지 앞에 무릎을 꿇고 비노니, 그 영광의 풍성을 따라 그의 성령으로 말미암아 너희 속사람을 능력으로 강건하게 하옵시며, 믿음으로 말미암아 그리스도께서 너희 마음에 계시게 하옵시고, 너희가 사랑 가운데서 뿌리가 박히고 터가 굳어져서, 능히 모든 성도와 함께 지식에 넘치는 그리스도의 사랑을 알아, 그 넓이와 길이와 높이와 깊이가 어떠함을 깨달아, 하나님의 모든 충만하신 것으로 너희에게 충만하게 하시기를 구하노라.

여기서 바울은 에베소 그리스도인들을 위하여 그들의 속사람이 강건하게 되도록 기도하고 있습니다. 그는 그리스도인들이 그들의 새로운 영적인 성품을 강건케 하고 옛 성품은 빈약하고 무력하게 만들길 원했습니다. 두 성품 중 더 잘 먹여 주는 쪽이 더 강하게 되기 마련입니다. 우리가 불신자일 당시 정기적으로 섭취하던 양식인 불량한 서적, 잡지, 영화 및 죄에 빠지게 하는 쾌락들은 그리스도인의 교제, 기도 및 하나님의 말씀으로 대체되어야 합니다. 우리가 이런 일을 시작하게 되면, 그것은 성숙의 한 특징이 되는 동시에 그리스도 안에서 더욱 견고하게 자라 가는 방법이 되기도 합니다. 이렇게 할 때 그리스도께서 친히 우리 마음의 깊은 곳에 점점 더 폭넓게 자리 잡으시게 되며, 이에 따라 우리는 더욱 그리스도를 닮아 가게 됩니다.

베드로는 성숙도를 진단하는 또 다른 기준을 보여 주고 있습니다.

> 이러므로 너희가 더욱 힘써 너희 믿음에 덕을, 덕에 지식을, 지식에 절제를, 절제에 인내를, 인내에 경건을, 경건에 형제 우애를, 형제 우애에 사랑을 공급하라. 이런 것이 너희에게 있어 흡족한즉 너희로 우리 주 예수 그리스도를 알기에 게으르지 않고 열매 없는 자가 되지 않게 하려니와, 이런 것이 없는 자는 소경이라 원시치 못하고 그의 옛 죄를 깨끗케 하심을 잊었느니라. (베드로후서 1:5-9)

여기 우리에게 주어진 지극히 큰 약속이 있습니다. 이런 특성들이 우리 삶에 나타나고 자라 갈 때 우리의 그리스도를 아는 지식은 효과적이며 생산적으로 사용될 것입니다.

우리는 이러한 성숙의 특징들을 살펴보면서 몇 가지 질문을 스스로에게 던져야 합니다. 나는 그리스도를 섬기는 일에 효과적인가? 나의 삶이 비생산적이지는 않은가? 그리스도를 아는 나의 지식은 날마다 성장해 가는가? 그렇지 못하다면, 베드로가 보여 준 기준들을 다시 한 번 주의 깊게 살펴보고 그중 당신의 일상생활에서도 생동감 있게 경험하는 것은 무엇인지 알아보십시오. 그렇지 못한 것들이 있다면, 가장 필요하며 시급하다고 생각되는 것을 하나 택하여 그 면에 대해 기도하십시오. 가능하면 그것에 대한 성경공부를 하고 하나님께서 당신에게 보여 주시는 것들을 당신 삶에 적용할 수 있도록 성령으로 능력을 주시길 하나님께 구하십시오.

지금까지 나손으로 하여금 성숙한 제자가 되도록 한 것이 무엇일까 생각해 보았는데, 내가 확신하는 바로는 그의 성장에 있어서 중요한 역할을 한 것은 다름 아닌 바울과 베드로가 말한 것과 같은 특성들이었다는 사실입니다.

예루살렘에 도착하자마자 바울과 그의 동역자들은 형제들을 보러 갔습니다. "예루살렘에 이르니 형제들이 우리를 기꺼이 영접하거늘, 그 이튿날 바울이 우리와 함께 야고보에게로 들어가니 장로들도 다 있더라. 바울이 문안하고 하나님이 자기의 봉사로 말미암아 이방 가운데서 하신 일을 낱낱이 고하니"(사도행전 21:17-19).

바울의 보고는 자기가 한 일이 아니라 하나님께서 자기의 봉사를 통하여 하신 일들로 가득 차 있었습니다. 이것은 겸손을 보이는 한 방편이나 기술적인 표현 그 이상의 의미가 있습니다. 즉, 그것은 주님의 기쁨으로 걸어가는 데 중요한 관건이 되는 것입니다. 자기 자신의 성공을 위해 발버둥치는 부담을 벗은 우리는 자유롭습니다. 그것은 하나님의 일이기 때문입니다. 우리는 다만 즐거운 마음으로 열망하면서 하나님께서 우리를 통해 성취하시고자 하시는 일을 성취하시도록 맡기기만 하면 됩니다. 우리가 이 진리를 배울 수 있다면, 우리 삶은 더욱 기쁨에 넘치게 되고, 그에 덧붙여 더욱더 생산적인 삶이 됩니다.

바울의 이야기를 다 듣고 난 형제들은 그에게 한 가지 문젯거리가 있다고 설명하고 그에 대한 가능한 해결책도 제시했습니다(사도행전 21:20-26 참조). 바울도 그리스도의 사역이 화평과 조화 가운데서 이루어지길 간절히 바랐으므로 이에 동의했습니다. 그는 성령으로 하나 되는 것과 화평의 띠로 한 데 묶이는 것은 아무 노력 없이 이루어지지는 않는다는 것을 알고 있었습니다. 힘써 지켜 나가야 합니다. "평안의 매는 줄로 성령의 하나 되게 하신 것을 힘써 지키라"(에베소서 4:3).

연합(하나 됨)과 화평을 도모하고 유지하는 것은 지도자의 책임입니다. 참으로 동역하는 일꾼들 사이에 화평을 기하는 데는 많은 기도와 노력이 요구됩니다. 동료 사이에 불화를 조장하는 것은 사탄이 흔히 쓰는 대표적인 공격 방법입니다. 사탄이 그리스도의 군사들로 하여금 서로 싸우도록 할 수만 있다면, 그는 전혀 방해받지 않고 자기 일을 할 수 있게 됩니다. 그러므로 이들 그리스도인들은 화평과 연합(하나 됨)을 도모하기 위해서는 무엇이든지 할 각오가 되어 있었습니다.

그러나 형제들 가운데 화평을 도모하기 위해 했던 제자들의 그 노력이 유대인들 중에는 큰 소동을 일게 하였습니다.

그 이레가 거의 차매 아시아로부터 온 유대인들이 성전에서 바울을 보고, 모든 무리를 충동하여 그를 붙들고 외치되, "이스라엘 사람들아, 도우라. 이 사람은 각처에서 우리 백성과 율법과 이곳을 훼방하여 모든 사람을 가르치는 그 자인데, 또 헬라인을 데리고 성전에 들어가서 이 거룩한 곳을 더럽게 하였다" 하니, 이는 저희가 전에 에베소 사람 드로비모가 바울과 함께 성내에 있음을 보고 바울이 저를 성전에 데리고 들어간 줄로 생각함일러라. 온 성이 소동하여 백성이 달려와 모여 바울을 잡아 성전 밖으로 끌고 나가니 문들이 곧 닫히더라. 저희가 그를 죽이려 할 때에 온 예루살렘의 요란하다는 소문이 군대의 천부장에게 들리매, 저가 급히 군사들과 백부장들을 거느리고 달려 내려가니 저희가 천부장과 군사들을 보고 바울 치기를 그치는지라. (사도행전 21:27-32)

바울을 알고 있었고 또 그를 미워했던 아시아의 유대인들은 성전에 있는 그를 금방 알아보고 그가 이방인 친구를 그곳에 데리고 들어옴으로써 성전을 더럽혔다고 생각했습니다. 우리는 여기서 다시 한 번 그들의 성전에 대한 관점이 얼마나 변질되어 있었는지 알게 됩니다. 그들은 성전을 만민의 기도하는 집으로는 생각지 않았던 것입니다. 그리하여 그들은 바울을 붙잡고 때리기 시작하여 쳐 죽이려고 했습니다. 이에 천부장이 급히 군사들을 데리고 달려가 가까스로 그들의 살인 기도를 저지했습니다.

그러자 믿을 수 없는 일이 일어났습니다. 바울은 이 상황을 그리스도를 증거하는 기회로 삼았던 것입니다! 상상해 보십시오!

난폭하고 피에 굶주린 듯한 폭도들이 죽이겠다고 외치는 소리가 들리고, 조금 전까지만 해도 그를 사정없이 치던 자들이 눈앞에 있는데다, 분위기는 온통 증오와 광포로 짓눌리고 있었던 것입니다. 그러나 바울은 자기가 가까스로 죽음을 모면한 상황을 복음을 전파하고 간증을 나누기 위한 전도의 기회로 여겼습니다. 그는 분명히 철저한 투쟁 정신을 가지고 있었습니다. 우리들 같으면 대부분 목숨을 부지하기 위하여 몸을 움츠리고 군인들의 보호 밑에서 안전을 추구했겠지만, 바울은 전혀 다른 안목으로 바라보았습니다. 그는 자기를 죽이겠다고 고함치는 성난 폭도들의 웅성거림을 자신의 개인적인 간증을 이야기할 기회로 삼았던 것입니다. 사도행전 21장은 사람들에게 말할 준비가 다 된 바울의 모습을 비춰 주면서 끝나고 있습니다.

요 약

바울은 성숙한 제자의 특징들을 보여 주었습니다. 하나님께서 그 앞에 무엇을 제시하시든 자기 삶을 거기에 복종시킨 가운데 바울은 예루살렘으로 갔으며, 다음과 같은 면들을 보여 주었습니다.

- 내내 주님의 교회를 돌아보며 섬기고,
- 믿는 이들 가운데 화평과 연합(하나 됨)을 도모하는 일에 전념했고,
- 어떤 기회로든 복음을 전파할 준비가 되어 있었습니다.

22

예루살렘에서의 바울의 마지막 메시지: 증거를 위한 지침

바울이 말문을 열자 군중들 사이에 묘한 침묵이 흘렀습니다. 그가 입을 열기 바로 직전만 하더라도 그들은 광란 상태에서 억누를 길이 없는 격한 감정으로 금방 살인이라도 저지를 것처럼 몰려들던 군중들이었습니다. 그러한 사람들이 이제는 숨을 죽이고 자기들이 죽이려 했던 바울의 말에 귀를 기울이고 있었습니다. 왜 그랬을까요? 그 이유를 네 가지 정도 살펴봅시다.

하나님의 권능. 그가 예루살렘 사람들에게 한 번 더 구원의 복음을 전하려고 시도했을 때에, 하나님의 초자연적인 능력이 역사하셨다고 생각할 수 있습니다. 그처럼 절박한 상황에서도 기꺼이 복음을 증거하려는 마음을 보시고 주님께서는 군중들을 잠잠케 하시고 바울로 하여금 증거할 수 있도록 하셨던 것입니다. 그러나 하나님께서는 어떻게 그 일을 행하셨습니까? 첫째로 그들은 바울이 자신들이 사용하는 방언으로 말하는 것을 듣고 조용해졌다고 합니다(사도행전 22:2 참조).

어느 해 여름, 우리 집 장남인 래리는 어느 목장에서 개최된 십대 청소년 전도를 위한 프로그램에 참가한 적이 있었습니다. 그 여름의 막바지에 프로그램을 진행하던 간사 중의 한 사람이 나를 부르더니, 래리가 그해 여름에 십대 청소년들을 어느 누구보다도, 심지어는 간사들보다도 더 많이 그리스도께로 인도했다고 말했습니다. 래리는 십대 청소년들과 같이 움직이며, 친구가 되어 주고 신뢰를 얻어 복음을 흥미 있고 설득력 있게 나눌 수 있는 훌륭한 재능을 갖고 있었습니다. 많은 청소년들이 그의 증거를 듣고 자신들의 마음을 그리스도께 바쳤습니다.

그 나이 많은 간사가 경험 면에서 훨씬 유리한 반면, 래리는 십대 청소년들과 나이 차가 별로 없다는 유리한 점이 있었습니다. 그러므로 래리는 그들이 흔히 쓰는 언어에 친숙했습니다. 또한 그는 팝 뮤직의 스타들이 누구인지도 알았기에 그들과 쉽게 동화될 수 있었습니다. 가장 효과적인 증인은 자기가 증거할 사람들을 잘 이해하며 동일시할 수 있는 사람입니다. 앨라배마 주 버밍햄의 한 공장 직공이 몬태나 주의 목동에게 복음을 전하는 일은 다른 목동이 그에게 복음을 전하는 것보다 덜 효과적일 것입니다.

바울의 말하는 방식. 바울이 “부형들아!”(사도행전 22:1)라고 말했을 때, 그의 음성 속에는 그들로 하여금 귀를 기울이게 하는 어떤 독특한 어조가 담겨 있었을 것입니다. 우리는 이미 이 사람들에 대한 바울의 깊은 사랑을 확인한 바 있습니다. 사랑하는 사람에게 전하는 메시지는 낯선 사람에게 전하는 것과 아무래도 다를 수밖에 없습니다. 한 소녀가 사랑하는 자기 어머니에게 구원의 복음을 나눌 때와 학교에서 역사 선생님과 그리스도에 대하여 토론할 때는 엄연히 다릅니다. 그 소녀의 말은 본질적으로 동일하고 메시지도 똑같으나 그것이 전달되는 태도와 방식은 현저히 다릅니다. 사도행전 22장에서 바울은 자기 앞에 있는 사람들을 대하여 큰 책임감과 관심을 가지고 이야기하고 있었습니다. 청중들은 틀림없이 그의 사랑과 관심을 듬뿍 느낄 수 있었을 것입니다.

사람들은 진리의 소리에 귀를 기울인다. 바울이 증거를 계속하자 군중들은 조용히 들었습니다. 진리를 선포하는 사람에게는 주의를 끄는 그 무엇인가가 있습니다.

나도 증거를 하면서 이것을 느낄 때가 많습니다. 내가 각 개인들에게 그리스도를 영접할 필요성에 대해서나 그들을 향한 그리스도의 사랑을 나눌 때에 그들은 진지하게 귀를 기울입니다. 우리 죄를 위해 그리스도께서 십자가에서 죽으신 사실을 말할 때도 그들의 반응은 진지합니다. 심지어는 무신론자라고 자처하는 사람들도 그리스도께서 그들을 사랑하시며 그들의 생애 속에 들어가 죄를 깨끗이 사해 주시고 새로운 삶을 주시길 원한다는 진리를 들려줄 때에 주의 깊게 듣는 모습을 발견합니다. 그렇지만 복음의 귀한 소식을 웃어넘기는 사람은 아직 보지 못했습니다.

그런데 만약 내가 대학생들의 모임에서, 부활절 토끼가 그들의 마음 문 앞에 서서 두드리면서, 안에서 문을 열고 자기를 맞으러 나오기만을 기다리고 있다고 말해 준다면 어떻게 될지 상상해 보십시오. 그들은 틀림없이 비웃을 것입니다. 왜 그럴까요? 부활절 토끼 같은 것은 믿을 수가 없기 때문입니다. 그렇다면 그리스도께서 마음 문을 두드리신다는 사실을 말할 때 그들은 왜 웃지 않는 것입니까? 그들은 그리스도도 역시 믿지 않는다고 주장할지 모릅니다. 그러나 웬일인지 그리스도의 존재와 사랑에 직면하게 될 때 그들은 조용히 귀담아 듣습니다. 무엇인가 진리의 소리를 감지하기 때문입니다.

나는 뉴질랜드의 오클랜드 대학에서 개최된 어느 학생 집회에서 말씀을 증거하게 되었습니다. 몇몇 학생들이 그 모임을 널리 선전하여, 내가 강연장에 도착했을 때는 수백 명의 학생들이 자리를 꽉 메우고 있었습니다. 나는 긴장이 되었습니다. '그들이 야유를 퍼부으면 어떻게 하나?' 하는 생각이 들었습니다. 누군가 모임을 방해하면 어쩌나? 어떡하지? 괜찮을까? 내 마음은 이런 저런 생각들로 어수선했습니다. 마침내 나는 소개를 받고 강단에 올라섰습니다. 장내는 조용해졌습니다.

처음에는 그들이 진지한 척하면서 나를 속이고 있다는 생각이 들었습니다. 대개 이런 모임에서는 얼마간의 시간을 청중들의 주의를 집중시키는 데 사용해야 하는데, 이 학생들은 처음부터 몸을 앞쪽으로 기울인 채 조용히 나의 말에 귀를 기울이는 것이었습니다. 나는 놀란 나머지 아마도 잠시 외관상 관심을 보이는 척하다가 얼마 안 가서 모임을 중단시킬 음모가 있을지 모른다고 생각했습니다. 그러나 학생들은 설교가 끝날 때까지 계속 진지한 태도로 경청했습니다. 나는 하나님의 말씀을 증거하였으며 사람이 어떻게 거듭날 수 있는지 조심스럽게 설명했습니다. 그들은 놀라울 정도로 온 정성을 기울여 나의 말을 들었습니다. 그들 역시 진리의 음성이 울려 퍼지는 것을 감지했던 것입니다.

고별 설교는 주의를 집중시킨다. 만약 바울이 거룩한 성 예루살렘에서 그의 동족 유대인들에게 말씀을 전할 기회는 이것이 마지막이라는 사실을 생각했다면, 다른 때와는 달리 그는 더욱 절박한 어조로 말했을 것입니다. 이때 일은 앞으로 바울에게 두고두고 생각날 만한 것이었습니다. 고별 설교는 어느 때와는 다른 무엇이 있습니다. 똑같은 학생들을 수년간 가르쳐 왔던 교수가 마지막 수업을 위해 교단에 서게 될 때는 무엇인가 특별한 감회를 느낄 것입니다. 취임 연설도 외적으로 특색이 있으나 마지막 고별 연설은 감정적으로 강렬한 무엇을 느끼게 해줍니다. 그러한 밀도 높은 감정의 교류 때문에 다른 것과는 달리 고별 설교는 기억에 더 오래 남습니다. 군중들도 이것을 느끼고 다른 때와는 달리 더욱 열심히 들었을 것입니다.

바울은 예루살렘 사람들을 회개시킬 수 있는 하나님의 능력을 믿어 의심치 않았습니다. 사랑하는 이들에게 증거하는 일에는 절박감이 따르기 마련입니다. 만약 그들이 지금 당장 반응을 보이지 않는다면 앞으로 영원히 가망이 없을 것같이 보이기도 합니다. 이런 상황에서는 용기와 희망을 잃고, 마귀에게 패배하는 게 아닌가 의심하기가 십상입니다. 그러나 그들에게 다시 한 번 복음을 증거하고자 하는 바울의 열망을 보십시오. 그는 하나님께서 역사하시리라는 믿음을 잃지 않고 용감하게 증거했던 것입니다.

나는 영국에서 한 젊은이의 집을 방문한 일이 있습니다. 그의 어머니가 우리에게 차를 대접하였을 때에, 나는 그 청년에게 어머니의 구원을 바라는 간절한 열망이 있음을 알아차렸습니다. 그는 약 6년 동안 그리스도를 믿어 왔으나, 그의 부모들은 거의 관심이 없었습니다. 그러나 그는 결코 포기하지 않았습니다. 그는 버밍엄에서 직장 생활을 하면서 자주 집을 방문하곤 합니다. 그는 항상 자기의 소식을 알리면서 부모에 대한 사랑을 나타내고 있습니다. 그는 하나님께서 언젠가 부모들이 갇혀 있는 자기만족이라는 삶의 껍질을 깨뜨리고 그들을 주님 품 안으로 인도해 주시리라고 확신하고 있습니다.

우리는 사도행전 22장으로부터 효과적인 그리스도의 증인이 되는 데 필요한 많은 교훈을 배울 수 있습니다. 바울은 스스로 유대인들과 철저히 그리고 완전히 동일시하였습니다. 바울이 가장 먼저 한 것은 그들로 하여금 자기도 완전한 유대인이라는 사실을 이해시키는 일이었습니다. "나는 유대인으로 길리기아 다소에서 났고, 이 성에서 자라 가말리엘의 문하에서 우리 조상들의 율법의 엄한 교훈을 받았고, 오늘 너희 모든 사람처럼 하나님께 대하여 열심하는 자라"(사도행전 22:3). 이것은 증거의 대원리입니다. 증거하는 사람이 상대방과 멀리 떨어져 있어서는 안 됩니다. 나는 그리스도인이 된 지 얼마 안 되어 이 원리를 배웠는데, 그 후로도 잊어 본 적이 없을 만큼 인상적이었습니다.

내가 미네소타 주 미니애폴리스에 있는 노스웨스턴 대학에 다닐 때, 나는 매주 한 선교 단체의 학생들과 함께 빈민가에 가서 복음을 전하곤 했습니다. 우리는 찬송을 부르고, 간증을 들려주며, 복음을 전했습니다. 그때 나는 선교 단체의 간사들과 매 주일 모여드는 학생들 사이에 한 가지 차이점을 발견하였습니다. 우리는 그중 한 친구와 상담을 할 때 그의 불결한 차림이 몹시 꺼림칙하게 생각되었습니다. 그러나 선교 단체 간사들은 그러한 사람과도 함께 무릎을 맞대고 그의 어깨를 끌어안으며, 술 냄새나 땀 냄새도 전혀 개의치 않고 기도하는 것이었습니다.

상대방과 동일시하는 면에서 가장 위대한 모범은 요한복음 1장에 나타난 하나님의 아들의 성육신 사건입니다.

> 태초에 말씀이 계시니라. 이 말씀이 하나님과 함께 계셨으니 이 말씀은 곧 하나님이시니라. 그가 태초에 하나님과 함께 계셨고, 만물이 그로 말미암아 지은 바 되었으니, 지은 것이 하나도 그가 없이는 된 것이 없느니라. 그 안에 생명이 있었으니 이 생명은 사람들의 빛이라.… 말씀이 육신이 되어 우리 가운데 거하시매, 우리가 그 영광을 보니 아버지의 독생자의 영광이요 은혜와 진리가 충만하더라. (요한복음 1:1-4,14)

인자가 우리 가운데 오셔서 우리를 어루만져 주시고, 사랑하시고, 우리를 위해 우시고, 병을 치료해 주시고, 급기야 우리를 위해 자신의 생명을 내주셨을 때, 그분은 우리와 완전히 동일시하셨던 것입니다. 바울도 청중들과 자기 자신을 온전히 동일시하여 그들에게 친근감을 주었습니다.

다음으로 우리가 주목해야 할 것은 바울의 부드러운 태도입니다. 그는 즉각 하나님께 대한 그들의 열심을 칭찬하였습니다. 얼마나 놀라운 일입니까? 자기를 죽이려고까지 했던 그들의 행동을 오히려 최대의 관용으로 용납했습니다. 그는 그들의 폭행과 살인 모의에 대하여 신랄한 비판을 가하기보다 도리어 신중한 말로 그들을 진정시켜서 그들로 하여금 그리스도의 복음을 조용히 듣도록 이끌었습니다. 그들을 잠잠케 하기 위하여 그는 침착하게 행동했으며 그들을 칭찬하기도 했습니다. 바울의 말은 따뜻하고 예의바른 것이었습니다. 또한 그는 관대하였습니다. 그는 그들의 광란적인 소동을 하나님께 대한 헌신적인 열심으로 인정해 주었습니다. 그는 자기가 그들의 마음을 잘 이해하고 있다는 점도 납득시켜 주었으며, 언제나 사랑과 은혜가 넘치는 말로 주님을 증거하였습니다.

군중들의 흥분을 가라앉히고 그들의 주의를 집중시키기 위한 또 하나의 시도로서 바울은 유대인들이 사용하는 용어로 기독교 신앙을 설명했습니다. 그는 기독교를 '도(道)'라고 불렀습니다. 그는 "내가 이 도를 핍박하여 사람을 죽이기까지 하고 남녀를 결박하여 옥에 넘겼노니"(사도행전 22:4)라고 말했습니다. 그는 사람들의 주의를 집중시키기 위해 온갖 방법을 다 동원하였습니다.

어떤 용어는 듣는 사람들의 마음을 가라앉히는 효과가 있으나, 어떤 경우에는 감정을 자극시켜 주기도 합니다. 이를테면 어떤 모임에서는 '구원받았다'든지 '거듭났다' 하는 단어를 사용하는 것이 도움이 되지만, 또 다른 곳에서는 차라리 그리스도를 따른다거나 주님을 섬긴다는 것이 무엇인지 이야기하면서 회개와 믿음을 설명하는 편이 훨씬 효과적입니다. 그러므로 청중들의 성격을 알아야 합니다. 그리고 효과적인 의사소통 법을 잘 파악하십시오. 청중들의 감정을 자극하는 용어를 사용하는 것은 무모한 일입니다. 여러분의 사명은 청중들과 쟁론하는 것이 아니라 복음을 듣게 하는 것이기 때문입니다.

그러고 나서 바울은 그들이 이미 알고 있는 사건을 상기시켰습니다. 자기가 믿는 사람들을 결박한 일을 말한 다음, 덧붙여 이렇게 말했습니다. "이에 대제사장과 모든 장로들이 내 증인이라. 또 내가 저희에게서 다메섹 형제들에게 가는 공문을 받아 가지고 거기 있는 자들도 결박하여 예루살렘으로 끌어다가 형벌받게 하려고 가더니"(사도행전 22:5). 청중들 가운데 어떤 사람들은 20년 전 바울이 예루살렘을 떠나 다메섹으로 갈 때 함께 갔던 사람들이 있었을지도 모릅니다. 여하튼 바울은 당시 그 일은 누구나 다 아는 상식이 되었다고 말했습니다. 그 후 그는 자기의 일생일대의 큰 전환점이 되었던 사건을 설명하였습니다.

가는데 다메섹에 가까웠을 때에 오정쯤 되어 홀연히 하늘로서 큰 빛이 나를 둘러 비취매 내가 땅에 엎드러져 들으니 소리 있어 가로되, "사울아, 사울아, 네가 왜 나를 핍박하느냐?" 하시거늘, 내가 대답하되, "주여, 뉘시니이까?" 하니, 가라사대, "나는 네가 핍박하는 나사렛 예수라" 하시더라. 나와 함께 있는 사람들이 빛은 보면서도 나더러 말하시는 이의 소리는 듣지 못하더라. 내가 가로되, "주여, 무엇을 하리이까?" 주께서 가라사대, "일어나 다메섹으로 들어가라. 정한 바 너의 모든 행할 것을 거기서 누가 이르리라" 하시거늘, 나는 그 빛의 광채를 인하여 볼 수 없게 되었으므로 나와 함께 있는 사람들의 손에 끌려 다메섹에 들어갔노라. 율법에 의하면 경건한 사람으로 거기 사는 모든 유대인들에게 칭찬을 듣는 아나니아라 하는 이가 내게 와 곁에 서서 말하되, "형제 사울아, 다시 보라" 하거늘,

즉시 그를 쳐다보았노라. 그가 또 가로되, "우리 조상들의 하나님이 너를 택하여 너로 하여금 자기 뜻을 알게 하시며 저 의인을 보게 하시고 그 입에서 나오는 음성을 듣게 하셨으니, 네가 그를 위하여 모든 사람 앞에서 너의 보고 들은 것에 증인이 되리라. 이제는 왜 주저하느뇨? 일어나 주의 이름을 불러 세례를 받고 너의 죄를 씻으라" 하더라. (사도행전 22:6-16)

바울은 그의 간증에서 세 가지 사항을 특별히 강조했습니다.

첫째, 그는 하늘의 빛을 보았고 하늘로부터 음성을 들었습니다. 바울은 바리새인들이 하나님께로부터 오는 환상과 계시를 절대적으로 믿는다는 것을 알았습니다. 여기서 다시 한 번 그는 청중들이 받아들일 수 있는 테두리 안에서 말하는 모습을 보여 줍니다. 바울은 자기가 가는 곳마다 복음을 가르치고 증거하는 유일한 이유는 하늘로부터 직접 말씀을 받았기 때문이라고 말했습니다.

둘째, 그는 하나님께서 자기에게 행하라고 말씀하신 일에 다만 복종하는 것뿐이라고 설명했습니다. 즉 그가 택한 일이 아니고 하나님께서 택하신 것이었습니다. 하나님께서 명령하신 것이므로 그에게는 선택의 여지가 없었습니다. 이것도 청중들이 쉽게 받아들일 수 있는 점이었습니다. 인간은 하나님의 말씀에 순종해야 하기 때문입니다.

셋째, 바울은 하나님의 명령이 예수 그리스도의 계시를 통해서 그에게 주어졌다는 사실을 강조했습니다. 바울은 그가 말하고 행하는 모든 것이 주님께서 죽으시고, 부활하시고, 승천하시고, 자기에게 하늘로부터 나타나셨다는 사실에 근거한 것임을 알고 있었습니다. 이 진리야말로 그의 인생의 의미와 가치를 좌우하는 토대였습니다. 그것이 없었다면 그의 인생관은 틀린 것이었습니다. 또한 그의 영생에 대한 소망도 터무니없는 것이었고, 그의 가르침은 새빨간 거짓말이 될 수밖에 없었습니다. 그의 평생 사업도 한낱 사상누각에 불과한 것이며, 그의 이방인 선교를 위한 사도권도 사람이 임의로 설정한 것에 지나지 않는 셈이었습니다. 그러나 그의 모든 생애와 사역은 다메섹 도상에서 그에게 나타나신 예수 그리스도의 계시의 진리를 기초로 하는 것이었습니다(갈라디아서 1:12).

바울이 유대인들에게 자기가 변화된 경위를 설명할 때에, 자기와 함께 동행했던 다른 사람들은 왜 변화받지 못했는가에 대해 그 이유를 날카롭게 제시했습니다(사도행전 22:9 참조). 그들도 바울이 본 빛은 보았으나 예수님의 음성은 듣지 못했습니다. 비록 그들이 무엇인가 소리는 들었어도 그 내용은 알아듣지 못했습니다. 바울은 이렇듯 체험했건만 그와 동행했던 사람들이 그 음성을 듣지 못했던 상황은 예수님의 사역 당시의 어느 사건과 흡사합니다.

요한복음 12:27-29을 봅시다. "'지금 내 마음이 민망하니 무슨 말을 하리요? 아버지여, 나를 구원하여 이때를 면하게 하여 주옵소서. 그러나 내가 이를 위하여 이때에 왔나이다. 아버지여, 아버지의 이름을 영광스럽게 하옵소서' 하시니, 이에 하늘에서 소리가 나서 가로되, '내가 이미 영광스럽게 하였고, 또다시 영광스럽게 하리라' 하신대, 곁에 서서 들은 무리는 우레가 울었다고도 하며, 또 어떤 이들은 천사가 저에게 말하였다고도 하니." 그들은 소리를 들었으나 참다운 음성을 듣지는 못했습니다. 믿음은 보는 것에서가 아니라 들음에서 나기 때문에 바울과 함께 있던 무리들은 변화받지 못했습니다. 이 사실로부터 주님을 증거하는 일을 위한 또 하나의 지침을 끌어낼 수 있습니다. 그러므로 사람들로 하여금 당신의 말을 실제로 듣고 이해하도록 하십시오. 흔히 듣는 사람들 가운데 어떤 이는 증거하는 사람의 무의미한 소리만 들을 뿐, 그 말을 분명히 듣고 이해하지는 못합니다. 친숙한 용어들을 사용하여 듣는 사람들의 관심을 유도하십시오.

사도행전 22:12에서 바울은 아나니아가 그의 새로운 삶의 첫 걸음을 인도해 주었다고 말했습니다. 그런데 아나니아는 율법을 잘 지키며 유대인들에게 칭송이 자자했던 경건한 사람이었습니다. 바울이 처음에 그리스도를 따르도록 격려하고 도와준 것은 이방인이 아니라 바로 유대인인 아나니아였습니다. 바울은 계속 청중들의 주의를 끌 수 있는 사실들을 말했습니다.

계속된 바울의 증거 속에서 그는 자기가 유대인의 종교를 버린 것이 아니라 이 복음을 '모든 사람'에게 전하라는 하나님의 명령을 단순히 따른 것뿐이라고 설명하였습니다. 실제로 아나니아가 바울에게 그렇게 말해 주었습니다. "그가 또 가로되, '우리 조상들의 하나님이 너를 택하여, 너로 하여금 자기 뜻을 알게 하시며 저 의인을 보게 하시고 그 입에서 나오는 음성을 듣게 하셨으니, 네가 그를 위하여 모든 사람 앞에서 너의 보고 들은 것에 증인이 되리라'"(사도행전 22:14-15). 바울의 사역은 하나님의 임명에 의한 것이며 하나님의 뜻에 따른 것입니다. 그는 참으로 의로우신 분인 그리스도를 보았고 그분의 음성을 들었습니다. 바울의 선교 대상은 '모든 사람'—헬라인, 야만인, 유대인, 이방인, 지혜자와 우매자, 노예와 자유인 등 모든 사람—입니다.

이쯤 이르러서는 바울이 틀림없이 큰 용기를 얻었을 것입니다. 그는 그들에게 자기의 종교적 배경을 말해 주었고, 그들은 조용히 들었습니다. 그는 또한 예수 그리스도를 믿게 된 경위를 말했으며, 그들은 역시 귀담아들었습니다. 그러나 그러한 분위기는 갑자기 일변했습니다.

> 후에 내가 예루살렘으로 돌아와서 성전에서 기도할 때에 비몽사몽간에 보매 주께서 내게 말씀하시되, "속히 예루살렘에서 나가라. 저희는 네가 내게 대하여 증거하는 말을 듣지 아니하리라" 하시거늘, 내가 말하기를, "주여, 내가 주 믿는 사람들을 가두고, 또 각 회당에서 때리고, 또 주의 증인 스데반의 피를 흘릴 적에 내가 곁에 서서 찬성하고, 그 죽이는 사람들의 옷을 지킨 줄 저희도 아나이다." 나더러 또 이르시되, "떠나가라. 내가 너를 멀리 이방인에게로 보내리라" 하셨느니라. 이 말 하는 것까지 저희가 듣다가 소리 질러 가로되, "이러한 놈은 세상에서 없이 하자. 살려 둘 자가 아니라" 하여. (사도행전 22:17-22)

바울은 아마 자기도 '거룩한 곳'(사도행전 21:28)을 사랑하며 존중한다는 점을 막 설명하려던 참이었던 것 같습니다. 유대인들은 바울이 그곳을 더럽히며 모독했다고 생각하고 있었기 때문이었습니다. 그는 예루살렘에 돌아온 후 기도하러 성전에 갔습니다. 예루살렘 한복판에 있는 성전에서 기도하는 중에 하나님의 부르심이 바울에게 임했습니다. 세계의 어느 모호한 구석에서가 아니라 바로 예루살렘에서였습니다. 거기서 주님께서 그에게 이방인에게로 가서 복음을 전하라고 명하셨습니다. 그러나 그들이 이방인을 위한 사도로서의 바울의 부르심에 대해 듣자 순식간에 태도가 바뀌었습니다. 이방인이라는 말만으로도 그들의 분노를 자극하기에 충분했습니다.

바울이 히브리 방언으로 말했기 때문에 당연히 로마군 천부장은 무슨 소동인지 전혀 알 길이 없었습니다. 그가 목격한 것은 단지 청중들의 급격한 감정 폭발 광경이었습니다. 그래서 그는 재빠르게 수습 조치를 취했습니다.

> 떠들며 옷을 벗어 던지고 티끌을 공중에 날리니, 천부장이 바울을 영문 안으로 데려가라 명하고 저희가 무슨 일로 그를 대하여 떠드나 알고자 하여 채찍질하며 신문하라 한대, 가죽 줄로 바울을 매니 바울이 곁에 섰는 백부장더러 이르되, "너희가 로마 사람 된 자를 죄도 정치 아니하고 채찍질할 수 있느냐?" 하니, 백부장이 듣고 가서 천부장에게 전하여 가로되, "어찌하려 하느뇨? 이는 로마 사람이라" 하니, 천부장이 와서 바울에게 말하되, "네가 로마 사람이냐? 내게 말하라." 가로되, "그러하다." 천부장이 대답하되, "나는 돈을 많이 들여 이 시민권을 얻었노라." 바울이 가로되, "나는 나면서부터로라" 하니, 신문하려던

> 사람들이 곧 그에게서 물러가고, 천부장도 그가 로마 사람인 줄 알고 또는 그 결박한 것을 인하여 두려워하니라. (사도행전 22: 23-29)

"나는 로마인이다"라는 말은 당시 전 세계적으로, 심지어는 야만인 사이에서도 존경과 찬사를 받았습니다. 로마인은 신분이 보장되었고 면책특권이 있었습니다. 그리하여 바울은 무자비한 채찍질에서 벗어났습니다. 고통이 두려워서가 아니요 죽을 것이 뻔했기 때문에 그렇게 하였습니다. 그는 이미 폭도들의 몰매를 맞았기 때문에 이번에 한 번 더 매를 맞는다면 그의 생명이 끝장나고 말 것이기 때문이었습니다. 바울은 단지 고통을 위한 고통은 그리스도인의 미덕이 될 수 없음을 보여 주었습니다. 천부장은 즉각 바울의 결박을 풀어 주었고, 올바른 진상을 파악하기 위한 조치를 취했습니다. "이튿날 천부장이 무슨 일로 유대인들이 그를 송사하는지 실상을 알고자 하여 그 결박을 풀고, 명하여 제사장들과 온 공회를 모으고 바울을 데리고 내려가서 저희 앞에 세우니라"(사도행전 22:30).

요 약

예루살렘 사람들을 향한 바울의 마지막 메시지는 우리에게 증거를 위한 몇 가지 지침을 제시해 줍니다.

- 하나님을 의뢰할 것.
- 청중들과 동일시할 것.
- 청중들에 대한 사랑을 보여 줄 것.
- 예수 그리스도의 생애, 죽음, 그리고 부활에 대한 진리를 전할 것.

23

하나님의 사랑을 나타냄

바울은 대제사장 앞으로 끌려 나가게 되었습니다. 얼마 전만 하더라도 그는 대제사장의 하수인으로 믿는 사람들을 핍박했었습니다. “사울이 주의 제자들을 대하여 여전히 위협과 살기가 등등하여, 대제사장에게 가서 다메섹 여러 회당에 갈 공문을 청하니, 이는 만일 그 도를 좇는 사람을 만나면 무론남녀하고 결박하여 예루살렘으로 잡아 오려 함이라”(사도행전 9:1-2).

그러나 이제는 바울이 주 예수님의 이름을 위하여 충성을 다하다가 예루살렘에서 붙잡힌 몸이 되었습니다. 모든 상황이 뒤바뀌었던 것입니다. 그렇지만 그는 결박당했음에도 불구하고 더할 나위 없이 행복했습니다. 그는 예수 그리스도 안에서 풍성한 삶을 누리고 있었습니다. 그는 더 이상 다소의 사울이 아니라, “사도로 부르심을 받아 하나님의 복음을 위하여 택정함을 입은 예수 그리스도의 종 바울”(로마서 1:1 참조)이었습니다. 그는 이제 새 이름, 새 소명(부르심), 새 생명(삶)을 얻었습니다.

왜 바울은 소망의 메시지를 공회에서 전하기로 굳게 결심했을까요? 이것이 하나님께서 그들에게 그리스도의 복음을 듣게 하신 다섯 번째의 기회였습니다. 그들은 이미 그리스도께로부터 친히 복음을 들은 적이 있었습니다. "예수께서 날마다 성전에서 가르치시니, 대제사장들과 서기관들과 백성의 두목들이 그를 죽이려고 꾀하되, 백성이 다 그에게 귀를 기울여 들으므로 어찌할 방침을 찾지 못하였더라"(누가복음 19:47-48).

베드로와 요한이 성전 미문에서 앉은뱅이를 일으킨 직후에 공회 사람들은 그들로부터 복음을 들었습니다. 그들은 또한 사도들로부터도 들었습니다(사도행전 5:27-32 참조). 그 뒤 그들은 스데반의 증거를 들었고, 이제 또 바울의 증거를 듣게 된 것입니다. 이 사람들의 마음씨가 곱고 친절하고 관대하며 훌륭하기 때문에, 바울이 그들에게 한 번 더 진리를 들을 수 있는 기회를 베풀었을까요? 그렇지 않습니다. 오히려 그들 가운데 사두개인들은 완고하고 파렴치한 독단론자들이었습니다. 그들은 탐욕과 잔인성 그리고 권세욕에 사로잡혀 행동했습니다. 제사장들은 그래도 백성들로부터 십일조를 받아 살았지만 사두개인들은 그걸 노략질하였습니다. 공회의 구성원들은 일반 제사장들을 약탈하고 평민들을 기만하는 포악하고 야만적인 무법의 불한당들이었습니다. 바울은 이 모든 사실을 알고도 그들에게 사랑과 소망과 구원의 메시지를 전하기 위하여 자신을 아낌없이 바쳤던 것입니다.

바리새인들은 어떠했습니까? 아마도 바울이 그들에게 복음을 전하기로 결심한 것도 그들을 너무나 잘 알고 있었기 때문이었을 것입니다. 결국 바울도 전에는 그들과 똑같은 바리새인이었습니다. 그들의 삶은 친절, 사랑, 자비, 그리고 관용 등의 미덕들로 가득 차 있었습니까? 천만의 말씀입니다. 그들은 가장 지독한 위선자들이었습니다! 그들은 백성들에게 감당키 힘든 규율을 부과하면서도 자기들은 전혀 그 무거운 짐을 질 생각도 하지 않았습니다. 그들이 행하는 모든 일의 동기는 사람들의 영광을 구하는 것이었습니다. 그들은 명예롭고 권세 있는 자리를 탐했습니다. 그들은 은밀한 가운데, 의지할 데 없는 자들, 과부들, 약한 자들, 그리고 버림받은 자들을 마구 약탈했습니다. 그럼에도 불구하고 그들은 사람들 앞에서는 길게 기도하는 자들로 소문나 있었습니다. 그들은 형식적인 허례허식에 급급할 뿐 가장 중요하고 참된 신앙 원리인 공의, 자비, 그리고 믿음을 완전히 무시하였습니다. 그들은 겉은 깨끗하나 속은 매우 불결한 그릇 같았습니다. 즉 바리새인들은 교만하고 자기도취적이며 이기적인 위선자들의 무리였습니다.

그리스도를 본받음

바울은 이 모든 사실을 알았는데도 왜 그들에게 구원의 메시지를 전하려는 열망에 불탔습니까? 고통과 피 흘림을 겪으면서도 왜 그는 기꺼이 복음을 전하려 했을까요? 그가 복음을 전파했던 이방인들 역시 사두개인들이나 바리새인들과 매한가지로 평화도 사랑도 없던 사람들이었습니다. 이방인들도 잔인하고 부도덕한 사람들이었습니다. 그러나 바울은 기꺼이 채찍에 맞아 피를 흘리면서도, 먹지도 자지도 못하면서도, 육지와 바다를 수백 km씩이나 여행하며, 그 무가치한 사람들을 위해 자신을 바쳤던 것입니다. 왜 그랬을까요? 그는 완전한 모본을 보여 주신 그리스도를 따르는 제자였기 때문입니다. 바울은 다음과 같이 기록하였습니다. "우리가 아직 연약할 때에 기약대로 그리스도께서 경건치 않은 자를 위하여 죽으셨도다. 의인을 위하여 죽는 자가 쉽지 않고, 선인을 위하여 용감히 죽는 자가 혹 있거니와, 우리가 아직 죄인 되었을 때에 그리스도께서 우리를 위하여 죽으심으로 하나님께서 우리에게 대한 자기의 사랑을 확증하셨느니라"(로마서 5:6-8).

어떤 경우에 사람은 다른 사람을 구하기 위해 자기의 목숨을 버리기도 합니다. 남북 전쟁을 치른 뒤 해방된 노예들의 상당수는 링컨 대통령을 구하기 위해서라면 목숨까지도 바칠 수 있었으리라고 생각됩니다. 그러나 그들이 자기들로 하여금 고향과 가족을 잃게 하고, 배 안에 묶어 놓고, 때리고, 굶기며, 짐승처럼 다루었던 노예선의 선장을 위해서도 과연 아낌없이 목숨을 바칠 수 있었을까요? 어림없는 이야기입니다. 그러나 바울이 기꺼이 행하려던 것은 바로 그런 종류의 희생이었습니다.

바울이 기록한 로마서에 보면, 불신자들을 연약하고 경건치 못하다고 묘사하고 있습니다. 나는 전에 한 성공회 목사가 그 말들의 어원에 대해 설명하는 것을 들은 적이 있습니다. 그의 설명에 의하면, 연약하다는 말은 어떤 썩어 들어 가는 병을 묘사할 때 쓰는 말로 너무 더러운 나머지 그 병에 걸린 자와는 방조차 함께 쓸 수 없는 처참한 병이라고 합니다. 또한 경건하지 못하다는 말은 도덕적으로 너무나 추잡하여 그런 사람과 함께 있는 것조차 견딜 수 없는 경우에 쓰이는 말이라고 합니다.

감사하게도 우리는 좀처럼 그런 사람을 만나게 되지는 않지만, 내게는 한때 그런 표현에 어울리는 삶을 살았던 친구가 있었습니다. 그는 조지타운 대학교를 졸업하고 외교관이 되었다가, 제2차 세계대전이 발발하자 장교로 해군에 입대했습니다. 그의 생활은 얼마나 타락했는지, 상륙하여 외출할 때조차도 자신의 야비하고 추한 생활 방식으로 친구들을 물들일까 봐 그들을 피해 다닐 정도였습니다. 그러나 마침내 어떤 사람이 그에게 복음을 전해 주었고 그의 삶은 그리스도의 능력으로 변화되기 시작했습니다. 전쟁이 끝나고 해군에서 제대한 후, 그는 미국에 있는 어느 명문 신학교를 졸업하게 되었고, 그 이후로부터 그의 삶은 두 대륙에 걸쳐서 그리스도를 위한 열매를 맺고 있습니다. 이 친구 빌은 오늘날 하나님의 은혜를 드높이는 트로피요 경건치 못한 자를 위하여 죽음을 아끼지 않으신 그리스도의 희생의 결과를 보여 주는 완전한 실례와 본보기가 되었습니다.

가망 없는 자들을 도움

이 믿기 어려운 장면을 또 다른 상황 속에 설정해 봅시다. 당신 아들이 가지고 있는 재산을 빼앗기 위해 그를 심히 때리고 급기야는 죽게 만든 어떤 사람을 알고 있다고 상상해 봅시다. 그 사람에 대한 당신의 태도는 어떠하겠습니까? 그를 위해 당신의 돈을 투자하며 그에게 사랑과 친절을 보여 줄 수 있겠습니까? 그를 위해 매도 맞으며 길고도 힘들며 매우 위험한 여행을 할 수 있겠습니까? 그로 하여금 기쁘고 편안한 삶을 살도록 당신의 생명을 바칠 수 있겠습니까? 그런데 바울은 그렇게 살았습니다. 그것은 그리스도 곧 그에게 자기를 부인하는 사랑을 보여 주셨던 분을 향한 사랑에서 비롯된 것이었습니다.

바울이 공회 앞에 섰을 때, 대제사장이 예수님께 그분의 제자들과 그분의 가르침에 대하여 심문하던 때를 연상케 하는 한 사건이 발생했습니다.

> 예수께서 대답하시되, "내가 드러내어 놓고 세상에 말하였노라. 모든 유대인들의 모이는 회당과 성전에서 항상 가르쳤고 은밀히는 아무것도 말하지 아니하였거늘, 어찌하여 내게 묻느냐? 내가 무슨 말을 하였는지 들은 자들에게 물어보라. 저희가 나의 하던 말을 아느니라." 이 말씀을 하시매 곁에 섰는 하속 하나가 손으로 예수를 쳐 가로되, "네가 대제사장에게 이같이 대답하느냐?" 하니, 예수께서 대답하시되, "내가 말을 잘못하였으면 그 잘못한 것을 증거하라. 잘하였으면 네가 어찌하여 나를 치느냐?" 하시더라. (요한복음 18:20-23)

말씀의 권위

종은 상전보다 높지 못합니다. 만약 그들이 이유 없이 주 예수님을 칠 정도라면 주님을 대변하는 자에게도 거리낌 없이 똑같은 일을 자행하는 것은 어쩌면 당연한 일일지도 모릅니다.

> 바울이 공회를 주목하여 가로되, "여러분 형제들아, 오늘날까지 내가 범사에 양심을 따라 하나님을 섬겼노라" 하거늘, 대제사장 아나니아가 바울 곁에 섰는 사람들에게 그 입을 치라

명하니, 바울이 가로되, "회칠한 담이여, 하나님이 너를 치시리로다. 네가 나를 율법대로 판단한다고 앉아서 율법을 어기고 나를 치라 하느냐?" 하니, 곁에 선 사람들이 말하되, "하나님의 대제사장을 네가 욕하느냐?" 바울이 가로되, "형제들아, 나는 그가 대제사장인 줄 알지 못하였노라. 기록하였으되, '너의 백성의 관원을 비방치 말라' 하였느니라" 하더라. (사도행전 23:1-5)

바울은 대답하는 중에 출애굽기의 한 구절을 인용했습니다. 그렇게 함으로써 그는 자신의 삶이 하나님의 말씀의 권위에 의하여 다스려지고 있음을 명확히 보여 주었습니다. 이것은 생활과 증거의 전반에 걸쳐 강조되어야 할 제자 훈련의 중요 요소입니다. 왜냐하면 오늘날 말씀의 권위에 대한 반항 풍조가 세계 도처에 만연하고 있기 때문입니다.

네덜란드의 어느 대학교 학생들 모임에서 말씀을 전할 때, 나는 그리스도와 그분의 말씀의 권위에 복종하는 일의 중요성에 대하여 역설한 적이 있습니다. 그러자 즉각적으로 대여섯 명의 학생들 표정이 굳어졌습니다. 그들은 몸을 꼿꼿이 세우고 앉아서 놀란 눈으로 나를 노려보았습니다. 그들은 나의 말을 믿을 수가 없었습니다. 그래서 나는 더욱 자세하게 설명해 주었습니다. 만약 교수가 어떤 책을 읽도록 과제를 주었다면 그들은 그 책을 읽었을 것입니다. 또한 직장에서 상사가 어떤 일을 맡겨 주었다면 그것을 반드시 했을 것입니다.

하나님의 말씀도 다를 바 없습니다. 하나님께서 어떤 일을 명하시면 우리는 곧장 달려가서 그리스도와 그분의 말씀에 복종하여 그 일을 수행해야 합니다. 사도 바울은 권위에 복종했던 사람이었습니다. 그는 사명을 받은 자였습니다. 주님께서 그에게 말씀하셨고, 그는 그 명령에 순종했습니다. 그는 전도의 사명을 받았고 전심으로 그 일을 수행하였습니다. 다시 우리는 제자의 삶을 위한 또 하나의 초석을 보게 됩니다. 그 모본은 너무나 분명하여 소홀히 지나칠 수 없고, 너무나 중요하여 가볍게 여길 수 없습니다. 전심전력하여 하나님 말씀에 순종하는 것은 제자의 삶의 모든 영역에 나타나는 특징이 되어야 합니다.

주님의 위로

바울은 분명히 산헤드린을 상대로 한 토론의 결과에 대하여 언짢게 생각했을 것입니다. 의심할 여지 없이 그는 다소 소외감과 좌절감을 느꼈을 것입니다. 그리하여 주님께서는 그에게 특별하고도 좀 색다른 위로의 말씀을 주셨습니다. "담대하라. 네가 예루살렘에서 나의 일을 증거한 것같이 로마에서도 증거하여야 하리라"(사도행전 23:11).

왜 주님께서 바울의 용기를 북돋아 주셨는지 살펴보면 흥미롭습니다. 주님께서 그를 통해 하실 일들이 아직도 많이 있었습니다. 인간적인 관점에서 볼 때, 우리는 주님께서, "바울아, 용기를 내라. 곧 모든 일이 끝날 것이다. 얼마 안 있어 너는 지중해가 내려다보이는 쾌적한 별장에서 남은 여생을 편안하게 지낼 수 있을 것이다"라고 말씀하실 것으로 기대했을 수도 있습니다. 그러나 사실은 전혀 이와 달리 도리어 주님께서는, "용기를 내라. 아직도 가야 할 길은 멀고, 할 일이 태산 같다"고 말씀하시는 것이었습니다.

그러나 깊이 생각해 보면, 우리는 이 점을 이해할 수 있습니다. 예수님께서는 생애의 마지막 시기에 가장 중요한 일들을 이루셨습니다. 그분은 무리들을 가르치고 사도들을 훈련시킨 뒤 여생을 편히 쉬면서 보내시고자 이 땅에 오셨던 것이 아닙니다. 그분의 가장 위대한 사역은 십자가 위의 죽으심과 부활이었습니다. 그렇다면 우리라고 그것과는 다른 삶을 기대할 수 있겠습니까? 그렇지 않습니다. 우리는 주님을 위하여 평생토록 할 일이 있습니다. 상황은 달라져도 잃어버린 영혼을 구하며 그들을 은혜 속에서 자랄 수 있도록 돕는 우리의 사역은 언제나 계속되는 것입니다.

그러므로 주님께서는 바울을 계속 보호하시고 격려하셨습니다. 그러나 유대인들도 끈질기게 달라붙었습니다. 그들은 법적인 수단이나 폭동에 의해서는 도저히 목적을 달성할 수 없었기 때문에, 허위 증거와 속임수를 조작하여 살인 음모를 꾸몄습니다.

그 음모가 어떻게 좌절되는지를 보면 재미있습니다. 한편에는 산헤드린의 막강한 권력이 있었고, 다른 한편에는 바울의 조카인 한 청년이 있었습니다. 주님께서는 그 젊은이를 사용하셔서 바울을 살인 모의로부터 구출해 냈습니다. 그 사건을 읽을 때면 바울이 고린도 교인들에게 말한 내용이 기억납니다. "그러나 하나님께서 세상의 미련한 것들을 택하사 지혜 있는 자들을 부끄럽게 하려 하시고, 세상의 약한 것들을 택하사 강한 것들을 부끄럽게 하려 하시며, 하나님께서 세상의 천한 것들과 멸시받는 것들과 없는 것들을 택하사 있는 것들을 폐하려 하시나니"(고린도전서 1:27-28).

하나님의 방법은 우리의 방법과 다릅니다. 어느 누가 작은 목동의 물매로 던진 매끄러운 돌에 맞아 거인 골리앗이 쓰러질 것을 생각이나 했겠습니까? 어느 누가 메뚜기 떼로 강대한 나라를 치리라 생각할 수나 있었겠습니까? 또한 말구유에서 태어난 아기를 통하여 온 세상을 구원하는 계획에 대해 어느 누가 상상이라도 할 수 있었습니까?

당신의 문제가 도저히 극복될 수 없는 것처럼 보일 때, 용기를 가지십시오. 하나님께서 함께하시면 한 사람이 많은 무리를 감당해 낼 수 있습니다. 주위 환경은 비록 가망이 없어 보여도 실제는 그렇지 않습니다. 하나님께서는 당신을 끝까지 보살펴 주실 것이며, 때때로 하찮고 이례적인 수단들도 사용하시어 그분의 뜻을 이루시고야 말 것입니다.

사랑의 순종

천부장은 바울을 살해하려는 음모에 대해 듣자 즉각 조치를 취했습니다. 왜 그가 바울의 생명을 구하려고 마음먹었을까요? 그것은 단지 그의 임무이기 때문이었습니다. 바울이 로마 시민이었으므로 천부장은 망설이지 않았습니다. 바울의 도덕적 성품이나 사랑의 정신에 감화되어 그러한 행동을 취한 것이 아니요, 다만 로마 시민의 신변을 보호할 책임 때문이었습니다.

우리가 지금까지 보아 왔듯이 바울은 어떤 의미에서 이 천부장과 똑같은 자세로 행동했습니다. 다만 바울은 복음 전파의 사명을 띠고 하나님의 명령에 따라 움직였던 것이 다릅니다. 그는 임무 수행을 위해서 주저하거나 논쟁할 여유조차 없었습니다.

그는 이렇게 말했습니다. "헬라인이나 야만이나 지혜 있는 자나 어리석은 자에게 다 내가 빚진 자라. 그러므로 나는 할 수 있는 대로 로마에 있는 너희에게도 복음 전하기를 원하노라"(로마서 1:14-15).

솔직히 말해서, 오늘날 우리는 하나님께 대한 우리의 책임에 대하여 말하는 것을 거의 들어 보질 못하는 실정입니다. 그렇다고 그저 의무감 때문에 마지못해 책임을 이행해서는 아니 됩니다. 바울은, "그리스도의 사랑이 우리를 강권하시는도다. 우리가 생각건대 한 사람이 모든 사람을 대신하여 죽었은즉 모든 사람이 죽은 것이라. 저가 모든 사람을 대신하여 죽으심은 산 자들로 하여금 다시는 저희 자신을 위하여 살지 않고 오직 저희를 대신하여 죽었다가 다시 사신 자를 위하여 살게 하려 함이니라"(고린도후서 5:14-15)고 말했습니다. 우리를 사랑하시는 그리스도께 대한 우리의 사랑, 이것이 하나님께 대한 우리의 책임을 다하도록 강권하는 강한 동기가 되어야 합니다.

인간적인 관점에서 보면, 바울의 형편은 가일층 악화되는 것 같았습니다. 그는 곧 벨릭스의 손에 넘어가게 될 형편이었습니다. 역사의 기록에 의하면, 벨릭스는 잔인하고, 탐욕적이며, 관능적인 사람이었다고 합니다. 또다시 상황은 어둠이 깔리는 듯했습니다. 그러나 하나님께서 모든 것을 다스리고 계셨습니다.

요 약

바울의 생애는, 왜 하나님께서 그를 능력 있게 쓰실 수 있었는지를 여실히 보여 주고 있습니다.

- 그는 누구에게든지, 심지어 경건치 못하고, 사랑스런 데가 없으며, 강퍅한 사람들을 위해서도 기꺼이 자신을 내어 주었습니다.
- 그는 전심으로 하나님의 말씀에 순종하였습니다.
- 그는 끝까지 그의 전 생애를 주님을 섬기는 일에 바쳤습니다. 이 모든 것이 그를 사랑하사 그를 대신하여 죽기까지 하신 그리스도를 향한 강권적 사랑 때문이었습니다.

24

거짓 고소

유대인들이 법률가이자 직업적인 변사인 더둘로라는 사람을 데리고 왔습니다. 그가 바울을 어떻게 묘사했는지 살펴보면 흥미롭습니다. "우리가 보니 이 사람은 염병이라. 천하에 퍼진 유대인을 다 소요케 하는 자요, 나사렛 이단의 괴수라. 저가 또 성전을 더럽게 하려 하므로 우리가 잡았사오니"(사도행전 24:5-6).

더둘로는 바울을 소요케 하는 자라고 말했습니다. 어느 면에서 이것은 바울의 활동에 대한 극히 날카로운 분석입니다. 바울은 전염성이 강한 염병—복음—을 늘 지니고 다니며 가는 곳마다 그것을 퍼뜨렸습니다. 그렇지만 한 가지 다른 점은 실제로는 질병이 아니라 치료약을 퍼뜨렸다는 것입니다. 우리 모두에게 향하신 주님의 크신 뜻은 전염병 환자가 전염병을 퍼뜨리듯 효과적으로 우리가 복음을 전하는 것입니다.

우리는 스스로에게 다음 질문을 해봅시다. "왜 우리는 그렇게 하지 않는가? 왜 우리는 그리스도를 믿는 믿음을 더욱 적극적으로 전하지 못할까?" 흔히 다음 두 가지 문제 때문임을 알 수 있습니다. 우선 많은 경우 우리는 격리된 병실 속에서 살고 있습니다. 밖에 나가서, 즉 사회 속에서 그리스도를 증거하기를 꺼립니다. 우리들 대부분이 우리의 믿음에 대해 입을 여는 유일한 시간은 다른 그리스도인과 함께 있을 때로 되어 있습니다. 그때는 우리는 마음껏 구세주에 대한 우리의 사랑을 서로 나누며, 찬양하고, 그분의 말씀도 인용합니다. 그러나 우리가 불신자들과 함께 있을 때에는 도무지 입을 열지 않습니다. 복음을 입으로 전해야 되는 줄 알면서도(믿음은 들음에서 비롯되므로), 우리는 믿지 않는 자들과 접촉할 때 복음에 대하여 침묵을 지킵니다. 즉 우리는 다른 사람들에게 그리스도의 생명을 전하지 않는 것입니다.

또 하나의 문제는 많은 사람들이 진실된 믿음을 소유하지 못하고 있기 때문입니다. 그들은 아마도 몇 가지 그리스도인의 흉내를 내고 있을지는 몰라도 진정 변화를 가져오는 메시지는 지니고 있지 못합니다. 그들은 찬송가를 좀 알고 있고, 성경 몇 구절을 외우며, 언제 세례를 받고 입교했는지, 혹은 언제부터 교회에 출석했는지는 말할 수 있으나 실제로 거듭나지는 못한 것입니다. 수백만의 사람들이 이러한 슬픈 상태 가운데 있습니다. 그들은 이 세상이 주는 순간적인 쾌락을 즐기지는 않지만, 그렇다고 영생의 기쁨을 누리는 것도 아닙니다. 말하자면 그들은 종교적인 절름발이 상태입니다. 그들은 참된 것을 깨닫지 못한지라 그것을 전파할 수 없는 것은 당연합니다. 그러나 바울은 분명히 '소요케 하는 자'였습니다. 그는 어디를 가든지 그리스도 안에 있는 새 생명을 다른 사람들에게 힘있게 전했습니다.

더둘로가 두 번째로 제기한 고소 내용은 잘못된 것이었습니다. 바울이 폭동을 일으킨 것이 아니라 그를 대적하는 무리들이 일으켰었습니다. 아시아에 사는 유대인들이 찰거머리처럼 그의 뒤를 쫓아다니며 사람들을 선동했습니다. 바울이 부활하신 그리스도를 계속 증거한 것이 유대인들의 분노를 자극했고, 그들의 분노는 결국 공중의 무질서와 피 흘림을 초래하였습니다. 그러나 피를 흘린 편은 바울이었고 부당한 대우와 고통을 당한 것도 바울이었습니다.

셋째로, 더둘로는 바울을 괴수라고 불렀습니다. 괴수란 앞장서서 사람들을 이끄는 자를 일컫습니다. 이것은 사실이었습니다. 바울은 그런 의미에서 틀림없는 괴수였습니다.

나는 1978년 여름을 유럽에서 보냈습니다. 나의 첫째 임무는 프랑스의 스트라스부르 근처에서 열리는 네비게이토의 하기 수양회에서 일주일간 말씀을 전하는 것이었습니다. 132명의 갓 구원받은 열정적인 프랑스 젊은이들이 참석했는데, 주님의 도우심으로 놀라운 은혜의 시간이 되었습니다. 일정표에 아니마뙤르(Animateur) 모임이 매일 아침 7시 30분에 열린다고 소개되어 있었는데, 알고 보니 그 아니마뙤르란 그룹 토의 지도자들을 일컫는 말이었습니다. 영어의 animation(생기, 활기)이라는 단어는 여기서 파생된 것이라 합니다. 아니마뙤르란 모임에 활력과 생기를 불어넣는 사람입니다. 얼마나 멋진 정의입니까? 지도자란 그룹에 생명력을 불어넣는 사람입니다.

프랑스에서 지낸 뒤, 나는 노르웨이와 네덜란드를 거쳐 영국으로 건너갔습니다. 영국 런던에 있을 때, 나는 캔터베리의 대주교가 세계 도처에서 온 주교들 모임에서 강연하는 것을 들을 기회가 있었습니다. 그가 말하기를, 가장 훌륭한 지도자는 자극을 주는 사람, 일깨워 주는 사람이라 생각한다고 했는데, 결국 프랑스에서 아나마뙤르라고 한 것과 일맥상통하는 의미를 주는 것이었습니다. 나는 아주 관심 있게 그 생각을 뒷받침해 주는 성경 구절들을 찾아보았습니다.

그때 두 구절이 마음속에 떠올랐습니다. 하나는 베드로후서 3:1이었습니다. "사랑하는 자들아, 내가 이제 이 둘째 편지를 너희에게 쓰노니, 이 둘로 너희 진실한 마음을 일깨워 생각하게 하여." 또 다른 구절은 히브리서 10:24의 "서로 돌아보아 사랑과 선행을 격려하며"였습니다. 이 두 구절은 모두 사도 바울의 선교 사역을 정확하게 묘사하고 있습니다. 그는 항상 사람들을 일깨워 활력을 주었습니다. 그러므로 그는 확실히 괴수였습니다.

바울은 자신을 변호할 때 그릇된 사실들을 바로잡는 말부터 시작했습니다. 그러고 나서 그는 즉각 핵심을 말했습니다. 그가 그리스도인이며 저희가 이단이라는 하는 도(道)를 따르는 제자임은 틀림없는 사실이었습니다. 그는 율법과 선지자의 글에 쓰인 모든 것을 믿는 신자였습니다. "그러나 이것을 당신께 고백하리이다. 나는 저희가 이단이라 하는 도를 좇아 조상의 하나님을 섬기고 율법과 및 선지자들의 글에 기록된 것을 다 믿으며"(사도행전 24:14). 이 말은 오늘날 교회 내에 팽배해 있는 불신 풍조에 비추어 볼 때 의미심장한 말입니다.

하나님의 말씀

초대교회 때는 믿는 자가 되는 것이 하나의 덕이었습니다. 지금은 오히려 믿지 않는 자, 의심하는 자에게 찬사를 보내고 있습니다. 오늘날은 믿을 것만 선택해서 믿고 그렇지 않은 것은 버릴 줄 아는 자를 현명하다고 여깁니다. 다음과 같은 말이 유행하고 있습니다. "나는 그 점에 있어서는 성경에 동의합니다. 그러나 이 점에 대해서는 성경을 따를 수 없습니다." 그렇게 말하는 사람은 누구를 막론하고 자신을 하나님의 말씀의 심판자로 치켜세우는 자입니다. 이것은 성경에 대한 바울의 태도와 정반대되는 것입니다. 그는 성경 말씀을 모두 믿었습니다. 얼마 전에 나는 성경을 처음부터 끝까지 철저하게 믿는다는 이유로 비난을 받은 적이 있습니다. 그러나 그 비난은 나에게 전혀 문제가 되지 않았습니다. 왜냐하면 나는 맨 처음 표지에 쓰인 '거룩한 성경'(Holy Bible)이라는 말도 믿기 때문입니다.

성경을 있는 그대로 철저히 믿는 것은 믿음의 근본 원리이자 제자의 삶을 위한 기초입니다. 성경은 하나님의 말씀입니다. 우리는 하나님의 말씀을 선택적으로 믿지 않고, 예수님께서 하나님 아버지께 드린 말씀을 그대로 믿어야 합니다. "아버지의 말씀은 진리니이다"(요한복음 17:17). 우리는 이처럼 성경이 주장하는 대로 성경을 믿어야 합니다.

하나님의 아들

그뿐만 아니라 우리는 그리스도를 자신이 주장하신 그대로 믿어야 합니다. "내가 곧 길이요, 진리요, 생명이니, 나로 말미암지 않고는 아버지께로 올 자가 없느니라"(요한복음 14:6). 예수님께서는 살아 계신 하나님의 아들이시요, 만왕의 왕이시며, 만주의 주이십니다. 바울은 빌립보서 2:10-11에서 이 사실을 분명하고도 아름답게 묘사하고 있습니다. "하늘에 있는 자들과 땅에 있는 자들과 땅 아래 있는 자들로 모든 무릎을 예수의 이름에 꿇게 하시고, 모든 입으로 예수 그리스도를 주라 시인하여 하나님 아버지께 영광을 돌리게 하셨느니라."

그리스도에 대한 믿음과 그분의 말씀을 믿는 믿음은 제자의 삶을 받쳐 주는 한 쌍의 초석입니다. 달리 믿는 것은 지혜로운 것도, 현명한 것도, 아무것도 아닙니다. 오히려 예수님께서는 어리석다고 말씀하셨습니다. "미련하고 선지자들의 말한 모든 것을 마음에 더디 믿는 자들이여!"(누가복음 24:25).

영적인 훈련

사도행전 24:16에서 바울은 오늘날 우리들에게 꼭 필요한 내용을 보여 줍니다. 그는 이렇게 말했습니다. "이것을 인하여 나도 하나님과 사람을 대하여 항상 양심에 거리낌이 없기를 힘쓰노라." 여기서 '힘쓰다'라는 말은 그것이 힘든 일이라는 뜻을 내포하는 것입니다. 이 말은 흔히 어떤 중요한 경기를 앞두고 강훈련하는 운동선수를 묘사할 때 쓰입니다. 우리도 바울의 삶의 본을 생각하면서 스스로 다음의 질문들을 해봅시다. 우리는 운동선수로부터 무엇을 배울 수 있는가? 제자 훈련에 적용될 수 있는 점은 무엇인가? 운동선수의 삶 가운데 우리 자신에게도 적용될 수 있는 것은 무엇인가?

다음 성경 구절은 이에 대한 길잡이가 될 것입니다.

> 운동장에서 달음질하는 자들이 다 달아날지라도 오직 상 얻는 자는 하나인 줄을 너희가 알지 못하느냐? 너희도 얻도록 이와 같이 달음질하라. 이기기를 다투는 자마다 모든 일에 절제하나니 저희는 썩을 면류관을 얻고자 하되 우리는 썩지 아니할 것을 얻고자 하노라. 그러므로 내가 달음질하기를 향방 없는 것같이 아니하고 싸우기를 허공을 치는 것같이 아니하여 내가 내 몸을 쳐 복종하게 함은 내가 남에게 전파한 후에 자기가 도리어 버림이 될까 두려워함이로라. (고린도전서 9:24-27)

이기기를 다투라. 나는 더욱더 많은 사람을 주님께 인도하고, 더 많은 시간을 기도하며, 더욱더 성경을 많이 읽음으로 더욱 훌륭한 그리스도인임을 나타내기 위하여 그리스도 안의 형제 자매들과 경쟁하지는 않습니다. 나는 다만 기회가 있을 때마다 도전해 오는 나의 게으른 본성과 싸우는 것입니다. 나는 이러한 영역에서 예수 그리스도를 통하여 승리를 쟁취해야 합니다. "우리 주 예수 그리스도로 말미암아 우리에게 이김을 주시는 하나님께 감사하노니"(고린도전서 15:57).

모든 일에 절제하라. 이 말 가운데는 엄격한 식사 조절의 개념이 포함되어 있습니다. 운동선수들은 훈련을 위해 마련된 식단에 따라 식사합니다. 요리사들은 살만 찌게 하는 지방질 대신에 근육을 키워 주고 체력을 보강해 주는 영양식을 제공합니다.

제자는 하나님의 말씀을 먹는 법을 배워야 합니다. 바울은 그 말씀에 대하여 "바른 말, 곧 우리 주 예수 그리스도의 말씀"(디모데전서 6:3)이라고 했습니다. 성경 말씀은 제자의 식단에 있어서 필수 영양소입니다. 제자는 "믿음의 말씀과 선한 교훈으로 양육을"(디모데전서 4:6) 받게 됩니다. 정기적으로 성경공부, 기도, 예배, 성도 간의 교제, 그리고 전도를 해나가는 일은 형통한 제자의 삶을 위해 크게 도움이 될 것입니다. 즉, 이것들은 제자에게 패배가 아니라 승리를 안겨 주는 풍부한 영양 공급원이 되는 것입니다.

힘써 훈련하라. 운동선수가 강한 훈련을 하지 않는다면 아무것도 기대할 수 없습니다. 많은 권투 선수들이 등장했다가, 어떤 이는 명예를 얻게 되고, 어떤 이는 불명예스럽게 사라지곤 합니다. 그중에 성공한 선수들은 훈련을 잘 받는 사람들입니다. 그러나 이따금 신문지상을 통해 시합 전날에도 술집에서 친구들과 맥주를 들이키는 권투 선수의 사진을 대하기도 하는데 대개 그런 선수들은 패배를 면치 못합니다. 그의 패인은 훈련 부족에 있습니다. 훈련은 또한 제자의 삶의 특징이기도 합니다. 당신은 "오직 경건에 이르기를 연습"(디모데전서 4:7)해야 합니다.

삶의 훈련을 위한 가장 간단한 방법은 하나님께서 당신의 삶에 이루어지기 원하시는 것이 무엇인가를 하나하나 생각하여 그것을 달성하기 위한 단기간의 목표들을 설정해 보는 것입니다. 다음에는 그 목표들과 연관하여 그날그날 실천할 생활 계획들을 마련하여 꾸준히 추진해 나가십시오. 바울과 같이 당신도 몸을 쳐서 복종시킬 필요를 깨닫게 될 것입니다. 훈련은 그리 유쾌한 일이 아니므로 많은 사람들이 싫어합니다. 훈련되지 못한 무절제한 사람이 되기는 쉽습니다. 그러나 제자의 삶은 안락이나 개인적인 만족을 추구하는 삶과는 거리가 멉니다.

다음의 성경 구절은 사도행전 24:16에서 바울이 말한, 힘쓰는 삶에 대하여 잘 보여 주며, 훈련된 그리스도인의 생활을 위한 필수 요소들을 세 가지 더 제시해 줍니다. "이러므로 우리에게 구름같이 둘러싼 허다한 증인들이 있으니, 모든 무거운 것과 얽매이기 쉬운 죄를 벗어 버리고, 인내로써 우리 앞에 당한 경주를 경주하며"(히브리서 12:1).

모든 무거운 것과 얽매이기 쉬운 죄를 벗어 버리라. 육중한 코트에 긴 장화를 신고 등에는 무거운 짐을 걸머진 채 출전하는 경주자는 없습니다. 경주하기 위해 나갈 때에는 뛰기에 간편한 옷차림을 합니다. 많은 그리스도인들이 불필요한 짐들을 너무 많이 메고 달리다 실패합니다. 예수님께서는, "또 어떤 이는 가시떨기에 뿌리우는 자니, 이들은 말씀을 듣되 세상의 염려와 재리의 유혹과 기타 욕심이 들어와 말씀을 막아 결실치 못하게 되는 자요"(마가복음 4:18-19)라고 말씀하셨습니다. 당신도 경주에서 좋은 성과를 거두려면 반드시 벗어 버리고 포기해야 할 일들이 있습니다. 또한 사하심을 얻기 위해 자백하고 버려야 할 죄들도 있습니다. 떨쳐 버려야 할 무거운 짐도 있습니다.

인내로써 경주하라. 경주에서 승리하려면 시작 후 몇 초보다도 마지막 순간이 중요합니다. 장거리 경주자들이 처음에는 모두 가볍고 힘차게 출발하지만 길고도 어려운 경주의 막바지에 이르러서는 그중에 낙오자들이 생기기 시작합니다. 그때에는 인내가 승리의 관건입니다. 지치거나 힘든 것은 문제가 되지 않습니다. 그런 것은 모든 경주자가 겪기 때문입니다. 그러나 문제는 인내로서, 인내는 누가 긴 경주에서 끝까지 잘 뛰어 승리할 것이냐를 좌우합니다. 인내는 엄격한 식사 조절, 적절한 훈련, 그리고 올바른 정신 자세에서 비롯됩니다. 이것은 육체적인 영역뿐만 아니라 영적인 영역에도 적용됩니다. 베드로는, "너희 마음의 허리를 동이고 근신하여"(베드로전서 1:13)라고 말했습니다. 그러므로 당신의 육신이 "이제 포기하지" 하거나 "그만 단념하지" 하고 속삭일 때 당신은 마음을 가다듬고 하나님께서 원하시는 길을 따라 끝까지 경주하십시오.

규칙대로 싸우라. 스포츠에서는 훈련 규칙과 더불어 경기 규칙이 또 있습니다. 제자 훈련에서 지켜야 할 한 가지 규칙은 일에 대한 올바른 시야와 전망을 항상 유지하는 것입니다. 새 신자가 제자 훈련을 받는 처음 단계에서는 모든 것을 충분히 이해할 수가 없습니다. 이를테면 그가 성경 암송을 시작한다 할지라도 몇 년이 지난 후에야 비로소 그 의미와 축복을 온전히 깨닫게 되는 것입니다. 또한 아침에 갖는 경건의 시간을 위해 일찍 일어나는 것이 힘들지라도 그리스도인으로서의 초기 단계에 그러한 습관이 자신에게 형성된 것에 대해 하나님께 감사하게 될 날이 올 것입니다. 그러한 영적 훈련들은 스포츠의 기술 연마와 흡사하여 처음에는 고통스럽지만 나중에는 기쁨을 누리게 됩니다. 가슴이 타고 근육에 통증이 와도 목표를 바라보고 줄기차게 전력투구한다면 승리의 기쁨과 더불어 모든 고통은 사라집니다.

규칙대로 싸우는 것도 규칙대로 훈련하는 것만큼이나 중요합니다. 규칙을 따르지 않게 되면 자격을 상실하게 되고 맙니다. 열린 마음, 정직, 날마다 죄를 자백하는 일, 매일매일 하나님과의 교제 등은 제자의 삶의 규칙들입니다. 순결한 삶, 믿음으로 행함, 탁월한 수준 등은 행동하는 제자의 특성들입니다. 바울은 바로 그러한 삶을 살았습니다. 끝까지 달음질하여 승리를 쟁취했던 것입니다.

벨릭스를 만난 바울

우리가 알듯이 벨릭스는 영리한 사람이었습니다. 그는 바울이 그저 헌신적인 그리스도인이라는 이유 때문에 기소된 죄인인 것을 잘 알고 있었습니다. 그런데 그것은 범죄로 성립될 수가 없었습니다. 유대인들은 다른 믿는 자들을 그렇게 괴롭히지는 않았습니다. 벨릭스는 바울이 즉각 석방되었어야 한다는 것을 알고 있었습니다. 그렇지만 그는 기세 높은 유대인들의 신경을 건드리고 싶지 않아서 천부장 루시아가 와 이 사실을 더욱더 상세히 알 수 있을 때까지 기다리자고 말했습니다. 그러나 루시아는 오지 않았습니다. 물론, 벨릭스는 이 사건을 서둘러 매듭지으려고 하지도 않았습니다. 유대인들도 자기들의 근거가 빈약하다는 사실을 알았기에 더 이상 재촉하지는 않았습니다. 그리하여 바울은 그대로 머물러 있었습니다.

벨릭스의 아내 드루실라는 어떠한 사람이었습니까? 그 여자는 사도 야고보를 살해하고 이어서 베드로마저 죽이려고 했던 헤롯 아그립바의 딸이었습니다. 그 여자는 유대인이었기 때문에 당시 세계 곳곳에 널리 알려진 이 새로운 교에 대하여 당연히 호기심이 있었습니다. 그래서 며칠 후 벨릭스와 드루실라는 함께 와서 바울을 불러 '그리스도 예수 믿는 도'(사도행전 24:24)를 들었습니다. 바울은 벨릭스가 드루실라를 그 여자의 전 남편에게서 빼앗아 온 사실을 알고 있었습니다. 바울은 노련한 복음 전도자였으므로 효과적으로 그리스도의 말씀을 전하여 그들의 양심을 찔러 주었습니다. 그는 급소를 발견하여 찔렀던 것입니다. "바울이 의와 절제와 장차 오는 심판을 강론하니, 벨릭스가 두려워하여 대답하되, '시방은 가라. 내가 틈이 있으면 너를 부르리라' 하고" (사도행전 24:24-25).

바울은 그들에게 의와 절제와 육체적 정욕을 다스리는 문제에 대하여 말해 주었습니다. 그는 벨릭스가 포악과 육체적 정욕에 사로잡혀 있는 것을 알았습니다. 벨릭스와 드루실라는 그로부터 기분 좋은 말을 듣고 호기심도 충족되길 기대했으나, 오히려 자신들의 죄에 대해 책망을 받았습니다. 이것은 우리의 개인 전도와 삶에 분명한 지침을 주는 말씀입니다. 각 사람의 양심을 일깨워 줄 수 있는 급소를 발견하여 그 방향으로 이야기를 이끌어 가십시오. 상대방이 알아듣지 못하는 내용을 가지고 아무리 목청을 돋워 봤자 소용이 없습니다. 그러나 그 사람의 실제적인 필요를 일깨워 줄 때, 그는 쉽게 우리의 전하는 바를 깨달을 수 있을 것입니다.

벨릭스는 바울의 말을 듣고 두려워는 하였지만, 그의 메시지에 그 이상의 반응을 보이지 않았습니다. 그는 오히려 바울을 2년 이상이나 총독 관저에 구류하여 두었습니다. 벨릭스는 무엇을 노리고 그랬을까요? 한 가지는 그가 그 상황을 이용하여 돈을 벌 속셈을 가지고 있었던 것입니다. "동시에 또 바울에게서 돈을 받을까 바라는 고로 더 자주 불러 같이 이야기하더라"(사도행전 24:26). 한 가지 근본 동기는 탐욕이었습니다. 바울은 그에게 자기가 민족을 구제할 물품과 제물을 가지고 와서 드리는 사람이라고 말한 적이 있습니다(사도행전 24:17 참조). 그래서 벨릭스는 바울이 부자가 아니면 큰돈을 취급하는 사람이라고 추정했을지도 모릅니다. 그러나 벨릭스의 판단은 빗나갔고 바울을 크게 오해하였습니다. 물론 바울이 석방되기 위해 돈을 충분히 끌어 모을 수도 있었으나 그는 자신의 자유를 얻는 일보다 벨릭스의 영혼을 얻는 일이 더 큰 관심사였습니다. 바울은 사명감에 불타 있었고 벨릭스는 그의 새로운 전도 대상이었던 것입니다.

벨릭스가 바울을 2년 이상 구금해 두었던 두 번째 이유는 그가 개인적 영예와 인기에 혈안이 되어 유대인들의 호감을 사길 원했기 때문입니다. "이태를 지내서 보르기오 베스도가 벨릭스의 소임을 대신하니, 벨릭스가 유대인의 마음을 얻고자 하여 바울을 구류하여 두니라"(사도행전 24:27). 그는 사람의 비위를 맞추는데 급급한 사람이었습니다.

벨릭스의 삶의 특성들을 살펴보면서, 우리는 경각심을 가져야 합니다. 이러한 속성들이 꼭 죄인들에게만 있으란 법은 없습니다. 그리스도인들의 삶 가운데서도 발견될 수 있습니다. 개인의 영광과 이기적 탐심으로 말미암아 몇몇 훌륭한 그리스도인들이 파멸을 초래했던 일이 있습니다. 고린도전서 10:12의 바울의 경고는 참으로 때에 맞는 경고의 말입니다. "그런즉 선 줄로 생각하는 자는 넘어질까 조심하라!"

요 약

벨릭스 앞에 선 바울의 모습은 하나님께서 인간을 통해 무엇을 하실 수 있는가를 보여 주는 산 증거가 됩니다. 헌신된 제자였던 그는,

- 복음 전도자로서 - 가는 곳곳마다 전염병처럼 복음을 퍼뜨렸고,
- 지도자로서 - 그가 만나는 모든 사람들에게 활력을 불어넣어 주었고,
- 경주자로서 - 끝까지 인내로 뛰어 믿음의 경주를 완주하였고 최후 승리자가 되었습니다.

25

재판받는 바울

벨릭스의 뒤를 이어 총독이 된 베스도는 예루살렘을 방문하여 자기가 다스릴 사람들과 더욱 친숙해지고자 하였습니다. 거기서 그는 대제사장들과 유대인 지도자들을 만나게 되어, 그들로부터 바울에 대한 고소를 듣게 되었습니다(사도행전 25:1-2 참조).

유대인들은 악착같이 바울을 죽이려고 결심했습니다. 2년 동안 그들은 과거에 좌절된 살인 모의에 대하여 한을 품어 왔던 것입니다. 그래서 그들은 또 다른 음모를 꾸몄습니다. "베스도의 호의로 바울을 예루살렘으로 옮겨 보내기를 청하니, 이는 길에 매복하였다가 그를 죽이고자 함이러라"(사도행전 25:3).

심지어는 오늘날까지도 복음을 대적하는 무리들이 그들의 목적 달성을 위해 조금도 고삐를 늦추지 않고 있습니다. 그들은 끈질기게 공격해 오며 쉽사리 포기하는 일이 없습니다. 그들이 그리스도인들을 모욕하는 일은 너무나 자주 목격됩니다. 그 결과 우리는 도중에 그만두고 싶은 유혹까지 받습니다. 그러나 결코 쉽게 포기해서는 안 됩니다. 왜냐하면 우리에게는 하나님의 약속이 있기 때문입니다. 그 약속은 우리로 하여금 지속적으로 기도하고, 증거하며, 또 사랑하고, 잃어버린 영혼에 대하여 온정 어린 관심을 기울일 수 있도록 힘을 줍니다.

눈물로 씨를 뿌림

하나님께서는 주님을 위한 우리의 수고가 결코 헛되지 않으리라고 약속하셨습니다(고린도전서 15:58 참조). 시편 기자는 "눈물을 흘리며 씨를 뿌리는 자는 기쁨으로 거두리로다. 울며 씨를 뿌리러 나가는 자는 정녕 기쁨으로 그 단을 가지고 돌아오리로다"(시편 126:5-6)라고 기록했습니다.

이 원리는 예수님의 사역 안에서 그대로 입증되었습니다. 그분께는 슬픈 일이 많았으나 오래 참으심으로 주위 모든 사람들에게 복음을 전하셨습니다. 그분은 예루살렘을 위해서 우셨습니다. 그분은 쉬지 않고 말씀을 전하셨습니다. 바울 또한 사랑과 동정심이 많은 사람이었습니다. 그는 사랑과 인내의 능력을 입증해 준 또 하나의 본보기였습니다.

상황이 어려워 보일 때에 쉬지 말고 기도하십시오. 그 길만이 확실한 승리를 보장해 줍니다. 피곤하고 지칠 때가 있을 수 있습니다. 그러나 그때마다 항상 하나님의 약속을 기억해야 합니다.

> 피곤한 자에게는 능력을 주시며 무능한 자에게는 힘을 더하시나니, 소년이라도 피곤하며 곤비하며 장정이라도 넘어지며 자빠지되, 오직 여호와를 앙망하는 자는 새 힘을 얻으리니, 독

수리의 날개 치며 올라감 같을 것이요, 달음박질하여도 곤비치 아니하겠고, 걸어가도 피곤치 아니하리로다. (이사야 40:29-31)

스웨덴 네비게이토 선교회에 소속되어 주님을 섬기던 데이브 크래프트가 한번은 자녀의 회심을 위해 여러 해 동안 기도해 왔던 한 독실한 부인에 대한 이야기를 들려주었습니다. 그 부인의 딸은 스웨덴 스톡홀름에서 성공한 젊은 실업가와 결혼하여 크고 화려한 집에서 모든 것을 갖추고 부유한 생활을 했다고 합니다.

그런데 그 실업가에게 어느 친구가 버리려던 종교 음악 레코드판들을 한 꾸러미 건네주었습니다. 그는 종교 음악에 대해서는 전혀 아는 바 없었지만 그중에 몇 개를 받아 두었습니다. 어느 날 저녁 아이들이 이미 자고 있을 때, 그는 술을 한 잔 들이켜고 앉아 그 새로 생긴 레코드판을 틀고 들어 보았습니다. 그는 점점 그 음악에 끌려 아주 좋아하게 되었고 매일 밤마다 그 음반들을 틀었습니다.

어느 날 밤 그는 잠을 자면서 전화벨이 울리는 꿈을 꾸었습니다. 꿈속에서 그는 벌떡 일어나 수화기를 들고 전화를 받았는데 "결단하라"는 한마디를 남긴 채 전화가 끊기는 것이었습니다. 일주일 내내 똑같은 꿈을 꾸게 되었습니다. 매번 똑같은 과정이 정확히 반복되었습니다. 지하실로 내려가서 술을 마신 후 종교 음악을 듣고 잠자리에 들게 되면 항상 똑같은 꿈, 전화벨이 울리고 "결단하라"라는 음성이 들리는 그 꿈을 꾸는 것이었습니다.

일주일 후에는 그 꿈을 꾸지 않았습니다. 하루쯤 지나서 그는 또다시 술을 거나하게 마신 뒤 그 음악을 듣고 있었습니다. 그때 그는 장모 곧 여러 해 동안 자기 딸과 사위를 위해 기도해 왔던 그 부인에게 전화를 걸어 그가 꾼 꿈에 대해 말해 주었습니다. 그러고 나서 그는 그 꿈에 무슨 의미가 있겠느냐고 물어보았습니다.

장모가 대답하기를, "오, 그래? 예수님께서 자네에게 찾아오셔서 그리스도를 구세주와 주님으로 영접하도록 결단을 촉구하는 음성이라네"라고 말하였습니다. 그는 즉시 수화기를 놓고 기도하며 예수님을 자기의 생애 가운데 영접하였습니다. 그러고는 아무에게도 그 사실을 나타내지 않았습니다.

몇 주가 지난 뒤 데이브 크래프트 부부가 그 실업가의 집을 방문했습니다. 저녁을 같이 보내면서 데이브는 자신이 어떻게 그리스도를 영접하게 되었는지에 대한 간증을 나눈 뒤 그 실업가도 그 경험이 있는지 물어보았습니다. 그때 그는 자신도 영접했다면서 그 이야기를 들려주자 모두가 깜짝 놀랐습니다. 데이브는 주님께 감사하였습니다. 그 실업가는 술 마시던 자리를 손으로 가리키면서, "보십시오! 저곳에 며칠 동안 발길이 끊긴 것을 알 수 있을 겁니다. 저는 이제 술도 끊었거든요" 하고 말했습니다. 그가 데이브와 단둘이 있게 되었을 때에는 자기 아내가 아직 그리스도인이 아니라 걱정된다고 털어놓기까지 했습니다.

이렇게 서로 만난 뒤 얼마 안 되어 그의 아내도 크래프트 부부의 증거를 듣고 주님을 믿게 되었습니다. 하나님께서는 결코 포기하지 않는 그 어머니의 끊임없는 기도에 그대로 응답해 주셨던 것입니다.

바울은 또다시 유대인들의 살인 음모에 부딪혔으나 결코 좌절하거나 포기하지 않았습니다.

유대인들이 베스도 총독에게 바울을 예루살렘으로 보내 달라고 요청하자 그는 거절했습니다. 왜 그가 거부했을까요? 그는 새로 부임한 자로서 당시 영향력 있는 유대인들에게 호의를 베풀어 주는 것이 그에게 해로울 리는 만무했습니다. 그런데 왜 그는 거절했을까요? 인간의 관점에서 볼 때 사실 정확한 해답은 알 수 없습니다. 그러나 잠언 21:1을 살펴보십시오. "왕의 마음이 여호와의 손에 있음이 마치 보(洑)의 물과 같아서 그가 임의로 인도하시느니라." 하나님께서 바울의 삶 속에 일어나는 모든 일을 주관하고 계셨습니다. 하나님께서는 바울을 버리지 않으셨습니다. 하나님께서는 모든 과정을 지켜보고 계셨습니다.

나는 난생 처음으로 남중국해의 티오만 섬 근처에 있는 산호초 바다에서 잠수해 본 경험이 있습니다. 아름다운 산호초 사이를 이리저리 헤엄치는 동안 화려하게 빛나는 엄청난 열대어 떼를 바라보면서, 저 고기들은 내가 그들을 보고 있다는 사실도 모를 거라는 생각을 해보았습니다. 그들은 내가 주시하는 것도 모르는 채 제각기 이리저리 헤엄쳐 다녔습니다.

내가 물고기를 유심히 바라본 것과 하나님께서 지구 상에 있는 우리들을 지켜보시는 것은 통하는 데가 있습니다. 우리는 하늘에 계신 하나님께서 우리의 일거수일투족을 보고 계시며, 우리의 모든 음성을 듣고 계시며, 심지어는 모든 생각까지 감찰하고 계시다는 사실을 종종 잊고 지냅니다. 불신자들은 아예 이런 생각도 않고 지내지만 때로 그리스도인들조차 쉽게 이 사실을 잊고 지냅니다. 우리의 형편이 어둡고 암담할 때 우리는 낙담하기 쉽습니다. 그러나 우리는 하나님께서 결코 우리를 떠나지 아니하시며 버리지도 않으신다(히브리서 13:5)는 사실을 명심해야 합니다.

한번은 남부 아시아 어느 도시에서 폭스바겐 버스에 몸을 싣고 회교도 지역의 좁고 복잡한 길을 통과하고 있었습니다. 그때 운전기사가 갑자기 뒤를 돌아보며 우리 부부에게 이렇게 말했습니다. "만약 이 차가 누군가를 치게 되면 필사적으로 달아나야 합니다. 그렇지 않으면 군중들 손에 우리는 죽게 돼요." 우리는 수천 명의 군중들 틈을 비집고 조심스럽게 운전해 나갔습니다. 내 마음속에 처음 스쳐 간 생각은, '이 군중들 틈바구니로 어떻게 안전히 뚫고 나갈 수 있을까?' 하는 것이었습니다. 그러나 다음에 떠오른 생각은, '하나님께서 우리를 지켜 주실 것이다. 주님께서는 아무리 어려운 상황이라도 우리를 보호해 주실 수 있어'라는 생각이었습니다. 그래서 나는 기도한 후 이 문제를 하나님께 맡기고 여유 있게 주위 경치를 감상하였습니다.

우리가 호텔에 안전히 도착했을 때, 나는 요한복음 10:11 말씀이 떠올랐습니다. "나는 선한 목자라. 선한 목자는 양들을 위하여 목숨을 버리거니와." 예수님께서는 삯군이 아니십니다. 주님께서는 결코 자기의 양들을 버려두지 않으십니다. 하나님께서는 바울을 지켜 주셨습니다. 바울 당시에도 왕의 마음이 주님의 손에 달려 있었고 오늘날에도 변함이 없습니다.

바울이 구류된 동안에도 전능하신 하나님의 아들의 보호를 받았습니다. 이제 이야기가 더욱더 진전됨에 따라, 우리는 제자의 삶을 위한 값진 교훈들을 배우게 됩니다.

베스도가 그들 가운데서 팔 일 혹 십 일을 지낸 후 가이사랴로 내려가서 이튿날 재판 자리에 앉고 바울을 데려오라 명하니, 그가 나오매 예루살렘에서 내려온 유대인들이 둘러서서 여러 가지 중대한 사건으로 송사하되 능히 증명하지 못한지라, 바울이 변명하여 가로되, "유대인의 율법이나 성전이나 가이사에게나 내가 도무지 죄를 범하지 아니하였노라" 하니, 베스도가 유대인의 마음을 얻고자 하여 바울더러 묻되, "네가 예루살렘에 올라가서 이 사건에 대하여 내 앞에서 심문을 받으려느냐?" 바울이 가로되, "내가 가이사의 재판 자리 앞에 섰으니 마땅히 거기서 심문을 받을 것이라. 당신도 잘 아시는 바에 내가 유대인들에게 불의를 행한 일이 없나이다. 만일 내가 불의를 행하여 무슨 사죄를 범하였으면 죽기를 사양치 아니할 것이나, 만일 이 사람들의 나를 송사하는 것이 다 사실이 아니면 누구든지 나를 그들에게 내어 줄 수 없삽나이다. 내가 가이사께 호소하노라" 한대, 베스도가 배석자들과 상의하고 가로되, "네가 가이사에게 호소하였으니 가이사에게 갈 것이라" 하니라. (사도행전 25:6-12)

바울은 그리스도인으로서 여전히 당국의 권위에 복종했으며 기꺼이 재판을 받고자 하였습니다. 우리도 그의 모본을 따라야 합니다. 우리들은 그리스도인으로서, 법을 지키는 일에 특별히 조심하여 좋은 간증을 보여 주어야 합니다. 우리는 권위에 복종해야 합니다. 우리는 하나님께서 사회 질서를 위한 법률에 순종하라고 명하신 사실에 대해 감사해야 합니다. 바울은 이렇게 적었습니다. "각 사람은 위에 있는 권세들에게 굴복하라. 권세는 하나님께로 나지 않음이 없나니 모든 권세는 하나님의 정하신 바라"(로마서 13:1). 바울은 가이사랴에서 스스로 이 원칙을 따랐습니다.

또 하나의 위대한 원리를 사도행전 25:13-21에 나오는 베스도와 아그립바와의 대화 속에서 발견할 수 있습니다. 특별히 사도행전 25:16을 살펴보십시오. "내가 대답하되, '무릇 피고가 원고들 앞에서 고소 사건에 대하여 변명할 기회가 있기 전에 내어 주는 것이 로마 사람의 법이 아니라' 하였노라." 이 원칙은 우리의 행동에도 또한 적용되어야 합니다. 모든 사실을 정확히 알기 전에는 어떤 사람이나 문제에 대해서도 속단을 내리지 마십시오. 우리가 어느 형제의 행위에 대하여 혐의가 있을 때마다 항상, 그 증거가 아무리 믿을 만하게 보인다 할지라도 간접적인 증거를 가지고 그를 판단해서는 안 됩니다.

베스도는 그 나라 종교계의 최고 권위자들로부터 바울에 대한 이야기를 들었지만 결코 그 정보에 입각하여 판단을 내리지는 않았습니다. 그는 피고가 원고들 앞에서 자신을 변호할 기회가 있어야 함을 주장했습니다. 너무나 자주 우리들은 그저 다른 사람의 말만 듣고 사람들을 판단하는 경향이 있습니다.

예수님께서 그러한 문제를 어떻게 다룰 것인지 우리에게 분명히 가르쳐 주셨습니다. "네 형제가 죄를 범하거든, 가서 너와 그 사람과만 상대하여 권고하라. 만일 들으면 네가 네 형제를 얻은 것이요"(마태복음 18:15).

아그립바 왕이 베스도가 말한 내용을 듣자 바울을 만나게 해달라고 요청했습니다. 그리하여 베스도는 공청회를 마련하였는데 그날에 아그립바와 버니게는 권세와 위용을 과시하며 도착하였습니다.

내가 동남아시아의 어느 나라를 방문했을 때 왕세자가 호텔에 도착하는 장면을 직접 본 적이 있습니다. 그는 휘황찬란한 환영을 받았습니다. 식당에서 보통 45분 정도는 지나야 주문한 음식이 나오는데 그는 즉각 대접을 받았습니다. 수행원들이 항상 대기하고 있다가 즉시 담뱃불을 켜주거나 그의 농담에 즉각 웃어주었습니다. 그가 다른 도시로 떠날 때는 대기한 헬리콥터 앞까지 붉은 융단을 깔아 놓았습니다. 세상의 통치자들을 위해 마련되는 성대한 의식과 화려한 대접은 하나님의 아들께서 이 땅에 오셔서 사시다가 죽으신 겸손한 모습과는 너무나 대조적입니다.

다시 한 번 바울에게 그리스도를 확실하게 증거할 수 있는 기회가 주어졌는데, 이때야말로 그가 왕에게 증거할 수 있는 유일한 기회였습니다. 다시금 주님의 약속을 상기하게 됩니다. 바울은 전에 주님께서 "이 사람은 내 이름을 이방인과 임금들과 이스라엘 자손들 앞에 전하기 위하여 택한 나의 그릇이라"(사도행전 9:15)고 말씀하셨던 바 그 그릇이었습니다.

요 약

하나님께서는 바울을 돌보셨습니다. 바울은 참제자의 소망과 확신, 즉 하나님께서 모든 것을 주관하신다는 사실을 삶을 통해 생생히 보여 주었습니다. 그는,

- 전능하신 하나님의 보호 속에서 평안을 누렸으며,
- 거센 반대에 부딪혀도 인내로써 뚫고 나갔으며,
- 세상의 권위에도 온전히 복종하였습니다.

26

바울의 간증

초대교회의 상황을 얼핏 보면 마치 사도들이 이 세상에서 최고의 범죄자들처럼 생각될 수 있습니다. 한때 베드로는 도망을 방지하기 위해 열여섯 명이나 되는 간수들이 감시하는 감옥에 투옥되기도 했습니다. 바울은 예루살렘에서 호송되어 나올 때 200명의 무장 군인들과 70명의 기마병과 기타 담당 장교들의 호위를 받은 적이 있습니다. 그러나 사도들은 절대 죄수가 아니었습니다. 다만 세상을 완전히 뒤바꿔 놓은 무리의 지도자들일 따름이었습니다. 사도행전 26장은 바울이 이 세상에 위대한 영향을 끼칠 수 있었던 비결을 한 가지 보여 줍니다.

아그립바가 바울에게 말을 하도록 허락했을 때, 그는 "아그립바 왕이여, 유대인이 모든 송사하는 일을 오늘 당신 앞에서 변명하게 된 것을 다행히 여기옵나이다"(사도행전 26:2)라고 서두를 꺼냈습니다. 바울은 아그립바 왕 앞에 서게 된 것과 그에게 말을 할 수 있게 된 것을 마땅히 해야 할 일을 하는 것처럼 다행으로,

기쁘게 여겼습니다. 그는 그리스도께로부터 복음을 세계만방에 전할 사명을 받았지만, 지난 2년 동안 사슬에 묶여 옥고를 치렀기 때문에 그리스도께서 그의 마음속에 불붙여 주신 과업을 계속 수행할 수가 없었던 것입니다. 그는 끊임없는 불평 속에서 비참한 사람이 되어 버릴 수도 있었습니다. 그러나 그는 행복한 사람이었습니다. 그는 그리스도를 믿는 믿음을 증거할 수 있게 된 것이 매우 기뻤습니다. 그는 특별한 모임 즉 아그립바 왕, 버니게, 고위층 관리들, 그 도시의 지도자들 그리고 베스도 앞에서 복음을 전하게 된 것을 큰 기쁨으로 여겼습니다.

바울은 아그립바 왕이 자기의 말을 이해하리라고 확신했기 때문에 또한 기뻤습니다. 그리하여 그는 아그립바에게 이렇게 말을 이었습니다. "특히 당신이 유대인의 모든 풍속과 및 문제를 아심이니이다. 그러므로 내 말을 너그러이 들으시기를 바라옵나이다" (사도행전 26:3). 바울의 기쁨은 개인적인 안락에서 나온 것이 아니요, 그의 선교 사역을 계속 추진시킬 수 있다는 데서 비롯된 것이었습니다. 그는 하나님께서 주신 사명을 성취하기 위해 한 걸음 더 나아갈 수 있는 놀라운 기회를 얻었습니다. 그는 사명감에 불타 있었습니다.

이것이 오늘날 세상 사람들이 왜 기쁨을 누리지 못하는가에 대한 한 가지 이유가 됩니다. 대부분의 사람들이 삶의 의미를 찾지 못하고, 의욕을 상실한 상태에 있고, 그들 영혼 속에는 타오르는 것이 없습니다. 그들이 누리는 즐거움이란 고작 잡히는 듯하나 곧 사라지는 것입니다.

로스앤젤레스에서 하와이 호놀룰루로 비행하는 동안 나는 성경공부를 하고 있었는데 때마침 필기할 노트가 다 떨어졌습니다. 승무원에게 종이를 좀 얻었으나 얼마 지나지 않아 그것마저 다 써버렸습니다. 그래서 또 다른 승무원에게 종이를 부탁했더니, 하는 말이, "제게 쓸 만한 노트가 한 권 있는데, 무엇을 위해서 사용할 것인지 가르쳐 주시면 드리겠어요"라고 했습니다.

나는 웃으면서 "지금 예수님의 기적들을 연구하고 있어요"라고 대답했습니다.

그러자 승무원은 상기된 얼굴로 "어머, 그러면 그리스도인이세요?"라고 물었습니다.

그렇다고 대답하자 자기도 4주 전에 거듭난 그리스도인이 되었다면서, 나에게 간증을 들려주었습니다. "저는 다음 주일날이 올 때까지 도저히 참고 기다릴 수가 없어요. 왜냐하면 제 동생이 그리스도를 믿게 되기를 원하고 있어서 함께 로스앤젤레스에 있는 교회에 나가기로 했기 때문이에요. 마침 목사님께서 그리스도인이 되는 방법에 대하여 설교하실 예정이거든요."

나는 새 생명으로 인하여 기뻐하는 그 승무원의 모습에 큰 감명을 받았습니다. 나는 비행기 안을 좌우로 살펴보면서 세계에서 손꼽히는 아름다운 곳을 향하여 날고 있는 200여 명의 탑승객들에 대한 생각에 잠겼습니다. 그들은 고급 호텔에 투숙하고 와이키키 해변의 태양과 파도를 즐기며 일류 음식을 먹고 하와이에서 이름난 명승지들을 여기저기 구경할 것입니다. 그 젊은 승무원도 마음속으로 그런 것들을 계획하고 있을지는 몰라도 그것들이 중요한 관심사는 아니었습니다. 그녀에게는 기쁨의 근원이 그리스도와의 관계에 있었으며, 그 마음은 동생이 그리스도인이 될 것에 대한 기대감으로 부풀어 있었던 것입니다.

나는 영적으로 힘있게 번창하는 동남아시아의 어느 교회 목사님을 알고 있습니다. 그는 서구에서 파송되어 온 선교사로서, 여러 해 동안 해외에서 주님을 섬겨 왔습니다. 한번은 그의 딸이 앓게 되었는데, 의사가 실수로 약의 분량을 잘못 처방했습니다. 과다한 약물로 결국 그 아이는 의식을 잃었습니다. 슬프게도 현재 그 아이는 보고 들을 수는 있으나 정신적으로는 의식을 회복하지 못하고 있습니다. 그 딸의 사고로 그들은 부모 된 입장에서 고통과 번민 가운데 나날을 보내다 급기야는 여태까지 일해 온 선교지를 떠나 버릴 수도 있었습니다. 그러나 그들은 지금까지도 그곳에서 기쁘게 주님을 섬기며 능력 있게 사역을 감당하고 있습니다.

인간적으로 보면, 그 목사는 분노 속에서 환멸을 느낄 만도 했습니다. 그러나 전혀 달랐습니다. 그들이 겪었던 마음의 깊은 상처에도 불구하고 그 부부는 낙담하지 않고 늘 즐거움을 발산하며 일했습니다. 그들의 기쁨은 환경에서 나온 것이 아니라, 하나님께로부터 나온 것입니다. 바울의 삶 가운데서도 이러한 면을 찾아볼 수 있습니다. 그는 매를 맞고, 투옥되고, 굶주리고, 죽을 고비를 넘기며, 성난 폭도들을 만났으나, 이 모든 것을 의연하게 대처하였습니다. 그는 기쁘고 적극적인 태도로 난관을 극복해 나갔습니다.

아그립바 왕에게 인사말을 한 뒤 바울은 자신의 배경을 설명했습니다.

내가 처음부터 내 민족 중에와 예루살렘에서 젊었을 때 생활한 상태를 유대인이 다 아는 바라. 일찍부터 나를 알았으니 저희가 증거하려 하면 내가 우리 종교의 가장 엄한 파를 좇아 바리새인의 생활을 하였다고 할 것이라. 이제도 여기 서서 신문 받는 것은 하나님이 우리 조상에게 약속하신 것을 바라는 까닭이니, 이 약속은 우리 열두 지파가 밤낮으로 간절히 하나님을 받들어 섬김으로 얻기를 바라는 바인데, 아그립바 왕이여, 이 소망을 인하여 내가 유대인들에게 송사를 받는 것이니이다. 당신들은 하나님이 죽은 사람 다시 살리심을 어찌하여 못 믿을 것으로 여기나이까? (사도행전 26:4-8)

근본적으로 바울은 두 가지 즉 소망과 약속에 대하여 말했습니다. 죽은 자의 부활에 대한 그의 소망과 구원의 약속은 그가 전파하는 모든 것의 기초였습니다(사도행전 13:26-39 참조). 바울이 유대인들이 믿었던 바를 그대로 전했음에도 불구하고 그것 때문에 그들로부터 핍박을 받았다는 것은 놀랄 만한 일입니다.

그는 이어서 자신이 핍박자로서 행했던 과거의 삶을 말하고 있습니다.

나도 나사렛 예수의 이름을 대적하여 범사를 행하여야 될 줄 스스로 생각하고 예루살렘에서 이런 일을 행하여 대제사장들에게서 권세를 얻어 가지고 많은 성도를 옥에 가두며 또 죽일 때에 내가 가편 투표를 하였고, 또 모든 회당에서 여러 번 형벌하여 강제로 모독하는 말을 하게 하고 저희를 대하여 심히 격

> 분하여 외국 성까지도 가서 핍박하였고, 그 일로 대제사장들의 권세와 위임을 받고 다메섹으로 갔나이다. (사도행전 26:9-12)

바울은 언제나 특별한 사명을 위하여 권위를 위임받아 행하는 사람이었습니다. 그의 권위와 사명이 한때는 대제사장에게서 나온 것이었습니다. 그가 아그립바 앞에 섰을 때도 사명 완수를 위한 권위를 위임받은 것은 마찬가지였으나, 이때는 예수 그리스도의 사명을 수행키 위해 예수 그리스도의 권위 아래 있었습니다. 바울은 계속해서 자신에게 일어났던 변화에 대하여 왕에게 설명하고 있습니다.

> 왕이여, 때가 정오나 되어 길에서 보니 하늘로서 해보다 더 밝은 빛이 나와 내 동행들을 둘러 비추는지라, 우리가 다 땅에 엎드러지매 내가 소리를 들으니 히브리 방언으로 이르되, "사울아, 사울아, 네가 어찌하여 나를 핍박하느냐? 가시 채를 뒷발질하기가 네게 고생이니라." 내가 대답하되, "주여, 뉘시니이까?" 주께서 가라사대, "나는 네가 핍박하는 예수라. 일어나 네 발로 서라. 내가 네게 나타난 것은 곧 네가 나를 본 일과 장차 내가 네게 나타날 일에 너로 사환과 증인을 삼으려 함이니, 이스라엘과 이방인들에게서 내가 너를 구원하여 저희에게 보내어, 그 눈을 뜨게 하여 어두움에서 빛으로, 사단의 권세에서 하나님께로 돌아가게 하고, 죄 사함과 나를 믿어 거룩케 된 무리 가운데서 기업을 얻게 하리라" 하더이다. (사도행전 26:13-18)

이 말씀을 읽으면서, 우리는 단지 하나님께서 우리를 구원해 주신 사실에 대하여 감사한다는 표시로 증거하는 것만은 아님을 깨닫습니다. 우리는 다른 선택의 여지가 없고, 증거의 삶을 위해 구원받은 것입니다. 예수 그리스도야말로 온 우주 만물의 찬송을 받으시기에 합당한 분이십니다. 바울과 같이 우리는 각자 완수해야 할 사명을 띠고 있습니다. 물론 우리 모두가 바울처럼 복음을 전하기 위해 지중해 여러 나라를 다니는 선교사가 될 수는 없습니다. 그러나 우리는 이웃과 친구, 그리고 친척들에게 선교사가 될 수 있습니다.

그러고 나서 바울은 아그립바에게 자신이 어떻게 그리스도의 부르심에 응답했는지 말하고 있습니다.

> 아그립바 왕이여, 그러므로 하늘에서 보이신 것을 내가 거스리지 아니하고, 먼저 다메섹에와 또 예루살렘에 있는 사람과 유대 온 땅과 이방인에게까지 회개하고 하나님께로 돌아가서 회개에 합당한 일을 행하라 선전하므로 유대인들이 성전에서 나를 잡아 죽이고자 하였으나, 하나님의 도우심을 받아 내가 오늘까지 서서 높고 낮은 사람 앞에서 증거하는 것은 선지자들과 모세가 반드시 되리라고 말한 것밖에 없으니, 곧 그리스도가 고난을 받으실 것과 죽은 자 가운데서 먼저 다시 살아나사 이스라엘과 이방인들에게 빛을 선전하시리라 함이니이다. (사도행전 26:19-23)

바울은 주님께 거역하기를 원치 않았습니다. 그는 하나님을 대적하려 들지 않았습니다. 하나님과 싸우려 드는 자는 스스로 멸망을 자초하는 것입니다. 스포츠팬들은 알리와 프레이저의 불꽃 튀던 권투 시합 '마닐라의 한판 승부'를 기억할 것입니다. 막상막하의 시합이었습니다. 경기가 끝날 때까지 누구도 결과를 예측할 수 없었습니다. 그러나 하나님과 사람과의 대전은 이미 승부가 정해진 시합입니다. 하나님께 도전하는 자는 의심할 여지 없이 패배합니다.

나는 쓸쓸하고 외진 세계의 구석에서 살던 세 사람에 얽힌 이야기를 들었습니다. 그들의 복음에 대한 적대 행위는 가히 광적이었습니다. 그들은 그리스도와 기독교 신앙에 관련된 모든 것을 증오하였습니다. 그들 중 한 사람이 성능 좋은 단파 라디오를 가지고 있었는데 하루는 복음 방송이 그의 관심을 사로잡았습니다. 그가 다른 두 친구들에게 그 방송 프로를 말해 주자 그들도 호기심에서 듣게 되었습니다. 일 년이 넘도록 그들은 계속해서 그 복음 방송을 청취하였습니다.

서서히, 그렇지만 확실하게, 그들의 마음과 생각이 하나님의 성령으로 말미암아 변화되었습니다. 드디어 그들은 회개하고 주 예수 그리스도를 믿게 되었습니다. 그들은 또한 세례를 받기로 결심하고 몇 km 떨어진 어느 교회의 목사님을 만나러 떠났습니다. 교회에 도착하자 그들은 그 목사에게 세례를 받고 싶다는 뜻을 밝혔습니다. 처음에 그 목사는 어떤 속임수가 있을지도 모른다는 생각에 당황했습니다. 이 사람들을 그들의 종교 집단으로부터 이끌어 올 때, 그가 투옥당하거나 혹은 죽임을 당할 수도 있다는 사실을 잘 알고 있었습니다. 그러나 성령께서는 그들의 간증을 확증하셨고 그들은 세례를 받게 되었습니다. 그들은 처음에 하나님께 대적했지만 결국 하나님의 승리로 끝났던 것입니다.

사도행전 26장을 연구하며 바울의 담대한 간증을 살펴볼 때, 당신에게 다음과 같은 의문이 싹틀 것입니다. '증거하는 일은 쉬운 일일까? 하나님께 순종하는 일도 쉬운 일일까?' 나는 증거나 순종이 쉬운 일로 생각되지 않습니다. 그러면 바울에게는 쉬운 일이었을까요? 그렇게 생각되지도 않습니다. 바울이 전에 자기가 회개에 대한 설교를 한 후에 "유대인들이 성전에서 나를 잡아 죽이고자"(사도행전 26:21) 하였다고 아그립바 왕에게 말한 것을 보면 알 수 있습니다. 복음을 증거하는 일은 바울에게도 쉽지 않았습니다. 그렇지만 그가 전하는 메시지가 너무나 중대하기에 그는 어떤 대가도 치러야만 했습니다.

바울은 아그립바에게 그의 메시지가 두 가지 기초—인간 편에서의 회개와 믿음, 그리고 하나님 편에서의 그리스도의 죽음과 부활—에 근거한 것임을 설명했습니다. 하나님께서는 완전하고도 값없이 주어지는 우리의 구원을 위해 필요한 모든 것을 예비하셨습니다. 우리의 책임은 단지 회개하고 믿는 일입니다. 이 두 가지가 바울이 힘쓰고 애써 전하던 복음의 핵심적인 맥락이었습니다.

바울은 그리스도를 따르는 자들은 곧 모세와 선지자들을 진정으로 따르는 자들이라고 말했습니다. 베드로도 고넬료에게 이 사실을 말한 적이 있습니다. "저에 대하여 모든 선지자도 증거하되, 저를 믿는 사람들이 다 그 이름을 힘입어 죄 사함을 받는다 하였느니라"(사도행전 10:43). 바울은 모세나 선지자들의 가르침이란 "곧 그리스도가 고난을 받으실 것과 죽은 자 가운데서 먼저 다시 살아나사 이스라엘과 이방인들에게 빛을 선전하시리라"(사도행전 26:23) 한 것이었다고 말했습니다. 이 메시지가 바로 바울이 언제나 높고 낮은 모든 사람들에게, 그리고 예루살렘을 비롯하여 유대와 세계 땅 끝까지 전하였던 내용이었습니다.

여기에 바울이 세상에 위대한 영향을 끼칠 수 있었던 가장 중요하고도 유일한 이유가 나타납니다. 그는 하나님께서 주신 목표를 추구하는 길에서 벗어난 적이 한 번도 없었습니다. 세상이 아무리 그를 에워싸고 폭동과 소요 속에 격침시키려 해도, 또 그가 어떤 종류의 대적들에 부딪힌다 할지라도, 그는 충성스럽게 그리고 온갖 방법을 동원하여 끊임없는 증거의 삶을 살았습니다.

나는 불가리아의 소피아를 방문하던 중에 바울에 대하여 생각난 적이 있습니다. 우리가 호텔을 떠난 5월 24일, 전 시민들이 교육의 날을 기념하기 위해 운집한 것을 목격했습니다. 거대한 행렬이 펼쳐졌고, 여기저기에 마르크스, 레닌, 엥겔스의 대형 초상화들이 걸려 있고, 지방 관리들이 곳곳에 배치되어 있었습니다. 건물마다 울긋불긋한 기들로 장식되었고 가로등은 색종이 테이프와 꽃들로 장식돼 있었습니다. 거리에 자동차는 자취를 감추고 오로지 행렬에 쓰이는 차량뿐이었습니다. 거기에 행진하는 사람들, 춤추는 사람, 농부, 노동자, 운동선수, 음악가, 소나무 가지를 흔들어 대는 아이들, 깃발, 고적대, 그리고 온갖 색종이 테이프가 온통 거리를 메웠습니다. 소피아 시는 완전히 축제 분위기에 휩싸였습니다. 정상적으로 보이는 것이 하나도 없었습니다.

정말 거의 모든 것이 비정상이었습니다. 그때 나는 한구석에 있는 신호등을 지켜보았는데 빨간 불, 녹색 불, 노란 불은 변함없이 순서대로 작동하고 있었습니다. 아침 내내 미칠 듯이 날뛰는 거리의 분위기에는 아랑곳하지 않고 그 신호등은 교통질서를 통제하는 자기의 임무를 충실히 수행했던 것입니다. 이 장면이야말로 사도 바울의 충성된 모습을 여실히 보여 주는 것이 아닐까 하고 스스로 생각해 보았습니다. 세상이 아무리 어지러워도 바울은 자기의 사역에 충실했습니다.

바울은 아그립바 왕에게 그가 말한 사건의 진실됨과 수천 명의 목격자들이 있음을 상기시킨 뒤 간증을 끝맺고자 하였습니다. 그는 아울러 그가 전파한 모든 것이 구약의 유대 선지자들이 이미 예언한 것이라는 점도 상기시켜 주었습니다. 바울이 간증을 마치자 베스도와 아그립바는 모두 바울의 무죄를 인정했습니다. "아그립바가 베스도더러 일러 가로되, '이 사람이 만일 가이사에게 호소하지 아니하였더면 놓을 수 있을 뻔하였다' 하니라"(사도행전 26:32).

바울은 간증하면서 전반적으로 아그립바 왕을 향하여 말했습니다. 그러나 끝에 가서는 주위 모든 사람들을 둘러보고 그들 모두에게 믿음의 결단을 권면했습니다. "'당신뿐 아니라 오늘 내 말을 듣는 모든 사람도 다 이렇게 결박한 것 외에는 나와 같이 되기를 하나님께 원하노이다' 하니라"(사도행전 26:29). 바울은 아무도 제외시키지 않았습니다. 그의 메시지는 만민을 위한 것이었기 때문입니다.

요 약

기쁜 마음으로 바울은 그의 삶에 주어진 사명을 위해 충성과 열정을 바쳤습니다. 그의 사명은 예수 그리스도의 복음을 한 영혼에게라도 더 전하는 것이었습니다. 그 복음의 메시지는,

- 부활의 소망,
- 구원의 약속,
- 예수 그리스도를 믿음으로 말미암아 사탄의 지배에서 하나님의 지배로 옮겨진다는 사실

을 담고 있습니다.

27

하나님의 뜻을 발견하는 방법

누가는 사도행전 27장의 서두에 "우리의 배 타고 이달리야로 갈 일이 작정되매"(사도행전 27:1)라고 기록하였습니다. 과연 누가 바울과 다른 여러 죄수들을 이달리야로 보내기로 결정하였을까요? 비록 여러 사람들이 그 항해를 위한 준비에 관여했겠으나 실제로 결정을 내리신 것은 하나님이십니다. 하나님께서 바울을 로마에 보내시고자 그렇게 하셨던 것입니다(사도행전 23:11 참조). 바울은 하나님께서 주신 약속의 말씀을 근거로 그가 로마에서 증거해야 한다는 사실을 확신하고 있었습니다. 바울은 그것을 온전히 하나님의 뜻으로 믿었습니다.

내가 세계 각지의 여러 그리스도인들과 만나 이야기할 때마다, 하나님의 뜻을 어떻게 분별할 수 있는가에 대한 문제가 제기되곤 합니다. 당신은 당신의 삶에 대한 하나님의 뜻을 어떻게 발견합니까?

첫째로, 하나님께서 자신의 뜻을 우리에게 나타내 주시려는 관심이 우리가 하나님의 뜻을 찾고자 하는 관심보다 훨씬 더 크다는 사실을 깨달아야 합니다. 하나님께서는 따르려 하는 우리의 관심보다 훨씬 더 깊은 관심을 가지고 우리를 인도하고 계십니다. 하나님께서는 자녀들을 올바른 방향으로 인도하길 원하시며 또한 그렇게 하실 것을 약속하셨습니다. 우리는 그러한 확신 속에서 평안을 누릴 수 있습니다. 하나님께서는, "내가 너의 갈 길을 가르쳐 보이고, 너를 주목하여 훈계하리로다"(시편 32:8)라고 말씀하셨습니다. 우리는 하나님의 인도하심을 확신할 수 있습니다. 그러나 문제는 하나님께서 어떠한 방법으로 우리를 인도하시느냐 하는 것입니다.

환 경

사도행전 27장에서 찾아볼 수 있는 한 가지 확실한 방법은 환경을 통해 인도하시는 것입니다. 하나님께서는 바울에게 약속하신 뒤 한 걸음씩 하나님의 뜻을 성취할 수 있는 상황 속으로 바울을 인도하셨습니다. 그리하여 바울은 배를 타고 로마로 떠나게 되었습니다.

하나님께서 환경을 통해 우리를 인도하실 때는 때로 문을 닫기도 하시고 열기도 하십니다. 1978년 여름에 나는 레바논의 베이루트와 요르단의 암만에서 전도 집회를 가질 계획을 세웠습니다. 런던에서 레바논에 가려고 비자를 신청했을 때, 나는 레바논의 전쟁 발발로 인한 엄격한 통제 때문에 여러 주 동안 기다려야 한다는 통보를 받았습니다. 나는 정해진 일정 때문에 그토록 오래 기다리는 것은 불가능했습니다. 결국 레바논의 문은 나에게 닫히게 되었습니다. 그리고 나의 암만 여행을 위한 여권 수속을 맡고 있는 사람이 런던에 있었으므로 나는 그 문제를 의논하기 위하여 그에게 전화를 걸었습니다. 그랬더니 그는 암만에 있는 대학교가 폐쇄되었기 때문에 그곳에서의 집회를 연기하는 것이 좋을 것이라고 말했습니다.

그 후 나는 또 다른 한 친구와 이야기를 나누게 되었는데, 그는 자기의 선교 사역에 도움을 얻고자 나를 이집트의 카이로에 초청할 생각을 가지고 있었습니다. 그런데 그가 와달라고 제안한 때는 내가 베이루트와 암만에 여행하기로 계획된 날짜와 겹치는 것이었습니다. 결국 이 모든 사실들을 종합해 본 뒤 나는 하나님께서 문을 닫으시고 나의 여행 계획을 바꾸신 사실을 확신할 수 있었습니다. 나는 하나님께 감사드렸고 그 모든 상황들을 하나님의 뜻으로 확증하였습니다.

하나님의 말씀

하나님께서 자신의 뜻을 나타내시는 또 하나의 방법은 하나님의 말씀을 통한 것입니다. 프랑스 학생들을 대상으로 선교를 해오던 한 선교사가 하나님께서 자기를 프랑스로 부르신 사실을 어떻게 확신했는지에 대해 나에게 말해 주었습니다. 그가 친구들에게 그 사실을 이야기하자 그들이 프랑스 학생들은 철학적인 문제와 다른 여러 가지 지적인 추구에 집착한 나머지 복음에는 거의 무관심하다고 말하는 것을 듣고, 그는 적잖이 실망이 되었습니다. 그러나 그는 계속 기도하며 주님의 뜻을 찾았습니다.

하루는 하나님께서 그에게 성경 말씀을 통해 분명한 뜻을 보여주셨습니다. 그는 성령의 도우심으로 프랑스에서 일해야 할 것을 깊이 확신하게 되었습니다. 그가 읽었던 성경 구절은 풍성한 전도의 열매를 허락하신다는 약속을 담고 있었습니다. 그리하여 그는 프랑스어를 배운 뒤 선교지로 떠났습니다.

첫해를 보낸 뒤 그는 초신자들을 위해 일주일간 수양회를 개최하였습니다. 그때 참석자가 총 30명이었습니다. 2년 후 수양회를 열었을 때는 84명의 학생들이 참석했습니다. 3년 후 수양회를 가졌을 때는 내가 강사로 초청받았었는데, 그때 130여 명의 열심 있고 성장하는 그리스도인들이 참석했었습니다. 하나님께서 그 선교사의 전도 사역을 축복하셨던 것입니다. 내가 성공의 비결이 무엇이냐고 묻자 그는 즉각 하나님께서 주신 약속의 말씀을 펼쳐 보이면서 모든 영광을 하나님께 돌렸습니다.

경건한 그리스도인과의 상담

주님께서 나의 삶 가운데 흔히 사용하셨던 또 하나의 인도 방법은 경건한 그리스도인과의 상담을 통해서였습니다. 몇 년 전 나는 큰 실망에 빠진 적이 있습니다. 순조롭게 되어 가는 일이 전혀 없었으며 심지어는 내가 하던 일을 그만둘 생각까지 하게 되었습니다. 이 일을 위해 몇 주일 동안 기도했지만 명확한 해결책이 나타나지 않았습니다. 나는 일을 그만둘 생각을 거의 굳히고 오랫동안 친구로 지내 온 이반 올슨 목사에게 전화를 걸어 이 문제를 의논했습니다. 우리는 장시간 대화를 나누었습니다. 그는 자신이 겪었던 경험들을 이야기하면서 결코 포기하지 말라고 격려해 주었습니다. 그 후 몇 년이 지난 지금 그 일을 돌이켜 볼 때, 나는 그의 지혜로운 충고가 고맙게 생각됩니다. 하나님께서는 자주 자신의 뜻을 보여 주시기 위해서 경건한 그리스도인과의 상담을 사용하십니다.

기 도

기도는 우리가 하나님의 뜻을 구할 때, 하나님께서 나타내 주시는 네 번째 방법입니다. 인도의 뭄바이를 방문하고 있을 때 나의 아들 랜디가 심한 복통을 앓게 되었습니다. 두 주일이나 계속 앓자 우리는 심히 염려되었습니다. 랜디의 몸은 약해지고 야위어 갔습니다. 그 뒤 우리는 터키의 이스탄불에 가게 되어 거기서 의사를 찾아갔습니다. 그는 경미한 증세의 콜레라라는 진단과 더불어 약을 처방해 주었습니다. 나는 그 병이 며칠 내로 회복될 것이라고 생각했습니다. 그러나 낫기는커녕 랜디의 병은 갈수록 악화되었습니다. 우리가 루마니아 부쿠레슈티에 도착했을 때 나는 6개월로 예정된 전도 여행의 나머지 계획을 취소하고 집으로 돌아갈 생각을 하게 되었습니다. 어느 날 아침 나는 랜디와 아내 버지니아와 함께 오랫동안 기도하면서 주님의 뜻을 구했습니다.

우리는 병원 위치를 알고 나서 그곳을 향해 떠났습니다. 가다가 미국 대사관을 발견하고 혹시 도움을 얻을 수 있을까 하여 들어갔는데, 직원의 안내로 대사관 간호사에게로 인도되었습니다. 그녀는 랜디가 복용하는 약을 보고, 그의 병의 증세에 대해 우리의 설명을 듣고 나더니 진찰을 시작했습니다. 그러더니 그녀는 주사를 놓은 뒤 몇 가지 다른 약을 처방해 주었는데, 랜디는 그 약을 먹고 이튿날 곧바로 회복되었습니다. 하나님께서는 우리의 기도를 들어주셔서, 그 간호사에게로 인도해 주신 것입니다.

하나님의 뜻을 분별하고자 할 때마다 이상의 네 가지 방법들, 즉 환경, 경건한 그리스도인과의 상담, 하나님의 말씀, 그리고 기도를 사용하십시오. 비록 바울은 로마에 재판을 받기 위해 호송되어 가는 도중이었으나, 자기가 하나님의 뜻 가운데 있음을 확신하였기 때문에 마음은 평온했습니다. 하나님께서는 그의 모든 환경을 지배하고 또한 늘 함께하시고 인도하신다는 확신을 그에게 심어 주셨습니다. 바울은 배를 타고 가이사 앞으로 재판을 받으러 가고 있었지만 자기의 사명을 한시도 잊지 않았습니다.

사도행전 27:2에서 누가는 바울의 동역자 중 하나였던 아리스다고에 대해 특별히 기록하고 있습니다. "아시아 해변 각처로 가려 하는 아드라뭇데노 배에 우리가 올라 행선할새, 마게도냐의 데살로니가 사람 아리스다고도 함께하니라." 아리스다고는 바울과 동행했던 사람들 중의 하나였는데(사도행전 20:4 참조), 로마에서 바울과 함께 옥에 갇히게 됩니다(골로새서 4:10 참조).

왜 아리스다고는 바울과 함께 여행했을까요? 그는 사도를 통해 배우도록 하나님께 택함받은 사람들 중 하나였습니다. 우리는 이미 바울의 훈련 방법을 살펴보았습니다. 예수님께서 언제나 열두 사도와 함께하셨듯이, 그도 어디를 가든지 사람들을 데리고 다녔습니다. 다른 어떠한 일이 발생한다 하더라도 바울은 언제나 변함없이 다른 사람에게 그리스도 안에 있는 새 생명을 전했습니다. 그는 믿지 않는 사람들을 그리스도께로 인도하는 일과 이미 믿게 된 사람들을 굳게 세워 주는 일을 쉬지 않고 계속했습니다. 심지어는 로마로 호송되는 중에도 바울은 사람들을 훈련시킬 필요성을 결코 잊지 않았습니다.

하나님의 뜻을 체험함

누가의 기록에 의하면 바울이 탄 배가 로마로 떠날 때, 담당 관원은 바울에게 특별한 대우를 하였습니다. "이튿날 시돈에 대니 율리오가 바울을 친절히 하여 친구들에게 가서 대접받음을 허락하더니"(사도행전 27:3). 왜 율리오가 그렇게 했는지 정확한 이유를 알 수 없으나, 한 가지 가능성은 아그립바 앞에서 바울이 간증할 때 그가 무리 중에 있지 않았을까 추측할 수 있습니다. 그러나 나중에 바울이 행선을 하지 말도록 권했을 때 그 백부장은 그의 말을 듣지 않았습니다(사도행전 27:10-11 참조). 백부장 율리오와 같은 사람들이 많이 있습니다. 그들은 하나님의 사람들을 존경하지만 그 충고는 받아들이지 않습니다.

바울과 그 배의 주인은 바다에서 많은 경험을 한 자들이었습니다. 바울은 세 번이나 파선당한 일이 있습니다. 두 사람은 모두 항해의 위험을 잘 알고 있었으나 서로 다른 관점에서 행선을 생각했습니다. 선주는 개인의 이익을 위해서 짐들을 운반하고 삯을 받기를 원했습니다. 그러나 바울은 승객들의 생명을 걱정했던 것입니다.

인생의 바다에 출범할 때, 편견 없는 경건한 사람의 충고는 귀중합니다. 솔로몬의 뒤를 이은 르호보암은 솔로몬의 생전에 그 앞에 모셨던 노인들에게 충고를 구했습니다. 그들은 "왕이 만일 오늘날 이 백성의 종이 되어 저희를 섬기고 좋은 말로 대답하여 이르시면 저희가 영영히 왕의 종이 되리이다"(열왕기상 12:7)고 대답했습니다. 르호보암은 노인들의 교도 중, 백성들이 왕의 종이 될 것은 마음에 들었지만, 그러기 위하여 자신이 먼저 백성들의 종이 되어야 할 것은 마음에 내키지 않았던 모양입니다. 노인의 교도를 버리고 함께 자라난 소년의 그릇된 충고를 좇은 그를 보고는 온 이스라엘이 각기 장막으로 돌아가 버리고 맙니다. 진정한 충고는 개인과 그의 성장과 발전을 위한 것이어야 합니다.

불행히도 그 백부장은 선주의 말을 받아들였는데, 얼마 되지 않아 배에 탄 사람들은 위기에 봉착한 다음에야 잘못 출발했음을 깨닫게 됩니다.

> 얼마 못 되어 섬 가운데로서 유라굴로라는 광풍이 대작하니, 배가 밀려 바람을 맞추어 갈 수 없어 가는 대로 두고 쫓겨 가다가… 우리가 풍랑으로 심히 애쓰다가 이튿날 사공들이 짐을 바다에 풀어 버리고, 사흘째 되는 날에 배의 기구를 저희 손으로 내어 버리니라. 여러 날 동안 해와 별이 보이지 아니하고 큰 풍랑이 그대로 있으매 구원의 여망이 다 없어졌더라. (사도행전 27:14-15,18-20)

모든 선객들이 생명의 위협을 느끼자 싣고 있던 모든 물건들을 바닷속에 던지기 시작했습니다. 사람들은 자신의 생명을 구하기 위해서라면 어떠한 소유물도 기꺼이 희생합니다. 그러나 제자는 다른 사람의 생명을 구하기 위해서라면 어떠한 소유물도 버릴 수 있어야 합니다. 암흑 속에 살고 있는 사람들에게 복음을 전하기 위해 희생적으로 드리는 삶이 제자에게 요청됩니다.

많은 선객들이 최악의 사태를 우려했지만, 하나님께서는 결코 그분의 종을 버려두지 않으셨습니다. 바울은 선원들에게 자기의 충고대로 애초에 그레데를 떠나지 말았어야 했다는 것을 상기시키면서, 아울러 하나님께서 모든 사람들이 무사하리라고 약속해 주신 것을 말해 주었습니다. "나의 속한 바 곧 나의 섬기는 하나님의 사자가 어젯밤에 내 곁에 서서 말하되, '바울아, 두려워 말라. 네가 가이사 앞에 서야 하겠고 또 하나님께서 너와 함께 행선하는 자를 다 네게 주셨다' 하였으니, 그러므로 여러분이여, 안심하라. 나는 내게 말씀하신 그대로 되리라고 하나님을 믿노라. 그러나 우리가 한 섬에 걸리리라"(사도행전 27:23-26). 바울은 자신이 하나님께 속한 것을 알았습니다.

격심한 폭풍 속에서도 바울은 결코 믿음을 잃지 않았습니다. 그는 하나님께서 말씀하신 대로 모두가 무사하리라 확신했기 때문에 동행한 사람들에게 용기를 북돋워 주었습니다. 바울은 폭풍이 몰아치는 바다 위에서도 하나님의 뜻 가운데 살아가는 것이 집에 편히 쉬면서 하나님의 뜻을 거스를 때보다 훨씬 안전하다는 사실을 믿었습니다. 그리스도인이 하나님께서 원하시는 곳에 있는 한 그는 주님 안에서 안전합니다.

우리는 주님 외에 다른 어떤 것을 의지하면서 위로와 안전을 기대해서는 안 됩니다. 비록 하나님께서 우리에게 허락하시는 상황이 다른 사람들에게는 치명적일지 몰라도 우리에게는 그렇지 않습니다. 우리는 하나님께서 언제나 능력으로 우리와 함께하시고 우리를 인도해 주신다는 확신이 있기에 안심할 수 있습니다. 하나님께서는 "내가 과연 너희를 버리지 아니하고 과연 너희를 떠나지 아니하리라"(히브리서 13:5)고 말씀하셨습니다.

바울은 그의 믿음을 보여 주기 위해 음식을 먹었습니다.

> 날이 새어 가매 바울이 여러 사람을 음식 먹으라 권하여 가로되, "너희가 기다리고 기다리며 먹지 못하고 주린 지가 오늘까지 열나흘인즉 음식 먹으라 권하노니, 이것이 너희 구원을 위하는 것이요 너희 중 머리터럭 하나라도 잃을 자가 없느니라" 하고, 떡을 가져다가 모든 사람 앞에서 하나님께 축사하고 떼어 먹기를 시작하매, 저희도 다 안심하고 받아먹으니, 배에 있는 우리의 수는 전부 이백칠십육 인이러라. 배부르게 먹고 밀을 바다에 버려 배를 가볍게 하였더니. (사도행전 27:33-38)

제자의 뚜렷한 특징들이 바울의 삶에 거듭거듭 나타납니다. 폭풍에 밀려 멜리데 섬으로 표류하는 동안 동행한 선객들에게 용기와 희망을 북돋워 준 사람은 바로 바울이었습니다. 누가는 당시 모든 사람들이 느낀 절망감에 대해 "구원의 여망이 다 없어졌더라"(사도행전 27:20)고 묘사했습니다. 마침내 모든 사람들이 구원받을 소망을 다 포기하였습니다. 분명히 누가는 자기 자신과 아리스다고 같은 다른 신자들도 포함시켜 그렇게 말했습니다. 그러나 한 사람만은 소망을 잃지 않았는데 더욱 중요한 사실은 그가 다른 사람들에게 소망을 심어 준 것입니다. 절망적인 상황을 바꾸기 위해서는 굳이 군중이나 어떤 집단 혹은 소위원회가 필요하지 않았습니다. 하나님을 믿고 믿음대로 행하는 한 사람이 하나님께서 원하시는 전부였습니다. 우리는 그러한 경우를 자주 봅니다.

하나님께서 자기 백성들을 애굽에서 해방시키고자 했을 때, 그분은 모세를 택하셨습니다. 또한 인류를 멸종으로부터 보존하시고자 하나님께서는 한 사람 노아를 택하셨습니다. 전쟁에서 승리하길 원하실 때도 하나님께서는 양 치던 소년 다윗을 사용하셔서 골리앗을 무찌르셨습니다. 그러나 이것을 명심하십시오. 중요한 것은 사람이 이니라 승리하게 하신 하나님이십니다(사무엘하 23:10 참조). 다만 하나님께서는 삶이 깨끗하고 쓸 만한 사람을 필요로 하실 뿐입니다. 우리가 하나님의 일을 하는 것이 아니고 오직 하나님만이 하실 수 있습니다. 우리는 그저 통로일 뿐이므로, 우리의 삶을 쓰임받기에 합당한 그릇으로 예비해야 합니다! "그러므로 누구든지 이런 것에서 자기를 깨끗하게 하면 귀히 쓰는 그릇이 되어 거룩하고 주인의 쓰심에 합당하며 모든 선한 일에 예비함이 되리라"(디모데후서 2:21).

노르웨이의 오슬로에 도착했을 때, 나는 마중 나온 두 청년 비욘과 울로브를 만나 그들의 차를 타고 말씀을 전할 수양회 장소로 향하였습니다. 가는 도중에 우리는 저녁을 먹기 위해 식당에 들렀습니다. 내가 거기서 청량음료수 하나를 주문했더니 비욘이 순수한 노르웨이 물을 마셔 본 일이 있느냐고 물었습니다. 아주 시원하고 청결하며 수정같이 맑다고 자랑하기에 지체 없이 즉각 마셔 보았더니 과연 그의 말대로 신선한 맛을 느낄 수 있었습니다.

내가 머무르게 될 구식 저택에 도착했을 때, 나는 즉시 여장을 풀고 잠자리에 들었습니다. 다음날 아침, 수정같이 맑은 노르웨이의 따끈한 물에 몸을 담그고 목욕할 생각을 하니 절로 신이 났습니다. 나는 어서 하고 싶어서 견디지 못해 즉각 수돗물을 틀었는데 이게 웬일입니까? 물이 짙은 갈색이었습니다. 나는 눈을 의심하면서 욕조를 비우고 다시 틀었는데, 설상가상으로 더욱 더러웠습니다. 나의 기대는 산산조각 나버렸습니다. 문제는 물에 있지 않고 수도관에 있었습니다. 즉 관에 녹이 슬어 물을 오염시킨 것이었습니다. 우리가 주인의 쓰심에 합당한 자가 되기 위해서는 깨끗하고 거룩한 삶을 살아 그리스도의 복음을 오염시키지 말아야 하며, 나아가 성령의 능력이 우리의 삶을 통해 흘러나오도록 해야 합니다.

모든 사람이 음식을 먹은 뒤 날이 밝아 올 무렵 배가 부서지기 시작했습니다. 그러자 백부장은 헤엄칠 줄 아는 사람들을 명하여 물에 뛰어내려 먼저 육지에 나가게 하고, 그 남은 사람들은 널조각 혹은 배 물건에 의지하여 나가게 하였고, 마침내 사람들이 다 상륙하여 구원을 얻었습니다(사도행전 27:43-44). 하나님께서는 그분의 약속을 지키셨습니다. 그분은 결코 어김이 없으시며 약속하신 것은 언제나 이루시고야 맙니다.

요 약

다른 사람들의 눈에는 모든 것이 암담하게 보일 때조차도 바울은 하나님의 뜻 안에서 자신이 안전하다는 것을 확신했습니다. 왜냐하면

- 하나님께서 자기 계획을 이미 말씀해 주셨고,
- 하나님께서 모든 상황을 예비하였으며,
- 하나님께서 그와 함께하시는 사실을 확증해 주셨으며,
- 바울이 하나님의 뜻대로 행했을 때, 하나님께서는 자신의 약속을 이행하셨기

때문입니다.

28

하나님의 나라를 선포함

사도행전 28장을 통해서 우리는 하나님의 풍성하신 공급을 새삼 깨닫습니다! 바울과 동행한 사람들 중 어느 누구도 자신들이 천신만고 끝에 도착한 멜리데 섬에서 따뜻한 환영을 받으리라고는 기대하지 못했을 것입니다. 바울을 포함해서 모두가 다시 한 번 단단한 땅을 밟을 수 있게 된 것만으로도 만족했을 것입니다.

그러나 하나님께서는 종종 우리가 기대하는 것보다 훨씬 풍성하게 주십니다. 누가는 그들이 섬에 다다랐을 때 토착민들이 특별히 환대해 주었다고 기록했습니다. "우리가 구원을 얻은 후에 안즉 그 섬은 멜리데라 하더라. 토인들이 우리에게 특별한 동정을 하여, 비가 오고 날이 차매 불을 피워 우리를 다 영접하더라" (사도행전 28:1-2). 누가 그러한 환영을 기대했겠습니까? 바울이나 누가 혹은 아리스다고가 이 일을 위해 기도했던 걸까요? 나에게는 그렇게 생각되지 않습니다. 이 사건은 하나님께서 어떻게 우리를 돌보시는지 잘 보여 주고 있습니다.

나의 친구인 봅 토시그는 수의사로서 나이지리아의 자리아 대학교에서 강의할 기회를 얻어 그곳에 가게 되었습니다. 그는 아내 메리와 함께, 그들이 나이지리아에 머무는 동안 하나님께서 그들에게 학생들을 대상으로 개인적으로 선교를 할 수 있는 기회를 주시도록 간구하였습니다. 그런데 하나님께서는 그들의 기대보다 훨씬 더 풍성한 열매를 맺게 해주셨습니다.

학생들이 영적인 도움을 얻고자 봅의 사무실 앞에 줄지어 기다리곤 했습니다. 로잔 세계 복음화 대회가 열린 후 나이지리아의 기독교 지도자들은 후속 프로그램을 마련하였는데, 그들은 봅을 그 프로그램 중에 있는 새신자 양육법에 관한 분담 토의의 강사로 초청하였습니다. 봅의 선교 사역은 힘있게 확장되었습니다. 하나님께서는 또한 그에게 복음을 전혀 접해 보지 못한 유목민들인 풀라니 족에게 복음을 전할 놀라운 기회도 주셨습니다.

우리는 스스로에게 다음 몇 가지 직접적인 질문을 해보아야 합니다. "나는 하나님께서 나를 위해 가지고 계신 최선의 계획을 경험하지 못하면서 스스로 자기 만족에 빠져 있지는 않은가? 나는 정말 언제 어디서 어떤 방법으로든 하나님께서 원하시는 대로 나를 사용하시도록 기꺼이 나 자신을 맡길 수 있는가?" 세상에는 아직도 복음을 듣지 못한 사람들이 수십억이나 됩니다. 하나님께서 당신에게 특별한 기술이나 직업을 주셔서 선교사의 신분을 가지고는 들어갈 수 없는 세계 각 곳에 제약 없이 들어갈 수 있도록 하시지는 않았습니까? 그렇다면 당신의 삶을 하나님께 내놓으십시오. 하나님께 당신을 어디든지 보내 달라고 아뢰십시오. 몇 가지 간단한 점검 과정을 거친 뒤 당신은 그러한 불모지를 향해 떠날 수 있을 것입니다. 하나님, 즉 "우리 가운데서 역사하시는 능력대로 우리의 온갖 구하는 것이나 생각하는 것에 더 넘치도록 능히 하실"(에베소서 3:20) 하나님께 직접 당신의 소원을 아뢰십시오.

바울은 그 섬에 도착했을 때 예나 다름없이 헌신된 제자의 인격을 보여 주었습니다. "바울이 한 뭇 나무를 거두어 불에 넣으니"(사도행전 28:3). 그의 몸도 분명히 다른 사람들과 마찬가지로 축축하고 피곤했을 것입니다. 그러나 바울은 섬기고자 하는 종 된 마음이 불탔기에 그저 편히 쉴 수가 없었습니다. 언제나 주위 사람들을 섬길 방도를 찾는 것이 후천적으로 형성된 그의 인품이었습니다. 그는 모든 사람의 종이 되고자 스스로 자신을 낮추셨던 하늘에 계신 주님의 본을 따랐습니다.

바울이 나뭇단을 불에 넣자 독사가 나와서 그의 손을 물었습니다. 이 광경을 지켜본 토착민들의 반응이 재미있습니다. "토인들이 이 짐승이 그 손에 달림을 보고 서로 말하되, '진실로 이 사람은 살인한 자로다. 바다에서는 구원을 얻었으나 공의가 살지 못하게 하심이로다' 하더니, 바울이 그 짐승을 불에 떨어 버리매 조금도 상함이 없더라. 그가 붓든지 혹 갑자기 엎드러져 죽을 줄로 저희가 기다렸더니 오래 기다려도 그에게 아무 이상이 없음을 보고 돌려 생각하여 말하되, '신이라' 하더라"(사도행전 28:4-6). 한 순간에는 그를 '살인자'라고 말하던 그들이 다음 순간에는 '신'이라고 외쳤습니다.

인간의 변덕스런 속성은 우리를 실망시킵니다. "그는 살인자다!"라고 외치다가도 순식간에 "그는 신이다!"라고 변덕을 부리고, 한때는 "호산나 찬송하라!"고 외치다가도 다음 순간 "그를 십자가에 못 박으라!"고 아우성치기도 하는 것이 인간입니다. 그러나 우리가 하나님을 신뢰하면 그분은 결코 우리를 실망시키지 않을 것입니다.

독사의 사건을 언급하고 나서 누가는 "이 섬에 제일 높은 사람 보블리오라 하는 이"(사도행전 28:7)에 대해 전하고 있습니다. 보블리오는 오늘날 급격하게 자취를 감추고 있는 한 가지 미덕 곧 후한 대접을 잘 실행했던 사람입니다. 많은 제3세계의 민족들이 이 면에서 서구인들보다 뛰어납니다. 그러나 그리스도인들은 성경에서 빈번히 손님 대접에 대해 가르쳐 주는 바를 명심해야 합니다. 바울은 로마의 성도들에게 "성도들의 쓸 것을 공급하며 손 대접하기를 힘쓰라"(로마서 12:13)고 가르쳤습니다.

바울은 디모데와 디도에게 손 대접은 지도자의 필수적인 자질 중의 하나라고 가르쳤습니다(디모데전서 3:1-2, 디도서 1:8 참조). 베드로도 그리스도인들에게 "서로 대접하기를 원망 없이 하라"(베드로전서 4:9)고 편지했습니다.

하나님께서는 보블리오의 융숭한 대접을 간과하지 않으셨습니다. 하나님께서는 바울을 통해서 그의 아버지와 멜리데 섬에 사는 여러 사람들의 질병을 고쳐 주셨습니다. 그러자 그 주민들은 감사의 표시로 바울과 그의 동행인들에게 여행 시 필요한 물품들을 공급해 주었습니다. 바울이 주민들에게 베푼 친절에 대한 보답이었던 것입니다. 사랑은 사랑을 낳습니다. 친절 또한 친절을 낳습니다.

여행을 재개한 후 바울과 그와 동행한 사람들은 이달리아에 도착했습니다. 누가는 그들이 로마에 도착한 사실을 다음과 같이 묘사했습니다. "거기 형제들이 우리 소식을 듣고 압비오 저자와 삼관까지 맞으러 오니, 바울이 저희를 보고 하나님께 사례하고 담대한 마음을 얻으니라. 우리가 로마에 들어가니 바울은 자기를 지키는 한 군사와 함께 따로 있게 허락하더라"(사도행전 28:15-16).

이처럼 행복이 넘치는 장면에서 우리는 서로를 얼마나 필요로 하는지 실감하게 됩니다. 우리는 어느 누구도 혼자서 그리스도인으로서의 삶을 살 수 없습니다. 하나님께서는 우리가 홀로 지내길 원치 않으십니다. 그분께서는 우리를 몸 가운데 한 지체로 부르셨습니다. 그분의 말씀에 순종하며, 그리스도 안에서 형제 자매들과의 사랑과 교제 속에서 더욱더 깊이 있게 하나님을 알아가는 일에 우리 자신을 드릴 때, 우리는 그리스도인의 풍성한 삶을 누릴 수 있습니다. 그리스도인의 생활과 제자로서의 성장은 쉽게 혹은 저절로 이루어지지 않습니다. 하나님을 더욱더 알아가기 위해서는 헌신과 훈련이 요구됩니다. 하나님의 말씀에 순종하려면 자기 부인을 해야 합니다. 이와 마찬 가지로 그리스도 안에서 형제 자매들과 교제하는 생활은 종의 마음과 인내와 사랑 안에서 용납을 필요로 합니다.

로마에 도착한 뒤 사흘 후에 바울은 유대인 지도자들을 불러 모았습니다.

> 여러분 형제들아, 내가 이스라엘 백성이나 우리 조상의 규모를 배척한 일이 없는데 예루살렘에서 로마인의 손에 죄수로 내

어 준 바 되었으니, 로마인은 나를 심문하여 죽일 죄목이 없으므로 놓으려 하였으나, 유대인들이 반대하기로 내가 마지못하여 가이사에게 호소함이요 내 민족을 송사하려는 것이 아니로라. 이러하므로 너희를 보고 함께 이야기하려고 청하였노니 이스라엘의 소망을 인하여 내가 이 쇠사슬에 매인 바 되었노라. (사도행전 28:17-20)

그들은 대답하기를, "우리가 너의 사상이 어떠한가 듣고자 하노니 이 파에 대하여는 어디서든지 반대를 받는 줄 우리가 앎이라"(사도행전 28:22)고 했습니다. 지도자들의 답변은 당시 복음의 능력에 대한 생생한 증언입니다. 복음은 세상 어디를 가든지 화젯거리였습니다.

이것은 오늘날에도 그렇습니다. 세상 어디를 가나 예수 그리스도에 대하여 말하는 사람들을 만날 수 있습니다. 나는 아내와 함께 스위스 제네바에서 가장 오래된 음식점인 카페 데 아르뮈르에서 식사를 한 적이 있습니다. 그곳은 여느 때와 다름없이 세계 각 곳의 손님들로 가득 찼습니다. 우리 오른편에는 여덟 명의 스위스 실업가들이 자리 잡았고, 왼편에는 위엄 있어 보이는 노부부가 앉아 있었습니다. 그리고 그들 옆에는 청바지에 T셔츠 차림의 젊은 남녀 무리들이 있었습니다. 한쪽 벽을 따라 음악가와 화가들이 있었고 음식점 한가운데에는 한 젊은 영국 부인과 그녀의 동반자가 자리를 잡았습니다. 그들은 우리에게까지 들릴 정도로 큰 소리로 대화를 나누고 있었습니다.

"미국에는 성경을 믿는 복음주의자라는 사람들이 무척 많다는 이야기를 들어 보았나요?"

그녀의 동반자는 놀란 표정으로, "못 들었소. 그런데 그게 정말 이오?" 하고 되물었습니다.

"그렇대요. 아주 널리 알려져 있다고 해요" 하고 그녀가 대답했습니다.

접시의 덜거덕거리는 소리와 주위에 소란스럽게 오가는 프랑스어의 대화 속에 파묻혀 그들의 말을 대부분 듣지 못했으나, 때때로 칼빈이니 정통파니 하나님께 영광이니 하는 말들이 들려왔습니다. 그들의 대화는 나의 관심을 끌었습니다. 결국 우리는 제네바의 인기 있는 대중음식점에서도 기독교 신앙에 대해 대화를 나누는 두 유럽인들과 가까이 있었던 셈입니다.

내가 아내와 함께 유고슬라비아를 여행하고 있을 때, 우리는 라틴 아메리카에서 온 부부를 만났습니다. 그 부인은 이내 나의 아내가 그리스도인인 것을 알아차리고 믿음에 관해 대화를 나누자고 제의해 왔습니다.

호주의 시드니에서 멜버른으로 가는 비행기 안에서는 옷을 잘 차려 입은, 건장한 사업가 한 사람이 열심히 책을 읽고 있는 모습을 보았습니다. 스튜어디스가 그에게 간단한 음식을 가져왔을 때도 그는 아랑곳하지 않고 그 책에만 몰두했습니다. 나는 그가 읽는 책을 힐끗 보았는데, '거듭남'이라는 제목으로 내용이 워터게이트 사건에 휘말렸던 사람들 중 하나인 찰스 콜슨의 회심에 관한 것이었습니다.

나는 수십 년간에 걸쳐 그리스도를 증거해 왔지만 오늘날처럼 그리스도의 주장에 대하여 토론하기가 용이한 시대는 없다고 생각합니다. 진리와 사실성을 추구하는 현시대의 풍조는 많은 사람들로 하여금 구세주에 대하여 생각하게 만듭니다.

로마에 살던 유대인 지도자들은 바울과 만날 날을 정했습니다. "저희가 일자를 정하고 그의 우거하는 집에 많이 오니, 바울이 아침부터 저녁까지 강론하여 하나님 나라를 증거하고 모세의 율법과 선지자의 말을 가지고 예수의 일로 권하더라. 그 말을 믿는 사람도 있고 믿지 아니하는 사람도 있어"(사도행전 28:23-24).

바울은 이 기회를 브리핑 시간이 아닌 전도의 기회로 삼았습니다. 그는 그들을 권면하고 예수 그리스도를 믿도록 최선을 다했습니다. 그는 종교적인 지식을 전해 주려 그곳에 온 것이 아니었습니다. 그는 그들이 하늘나라를 향한 순례의 길을 출발하기를 원했습니다. 그는 그들에게 하나님의 말씀—율법과 선지자들의 글—을 펼쳐 주었습니다. 그는 결코 서두르지 않았습니다. 그는 강론을 온종일 계속했는데 사람들이 귀를 기울이는 한 끝까지 전했던 것입니다. 어떤 이들은 믿었고 어떤 이들은 믿지 않았습니다.

그리스도의 증인으로서 좀 더 많은 사람들이 복음을 받아들이도록 하기 위해 우리가 할 수 있는 것은 무엇입니까? 나는 성령께서 사용하실 수 있는 추수의 네 가지 법칙이 있다고 생각합니다.

밭을 일구십시오. 나의 아내는 간증을 할 때마다 자기를 위해 신실하게 기도했던 어머니에게 감사하곤 합니다. 비록 그 어머니는 딸에게 개인적으로 복음을 전할 줄은 몰랐으나 기도를 했던 것입니다.

씨를 뿌리십시오. 씨를 뿌리지 않는 한 추수는 있을 수 없습니다. 나는 하나님께서 이 세상의 어느 곳에서 역사하고 계시느냐는 질문을 자주 받는데, 그때마다 "그분의 백성이 증거하고 있는 곳이면 어디서나"라고 대답하곤 합니다. 우리가 증거하지 않는다면 열매를 기대할 수 없습니다. 씨는 각각 알맞은 깊이로 심겨져야 합니다. 어떤 씨는 땅 표면에 뿌려야 합니다. 어떤 씨는 얕게 심어야 하고 반면에 어떤 씨는 아주 깊이 묻어야 합니다. 그러나 하나님 말씀의 씨앗을 뿌리는 한 가지 중요한 선결 요건은 항상 복음을 분명하게 전하는 것입니다. 상대방이 이해할 수 있는 방법으로 복음을 제시하십시오.

잘 가꾸십시오. 대부분의 사람들이 처음으로 복음을 듣자마자 회개하고 그리스도를 믿지 않는 것은 당연한 일입니다. 그러므로 우리는 계속해서 대화를 나눌 기회를 가져야 합니다. 또한 그들과 친밀하게 지내야 합니다. 그들에게 기쁨이 넘치는 그리스도인의 삶을 보여 주십시오. 믿음에 관한 질문 등을 성실하게 답변해주고, 사회적으로나 영적으로 깊은 관계를 유지하십시오.

익은 곡식을 거두어들이십시오. 상대방에게 응답할 수 있는 기회를 주십시오. 그리스도를 영접하는 방법을 가르쳐 주고 그들로 하여금 영접하는 결단을 하도록 도와주십시오. 오늘날 수많은 사람들이 하나님과 동행하는 삶을 열망하고 있습니다. 누군가가 그 방법을 간단히 가르쳐 주기만 해도 즉각 반응을 보일 사람들이 많이 있습니다. 당신의 이웃이 바로 그러한 사람일지도 모릅니다.

2년 동안 바울은 로마에서 복음을 전했습니다. "바울이 온 이태를 자기 셋집에 유하며 자기에게 오는 사람을 다 영접하고 담대히 하나님 나라를 전파하며 주 예수 그리스도께 관한 것을 가르치되 금하는 사람이 없었더라"(사도행전 28:30-31). 여기서 우리는 바울의 사역의 양면적 특성을 찾아볼 수 있습니다. 즉 복음 전파와 신사들을 가르치는 일입니다. 그는 골로새 성도들에게 편지하기를, "우리가 그를 전파하여 각 사람을 권하고 모든 지혜로 각 사람을 가르침은 각 사람을 그리스도 안에서 완전한 자로 세우려 함이니, 이를 위하여 나도 내 속에서 능력으로 역사하시는 이의 역사를 따라 힘을 다하여 수고하노라"(골로새서 1:28-29)고 했습니다.

바울은 복음 전파를 위한 노력에서 결코 눈을 뗀 적이 없었습니다. 증거에 대한 열정이 언제나 그의 심령 속에 불꽃처럼 타올랐던 것입니다. 그리스도를 알지 못하는 자들의 비참한 상태를 뼈저리게 느꼈고 아울러 복음의 능력을 확신했습니다.

또 다른 한편으로 바울은 초신자들의 성장을 개인적으로 도와 그리스도 안에서 성숙케 하는 일에 자신을 바쳤습니다. 그리하여 성숙한 그들도 전도자와 교사들 대열에 참여하여 계속 재생산이 일어나도록 하였습니다. 일꾼 배가에 대한 바울의 비전은 그의 심령 속에서 활활 타오르고 있었습니다. 사도행전의 마지막 구절은 바울이 계속적으로 담대하게 선교 사역을 펼쳐 나간 사실을 보여 줍니다.

많은 사람들이 생애의 막바지에 이르렀을 때 열정을 잃습니다. 그들의 영적인 비전은 점차 흐려지다가 말년에 가서는 그나마 쇠퇴하고 맙니다. 그러나 바울은 달랐습니다. 마지막 숨을 거두는 순간까지 바울은 주님께서 주신 사명을 완수하기 위해 조금도 고

뻐를 늦추지 않았습니다. 그는 선택된 소수에 의해서가 아니라, 그리스도의 일꾼으로 훈련받은 수많은 평신도들에 의해 온 세상에 복음이 전파될 수 있음을 확신하였습니다. 그는 그 일을 위해 죽기까지 충성을 다했습니다.

하나님 나라의 진리는 우리의 안목을 크게 넓혀 주고 참으로 자유케 하는 진리입니다. 모든 믿는 자는 하나님 나라의 구성원입니다. 하나님 나라는 지구 상의 여러 가지 체제와 이념을 초월하여 모든 사람을 수용합니다. 우리 모두가 하나님의 보좌의 둘레에 함께 모여 찬양하는 모습은 생각만 해도 기쁨이 넘칩니다. 모든 언어, 족속, 민족, 그리고 국가의 사람들이 차별 없이 모두 모일 것입니다. 모든 장벽들이 제거되어 우리를 갈라놓는 모든 것들이 사라져 버릴 것입니다. 우리는 진정 주님 안에서 하나가 될 것입니다.

요 약

도전, 교훈, 소망 그리고 위로로 가득 찬 사도행전은 이렇게 끝을 맺습니다. 이 책의 교훈들이 우리의 삶을 사로잡아 우리도 세상을 뒤흔들어 놓은 사람들의 대열에 들어갈 수 있길 바랍니다. 우리도 그들을 본받아 그리스도의 참제자가 되어,

- 예수 그리스도의 주재권에 복종하고,
- 하나님의 능력을 의지하며,
- 성령의 인도를 받으며,
- 잃어버린 영혼을 구하는 일에 전념하고,
- 구원받은 자들을 세워 주는 일에 헌신함으로써,

매사에 하나님께서 우리를 통해 더욱더 영광을 받으시길 원합니다.

❄ ❄ ❄

지금까지 사도행전 연구를 통해 살펴본 바와 같이 1세기 초대 교인들은 성령의 권능을 받아 땅 끝까지 복음을 전하는 일에 긴박감을 가지고 임했습니다. 사도들이 그리스도를 증거하고 믿는 자를 세워 주며, 일꾼과 지도자들을 훈련시키는 일에 자신을 온전히 바쳤을 때, 하나님께서는 그들의 사역을 크게 축복하셨습니다. 베드로와 요한 같은 사람들은 기도의 삶, 융통성 있는 태도, 긍휼히 여기는 마음, 그리고 사랑으로 증거하는 일에 모범적으로 헌신했던 자들입니다. 스데반처럼 어떤 이들은 그리스도의 사랑의 복음을 전파하다가 장렬히 순교하기도 했습니다. 바울과 바나바의 동역은 팀웍의 본보기로서 성장하는 그리스도인 모임 가운데서 삶과 증거를 위한 귀감입니다.

그들은 비록 신생교회로서 극심한 핍박을 겪었으나, 난관을 극복하고 굳센 믿음을 가지고 희생적인 삶을 살았습니다. 때때로 방법과 가르침에 대하여 의견 충돌이 있었지만 그들은 근본 믿음을 지켰고 하나님의 사업을 계속 추진해 나갔습니다.

교회가 복음의 깃발을 들고 전진함에 따라 수많은 남녀 평신도들이 전도 훈련을 받고, 전파할 말씀으로 무장되어, 땅 끝까지 복음을 퍼뜨리는 비전에 사로잡혀, 그들 각자를 위한 하나님의 뜻에 겸손히 자신을 바쳤습니다.

만약 오늘날 이 세상에서도 그러한 영향력을 행사하려면 우리도 예수님처럼 세상을 바라볼 수 있는 시야와 선교사 정신을 가져야 하며, 더 나아가 주님의 지상사명을 완수하기 위해 우리의 가능한 모든 자원을 활용해야 합니다.

이러므로 우리에게 구름같이 둘러싼 허다한 증인들이 있으니, 모든 무거운 것과 얽매이기 쉬운 죄를 벗어 버리고, 인내로써 우리 앞에 당한 경주를 경주하며, 믿음의 주요 또 온전케 하시는 이인 예수를 바라보자. (히브리서 12:1-2).

사도행전 속의 제자 훈련

초판 1쇄 발행 : 1984년 3월 20일
개정 1쇄 발행 : 2011년 3월 25일
개정 2쇄 발행 : 2023년 1월 10일

펴낸곳: 네비게이토 출판사 ©
주소: 03784 서울시 서대문구 연희로 16 (창천동)
전화: 334-3305(대표), 334-3037(주문), FAX: 334-3119
홈페이지: http://navpress.co.kr
출판등록: 제10-111호(1973년 3월 12일)

ISBN 978-89-375-0421-1 03230